普通高等教育工程造价类专业系列教材

建设法规与案例分析

廖志浓　编

机 械 工 业 出 版 社

本书内容包括经济法、建设法规、案例分析三部分，共 17 章。本书贯彻法律为经济建设服务的基本理念，以经济法相关法律为介入点，介绍公司法、合同法等经济法基础法律知识；全面介绍了建设领域相关法律法规；最后通过案例分析，帮助读者了解相关法律的核心知识点和合理运用相关法律法规。本书的内容与相关执业资格考试内容相衔接。

本书为高等院校工程造价、工程管理、土木工程等专业的教材，也可供相关专业研究生参考，并可供从事工程项目管理和工程造价相关工作的人员及参加注册建造师等执业资格考试的人员参考。

本书配有 PPT 电子课件和相关法律汇编，免费提供给选用本书作为教材的授课教师。需要者请登录机械工业出版社教育服务网（www.cmpedu.com）注册后下载。

图书在版编目（CIP）数据

建设法规与案例分析/廖志浓编. —北京：机械工业出版社，2023.12
普通高等教育工程造价类专业系列教材
ISBN 978-7-111-74308-8

Ⅰ. ①建⋯ Ⅱ. ①廖⋯ Ⅲ. ①建筑法–案例–中国–高等学校–教材 Ⅳ. ①D922.297.5

中国国家版本馆 CIP 数据核字（2023）第 225179 号

机械工业出版社（北京市百万庄大街 22 号　邮政编码 100037）
策划编辑：刘　涛　　　　责任编辑：刘　涛　舒　宜
责任校对：马荣华　牟丽英　　封面设计：马精明
责任印制：任维东
三河市骏杰印刷有限公司印刷
2024 年 1 月第 1 版第 1 次印刷
184mm×260mm・19.5 印张・480 千字
标准书号：ISBN 978-7-111-74308-8
定价：59.80 元

电话服务　　　　　　　　　　网络服务
客服电话：010-88361066　　　机　工　官　网：www.cmpbook.com
　　　　　010-88379833　　　机　工　官　博：weibo.com/cmp1952
　　　　　010-68326294　　　金　书　网：www.golden-book.com
封底无防伪标均为盗版　　　　机工教育服务网：www.cmpedu.com

前　言

随着我国工程建设的不断发展和法治建设的逐步健全，建设法规越来越受到广泛的重视。依法建设、规范建设行为是提高我国建设工程项目管理水平的一项重要工作，而这项工作能否顺利完成与建设法规在高校工程管理相关专业的普及密切相关。

《建筑法》颁布已有20多年，在这期间，我国又陆续颁布了多部建设工程法律法规，一套以《建筑法》为核心的建设工程法律体系已经形成。建设法规在建设工程项目管理中的地位日渐提高，因此，普及工程法律法规知识，使得建设法规融入工程管理、工程造价及土木工程专业人员的思想之中，是提高我国建设工程项目管理水平的一项基础性工作。

目前，越来越多参与工程建设的企业、个人已学会用法律武器维护自己的权益，与工程建设有关的执业资格考试中也加入了建设法规的考查内容。由于新法律的陆续颁布和原有法律的不断修订，我国建设工程法律体系的内容在不断变化，与之相适应，有关建设工程法律的教材也需要不断更新。

1. 本书的特点

（1）系统完整。在建设法规系列教材中，本书首次增加了经济法的部分内容，贯彻了法律建设为经济建设服务的基本理念，有助于读者了解与建筑企业有关的法律法规等内容，弥补了其经济法知识的不足，更有助于帮助读者系统和全面地学习建设法规的相关知识。

（2）内容全面。本书吸收了《消防法》《环境法》《环境影响评价法》《节约能源法》等与工程建设领域相关的法律。建设工程法律已形成体系，各法律之间存在一定的内在联系。如果相关教材所涵盖的建设工程法律不全面，不仅会使读者在应用法律知识方面存在空白，还可能会使读者因对某个法律孤立理解而无法把握其真正的内涵。

（3）语言通俗易懂。本书的读者对象不是专业的法律人士，而是工程建设相关从业人员和学生。因此，本书的语言文字表述要求通俗易懂。

（4）设置案例分析章节。对多个经典案例的分析解读，可以帮助读者更直观地了解相关法律法规知识。

（5）与相关执业资格考试内容相衔接。本书的读者对象包括需要参加国家执业资格考试，尤其是注册建造师执业资格考试的人员。因此，本书在编写过程中注重与国家执业资格考试的内容相衔接，以帮助读者顺利通过考试。

2. 本书的育人原则

（1）以规范建设法规为主线，加强职业道德教育。在掌握建设工程相关法律法规的基础上，加强社会主义核心价值观教育，培养读者在国家、社会和个人三个层面上的核心价值观。

（2）培养读者的法律意识和法律素养。结合建设法规的课程特点，特别加强诚信教育。

对于建筑企业而言,诚信是对工程质量的有效保障,强调建筑行业从业人员必须遵守的道德规范。

(3) 加强工匠精神教育。工匠精神是一种职业精神,其基本内涵包括敬业、精益、专注和创新等。未来建筑行业的持续发展急切呼唤工匠精神的回归,工程管理和工程造价类专业的学生,是未来建筑企业践行工匠精神的主力之一,因此在读者中弘扬工匠精神,对于工匠精神的回归尤为重要。

3. 本书的适用范围

本书适用于高等院校工程管理、工程造价、土木工程及相关专业的本科、硕士研究生的教学,也可供从事工程项目管理和工程造价相关工作的从业人员及参加注册建造师等执业资格考试的人员参考。

本书编者廖志浓是江西理工大学经济管理学院工程管理系的老师,长期从事建设法规相关课程的教学,积累了丰富的经验,授课采用分组竞争和案例讨论分析等方法。这些授课方法有助于活跃课堂气氛,激发学生的学习热情,深受学生的喜爱。在编写本书的过程中,得到了江西理工大学经济管理学院工程管理系吴泽斌教授等全体同仁的大力支持,在此表示感谢!

由于编者水平有限,书中难免存在不足之处,恳请广大读者批评指正。

编 者

目　　录

前　言
第一章　经济法基础 …………………………… 1
　第一节　经济法概述 ………………………… 1
　　一、经济法的起源和发展 ………………… 1
　　二、经济法的调整对象 …………………… 3
　　三、经济法的特征 ………………………… 4
　第二节　经济法律关系 ……………………… 5
　　一、经济法律关系的构成要素 …………… 5
　　二、经济法律关系的产生、变更和
　　　　终止 ……………………………………… 7
　　三、经济法的实施与经济法律关系的
　　　　保护 ……………………………………… 8
　思考题 ………………………………………… 10
第二章　公司法律制度 ………………………… 11
　第一节　公司法的相关概念 ………………… 11
　　一、公司的概念、特征和种类 …………… 11
　　二、公司法的概念和特征 ………………… 13
　　三、有限责任公司的相关法律规定 ……… 13
　　四、股份有限公司的相关法律规定 ……… 17
　第二节　股份有限公司 ……………………… 19
　　一、股份有限公司的组织机构 …………… 19
　　二、股份有限公司的股份发行和转让 …… 21
　第三节　公司董事、监事、高级管
　　　　　理人员的资格和义务 ……………… 21
　　一、公司董事、监事、高级管理人员
　　　　的资格 …………………………………… 21
　　二、公司董事、监事、高级管理人员
　　　　的义务 …………………………………… 22
　　三、股东诉讼 ……………………………… 22
　第四节　公司债券的相关法律规定 ………… 23
　　一、公司债券的含义和特征 ……………… 23
　　二、公司债券的发行条件和程序 ………… 23
　　三、公司财务会计的法律规定 …………… 24
　　四、公司合并、分立、增资、减资 ……… 26
　　五、解散与清算 …………………………… 26
　第五节　公司法律责任的规定 ……………… 28
　　一、发起人的法律责任 …………………… 28
　　二、公司的法律责任 ……………………… 28
　　三、公司管理层的法律责任 ……………… 29
　　四、政府相关部门的法律责任 …………… 29
　思考题 ………………………………………… 30
第三章　建设法规概论 ………………………… 31
　第一节　建设法规概述 ……………………… 31
　　一、建设法规的概念及调整对象 ………… 31
　　二、建设法规的特征 ……………………… 32
　　三、建设法规的作用 ……………………… 33
　第二节　建设活动的基本原则 ……………… 33
　第三节　建设法规体系的构成 ……………… 34
　　一、建设法律 ……………………………… 34
　　二、建设行政法规 ………………………… 34
　　三、建设部门规章 ………………………… 34
　　四、地方性建设法规 ……………………… 35
　　五、地方建设规章 ………………………… 35
　　六、建设法律关系 ………………………… 35
　　七、建设法律关系的产生、变更与
　　　　终止 ……………………………………… 37
　思考题 ………………………………………… 39
第四章　民法典基础知识 ……………………… 40
　第一节　民事法律关系 ……………………… 40
　　一、民事法律关系概述 …………………… 40
　　二、民事法律事实 ………………………… 42

三、民事行为 …………………… 43
四、诉讼时效 …………………… 45
第二节 代理权 ……………………… 45
一、代理关系 …………………… 45
二、代理权的行使 ……………… 46
三、代理权的终止 ……………… 47
第三节 物权 ………………………… 47
一、物权的基本概念 …………… 47
二、物权的变动 ………………… 54
三、物权的保护 ………………… 55
第四节 债权 ………………………… 55
一、债权的概念 ………………… 55
二、债的消灭 …………………… 56
第五节 法律责任 …………………… 57
一、法律责任概述 ……………… 57
二、工程建设中常见的法律责任 … 59
思考题 ………………………………… 61
第五章 土地管理法规 ………………… 62
第一节 土地管理法概述 …………… 62
一、土地管理相关法规 ………… 62
二、土地管理相关制度 ………… 63
第二节 土地所有权和土地使用权 … 65
一、土地所有权 ………………… 65
二、土地使用权 ………………… 66
三、土地所有权和土地使用权争议的
    解决 ………………………… 67
第三节 土地利用和土地保护 ……… 67
一、土地利用 …………………… 67
二、土地保护 …………………… 69
思考题 ………………………………… 76
第六章 房地产管理法规 ……………… 77
第一节 房地产管理法规概述 ……… 77
一、房地产管理法的基本概念 … 77
二、房地产管理法立法的目的与现状 … 78
三、房地产管理法的基本原则 … 79
四、房地产管理体制 …………… 80
第二节 房地产开发用地 …………… 80
一、土地使用权出让 …………… 80
二、土地使用权划拨 …………… 85

三、出让与划拨方式取得土地使用权
    的区别 ……………………… 86
第三节 城市房屋征收与补偿 ……… 86
一、国有土地上房屋征收的概念与
    特征 ………………………… 87
二、房屋征收的条件与程序 …… 87
三、国有土地上房屋征收的补偿 … 89
第四节 房地产开发 ………………… 91
一、房地产开发的概念 ………… 91
二、房地产开发的基本原则 …… 92
三、房地产开发的要求 ………… 93
四、房地产开发企业 …………… 94
第五节 房地产交易 ………………… 97
一、房地产交易的一般规定 …… 97
二、房地产的转让 ……………… 99
三、商品房预售 ………………… 101
四、房地产抵押 ………………… 102
五、房屋租赁 …………………… 103
六、房地产中介服务机构 ……… 104
思考题 ………………………………… 105
第七章 建设工程勘察设计法律
       制度 …………………………… 106
第一节 建设工程勘察设计概述 …… 106
一、建设工程勘察设计的概念 … 106
二、建设工程勘察设计法规的立法
    现状 ………………………… 106
三、建设工程勘察设计的原则 … 107
第二节 建设工程勘察设计发包与
       承包 ………………………… 107
一、建设工程勘察设计的委托 … 107
二、建设工程勘察设计发包与承包的
    一般规定 …………………… 108
第三节 建设工程勘察设计文件的
       编制与实施 ………………… 109
一、建设工程设计的依据 ……… 109
二、工程设计阶段和内容 ……… 109
三、建筑工程抗震要求 ………… 111
四、设计文件的审批和修改 …… 111

第四节 建设工程施工图设计文件
    的审查……………………… 112
  一、施工图设计文件审查的概念 …… 112
  二、施工图审查的范围和内容 ……… 112
  三、施工图审查机构 ………………… 113
  四、施工图审查的程序与管理 ……… 113
  五、施工图审查各方的责任 ………… 114
第五节 建设工程勘察设计监督
    管理…………………………… 115
  一、监督管理机构 …………………… 115
  二、监督管理内容 …………………… 115
  三、建设工程勘察设计违法责任 …… 115
思考题……………………………………… 116

第八章 建筑法律制度………………… 117
 第一节 建筑法律制度概述…………… 117
  一、建筑法的概念和调整对象 ……… 117
  二、建筑法的立法目的 ……………… 118
 第二节 建筑许可………………………… 119
  一、建筑许可的概念 ………………… 119
  二、建筑工程施工许可制度 ………… 119
  三、工程建设从业单位资质管理 …… 123
  四、工程建设专业技术人员执业资格
    管理…………………………… 125
 第三节 建设工程发包与承包………… 126
  一、建设工程发包与承包概述 ……… 126
  二、建设工程发包 …………………… 126
  三、建设工程承包 …………………… 128
 第四节 建设工程监理………………… 130
  一、建设工程监理的概念 …………… 130
  二、强制监理的范围 ………………… 131
  三、工程监理的依据及内容 ………… 131
  四、监理单位和监理人员的主要权利、
    义务与责任……………………… 132
  五、建设监理合同 …………………… 133
 第五节 法律责任……………………… 134
  一、法律责任概述 …………………… 134
  二、工程建设常见法律责任 ………… 135
思考题……………………………………… 137

第九章 建设工程招标投标法律
    制度………………………… 138
 第一节 建设工程招标投标法
    概述…………………………… 138
  一、建设工程招标投标的概念及
    意义……………………………… 138
  二、建设工程招标投标法的概念及
    立法历程………………………… 139
  三、建设工程招标投标活动的基本
    原则……………………………… 139
 第二节 建设工程项目招标…………… 140
  一、建设工程招标人 ………………… 140
  二、建设工程招标的组织形式 ……… 140
  三、建设工程招标应具备的条件…… 141
  四、建设工程招标的方式 …………… 142
  五、建设工程招标的程序 …………… 143
 第三节 建设工程项目投标…………… 146
  一、建设工程投标人 ………………… 146
  二、建设工程投标的程序 …………… 147
 第四节 建设工程项目的开标、
    评标与中标…………………… 148
  一、开标 ……………………………… 148
  二、评标 ……………………………… 149
  三、中标 ……………………………… 152
 第五节 违法行为及法律责任………… 153
  一、招标人的违法行为及法律责任 … 153
  二、投标人的违法行为及法律责任 … 154
  三、中标人的违法行为及法律责任 … 155
  四、招标代理机构的违法行为及法
    律责任…………………………… 156
  五、评标委员会的违法行为及法律
    责任……………………………… 156
思考题……………………………………… 156

第十章 建设工程质量管理法律
    制度………………………… 157
 第一节 建设工程质量管理法律
    制度概述……………………… 157
  一、建设工程质量的含义 …………… 157

二、建设工程质量的特征 …………… 158
　三、工程质量管理法律规范的调整对
　　　象和适用范围 …………………… 158
第二节　工程建设标准 ……………………… 160
　一、工程建设标准概述 ………………… 160
　二、我国工程建设的几种主要标准 …… 162
　三、工程建设强制性标准实施及执行
　　　的规定 …………………………… 164
第三节　建设工程质量管理责任和
　　　　义务 ………………………………… 166
　一、施工单位的质量管理责任和
　　　义务 ……………………………… 166
　二、建设单位及其他相关单位的
　　　质量管理责任和义务 …………… 168
第四节　建设工程竣工验收与工程
　　　　质量保修制度 …………………… 172
　一、建设工程竣工验收制度 ………… 172
　二、建设工程质量保修制度 ………… 176
第五节　建设工程质量的监督
　　　　管理 ………………………………… 177
　一、建设工程质量监督管理体系及
　　　制度 ……………………………… 177
　二、建设工程质量监督管理部门及
　　　职责 ……………………………… 179
　三、建设工程竣工验收备案制度 …… 180
　四、工程质量事故报告制度 ………… 181
思考题 ……………………………………… 181

第十一章　建设工程安全生产法律
　　　　　制度 ……………………………… 182
第一节　建设工程安全生产管理
　　　　法律制度概述 …………………… 182
　一、建设工程安全生产管理体系 …… 182
　二、建设工程安全生产管理法律制度
　　　体系 ……………………………… 183
第二节　建设工程安全生产管理的
　　　　责任和义务 ……………………… 184
　一、建设单位安全生产管理的主要责
　　　任和义务 ………………………… 184

　二、勘察设计单位安全生产管理的主
　　　要责任 …………………………… 185
　三、监理单位安全生产管理的主要责
　　　任和义务 ………………………… 186
　四、施工单位安全生产管理的主要责
　　　任和义务 ………………………… 186
　五、建设工程相关单位安全生产管理
　　　的主要责任和义务 ……………… 189
第三节　建设工程安全生产的监督
　　　　管理 ………………………………… 190
　一、安全生产的监督方式 …………… 190
　二、安全监督检查人员的权利和
　　　义务 ……………………………… 190
第四节　建设工程安全事故的
　　　　处理 ………………………………… 191
　一、建设工程安全事故等级划分 …… 191
　二、施工生产安全事故应急救援
　　　预案 ……………………………… 192
　三、施工生产安全事故报告及处理 … 193
思考题 ……………………………………… 195

第十二章　建设工程合同相关法律
　　　　　制度 ……………………………… 196
第一节　《民法典》关于合同的
　　　　相关法律规定概述 ……………… 196
　一、合同的概念和特征 ……………… 196
　二、《民法典》关于合同的相关法律
　　　规定 ……………………………… 197
第二节　建设工程合同的概念及
　　　　分类 ………………………………… 197
　一、建设工程合同的概念和法律
　　　特征 ……………………………… 197
　二、建设工程合同的分类 …………… 199
第三节　建设工程合同的订立 …………… 200
　一、建设工程合同订立的形式 ……… 200
　二、建设工程合同的订立程序 ……… 201
　三、建设工程合同的主要内容 ……… 203
第四节　建设工程合同的效力 …………… 205
　一、建设工程合同的成立及建设工程
　　　施工合同的备案 ………………… 205

二、合同的生效 …………………… 206
　　三、无效的建设工程合同 …………… 208
第五节　建设工程合同的履行 …………… 212
　　一、合同履行概述 …………………… 212
　　二、建设工程合同履行中的抗辩权 … 213
　　三、建设工程合同履行的担保 ……… 214
　　四、我国的工程履约担保制度 ……… 217
第六节　建设工程合同的变更与
　　　　 终止 ……………………………… 219
　　一、建设工程合同的变更 …………… 219
　　二、建设工程合同的解除 …………… 220
　　三、违约责任 ………………………… 225
思考题 ………………………………………… 228

第十三章　建设工程法律责任 ………… 229
第一节　建设工程民事责任 ……………… 229
　　一、建设工程违约责任管理 ………… 229
　　二、建设工程民事责任的承担方式 … 231
第二节　建设工程行政法律责任 ………… 233
　　一、建设工程行政法律责任的概念 … 233
　　二、建设工程行政相对人违法的行政
　　　　责任 …………………………… 234
　　三、建设工程行政处罚程序的种类 … 235
第三节　建设工程刑事责任 ……………… 236
　　一、刑事责任 ………………………… 236
　　二、刑事责任犯罪的构成 …………… 236
　　三、刑罚 ……………………………… 237
　　四、工程重大安全事故罪 …………… 238
思考题 ………………………………………… 238

第十四章　建设工程争议的民事诉讼
　　　　　　 处理 ……………………………… 240
第一节　建设工程争议概述 ……………… 240
　　一、建设工程争议的种类 …………… 240
　　二、建设工程争议的处理方式 ……… 241
第二节　民事诉讼 ………………………… 242
　　一、民事诉讼的调整范围与民事案件的
　　　　主管和管辖 …………………… 242
　　二、回避制度 ………………………… 243
　　三、诉讼参加人 ……………………… 244

　　四、财产保全及先予执行 …………… 245
　　五、公开审判制度 …………………… 246
　　六、两审终审制度 …………………… 246
　　七、合议制度 ………………………… 246
　　八、民事诉讼程序 …………………… 246
　　九、执行程序 ………………………… 249
思考题 ………………………………………… 251

第十五章　建设工程争议的仲裁
　　　　　　 处理 ……………………………… 252
第一节　仲裁 ……………………………… 252
　　一、仲裁概述 ………………………… 252
　　二、仲裁程序 ………………………… 254
第二节　仲裁庭 …………………………… 255
　　一、仲裁庭的组成 …………………… 255
　　二、仲裁裁决的撤销 ………………… 256
　　三、仲裁裁决的执行与不予执行 …… 257
第三节　行政复议与行政诉讼 …………… 258
　　一、行政复议 ………………………… 258
　　二、行政诉讼 ………………………… 262
思考题 ………………………………………… 263

第十六章　有关工程建设的其他法律
　　　　　　 法规 ……………………………… 264
第一节　环境保护法规中与工程
　　　　 建设相关的内容 ………………… 264
　　一、建设项目环境保护的概念 ……… 264
　　二、环境保护法律制度的基本理论和
　　　　基本原则 ……………………… 265
第二节　《环境影响评价法》与工程
　　　　 建设相关的内容 ………………… 268
　　一、环境影响评价的概念和意义 …… 268
　　二、《环境影响评价法》的基本目标 … 268
　　三、环境影响评价活动应遵循的基本
　　　　原则 …………………………… 268
　　四、环境影响规划 …………………… 269
　　五、建设项目的环境影响评价 ……… 270
第三节　《消防法》与工程建设
　　　　 相关的内容 ……………………… 273
　　一、建筑工程消防设计的审查 ……… 273

二、建筑工程消防设计的验收 ……… 273
三、工程建设中应采取的消防安全
　　措施 ……………………… 273
四、消防组织形式 …………… 274
五、灭火救援 ………………… 275
第四节 《节约能源法》与工程建设
　　相关的内容 ……………… 275
一、建设工程项目的节能管理 …… 275
二、建筑节能制度 …………… 276
第五节 档案法律规范中与工程
　　建设相关的内容 ………… 277
一、建设工程文件 …………… 277
二、建设工程文件的移交程序 …… 279
思考题 ………………………… 282
第十七章 案例分析 …………… 283
案例一 ………………………… 283
案例二 ………………………… 284
案例三 ………………………… 285

案例四 ………………………… 286
案例五 ………………………… 287
案例六 ………………………… 289
案例七 ………………………… 290
案例八 ………………………… 291
案例九 ………………………… 291
案例十 ………………………… 291
案例十一 ……………………… 292
案例十二 ……………………… 292
案例十三 ……………………… 293
案例十四 ……………………… 294
案例十五 ……………………… 294
案例十六 ……………………… 295
案例十七 ……………………… 296
案例十八 ……………………… 297
案例十九 ……………………… 298
案例二十 ……………………… 299
参考文献 ……………………… 300

第一章
经济法基础

教学要点：

了解经济法的起源和发展；基本掌握经济法的调整对象和经济法的特征；熟悉经济法律关系的构成要素，以及经济法律关系的产生、变更和终止；掌握经济法实施的概念和经济法律关系的保护，为以后章节的学习奠定基础。

第一节　经济法概述

一、经济法的起源和发展

（一）经济法的起源

经济法是社会发展规律的必然结果，它与生产力、生产关系相伴而生，是市场经济发展到一定阶段的必然产物。因此，我们在探讨经济法的产生和发展时，也要始终遵循社会发展规律，并对其相应的历史进程有所把握。

奴隶社会和封建社会时期，主要以自然经济为主，人们之间的经济法律关系相对比较简单，对法律没有进行细致的划分，实行的是众法合一。随着简单商品经济的发展，被称为民法雏形的罗马的"市民法"和"万民法"先后产生，用以调整财产关系，但这个时期严格意义上的经济法并没有产生。资本主义社会初期，人们虽然依托市场从事经济活动，但是在当时，意思自治和平等交往为法律调整经济活动的主旨，国家对经济生活基本上为不干预的态度，为此，这个时期也不存在严格意义上的经济法。当资本主义发展到垄断资本主义时期，垄断集团产生，他们利用自己的优势破坏了自由竞争机制，侵害了他人的利益。这一时期资产阶级的民主政治遭到破坏，同时随着侵略战争的爆发，资本主义制度面临着崩溃。统治阶级为了维持资本主义制度，必然要运用法律手段直接干预经济生活，至此，经济法应运而生。现代意义的经济法产生于19世纪末，以1890年美国颁布的《谢尔曼反托拉斯①法》为代表。该法针对当时美国经济中垄断与竞争的矛盾，为维护竞争而宣布以托拉斯或任何类似形式限制州际贸易或对外贸易均属非法。这成为资本主义国家反垄断法的鼻祖。第一次世

---

① Trust 的音译，垄断组织的高级形式之一。

界大战之后，垄断资本家的经济权力和政治权力不断扩大，直接或间接地控制着资本主义国家机器，同时垄断资本家又各自为政。于是，代表整个资本主义利益的资本主义国家，为了化解矛盾维护整个资产阶级的利益，一方面，实行国家垄断资本主义，即通过"国有化"的形式，直接控制国民经济的重要部门；另一方面，运用法律手段直接干预经济生活。作为第一次世界大战战败国的德国为了扭转战争带来的经济颓势，于1919年颁布了《煤炭经济法》，这是世界上第一部以"经济法"命名的法律。这部法律比较明显地摆脱了民商法所确立的经济活动自由化的原则，以法律的形式提出了国家意志对社会生活的干预，从而标志着经济法的正式产生。综上所述，现代意义的经济法产生于资本主义国家，这是由资本主义政治经济发展的客观要求所决定的。

（二）经济法的发展

20世纪初在德国产生的经济法对世界各国影响颇大，各国纷纷效仿进行经济立法。尤其是第二次世界大战以后，随着科学技术的不断发展和生产力的不断进步，国家间的经济往来日益扩大，各国需要用经济法来调整各方面的经济关系，经济法因此得到快速发展。

1. 资本主义国家经济法发展历程

第一次世界大战结束后，资本主义国家着眼于规范经济主体及其活动方式，这一时期的经济立法体现了这一主旨，主要以部门法的形式来调整某一经济主体的经济行为。例如，法国1925年颁布了《有限公司法》，英国1929年颁布了《公司法》，德国1937年颁布了《股份法》，美国各州也分别制定了自己的公司法。1929—1933年的经济危机使资本主义国家的经济遭受前所未有的重创，危机过后资本主义国家开始反思并认识到，只有对社会经济生活进行调节，才能使资本主义经济达到平衡。因此，总体调节国民经济成为经济立法的重点。例如，美国1933年颁布了《紧急银行条例》《金融改革法案》《农业经济调整和农业信贷法》等70余部经济法规。在此后的几年中，美国又先后颁布了《土壤保护法》《新农业法》《国家劳动关系法》等一系列以调节社会经济生活为主的经济法规。据学者考证，仅1933—1944年，美国颁布的经济法规就达8 000多部。德国在这一时期先后颁布了《卡特尔条例》《小商人保护法》《德国经济有机结构条例》等以调节国民经济为目标的经济法规。第二次世界大战结束后，和平使世界范围内逐步形成了相对稳定的经济秩序，各国都以恢复经济为主，大力发展生产力，科学技术日新月异，国际经济交流日益广泛，经济生活国际化已成为世界经济发展的一个基本趋势，经济立法也趋于国际化。例如，美国1969年颁布了《出口管理法》，1974年颁布了《1974贸易法》；日本1950年颁布了《日本关于外国资本的法律》，等。资本主义国家的经济立法日益系统与完备。

2. 我国经济法的发展状况

我国经济法出台较晚，它的产生和发展是改革开放对经济法治建设的必然要求。1978年党的十一届三中全会以后，国家将工作重心转移到经济建设上。同年，党内著名理论家胡乔木在《人民日报》上发表文章《按照经济规律办事，加快实现四个现代化》，该文章明确提出了发展经济立法和经济司法，引起了法学界的重视。此后，党和国家领导人也陆续指出要制定各种经济法和其他法律，以此环境为依托，大量的经济法律法规应运而生。例如，《中华人民共和国中外合资经营企业法》，以及1979年国务院颁布的《中华人民共和国标准化管理条例》，1980年颁布的《国务院关于推动经济联合的暂行规定》《中华人民共和国中外合资经营企业所得税法》《中华人民共和国外汇管理暂行条例》《中华人民共和国个人所得税法》，1981年颁布的《中华人民共和国经济合同法》等。学者们也开始发表关于经济法的文章，并于1979年写出《经济法概论》教材，从1980年起在一些院校陆续开设"经济法"课程。据有关部门统计，1979—1988年，全国人民代表大会及其常务委员会通过的法律和国务院发布或批准的法规共有560部，其中经济法律、法规395部，占68%。此后，经济立法一直是国家立法的重要任务。目前，我国以宪法为基础的中国特色社会主义法律体系初步形成，国家政治生活、经济生活和社会生活各个方面已有法可依。特别是经济立法方面，国家正在抓紧制定保障改革开放和国家经济持续、稳定、协调发展的宏观调控方面的经济法律，包括有利于社会主义市场经济培育和发展的法律。我国加入世界贸易组织后，国家按照世贸组织规则逐步整理现有的法律法规，并及时进行修订，这对我国的社会主义现代化建设，必将起到极大的促进和保护作用。中国经济法学将立足于本国实际，同时吸纳世界法治和法学文明的优秀成果，采用比较研究法和历史研究法，进一步探求现代经济法的精神和发展规律，构建、完善经济法学的基本范畴和具体的经济法律制度，关注及解决实践中不断提出的热点课题和种种疑难问题，服务于国家和社会的现代化建设事业。

二、经济法的调整对象

近几年来，经济法的调整对象在经济法学中的地位、作用及影响力不断扩大，引起了法学界的高度重视。广大学者就这一问题见仁见智，至今尚未取得共识。目前，关于经济法的调整对象，在学理上出现了三种学说：一是广义说，持广义说观点的学者认为经济法是调整所有经济关系的法律；二是狭义说，持狭义说观点的学者认为经济法是调整以行政命令和计划为前提的纵向经济关系的法律，或认为经济法是调整社会组织之间根据经济合同而发生的横向经济关系的法律；三是折中说，持折中说观点的学者认为经济法不能调整所有的经济关系，有的经济关系还要由其他法律部门调整，如民法、商法、行政法等。同时，经济法也不能只调整以国家机关行政管理为主的纵向经济关系，或只调整横向经济关系，如果这样，经济法与行政法、民法、商法就没有任何区别了。通过对上述三种学说的表述，不难看出，广义说对经济法调整对象的解释过于宽泛，按照广义说，经济法调整经济关系的各个方面，把调整经济关系的其他法律囊括在内，这样的经济法就没有自己特定的调整对象；狭义说对经济法的调整对象的解释又未免太窄，与当前庞大的经济法体系不相适应；折中说适时地解决了广义说和狭义说的矛盾，是目前通用的观点。因此，我们认为，经济法应当调整一定范围内的经济关系。"一定范围内"的经济关系应如何解释呢？有的学者将其概括为经济管理关系、经济协作关系和经济组织内部的经济关系。根据这种观点，经济法主要调整下述三种特定的经济关系。

（一）经济法调整经济管理关系

所谓经济管理关系是指国家对生产部门、流通部门和其他非生产部门的生产、交换、分配、消费所进行的组织、计划、指挥、调节和监督活动过程中所形成的经济关系。经济管理关系有两个显著特征：①当事人一方始终是国家经济管理机关；②国家同社会组织之间在经济管理过程中发生的是物质利益关系。

(二) 经济法调整经济协作关系

所谓经济协作关系，是指平等主体之间在进行经济活动过程中基于平等、等价、有偿的原则而发生的经济关系。经济协作关系也具有两个显著特征：①参与经济协作的主体具有平等的法律地位；②社会组织在经济协作中发生的是物质利益关系。

(三) 经济法调整经济组织内部的经济关系

所谓经济组织内部的经济关系，是指以企业为主体的各类经济组织在经济管理和生产经营等经济活动中所发生的各种经济关系。在我国，企业与职工之间在生产、经营、管理等活动中所发生的经济关系均为经济组织内部的经济关系。

三、经济法的特征

经济法作为市场经济法律体系的重要组成部分，具有法的一般特征。同时，经济法作为我国市场经济法律体系中一个独立的部门法必然具有其自身的特征。经济法的特征集中表现在以下五个方面：

(一) 经济性

经济性是经济法最本质的特征。这是因为经济法是调节社会经济之法，发挥作用的领域是社会的经济生活领域，所以经济法通常把经济制度和经济活动的内容和要求直接规定为法律，这就使经济法必然要反映基本经济规律，揭示基本经济问题。

(二) 政府主导性

经济法是国家干预、从事经济活动、参与经济关系的产物，调整的是直接体现国家意志或公共、集体利益的经济关系，从而与政府的管理和参与有着密切的关系。作为这种特殊意志性的客观要求及其在法律上的反映，经济法在强制性、授权性和法的实现方面均体现着政府主导性特征，也可称为行政主导性。

(三) 政策性

经济法是国家调节经济活动和参与经济关系的产物，在此过程中，国家的经济体制和经济政策对经济法的发展及变化产生了重要影响，经济法也必须反映和回应社会经济生活及政策的变化，呈现出政策性的特性。这主要表现在经济法随时根据国家意志的需要赋予政策以法的效力，并随经济体制和经济政策的变化而变化。

(四) 综合性

经济法的综合性表现，即它在调整手段上运用民事、行政、刑事等各种经济法律手段，进行综合调整。在调整范围上，经济法调整的内容既包括宏观经济领域的管理关系，也包括微观经济领域的协作关系。

(五) 社会性

经济法的社会性主要体现为经济法以社会为本位的特征。经济法是顺应国家干预社会经济生活的要求而产生和发展起来的，为国家干预社会经济生活提供了法律依据和保障，其根本目标在于维护社会整体利益，促进社会经济的协调发展。

第二节 经济法律关系

一、经济法律关系的构成要素

经济法律关系是由经济法律关系的主体、经济法律关系的内容和经济法律关系的客体三个要素构成的，缺少其中任何一个要素都不能构成经济法律关系。因此，经济法律关系的构成要素是指构成经济法律关系不可缺少的组成部分。

(一) 经济法律关系的主体

经济法律关系的主体也称经济法主体，是指经济法律关系的参与者，即依法享有经济权利和承担义务的当事人。其中，享有权利的一方称为权利主体，承担义务的一方称为义务主体。在经济法律关系中，必须有两个或两个以上的当事人参与，才能构成经济法律关系，这些参与者就是经济法主体。一般而言，经济法主体兼具经济权利和经济义务主体的双重身份。经济法律关系的主体范围是由经济法调整对象的范围决定的。由于经济法调整对象的广泛性，经济法主体的范围也十分广泛。在我国，经济法律关系的主体主要包括以下六类。

1. 国家

国家是经济法律关系的特殊主体。中华人民共和国是全民所有制财产（包括土地）的唯一主体，又是国民经济的领导、组织、管理者，在宏观调控、协调国民经济运行中起着无可替代的作用。在发行国库券、与外国政府签订贸易协定等少数情况下，国家以自己的名义直接参与经济法律关系，但一般情况下，国家并不直接参与经济法律关系。

2. 国家机关

国家机关是行使国家职能的各种机关的统称，是经济法律关系的重要主体。其中，经济管理机关在实现国家经济职能的过程中处于重要的法律地位。经济管理机关包括两类：一是行业性经济管理机关；二是职能性经济管理机关。它们主要在市场管理和宏观经济调控中发挥着重要作用。

3. 企业和其他社会组织

企业是把人的要素与物的要素结合起来，自主地从事经济活动，具有营利性的商品经济组织，是各类经济活动的基本单位，是最普通、最广泛的经济法律关系的主体。它的数量多、范围广，因此，它是经济法律关系最重要的主体。

其他社会组织主要包括事业单位和社会团体，前者包括科研院所、学校、医院等；后者包括党团组织、工会、妇联、学术团体等。

4. 企业内部机构

企业内部机构是指隶属于企业，担负企业一定的生产经营职能的分支机构、职能科室和基层业务活动的组织。除某些企业内部机构经依法批准可以参与企业外部经济法律关系外，其他企业内部机构只能参加企业内部的经济法律关系。

5. 公民

此处所指的公民是指从事生产经营活动或在一定条件下参与经济法律关系的公民。前者主要是指个体工商户、农村承包经营户；后者是指除前者之外的具有中华人民共和国国籍的自然人。当他们参与经济法律法规规定的经济活动时，便成为经济法律关系的主体。他们在从事经济活动、享受权利和承担义务时，均是以自然人的身份出现的。

6. 外国自然人和社会组织

外国自然人和社会组织，在我国法律或我国缔结或参加的国际条约明确规定的范围内，可以成为我国经济法律关系的主体。外国自然人和社会组织与我国有关经济管理机关发生经济管理关系，与我国的企业、其他经济组织和个人发生经济协作关系。

（二）经济法律关系的内容

经济法律关系的内容是经济法律关系的主体享有的经济权利和承担的经济义务，这是经济法律关系的核心，直接体现了经济法主体的利益和要求。因而，没有经济权利和经济义务的经济法律关系是不存在的。

经济权利和经济义务依据法律性质的不同而有所不同。在具体的经济法律关系中，一种经济法律关系的经济权利和义务也可能与另一种经济法律关系的经济权利和义务有所区别，这是由经济法律关系的不同目的所决定的。经济法律关系的经济权利和义务一旦确定，即受国家强制力的保护。

1. 经济权利

经济权利是指经济法主体在法定范围内享有的自己为一定行为或不为一定行为，以及要求他人为一定行为或不为一定行为的资格。经济权利主要包括以下几种。

（1）经济管理权。经济管理权是一种综合性的经济权利，也是经济法主体所享有的主要权利。经济管理权是管理者从事经济管理活动的依据，它实质上就是我国法律赋予国家经济领导机关的经济职权。经济管理权又可具体分为：①决策权；②命令权；③禁止权；④许可权；⑤批准权；⑥撤销权；⑦免除权；⑧审核权；⑨确认权；⑩协调权；⑪监督权。

（2）财产权。财产权是具有直接的经济内容并为经济利益所决定的权益。财产权在经济生活中主要包括所有权、经营权、承包权和债权等几种具体权利。

（3）请求权。请求权是指经济法主体享有请求他方为一定行为或者不为一定行为的权利。请求权是与经济管理关系有着密切联系的一种权利。请求权虽然不具有等价有偿的性质，但是它与经济法主体的经济利益直接相关，因此它是我国经济法赋予经济法主体的一项重要权利。经济权利的本质在于满足经济法主体的利益。经济法主体通过经济权利的行使，在实现自身利益的过程中，也实现了国家利益和社会利益。因此，经济利益是经济权利的实质和核心内容。经济法赋予经济法主体一定的经济权利，就意味着经济主体获得了实现经济利益的自由。

2. 经济义务

经济义务是指经济法主体必须进行某种经济活动或不进行某种经济活动，以满足对方合法要求的约束。具体表现为义务主体为了权利主体合法权益的实现而必须为一定行为或不为一定行为，否则要承担法律责任。

（三）经济法律关系的客体

经济法律关系的客体是指经济法律关系的主体享有经济权利和承担经济义务所共同指向的对象。客体是确立权利和义务关系性质和具体内容的依据，也是确定权利行使与否和义务履行与否的客观标准。如果没有客体，经济权利和义务就失去了依附的目标和载体，也不可能发生经济权利和义务。因此，客体是经济法律关系不可缺少的要素之一。经济法律关系的客体可分为物、行为、货币和有价证券以及智力成果。

1. 物

经济法上所说的物，是指具有一定经济价值、能为人力所支配并且符合法律规定的物质资料。

作为经济法律关系客体的物，可以从以下不同的角度划分：

1）生产资料和生活资料。
2）限制流通物和不受限制流通物。
3）固定资产和流动资金等。

2. 行为

行为是指人的有意识的活动，包括作为和不作为。经济法律关系客体的行为是指经济法律关系主体为达到一定经济目的而进行的行为。它包括经济组织管理的行为、完成一定工作的行为和提供一定劳务的行为。经济组织管理的行为是指经济法主体行使经济组织权和经营管理权所指向的行为，如经济决策行为、审查批准行为、生产经营行为等。完成一定工作的行为是指经济法主体的一方利用自己的资金和技术设备为另一方完成一定的工作任务，而另一方根据完成工作的数量和质量支付一定报酬的行为。提供一定劳务的行为是指提供一定劳务或服务满足对方的需求而对方支付一定酬金的行为。

3. 货币和有价证券

货币是由国家垄断发行的，充当一般等价物的特殊商品。货币是经济法律关系的一种特殊的标的。货币具有价值尺度、流通手段、贮藏手段、支付手段和世界货币五种职能。在我国，人民币是国家法定货币。除法律法规特别规定外，在我国境内所有经济活动必须用人民币计算和支付，一切外币禁止流通。有价证券是具有一定的票面金额，代表一定的财产所有权或债权的证书。有价证券主要包括股票、债券、票据等，可以按照有关法律的规定买卖和转让。

4. 智力成果

智力成果是指人们通过脑力劳动创造的能够带来经济价值的精神财富。智力成果是一种精神形态的客体，是一种思想或者技术方案。它不是物，而是一种知识财富，主要包括专利、商标、专有技术、专著等无形财产。

二、经济法律关系的产生、变更和终止

（一）经济法律关系的产生、变更和终止的概念

经济法律关系的产生是指在经济法律关系的主体之间形成的权利与义务关系。经济法律关系的变更是指经济法律关系的主体、内容与客体的变动。经济法律关系的终止是指经济法律关系的主体之间经济权利和经济义务的消灭。

（二）经济法律事实

经济法律关系的产生、变更和终止，都必须以一定的经济法律事实为依据。经济法律事实是指符合经济法律规范的规定，能够引起经济法律关系产生、变更和终止的客观事物。经济法律事实可以分为行为和事件两大类。行为是指以经济法主体意志为转移，能够引起法律

后果，即引起经济法律关系产生、变更和终止的人们有意识的活动。例如，合同的签订就可以在当事人之间发生的权利和义务关系，它是引起经济法律关系产生、变更和终止的最普遍的法律事实。按行为性质又分为合法行为和违法行为，合法行为受法律的确认和保护，违法行为不受法律的确认和保护，相反还会受到法律的制裁。事件是指能够引起经济法律关系产生、变更和终止，不以人的意志为转移的客观事实。事件可以是自然现象，如地震、洪水、台风等非人为因素造成的自然灾害，也可以是某些社会现象，如战争爆发、重大政策的改变等，虽然由人的行为引起，但其出现在特定的经济法律关系中，并且不以人的意志为转移。

（三）经济法律关系的内容

经济法律关系的内容是指经济法律关系主体依法享有的经济权利和应承担的经济义务。它包括经济权利和经济义务两方面的内容。

1. 经济权利

经济权利是指经济法律关系主体依法享有的某种经济权益，也就是要求义务主体做出某种行为以实现或保护自身利益的资格。经济权利的含义有以下三点：

1) 享有经济权利的主体，在经济法律、法规所规定的范围内，根据自己意志从事一定的经济活动，支配一定的财产，以实现自己的利益。

2) 经济权利主体依照经济法律、法规或约定，可以要求特定的义务主体做出一定的行为，以实现自己的利益和要求。

3) 在经济义务主体不能依法或不依法履行义务时，经济权利主体可以请求有关机关强制其履行，以保护和实现自己的利益。

2. 经济义务

经济义务是指法律规定的经济法律关系主体必须为一定行为或不行为的约束力。经济义务的含义有以下三点：

1) 承担经济义务的主体依照法律、法规或合同的规定，必须为一定行为或不行为，以实现经济权利主体的利益和要求。

2) 经济义务主体应自觉履行其义务，如果不履行或不全面履行义务，将受到国家强制力的制裁。

3) 经济义务主体履行义务仅限于法律、法规或合同规定的范围，不必履行上述规定以外的要求。

三、经济法的实施与经济法律关系的保护

（一）经济法的实施

经济法的实施是指经济法主体实现经济法的活动。它包括经济守法、经济执法和经济司法。经济守法是指经济法主体遵守经济法的活动；经济执法是指国家行政机关按照法定职权和程序执行经济法的活动；经济司法是指国家司法机关依法对经济纠纷案件和经济犯罪案件进行经济检察和经济审判的活动。经济法的有效实施，对于维护法律的尊严，发挥经济法的作用，推进我国社会主义市场经济法律体系的健全，促进国民经济的发展，都有很重要的作用。为了强化经济法的实施，必须加强经济法教育，建立健全经济执法和司法机构，完善经济监督体系，引导经济法主体在经济活动中解决矛盾和纠纷，严肃查处经济法主体的违法违

纪行为，做到有法必依、执法必严、违法必究。

（二）经济法律关系的保护

经济法律关系的保护，就内容方面来说，就是严格地监督经济法律关系参加者正确地行使权利，并切实地履行义务，即加强经济方面的社会主义法治体系，维护经济法规定的国家机关、法人和有关的自然人的法律地位不受侵犯，保护他们的权利，促使他们履行应承担的各种义务。要保护一方所享受的经济方面的权利，就必然要求另一方切实履行经济方面的义务，因此，对经济法律关系的保护也可称为对经济权利的保护。从广义上说，保护经济法律关系的方法就是，国家通过经济立法活动和经济司法活动来保护经济法律关系当事人权利和义务的实现。从狭义上说，经济法律关系的保护就是对破坏正常的经济法律关系的行为依法追究法律责任，对法律责任的追究也就是对正确的经济法律关系的保护。

追究法律责任包括以下几种形式。

1. 经济制裁

（1）赔偿经济损失。这是最常用的一种形式，是指一方违反经济法规而给对方造成损失后的一种补偿。通过赔偿经济损失，一方面可以制裁经济违法行为；另一方面使受害人的损失得到补偿。

（2）支付违约金。它是对不履行经济义务采取的一种制裁。

（3）罚款。它是国家管理机关对经济组织由于违反经济法规而依法强制其缴纳一定数额金钱的一种处罚。例如，国家税务机关为了维护国家规定，对某经济组织或个人因偷税漏税所处的罚款；市场管理机关为了维护国家和消费者的利益对某商业组织或个人因违反市场管理或物价管理规定所处的罚款等。这类罚款与《中华人民共和国刑法》（以下简称《刑法》）中的罚金不同，前者是因违反国家经济行政管理法令给予的处罚，后者是因触犯经济方面的刑律而产生的。

（4）强制收购。对违背国家的价格政策及其他类似经济行为而情节较轻者，国家可强制收购，必要时可以贬值收购，以示制裁。

（5）没收财产。它是对经济违法行为的当事人的有关财产或所有财产强制收归国有的一种经济制裁。没收财产主要有两种情况：一是在经济方面触犯刑律，把没收其财产作为一种刑罚。因此，它与犯罪行为有密切联系。二是在经济行政方面没收非法财物。例如，海关对走私活动尚不够起诉判刑的，就采取没收其走私物品的办法；违反市场管理的经济违法行为，在政令上也有没收商品的规定。

（6）其他。如停止侵害、排除妨碍、消除危险、返还财产、恢复原状、修理、重作、更换等。

2. 行政制裁

行政制裁是指行政领导机关对违反经济法规的单位或个人，依行政程序而给予的处分。对单位可以采取批评、警告、停业整顿、吊销营业执照等处分方法；对公民可以采取警告、记过、记大过、降级、降职、撤职、留用察看和开除等处分方法。

3. 刑事制裁

刑事制裁是对违反经济法律法规、造成严重后果、触犯了国家刑律的经济犯罪分子，依法给予的刑事制裁措施。刑事责任不只限于自然人，也适用于法人和社会组织。总之，为了保护经济法律关系，维护国家经济管理机关、经济组织和有关公民的合法经济权利，必须在行政管理和经济司法上采取必要的强制措施，包括行政性处分、经济制裁以至于刑事制裁。通过行政管理活动和司法活动，保护经济法规定的、在国民经济管理和各经济组织及其内部的经济活动中以及经济运行与宏观调控中的当事人的权利不受侵犯。与此同时，对经济法律关系的保护，经济法规定的各种奖励措施也是重要方法。

思 考 题

1. 简述我国经济法的发展历程。
2. 简述经济法的特征。
3. 经济法律关系的构成要素有哪些？
4. 经济法律关系的内容包括哪些？
5. 试述经济法律事实的概念。
6. 简述经济法律关系的内容。
7. 简述经济法律关系的保护。
8. 试述经济制裁的具体内容。

第二章 公司法律制度

教学要点：

了解公司的概念、特征和种类；熟悉有限责任公司的相关法律规定，以及股份有限公司的相关法律规定；掌握《公司法》中关于公司董事、监事、高级管理人员的资格和义务的规定；熟悉公司债券的相关法律规定；熟悉和掌握《公司法》中关于法律责任的规定。

第一节 公司法的相关概念

公司是社会经济组织中最主要的一种企业形式，因此对公司行为的规范尤为重要。公司是企业法人，有独立的法人财产，享有法人财产权。公司以其全部财产对公司的债务承担责任。我国的《中华人民共和国公司法》（简称《公司法》）是建立社会主义市场经济体制的一部重要法律。它的制定和实施，对于规范市场主体的组织行为和交易行为，深化企业改革，建立现代企业制度，加快转换企业经营机制，明确产权关系，完善企业法人制度，培育市场体系，转变政府职能都具有举足轻重的作用。

一、公司的概念、特征和种类

（一）公司的概念

公司是依照《公司法》组建并登记成立的以营利为目的的企业法人。《公司法》第二条规定："本法所称公司是指依照本法在中国境内设立的有限责任公司和股份有限公司。"这一条强调了两点：一是公司的设立必须是在中国境内；二是《公司法》的调整对象仅是有限责任公司和股份有限公司。

（二）公司的特征

1. 公司必须依照法律规定设立

公司必须依照《公司法》规定的条件和程序设立。有些特殊公司，其设立还必须遵守有关特别法律的规定。

2. 公司是以营利为目的的

所谓公司是以营利为目的的，是指设立公司的目的及公司的运作，都是为了获取经济利益，即以尽可能少的劳动和物质消耗，获取最大的利润，并将之分配于股东。这一营利性特征是公司区别于国家机关、事业单位及社会团体的主要标志。

3. 公司必须具备法人资格

公司必须是法人。它具有从事生产经营或其他服务性活动的权利能力和行为能力，并依法独立享有经济权利和承担经济义务。这一特征使公司区别于独资企业与合伙企业。

《公司法》规定，公司作为企业法人享有法人财产权。公司的财产虽然源于股东的投资，但股东一旦将财产投入公司，便丧失对该财产直接支配的权利，只享有公司的股权，由公司享有对该财产的支配权利，即法人财产权。投资于公司的财产需要通过对资本的注册与股东的其他财产明确分开，在公司成立后股东不得抽逃投资，或者占用公司的资金、财产。

公司的法人财产权既是公司作为法人对外承担责任的基础，也是公司对股东履行责任的基础。因此，《公司法》做出如下规定：

1）公司向其他企业投资或者为他人提供担保，按照公司章程的规定，由董事会或者股东会、股东大会决议；公司章程对投资或者担保的总额及单项投资或者担保的数额有限额规定的，不得超过规定的限额。

2）公司为公司股东或者实际控制人提供担保的，必须经股东会或者股东大会决议，接受担保的股东或者受接受担保的实际控制人支配的股东，不得参加对提供担保事项的表决，该项表决由出席会议的其他股东所持表决权的过半数通过。

3）公司可以向其他企业投资，但是，除法律另有规定外，不得成为对所投资企业的债务承担连带责任的出资人。

（三）公司的种类

1. 无限公司、两合公司、股份两合公司、有限责任公司、股份有限公司

这是以公司股东的责任范围为标准进行的分类。我国《公司法》规定的公司只包括有限责任公司和股份有限公司两种。

有限责任公司是指由 50 个以下股东出资设立，每个股东以其认缴的出资额对公司承担有限责任，公司以其全部资产对其债务承担责任的经济组织。

股份有限公司是由 2 人以上 200 人以下的发起人（其中须有半数以上的发起人在中国境内有住所），通过发起设立或者募集设立的方式设立的公司。发起设立是指由发起人认购公司应发行的全部股份而设立公司；募集设立是指由发起人认购公司应发行股份的一部分，其余股份向社会公开募集或者向特定对象募集而设立公司。股东以其所认购股份对公司承担责任，公司以全部资产对公司债务承担责任。

2. 人合公司、资合公司及人合兼资合公司

这是按照公司信用基础的不同而进行的分类，并且只是学理上的分类。凡公司的经营活动着重于股东个人条件的，即为人合公司，其信用基础在于股东个人的信用，而不在于公司资本的多少。凡公司的经营活动着重于公司资本数额的，即为资合公司，其信用基础在于公司资本的多少，而不在于股东个人的信用。人合兼资合的公司是指同时以公司资本和股东个人信用作为公司信用基础的公司。

3. 母公司、子公司

这是依据公司之间的关系为标准进行的分类。当一个公司拥有另一个公司的股份达到一定的比例时，该公司便控制了另一个公司，因而该公司便成为被控制公司的母公司；反之，

如果一个公司的一定比例的股份被另一个公司拥有，从而被其控制，那么该公司便成为控制公司的子公司。子公司虽然被母公司控制，但子公司仍然是独立法人，独立承担民事责任，拥有独立的财产和独立的组织架构。

二、公司法的概念和特征

（一）公司法的概念

公司法是规定公司的设置、组织、活动、解散及其对内对外关系的，规范公司的组织和行为，保护公司、股东和债权人的合法权益，维护社会经济秩序，促进社会主义市场经济发展的法律规范的总称。

公司法规范的对象是有限责任公司和股份有限公司，它是公司设立、变更、解散及内部机构组织和管理的规范。同时，《公司法》也是行为法，它规范了与公司组织特点密切相关的股票和公司债券的发行、转让等公司行为。《公司法》主要由具有强制性的法律规范组成，体现了国家对微观经济生活的干预。我国的《公司法》是于1993年12月29日第八届全国人民代表大会常务委员会第五次会议通过的，并于2005年10月27日第十届全国人民代表大会常务委员会第十八次会议进行了较大规模的修订，根据2013年12月28日第十二届全国人民代表大会常务委员会第六次会议《关于修改〈中华人民共和国海洋环境保护法〉等七部法律的决定》第三次修正，根据2018年10月26日第十三届全国人民代表大会常务委员会第六次会议《关于修改〈中华人民共和国公司法〉的决定》第四次修正。

（二）公司法的主要特征

1. 公司法是一种主体法

公司法规定并调整公司的设立条件与设立程序、公司的组织机构及公司变更、消灭的条件和程序。

2. 公司法是一种行为法

公司作为一种企业的组织形式，是要开展生产经营活动的，公司法对其生产经营活动的基本方面也做了规定，但对公司具体生产经营活动没有做规定。

3. 公司法强制性规范多，任意性规范少

这是基于公司法规定的公司是市场经济主体中的主体，其行为后果对整个社会经济秩序影响较大且公司制是现代企业制度的主要形式而考虑的，也是从我国的具体情况出发而规定的。

三、有限责任公司的相关法律规定

（一）有限责任公司的法律特征

1）股东以其认缴的出资额为限对公司承担责任，公司以其全部资产对其债务承担责任。

2）有限责任公司实行资本金制度，公司资本不必划分为等额股份。

3）有限责任公司的出资人数为50人以下。

4）有限责任公司不能公开募股，不能发行股票。

5）股东出资，不得随意向股东以外的人转让，如需转让须满足一定的条件和程序。

(二) 有限责任公司的设立

1. 设立有限责任公司应当具备的条件

（1）股东符合法定人数。有限责任公司由 50 个以下的股东共同出资设立。《公司法》在修订过程中新增了一人有限责任公司形式。

（2）有符合公司章程规定的全体股东认缴的出资额。有限责任公司的注册资本为在公司登记机关登记的全体股东认缴的出资额。2013 年《公司法》修订的核心内容就是注册资本由实缴登记制改为认缴登记制，并取消法定最低注册资本。股东（或发起人）可以自主约定认缴出资额，自主约定公司设立时的首次出资比例，自主约定出资方式和货币出资比例，自主约定缴足出资的出资期限。

法律、行政法规及国务院决定对有限责任公司注册资本实缴、注册资本最低限额另有规定的，从其规定。注册资本要求有例外的如《中华人民共和国证券法》（简称《证券法》）对证券公司最低注册资本的规定、《商业银行法》对设立商业银行最低注册资本的规定、《保险法》对保险公司最低注册资本的要求、《国际货物运输代理业管理规定》有关设立国际货运代理公司最低注册资本的要求等。

股东以货币出资的，应当将货币出资足额存入有限责任公司在银行开设的账户；以非货币财产出资的，应当依法办理其财产权的转移手续。

股东可以用货币出资，也可以用实物、知识产权、土地使用权等可以用货币估价并可以依法转让的非货币财产作价出资，但是，法律、行政法规规定不得作为出资的财产除外。对作为出资的非货币财产应当评估作价，核实财产，不得高估或者低估作价。法律、行政法规对评估作价有规定的，从其规定。股东不得以劳务、信用、自然人姓名、商誉、特许经营权或者设定担保的财产等作价出资。

（3）股东共同制定公司章程。设立有限责任公司，必须依照《公司法》的规定制定公司章程。股东应当在公司章程上签名、盖章。公司章程对公司、股东、董事、监事、经理具有约束力。有限责任公司章程应当载明下列事项：①公司名称和住所；②公司经营范围；③公司注册资本；④股东的姓名或者名称；⑤股东的出资方式、出资额和出资时间；⑥公司的机构及其产生办法、职权、议事规则；⑦公司法定代表人；⑧股东会会议认为需要规定的其他事项。

（4）有公司名称，建立符合有限责任公司要求的组织机构。

（5）有公司住所。

2. 瑕疵出资的法律责任

股东应当按期足额缴纳公司章程中规定的各自所认缴的出资额，否则除应当向公司足额缴纳外，还应当向已按期足额缴纳出资的股东承担违约责任。

有限责任公司成立后，发现作为设立公司出资的非货币财产的实际价额显著低于公司章程所定价额的，应当由交付该出资的股东补足其差额；公司设立时的其他股东承担连带责任。

公司成立后，公司、股东或者公司债权人以相关股东的行为符合下列情形之一且以损害公司权益为由，请求认定该股东抽逃出资的，人民法院应予支持：①制作虚假财务会计报表虚增利润进行分配；②通过虚构债权债务关系将其出资转出；③利用关联交易将出资转出；

④其他未经法定程序将出资抽回的行为。

3. 股权的取得与证明

股东认足公司章程规定的出资后，由全体股东指定的代表或者共同委托的代理人向公司登记机关报送公司登记申请书、公司章程等文件，申请设立登记。公司登记机关对符合法律规定条件的，予以登记，发给公司营业执照；对不符合法律规定条件的，不予登记。公司营业执照签发日期为有限责任公司的成立日期。公司营业执照应当载明公司的名称、住所、注册资本、经营范围、法定代表人姓名等事项。有限责任公司成立后，应当向股东签发出资证明书。有限责任公司应当置备股东名册，记载于股东名册的股东可以依股东名册主张行使股东权利。公司应当将股东的姓名或者名称向公司登记机关登记；登记事项发生变更的，应当办理变更登记。未经登记或者变更登记的，不得对抗第三人。

（三）有限责任公司的组织机构

1. 股东会

（1）股东会的职权。有限责任公司股东会由全体股东组成。股东会是公司的权力机构，依法行使下列职权：①决定公司的经营方针和投资计划；②选举和更换非由职工代表担任的董事、监事，决定有关董事、监事的报酬事项；③审议批准董事会的报告；④审议批准监事会或者监事的报告；⑤审议批准公司的年度财务预算方案、决算方案；⑥审议批准公司的利润分配方案和弥补亏损方案；⑦对公司增加或者减少注册资本作出决议；⑧对发行公司债券作出决议；⑨对公司合并、分立、解散、清算或者变更公司形式作出决议；⑩修改公司章程；⑪公司章程规定的其他职权。

（2）股东会的议事规则。股东会会议分为定期会议和临时会议。定期会议应当依照公司章程的规定按时召开。代表 1/10 以上表决权的股东，1/3 以上的董事、监事会或者不设监事会的公司的监事提议召开临时会议的，应当召开临时会议。

股东会会议由股东按照出资比例行使表决权，但是公司章程另有约定的除外。股东会对公司增加或者减少注册资本、分立、合并、解散或者变更公司形式的决议，以及修改公司章程的决议，必须经代表 2/3 以上表决权的股东通过。

2. 董事会或执行董事

（1）董事会的职权。有限责任公司设董事会，其成员为 3~13 人，《公司法》第五十条另有规定的除外。董事会对股东会负责，行使下列职权：①召集股东会会议，并向股东会报告工作；②执行股东会的决议；③决定公司的经营计划和投资方案；④制订公司的年度财务预算、决算方案；⑤制订公司的利润分配方案和弥补亏损方案；⑥制订公司增加或者减少注册资本及发行公司债券的方案；⑦制订公司合并、分立、变更公司形式、解散的方案；⑧决定公司内部管理机构的设置；⑨决定聘任或者解聘公司经理及其报酬事项，并根据经理的提名决定聘任或者解聘公司副经理、财务负责人及其报酬事项；⑩制定公司的基本管理制度；⑪公司章程规定的其他职权。

（2）有限责任公司的执行董事和董事会的议事规则。股东人数较少和规模较小的，可以设一名执行董事，不设董事会。执行董事可以兼任公司经理。执行董事的职权由公司章程规定。有限责任公司不设董事会的，执行董事为公司的法定代表人。董事会会议由董事长召集和主持。董事会应将所议事项的决定做成会议记录，出席会议的董事应在会议记录上签名。

3. 有限责任公司的经理（总经理）

有限责任公司可以设经理，经理由董事会聘任或解聘。经理主要行使下列职权：①主持公司的生产经营管理工作，组织实施董事会决议；②组织实施公司年度经营计划和投资方案；③拟订公司内部管理机构设置方案、公司的基本管理制度；等等。

4. 有限责任公司的监事会或监事

有限责任公司设监事会，其成员不得少于3人。股东人数较少或者规模较小的有限责任公司，可以设1~2名监事，不设监事会。

监事会或监事的职权包括：①检查公司财务；②对董事、高级管理人员执行公司职务的行为进行监督，对违反法律、行政法规、公司章程或者股东会决议的董事、高级管理人员提出罢免的建议；③当董事、高级管理人员的行为损害公司的利益时，要求董事、高级管理人员予以纠正；④提议召开临时股东会会议，在董事会不履行本法规定的召集和主持股东会会议职责时召集和主持股东会会议；⑤向股东会会议提出提案；⑥依照《公司法》第一百五十一条的规定，对董事、高级管理人员提起诉讼；⑦公司章程规定的其他职权。

（四）一人有限责任公司

《公司法》规定，一人有限责任公司的设立和组织机构适用特别规定，没有特别规定的，适用有限责任公司的相关规定。这些特别规定主要包括以下几个方面。

1) 一个自然人只能投资设立一个一人有限责任公司，该一人有限责任公司不能投资设立新的一人有限责任公司。

2) 一人有限责任公司应当在公司登记中注明自然人独资或者法人独资，并在公司营业执照中载明。

3) 一人有限责任公司不设股东会。法律规定的股东会职权由股东行使，当股东行使相应职权做出决定时，应当采用书面形式，并由股东签字后置备于公司。

4) 一人有限责任公司的股东不能证明公司财产独立于股东自己的财产的，应当对公司债务承担连带责任。

（五）国有独资公司

国有独资公司是指国家单独出资，由国务院或者地方人民政府授权本级人民政府国有资产监督管理机构履行出资人职责的有限责任公司。国有独资公司是特殊形式的有限责任公司，其投资人只能是国家授权投资的机构或国家授权的部门。《公司法》对国有独资公司的特别规定主要包括以下几个方面。

1) 国有独资公司章程由国有资产监督管理机构制定，或者由董事会制定报国有资产监督管理机构批准。

2) 国有独资公司不设股东会，由国有资产监督管理机构行使股东会职权。国有资产监督管理机构可以授权公司董事会行使股东会的部分职权，决定公司的重大事项，但公司的合并、分立、解散、增减注册资本和发行公司债券，必须由国有资产监督管理机构决定；其中，重要的国有独资公司合并、分立、解散、申请破产的，应当由国有资产监督管理机构审核后，报本级人民政府批准。上述所称重要的国有独资公司，按照国务院的规定确定。

3) 国有独资公司设立董事会，依照法律规定的有限责任公司董事会的职权和国有资产监督管理机构的授权行使职权。董事会成员中应当有公司职工代表。董事会成员由国有资产监督管理机构委派，但是，董事会成员中的职工代表由公司职工代表大会选举产生。董事每届任期不得超过 3 年。董事会设董事长 1 人，可以设副董事长。董事长、副董事长由国有资产监督管理机构从董事会成员中指定。

4）国有独资公司设经理，由董事会聘任或者解聘。国有独资公司经理的职权与一般有限责任公司经理的职权相同。

5）国有独资公司的董事长、副董事长、董事、高级管理人员，未经国有资产监督管理机构同意，不得在其他有限责任公司、股份有限公司或者其他经济组织兼职。

6）国有独资公司设监事会，其成员不得少于 5 人，其中职工代表的比例不得低于 1/3，具体比例由公司章程规定。监事会成员由国有资产监督管理机构委派，但是，监事会成员中的职工代表由公司职工代表大会选举产生。监事会主席由国有资产监督管理机构从监事会成员中指定。

（六）有限责任公司的股权转让

有限责任公司股东转让股权，包括股东之间转让股权、股东向股东以外的人转让股权和人民法院强制转让股东股权几种情形。

1）有限责任公司的股东之间可以相互转让其全部或者部分股权。股东向股东以外的人转让股权，应当经其他股东过半数同意。股东应就其股权转让事项书面通知其他股东征求同意，其他股东自接到书面通知之日起满 30 日未答复的，视为同意转让。其他股东半数以上不同意转让的，不同意的股东应当购买该转让的股权；不购买的，视为同意转让。经股东同意转让的股权，在同等条件下，其他股东有优先购买权。两个以上股东主张行使优先购买权的，协商确定各自的购买比例；协商不成的，按照转让时各自的出资比例行使优先购买权。公司章程对股权转让另有规定的，从其规定。

2）人民法院依照法律规定的强制执行程序转让股东的股权时，应当通知公司及全体股东，其他股东在同等条件下有优先购买权。其他股东自人民法院通知之日起满 20 日不行使优先购买权的，视为放弃优先购买权。

3）异议股东股份回购请求权，是指有下列情形之一的，对股东会该项决议投反对票的股东可以请求公司按照合理的价格收购其股权：①公司连续 5 年不向股东分配利润，而公司该 5 年连续盈利，并且符合《公司法》规定的分配利润条件的；②公司合并、分立、转让主要财产的；③公司章程规定的营业期限届满或者章程规定的其他解散事由出现，股东会会议通过决议修改章程使公司存续的。自股东会会议通过决议之日起 60 日内，股东与公司不能达成股权收购协议的，股东可以自股东会会议通过决议之日起 90 日内向人民法院提起诉讼。

4）自然人股东死亡后，其合法继承人可以继承股东资格。但是，公司章程另有规定的除外。

四、股份有限公司的相关法律规定

股份有限公司的设立，可以采取发起设立或者募集设立的方式。发起设立是指由发起人认购公司应发行的全部股份而设立公司；募集设立是指由发起人认购公司应发行股份的一部分，其余股份向社会公开募集或者向特定对象募集而设立公司。

（一）股份有限公司的法律特征

股份有限公司有如下特征：

1）资本划分为等额股份，通过发行股票筹集资本。股份有限公司以资本联合为基础而组成，这是其显著特点。

2）股东人数没有限制，但成立股份有限公司的发起人人数应符合规定。

3）股份有限公司的股票转让较为自由。

4）股份有限公司公开程度较高，有较多的公开义务。

我国《公司法》规定的有限责任公司与股份有限公司主要存在以下区别：

(1) 设立方式不同。有限责任公司只能以发起方式设立，公司资本只能由发起人认缴，不允许向社会筹集。股份有限公司既可以发起设立，也可以募集设立。

(2) 股东人数上下限规定不同。有限责任公司的股东人数无下限规定，仅做了50人以下的上限规定，允许设立一人有限责任公司和国有独资公司。股份有限公司对发起人人数有上下限的规定，为2人以上200人以下，而且须有半数以上的发起人在中国境内有住所。

(3) 股权的表现形式不同。有限责任公司股东以出资证明书作为股权表现形式，出资证明书必须采取记名方式，通常为纸面形式；股份有限公司股东以股票作为股权表现形式，股票可以采取纸面形式，但目前通常为无纸化形式。

(4) 股权转让方式不同。有限责任公司的股东转让，其股权受到一定的法律限制，除公司章程另有规定外，在股东之间可以自由转让其全部或者部分股权；对于股东向股东以外的人转让股权的，法律有限制性规定。股份有限公司的股票以自由转让为原则，股票还可以依法在证券交易所上市交易。

(5) 组织机构不同。有限责任公司的组织机构设置较股份有限公司更为灵活，如公司股东人数较少或者规模较小，可以不设董事会，只设一名执行董事，可以不设监事会，只设1~2名监事；股份有限公司则必须设置股东大会、董事会、监事会。

(6) 公司所有权与经营权分离程度不同。有限责任公司的两权分离程度较低，其股东多通过出任经营职务直接参与公司的经营管理，决定公司事务。股份有限公司，尤其是向社会公众发行股票的股份有限公司，其两权分离程度较高，因此必须强调组织机构与法人治理机制的完善，法律也对其赋予了较多的强制性义务。

(7) 信息披露义务不同。股份有限公司具有开放性，负有法律规定的信息披露义务，其财务状况和经营情况等要依法进行公开披露，以保障社会投资者的利益。有限责任公司则因其为非公众公司而不受此限制。

(二) 股份有限公司的设立

1. 设立股份有限公司应当具备的条件

(1) 发起人符合法定人数。设立股份有限公司，应当有2人以上200人以下的发起人，其中须有半数以上的发起人在我国境内有住所。

(2) 注册资本符合法律规定。股份有限公司采取发起设立方式设立的，注册资本为在公司登记机关登记的全体发起人认购的股本总额。在发起人认购的股份缴足前，不得向他人募集股份。股份有限公司采取募集方式设立的，注册资本为在公司登记机关登记的实收股本总额。法律、行政法规以及国务院决定对股份有限公司注册资本实缴、注册资本最低限额另有规定的，从其规定。

(3) 股份发行、筹办事项符合法律规定。

(4) 公司章程符合法律规定。发起人制定公司章程，采用募集方式设立的，章程经创立大会通过。

（5）公司名称、住所符合法律规定。有公司名称，建立符合股份有限公司要求的组织机构；有公司住所。

2. 公司章程的制定

设立股份有限公司，必须依照《公司法》制定公司章程。股份有限公司章程应当载明下列事项：①公司名称和住所；②公司经营范围；③公司设立方式；④公司股份总数、每股金额和注册资本；⑤发起人的姓名或者名称、认购的股份数、出资方式和出资时间；⑥董事会的组成、职权和议事规则；⑦公司法定代表人；⑧监事会的组成、职权和议事规则；⑨公司利润分配办法；⑩公司的解散事由与清算办法；⑪公司的通知和公告办法；⑫股东大会认为需要规定的其他事项。

3. 发起人的出资和股份的公开募集

以发起设立方式设立股份有限公司的，发起人应当书面认足公司章程规定其认购的股份，并按照公司章程规定缴纳出资；以募集方式设立股份有限公司的，发起人认购的股份不得少于公司股份总数的35%。发起人可以用货币出资，也可以用实物、知识产权、土地使用权作价出资。以发起设立方式设立股份有限公司、以非货币财产出资的，应当依法办理其财产权的转移手续。以募集方式设立股份有限公司的，除发起人按规定认购的股份以外，其余股份应当向社会公开募集。发起人向社会公开募集股份时，必须向国务院证券管理部门递交募股申请；未经国务院证券管理部门批准，发起人不得向社会公开募集股份。发起人不依照规定缴纳出资的，应当按照发起人协议承担违约责任。发起人认足公司章程规定的出资后，应当选举董事会和监事会，由董事会向公司登记机关报送公司章程以及法律、行政法规规定的其他文件，申请设立登记。

4. 公司创立大会

发起人应当自股款缴足之日起30日内主持召开公司创立大会。创立大会由发起人、认股人组成。

创立大会有代表股份总数过半数以上的发起人、认股人出席时方可举行。创立大会行使下列职权：①审议发起人关于公司筹办情况的报告；②通过公司章程；③选举董事会成员；④选举监事会成员；⑤对公司的设立费用进行审核；⑥对发起人用于抵作股款的财产的作价进行审核；⑦发生不可抗力或者经营条件发生重大变化直接影响公司设立的，可以做出不设立公司的决议。

发起人、认股人缴纳股款或者交付抵作股款的出资后，除未按期募足股份、发起人未按期召开创立大会或者创立大会决议不设立公司的情形外，不得抽回其股本。

第二节 股份有限公司

一、股份有限公司的组织机构

（一）股东大会

（1）股东大会的性质和职权。股份有限公司由股东组成股东大会，股东大会是公司的权力机构。《公司法》第三十七条关于有限责任公司股东会职权的规定，适用于股份有限公司股东大会。

（2）股东大会的议事规则。股东大会应当每年召开一次年会。有下列情形之一的，应当在 2 个月内召开临时股东大会：①董事人数不足法律规定人数或者公司章程规定人数的 2/3 时；②公司未弥补的亏损达实收股本总额的 1/3 时；③单独或者合计持有公司 10% 以上股份的股东请求时；④董事会认为必要时；⑤监事会提议召开时；⑥公司章程规定的其他情形。股东大会会议由董事会依法召集，董事长主持。

股东出席股东大会会议，所持的每一股份有一表决权，但是公司持有的本公司股份没有表决权。股东大会做出决议，必须经出席会议的股东所持表决权的半数以上通过。股东大会对公司合并、分立、增减注册资本、修改公司章程、变更公司形式或者解散公司做出决议的，必须经出席会议的股东所持表决权的 2/3 以上通过。

（二）董事会

（1）董事会的职权。股份有限公司设董事会，其成员为 5~19 人。董事会对股东大会负责，行使下列职权：①召集股东大会会议，并向股东大会报告工作；②执行股东大会的决议；③决定公司的经营计划和投资方案；④制订公司的年度财务预算方案、决算方案、利润分配方案和弥补亏损方案；⑤制订公司增减资本的方案以及发行公司债券的方案；⑥制订公司合并、分立、解散的方案；⑦决定公司内部管理机构的设置；⑧聘任或解聘公司经理，根据经理提名，聘任或解聘公司副经理、财务负责人，决定其报酬事项；⑨制定公司的基本管理制度。

（2）董事长的职权。董事长行使下列职权：召集和主持董事会会议，检查董事会决议的实施情况。副董事长协助董事长工作，董事长不能履行职务或者不履行职务的，由副董事长履行职务；副董事长不能履行职务或者不履行职务的，由半数以上董事共同推举一名董事履行职务。

（3）董事会的议事规则。董事会每年度至少召开 2 次会议，每次会议应当于会议召开 10 日前通知全体董事和监事。董事会会议应由 1/2 以上的董事出席方可举行。董事会做出决议，必须经全体董事的过半数通过。董事会决议的表决实行一人一票。董事会应当将会议所议事项的决定做成会议记录，出席会议的董事和记录员应在会议记录上签名。董事应当对董事会的决议承担责任。董事会的决议违反法律、行政法规或者公司章程、股东大会决议，致使公司遭受严重损失的，参与决议的董事对公司负赔偿责任，但经证明在表决时曾表明异议并记载于会议记录的，该董事可以免除责任。

（三）经理

股份有限公司设经理，经理由董事会聘任或者解聘。经理列席董事会会议，对董事会负责，行使下列职权：①主持公司的生产经营管理工作，组织实施董事会决议；②组织实施公司年度经营计划和投资方案；③拟订公司内部管理机构设置方案；④拟订公司的基本管理制度；⑤制定公司的具体规章；⑥提请聘任或者解聘公司副经理、财务负责人；⑦决定聘任或者解聘除应由董事会决定聘任或者解聘以外的负责管理人员；⑧董事会授予的其他职权。

（四）监事会

股份有限公司设监事会，其成员不得少于 3 人。监事会应当包括股东代表和适当比例的公司职工代表，其中职工代表的比例不得低于 1/3，具体比例由公司章程规定。监事会中的职工代表由公司职工通过职工代表大会、职工大会或者其他形式民主选举产生。董事、经理及财务负责人等高级管理人员不得兼任监事。监事的任期每届为3年，任期届满，连选可以连任。股份有限公司监事会依照《公司法》第五十三条和第五十四条关于有限责任公司监事会的规定行使职权，对公司日常经营管理活动进行监督。

二、股份有限公司的股份发行和转让

（一）股份发行

公司股份的外在表现形式是股票。股票是公司签发的证明股东所持股份的凭证。

股份发行实行公开、公平、公正的原则，必须同股同权，同股同利。股票发行价格可以等于票面金额，也可以超过票面金额，但不得低于票面金额。股票可以为记名股票，也可以为无记名股票，但公司向发起人、国家授权投资的机构、法人发行的股票，应当为记名股票。

公司发行新股，必须依照《公司法》规定的条件和程序进行。

（二）股份转让

股东持有的股份可以依法转让，但发起人持有的本公司股份，自公司成立之日起1年内不得转让。公司公开发行股份前已发行的股份，自公司股票在证券交易所上市交易之日起1年内不得转让。公司董事、监事、高级管理人员应当向公司申报所持有的本公司的股份及其变动情况，在任职期间每年转让的股份不得超过其所持有本公司股份总数的25%；所持本公司股份自公司股票上市交易之日起1年内不得转让。上述人员离职后半年内，不得转让其所持有的本公司股份。股东转让其股份，必须在依法设立的证券交易场所进行。

公司不得收购本公司股份。但是，有下列情形之一的除外：①减少公司注册资本；②与持有本公司股份的其他公司合并；③将股份奖励给本公司职工；④股东因对股东大会做出的公司合并、分立决议持异议，要求公司收购其股份；⑤将股份用于转换上市公司发行的可转换为股票的公司债券；⑥上市公司为维护公司价值及股东权益所必需。

公司不得接受以本公司的股票作为抵押权的标的。

（三）上市公司

上市公司是指所发行的股票经国务院或者国务院授权证券管理部门批准在证券交易所上市交易的股份有限公司。

上市公司必须按照法律、行政法规的规定，定期公开其财务状况和经营情况，在每个会计年度内要求半年公布1次财务会计报告。股份有限公司的财务会计报告应当在召开股东大会年会的20日以前置备于本公司，供股东查阅；以募集方式设立的股份有限公司必须公告其财务会计报告。

第三节　公司董事、监事、高级管理人员的资格和义务

一、公司董事、监事、高级管理人员的资格

《公司法》规定，有下列情形之一的，不得担任公司的董事、监事、高级管理人员：①无民事行为能力或者限制民事行为能力；②因贪污、贿赂、侵占财产、挪用财产或者破坏

社会主义市场经济秩序,被判处刑罚,执行期满未逾5年,或者因犯罪被剥夺政治权利,执行期满未逾5年;③担任破产清算的公司、企业的董事或者厂长、经理,对该公司、企业的破产负有个人责任的,自该公司、企业破产清算完毕之日起未逾3年;④担任因违法被吊销营业执照、责令关闭的公司、企业的法定代表人,并负有个人责任的,自该公司、企业被吊销营业执照之日起未逾3年;⑤个人所负数额较大的债务到期未清偿。

公司违反《公司法》的上述规定选举、委派董事、监事或者聘任高级管理人员的,该选举、委派或者聘任无效。公司董事、监事、高级管理人员在任职期间出现上述所列情形的,公司应当解除其职务。

二、公司董事、监事、高级管理人员的义务

公司董事、监事、高级管理人员应当遵守法律、行政法规和公司章程,对公司负有忠实义务和勤勉义务。公司董事、监事、高级管理人员不得利用职权收受贿赂或者其他非法收入,不得侵占公司的财产。《公司法》规定,公司董事、监事、高级管理人员不得有下列行为:

1) 挪用公司资金。
2) 将公司资金以其个人名义或者以其他个人名义开立账户存储。
3) 违反公司章程的规定,未经股东会、股东大会或者董事会同意,将公司资金借贷给他人或者以公司财产为他人提供担保。
4) 违反公司章程的规定或者未经股东会、股东大会同意,与本公司订立合同或者进行交易。
5) 未经股东会或者股东大会同意,利用职务便利为自己或者他人谋取属于公司的商业机会,自营或者为他人经营与所任职公司同类的业务。
6) 接受他人与公司交易的佣金归己有。
7) 擅自披露公司秘密。
8) 违反对公司忠实义务的其他行为。

公司董事、监事、高级管理人员违反上述规定所得的收入应当归公司所有。

公司董事、监事、高级管理人员执行公司职务时违反法律、行政法规或者公司章程的规定,给公司造成损失的,应当承担赔偿责任。

公司股东会或者股东大会要求董事、监事、高级管理人员列席会议的,董事、监事、高级管理人员应当列席并接受股东的质询。董事、高级管理人员应当如实向公司监事会或者不设监事会的有限责任公司的监事提供有关情况和资料,不得妨碍监事会或者监事行使职权。

三、股东诉讼

(一) 股东代表诉讼

股东代表诉讼,也称股东间接诉讼,是指当董事、监事、高级管理人员或者他人的违反法律、行政法规或者公司章程的行为给公司造成损失,公司拒绝或者怠于向该违法行为人请求损害赔偿时,具备法人资格的股东有权代表其他股东,代替公司提起诉讼,请求违法行为人赔偿公司损失的行为。股东代表诉讼的目的是保护公司利益和股东的整体利益,而不仅仅

是个别股东的利益。为保护个别股东利益而进行的诉讼是股东直接诉讼。根据侵犯人身份的不同与具体情况的不同，提起股东代表诉讼有以下几种程序。

（1）公司董事、监事、高级管理人员的行为给公司造成损失时股东代表公司提起诉讼的程序。董事、高级管理人员的行为给公司造成损失时，有限责任公司的股东、股份有限公司连续180日以上单独或者合计持有公司1%以上股份的股东，可以书面请求监事会或者不设监事会的有限责任公司的监事向人民法院提起诉讼。

监事的行为给公司造成损失时，前述股东可以书面请求董事会或者不设董事会的有限责任公司的执行董事向人民法院提起诉讼。

监事会、不设监事会的有限责任公司的监事，或者董事会、执行董事收到上述规定的股东书面请求后拒绝提起诉讼，或者自收到书面请求之日起30日内未提起诉讼，或者情况紧急、不立即提起诉讼将会使公司利益受到难以弥补的损害的，上述规定的股东有权为了公司的利益以自己的名义直接向人民法院提起诉讼。

（2）其他人的行为给公司造成损失时股东提起诉讼的程序。公司董事、监事、高级管理人员以外的其他人侵犯公司合法权益，给公司造成损失的，有限责任公司的股东、股份有限公司连续180日以上单独或者合计持有公司1%以上股份的股东，可以通过监事会或者监事、董事会或者董事向人民法院提起诉讼，或者直接向人民法院提起诉讼。提起诉讼的具体程序，依照上述股东对公司董事、监事、高级管理人员给公司造成损失的行为提起诉讼的程序进行。

（二）股东直接诉讼

股东直接诉讼，是指股东对董事、高级管理人员违反规定损害股东利益的行为提起的诉讼。《公司法》规定，公司董事、高级管理人员违反法律、行政法规或者公司章程的规定，损害股东利益的，股东可以向人民法院提起诉讼。

第四节　公司债券的相关法律规定

一、公司债券的含义和特征

公司债券是指公司依照法定程序发行的、约定在一定期限还本付息的有价证券，属有价证券的一种。它可分为记名债券和不记名债券等。公司债券具有如下特征：

1) 公司债券的发行主体只限于股份有限公司、国有独资公司和两个以上的国有企业或者两个以上的国有投资主体设立的有限责任公司，其他任何人都不能发行公司债券。

2) 公司债券是一种有价证券，是持有人拥有一定财产的证明。

3) 公司债券注有还本付息日期。

4) 公司债券须依法定程序发行。

5) 发行公司债券筹集的资金，必须用于审批机关批准的用途，不得用于弥补亏损和非生产性支出。

二、公司债券的发行条件和程序

《公司法》第一百五十三条指出，公司发行公司债券应当符合《证券法》规定的发行条件。上市公司经股东大会决议可以发行可转换为股票的公司债券，但应当报请国务院证券监督管理机构核准。公司债券可转换为股票的，除具备发行公司债券的条件外，还应当符合股票发行的条件。

（一）公司债券的发行条件

1）股份有限公司的净资产不低于人民币 3 000 万元，有限责任公司的净资产额不低于人民币 6 000 万元。规定这一条件的目的是保证发行债券的公司要有足够的偿还能力。

2）本次发行后累计债券余额不超过公司最近一期期末净资产额的 40%。

3）最近 3 年平均可分配利润足以支付公司债券 1 年的利息。可分配利润是指公司依法缴纳各种税款、弥补亏损、提足法定公积金后所余的利润。

4）筹集的资金投向符合国家产业政策。

5）债券的利润不得超过国务院限定的利率水平。

6）国务院规定的其他条件。

7）前一次发行的公司债券尚未募足，或对已发行的公司债券或其债务有违约或者延迟支付本息的事实，且仍处于继续状态的，不得再次发行公司债券。

（二）公司债券的发行程序

1）由公司的权力机关做出决议。国有独资公司发行公司债券，由国家授权投资机构或者国家授权的部门做出决议。

2）报请国务院证券管理部门批准。报请时，应提交公司登记证明、公司章程、公司债券募集方法、资产评估报告等有关文件。

3）公告公司债券募集办法。

4）公司债券的制作必须符合法定要求。

（三）公司债券的管理和转让

公司以实物券方式发行公司债券的，债券必须载明公司名称、债券票面金额、利率、偿还期限等事项，并由法定代表人签字、公司盖章。公司债券可以转让，转让价格由转让人与受让人约定。公司债券在证券交易所上市交易的，按照证券交易所的交易规则转让。记名债券的转让由持有人以背书方式依照法律法规进行，同时将受让人的名称及住所记载于公司债券存根。无记名债券的转让，由持有人在法定转让场所交付给受让人后即发生法律效力。

三、公司财务会计的法律规定

财务会计工作是公司从事经营活动的一项基础工作。首先，它有利于保护投资者和债权人的合法利益，帮助他们了解公司的各种生产经营状况，通过财务会计报告掌握公司的资产状况、资产运营状况和债权人的债权状况。公司应正确核算经营成果，合理分配利润，保证公司财产的完整。其次，它有利于吸收社会投资。公司财务会计制度的规范化和公开化，使得社会各界能很方便地了解公司的经营状况和盈利能力，扩大再生产，同时也有利于政府的宏观调控。公司在国家统一的财务会计制度规定下筹集、分配资金，真实、完整地反映公司的经营状况，有利于政府有关部门获得信息、掌握情况，制定切实可行的政策，达到宏观调控的目的。

(一) 公司财务会计要求

1) 公司应当按照法律、行政法规和国务院财政主管部门的规定建立本公司的财务、会计制度。

2) 公司应当在每一会计年度终了时制作财务会计报告,并依法经会计师事务所审查验证。财务会计报告包括会计报表、会计报表附注和财务情况说明书。

3) 有限责任公司应当按照公司章程规定的期限将财务会计报告送交各股东。股份有限公司的财务会计报告应当在召开股东大会的 20 日之前置备于本公司,供股东查阅。以募集设立方式成立的股份有限公司必须公告其财务会计报告。

4) 公司除法定的会计账册外,不得另立会计账册。对公司资产,不得以任何个人名义开立账户存储。

(二) 公司利润分配

1. 相关概念

(1) 利润。利润是指企业在一定时期(通常为一个会计年度)内生产经营的财务成果。利润总额包括营业利润、投资净收益及营业外收支净额等。

(2) 公积金。公积金分为盈余公积金和资本公积金两类。盈余公积金是从公司税后利润中提取的公积金,分为法定公积金和任意公积金两种。公司分配当年税后利润时,应当提取利润的 10% 列入公司法定公积金。公司法定公积金累计额为公司注册资本的 50% 以上的,可以不再提取。公司的法定公积金不足以弥补以前年度亏损的,在依照规定提取法定公积金之前,应当先用当年利润弥补亏损。公司从税后利润中提取法定公积金后,经股东会或者股东大会决议,还可以从税后利润中提取任意公积金。公司的法定公积金用于弥补公司的亏损、扩大公司生产经营或者转为增加公司资本。法定公积金转为资本时,所留存的该项公积金不得少于转增前公司注册资本的 25%。资本公积金是直接由资本原因形成的公积金。股份有限公司以超过股票票面金额的发行价格发行股份所得的溢价款以及国务院财政部门规定列入资本公积金的其他收入(如法定财产重估增值、接受捐赠的资产价值等),应当列为公司资本公积金。公司的资本公积金不得用于弥补公司的亏损。

(3) 股利。股利是按股份支付给持股人的公司盈余。投资人向公司投资的目的就是多获得股利。每年分派股利的多少也是公司经营状况和信誉的象征。

2. 公司利润分配的顺序

根据我国《公司法》及税法等相关法律的规定,公司应当按照如下顺序进行利润分配:

1) 弥补以前年度的亏损,但不得超过税法规定的弥补期限。

2) 缴纳所得税,即公司应依《中华人民共和国企业所得税法》的规定缴纳企业所得税。

3) 弥补在税前利润弥补亏损之后仍存在的亏损。

4) 提取法定公积金。

5) 提取任意公积金。

6) 向股东分配利润。公司弥补亏损和提取公积金后所余税后利润,有限责任公司按照股东实缴的出资比例分配,但全体股东约定不按照出资比例分配的除外;股份有限公司按照股东持有的股份分配,但股份有限公司章程规定不按持股比例分配的除外。

公司股东会、股东大会或者董事会违反规定，在公司弥补亏损和提取法定公积金之前向股东分配利润的，股东必须将违反规定分配的利润退还公司。公司持有的本公司股份不得分配利润。

四、公司合并、分立、增资、减资

（一）公司的合并与分立

公司合并可以采取吸收合并或者新设合并。一个公司吸收其他公司为吸收合并，被吸收的公司解散。两个以上公司合并设立一个新的公司为新设合并，参与合并的各方解散。

公司合并应当由合并各方签订合并协议，并编制资产负债表及财产清单。公司应当自做出合并决议之日起10日内通知债权人，并于30日内在报纸上公告。债权人自接到通知书之日起30日内，未接到通知书的自公告之日起45日内，可以要求公司清偿债务或者提供相应的担保。

公司合并时，合并各方的债权、债务应当由合并后存续的公司或者新设的公司承继。公司分立，其财产做相应的分割。公司分立应当编制资产负债表及财产清单。公司应当自做出分立决议之日起10日内通知债权人，并于30日内在报纸上公告。

公司分立前的债务由分立后的公司承担连带责任。但是，公司在分立前与债权人就债务清偿达成的书面协议另有约定的除外。

公司合并或者分立，登记事项发生变更的，应当依法向公司登记机关办理变更登记；公司解散的，应当依法办理公司注销登记；设立新公司的，应当依法办理公司设立登记。

（二）公司的注册资本的减少与增加

公司需要减少注册资本时，必须编制资产负债表及财产清单。公司应当自做出减少注册资本决议之日起10日内通知债权人，并于30日内在报纸上公告。债权人自接到通知书之日起30日内，未接到通知书的自公告之日起45日内，有权要求公司清偿债务或者提供相应的担保。有限责任公司增加注册资本时，股东认缴新增资本的出资，依照《公司法》关于设立有限责任公司缴纳出资的有关规定执行。股份有限公司为增加注册资本发行新股时，股东认购新股，依照《公司法》关于设立股份有限公司缴纳股款的有关规定执行。

公司增加或者减少注册资本，也应当依法向公司登记机关办理变更登记。

五、解散与清算

（一）公司解散

根据《公司法》的规定，公司解散的情形有以下几种。
1）公司章程规定的营业期限届满或者公司章程规定的其他解散事由出现。
2）股东会或者股东大会决议解散。
3）因公司合并或者分立需要解散。
4）依法被吊销营业执照、责令关闭或者被撤销。
5）人民法院依法予以解散。

公司有上述第1）种情形的，可以通过修改公司章程而存续。上述第5）种情形，又称为司法解散，其适用条件是：公司经营管理发生严重困难，继续存续会使股东利益受到重大损失,通过其他途径不能解决的,持有公司全部股东表决权10%以上的股东,可以请求人民法院解散公司。

2008年5月5日,《最高人民法院关于适用〈中华人民共和国公司法〉若干问题的规定(二)》对如何认定符合司法解散条件做了进一步细化。

1)公司持续两年以上无法召开股东会或者股东大会,公司经营管理发生严重困难的。

2)股东表决时无法达到法定或者公司章程规定的比例,持续两年以上不能做出有效的股东会或者股东大会决议,公司经营管理发生严重困难的。

3)公司董事长期冲突,且无法通过股东会或者股东大会解决,公司经营管理发生严重困难的。

4)经营管理发生其他严重困难,公司继续存续会使股东利益受到重大损失的。

股东提起解散公司诉讼应当以公司为被告。经人民法院调解公司收购原告股份的,公司应当自调解书生效之日起6个月内将股份转让或者注销。股份转让或者注销之前,原告不得以公司收购其股份为由对抗公司债权人。公司被依法宣告破产的,依照有关企业破产的法律制度实施破产清算。

(二) 公司清算

除公司合并、分立豁免清算外,其他公司解散的情形都需清算。公司清算是指解散的公司清理债权债务、分配剩余财产、终结公司的法律关系,从而使公司归于消灭的程序。

1. 清算组

公司解散时,应当依法进行清算。根据《公司法》的规定,公司应当在解散事由出现之日起15日内成立清算组。有限责任公司的清算组由股东组成,股份有限公司的清算组由董事或者股东大会确定的人员组成。逾期不成立清算组进行清算的,债权人可以申请人民法院指定有关人员组成清算组进行清算。

清算组在清算期间行使下列职权:

1)清理公司财产,分别编制资产负债表和财产清单。

2)通知、公告债权人。

3)处理与清算有关的公司未了结的业务。

4)清缴所欠税款及清算过程中产生的税款。

5)清理债权、债务。

6)处理公司清偿债务后的剩余财产。

7)代表公司参与民事诉讼活动。

清算组在公司清算期间代表公司进行一系列民事活动,全权处理公司经济事务和民事诉讼活动。清算组成员应当忠于职守,依法履行清算义务。清算组成员不得利用职权收受贿赂或者其他非法收入,不得侵占公司财产。清算组成员因故意或者重大过失给公司或者债权人造成损失的,应当承担赔偿责任。

2. 清算工作程序

(1)登记债权。清算组未按照法律规定履行通知和公告义务,导致债权人未及时申报债权而未获清偿的,清算组成员对因此造成的损失承担赔偿责任。债权人申报债权,应当说明债权的有关事项,并提供证明材料。清算组应当对债权进行登记。在申报债权期间,清算组不得对债权人进行清偿。

（2）清理公司财产，制订清算方案。公司解散时，股东尚未缴纳的出资均应作为清算财产。股东尚未缴纳的出资，包括到期应缴未缴的出资，以及分期缴纳时尚未届满缴纳期限的出资。清算组在清理公司财产、编制资产负债表和财产清单后，发现公司财产不足清偿债务的，应当依法向人民法院申请宣告破产。人民法院指定的清算组在清理公司财产、编制资产负债表和财产清单时，发现公司财产不足清偿债务的，可以与债权人协商制订有关债务清偿方案。债务清偿方案经全体债权人确认且不损害其他利害关系人利益的，人民法院可依清算组的申请裁定予以认可。

（3）清偿债务。公司财产在分别支付清算费用、职工的工资、社会保险费用和法定补偿金，缴纳所欠税款，清偿公司债务后的剩余财产，有限责任公司按照股东的出资比例分配，股份有限公司按照股东持有的股份比例分配。清算期间，公司存续，但不得开展与清算无关的经营活动。公司财产在未按上述规定清偿前，不得分配给股东。

（4）公告公司终止。公司清算结束后，清算组应当制作清算报告，报股东会、股东大会或者人民法院确认，并报送公司登记机关，申请注销公司登记，公告公司终止。公司未经清算即办理注销登记，导致公司无法进行清算，债权人有权要求有限责任公司的股东、股份有限公司的董事和控股股东，以及公司的实际控制人对公司债务承担清偿责任。

第五节　公司法律责任的规定

公司必须按照《公司法》的规定进行登记、内部管理和经营活动，接受政府和社会的监督，对于违反《公司法》的行为，应当依法承担民事责任、行政责任和刑事责任。对违法的公司同时适用民事赔偿、行政罚款和罚金。这体现了承担民事赔偿责任的优先原则。

一、发起人的法律责任

1）办理公司登记时虚报注册资本、提交虚假证明文件或者采取其他欺诈手段隐瞒主要事实取得公司登记的，责令改正，对虚报注册资本的公司，处以虚报注册资本金额的5%~15%的罚款；对提交虚假证明文件或者采取其他手段隐瞒重要事实的公司，处以5万元以上50万元以下的罚款；情节严重的，撤销公司登记或者吊销营业执照。构成犯罪的，依法追究刑事责任。

2）公司的发起人、股东虚假出资，未交付或者未按期交付作为出资的货币或者非货币财产的，由公司登记机关责令改正，处以虚假出资金额的5%以上15%以下的罚款。

3）公司的发起人、股东在公司成立后，抽逃其出资的，由公司登记机关责令改正，处以所抽逃出资金额的5%以上15%以下的罚款。

二、公司的法律责任

1）公司违反《公司法》规定，在法定的会计账簿以外另立会计账簿的，由县级以上人民政府财政部门责令改正，处以5万元以上50万元以下的罚款。构成犯罪的，依法追究刑事责任。

2）公司在依法向有关主管部门提供的财务会计报告等材料上做虚假记载或者隐瞒重要事实的，由有关主管部门对直接负责的主管人员和其他直接责任人员处以 3 万元以上 30 万元以下的罚款。

3）公司不依法律规定提取法定公积金的，由县级以上人民政府财政部门责令如数补足应当提取的金额，可以对公司处以 20 万元以下的罚款。

4）公司在合并、分立、减少注册资本或者进行清算时，不依法律规定通知或者公告债权人的，由公司登记机关责令改正，对公司处以 1 万元以上 10 万元以下的罚款。

5）公司在进行清算时，隐匿财产、对资产负债表或者财产清单做虚假记载或者在未清偿债务前分配公司财产的，由公司登记机关责令改正，对公司处以隐匿财产或者未清偿债务前分配公司财产金额的 5% 以上 10% 以下的罚款；对直接负责的主管人员和其他直接责任人员处以 1 万元以上 10 万元以下的罚款。

6）公司在清算期间开展与清算无关的经营活动的，由公司登记机关予以警告，没收违法所得。

7）公司成立后无正当理由超过 6 个月未开业的，或者开业后自行停业连续 6 个月以上的，可以由公司登记机关吊销营业执照。公司登记事项发生变更时，未依照《公司法》规定办理有关变更登记的，由公司登记机关责令限期登记；逾期不登记的，处以 1 万元以上 10 万元以下的罚款。

三、公司管理层的法律责任

1）董事、监事、经理利用职权收受贿赂、其他非法收入或者侵占公司财产的，没收违法所得，责令退还公司财产，由公司给予处分。构成犯罪的，依法追究刑事责任。

2）董事、经理挪用公司资金或者将公司资金借贷给他人的，责令退还公司的资金，由公司给予处分，将其所得收入归公司所有，构成犯罪的，依法追究刑事责任。

3）董事、经理违反规定，以公司资产为本公司的股东或者其他个人债务提供担保的，责令取消担保，并依法承担赔偿责任，将违法提供担保取得的收入归公司所有。情节严重的，由公司给予处分。

4）董事、经理违反规定，自营或者为他人经营与其所任职公司同类业务的，除将其所得收入归公司所有外，并由公司给予处分。

四、政府相关部门的法律责任

1）国务院授权的有关主管部门，对不符合规定条件的公司申请予以批准，或者对不符合法定条件的股份发行的申请予以批准，情节严重的，对直接负责的主管人员和其他直接责任人员，依法给予行政处分。构成犯罪的，依法追究刑事责任。

2）国务院证券管理部门对不符合法律规定条件的募集股份、股票上市和债券发行的申请予以批准，情节严重的，对直接负责的主管人员和其他直接责任人员，依法给予行政处分。构成犯罪的，依法追究刑事责任。

3）公司登记机关对不符合法律规定条件的登记申请予以登记，或者对符合法律规定条件的登记申请不予登记的，对直接负责的主管人员和其他直接责任人员，依法给予行政处分。构成犯罪的，依法追究刑事责任。

4）公司登记机关的上级部门强令公司登记机关对不符合规定条件的登记申请予以登记的，或者对违法登记进行包庇的，对直接负责的主管人员和其他直接责任人员依法给予行政处分。构成犯罪的，依法追究刑事责任。

5）依照法律履行审批职责的有关主管部门，对符合法定条件的申请，不予批准的，或者公司登记机关对符合法定条件的申请，不予登记的，当事人可以依法申请复议或者提起行政诉讼。

思 考 题

1. 简述公司的概念、特征和种类。
2. 公司法的主要特征是什么？
3. 设立有限责任公司应当具备的条件是什么？
4. 有限责任公司的股权如何进行转让？
5. 简述设立股份有限公司与设立有限责任公司的区别。
6. 公司债券的含义和特征是什么？
7. 公司合并时，合并各方的债权、债务如何划分？
8. 公司的法律责任包括哪些？
9. 公司解散的情形具体有哪些？
10. 公司的利润如何分配？

第三章 建设法规概论

教学要点：
本章主要介绍建设法规的概念、建设法规体系的构成以及建设法律关系的基本知识。通过本章的学习，应达到以下目标：
1. 理解建设法规的概念，了解其调整对象、特征、作用和建设活动的基本原则。
2. 掌握建设法规体系的构成。
3. 掌握建设法律关系的构成要素，理解建设法律关系的产生、变更与终止。

第一节 建设法规概述

一、建设法规的概念及调整对象

（一）建设法规的概念

建设法规是指国家权力机关或其授权的行政机关制定的，旨在调整国家及有关机构、企事业单位、社会团体、公民之间在建设活动中或建设行政管理活动中发生的各种社会关系的法律、法规和规章的统称。

建设法规包括调整建设活动各方面关系的法律、法规、部门规章和地方性法规等一系列的规范性法律文件，体现国家对城市建设、乡村建设、市政及社会公用事业等各项建设活动进行组织、管理、协调的方针、政策和基本原则。其主要的法律规范中的大部分属于行政法或经济法的范围。

建设法规在建设活动的各个方面发挥着它的作用，它详细规定了哪些是必须实施的建设行为，哪些是禁止的建设行为；它保护符合法律规定的一切建设行为；同时，它对那些违法建设行为做出适当的处罚。

（二）建设法规的调整对象

建设法规的调整对象是建设行政管理关系，以及与之密切联系的建设经济协作关系。建设法规调整的范围包括以下三类：

1. 建设活动中的行政管理关系

建设活动中的行政管理关系即国家建设行政管理机关对工程建设活动的组织、监督、协调、管理等行政性职能活动。由于建筑产品的特殊性，建设活动直接关系到国家和人民的生命财产安全，因此，国家建设行政主管部门必须对此进行严格的监督管理。这种监督管理贯穿于建设项目的生命周期中，包括建设项目的立项、计划、资金筹集、设计、施工、验收等各个阶段。

国家建设行政主管部门与建设单位（业主）、设计单位、施工单位、建筑材料和设备的生产供应单位及建设监理等中介服务单位产生的是行政管理与被管理的关系，这种关系当然由相应的建设法规来规范和调整。其中的行政管理关系有两方面内容：一方面是规划、指导、协调与服务；另一方面是检查、监督、控制与调节。如《中华人民共和国建筑法》（以下简称《建筑法》）中不仅体现了建设行政主管部门对建设单位、勘察设计单位、施工单位、监理单位等主体从事建设活动的规划与指导，还体现了对违法行为的监督与处罚。

2. 建设活动中的经济协作关系

建设活动是由许多行业、部门、单位和人员共同参与的复杂活动，各大经济主体为了实现各自的经济利益与目的，必然寻求协作伙伴，随即发生相互间的经济协作关系。如建设单位同勘察设计单位、建筑安装施工单位等发生的勘察设计和施工关系，都要有许多单位和人员参与，共同协作完成。在这些协作过程中所产生的权利、义务关系，也应由建设法规来加以规范和调整。这种经济协作关系是平等、自愿、互利的横向协作关系，是通过法定的合同形式来确定的。例如，《中华人民共和国民法典》（以下简称《民法典》）第七百八十八条中规定了发承包双方在订立和履行建设工程合同关系中应有的权利与义务。

3. 建设活动中的民事关系

建设活动中的民事关系是指从事建设活动而产生的国家、社会组织、公民之间的民事权利、义务关系。这些关系也需要由建设法规及其他相关法规来调整和规范，主要包括建设活动中发生的有关自然人的损害、侵权、赔偿关系；建设领域从业人员的人身和经济权利保护关系；房地产交易中的买卖、租赁、产权关系；土地征用、房屋拆迁导致的拆迁安置关系等，由此而产生国家、单位和公民之间的民事权利与义务关系。例如，《中华人民共和国城市房地产管理法》（简称《城市房地产管理法》）中就有关于房屋拆迁补偿的规定。

二、建设法规的特征

建设法规作为调整建设活动行政管理和建设协作所发生的社会关系的法律规范，除了具备一般法律的基本特征外，还具有行政隶属性、经济性、政策性、技术性等特征。

1. 行政隶属性

行政隶属性是建设法规区别于其他法律的主要特征。这一特征决定了建设法规必须要采用直接体现行政权力活动的调整方法，即以行政指令为主的方法调整建设活动的法律关系。常用的调整方式包括授权、命令、禁止、许可、免除、确认、计划、撤销等。

2. 经济性

建设活动与生产、分配、交换、消费各个环节紧密联系，直接为社会创造财富，为国家增加物质积累。房地产开发、建设工程勘察设计、施工安装等都是直接为社会创造财富的活动，而建设法规是建设活动正常运转的有力保障。随着建筑业的发展，其在国民经济中的地位日益突出，建筑业是可以为国家增加物质积累的一个重要产业部门，可见，建设法规的经济性特征是很强的。

3. 政策性

建设法规体现着国家的建设政策，它一方面是实现国家建设政策的工具和手段，另一方面也把国家的建设政策规范化和体系化。建设法规要随着国家建设形势的变化而变化，要适应建设形势发展的客观需要。

4. 技术性

建设法规的技术性特征也十分明显。工程建设产品的质量与人民的生命财产紧密相连，国家建设法规的制定必须考虑保证建设产品的质量和安全问题。大量的工程建设法规是以技术规范的形式存在的，如各种设计规范、施工规范、验收规范、产品质量监测规范等。

三、建设法规的作用

建设法规是国家组织和管理建设活动、规范建设行为、加强建筑市场管理、保障城乡建设健康发展的重要工具。

建设法规的作用主要体现在以下三个方面。

1. 规范和指导建设行为

建设法规对建设行为的规范和指导表现为两个方面。

（1）必须从事一定的建设行为。《建筑法》第五十二条规定："建筑工程勘察、设计、施工质量必须符合国家有关建筑工程安全标准的要求，具体管理办法由国务院规定。"

（2）禁止从事一定的建设行为。《建筑法》第二十六条规定："禁止建筑施工企业超越本企业资质等级许可的业务范围或者以任何形式用其他建筑施工企业的名义承揽工程。"

2. 保护合法建设行为

保护合法建设行为是指对符合法律、法规的建设行为给予确认和保护。

3. 处罚违法建设行为

建设法规要实现对建设行为的规范和指导作用，就必须对违法建设行为给予应有的处罚。《建筑法》第七章关于法律责任的规定即是处罚违法建设行为的具体体现。

第二节 建设活动的基本原则

工程建设活动具有周期长、影响因素多、关系复杂、技术要求高等特点，为了保证建设活动的顺利进行，必须贯彻以下基本原则。

1. 建设活动应当遵守法律、法规的原则

社会主义市场经济是法治经济，工程建设活动应当依法行事。建设法规对于建设活动的规定要与国家有关法律法规相统一。建设活动参与单位和人员不仅应遵守建设法规的规定，还应遵守其他相关法规的规定。

2. 建设活动不得损害社会公共利益和他人合法权益的原则

社会公共利益是全体社会成员的整体利益，他人合法权益是法律确定并保护的社会权利，保护社会公共利益和他人的合法权益是法律的基本出发点，从事工程建设活动不得损害社会公共利益和他人的合法权益这一原则是维护建设市场秩序的保障。

3. 合法权利受法律保护的原则

宪法和法律保护每一市场主体的合法权益不受侵犯，任何单位和个人都不得妨碍和阻挠

依法进行的建设活动,这也是维护建设市场秩序的必然要求。

4. 建设活动应当确保建设工程质量与安全的原则

建设工程质量与安全是整个建设活动的核心,是关系到人民生命、财产安全的重大问题。建筑业是高风险行业,伤亡率非常高,建设法规通过一系列的规定对建设工程提出了强制性的质量要求和安全要求,同时赋予有关政府部门监督和检查的权力。

5. 建设活动应当符合国家的工程建设标准的原则

工程建设标准是指对基本建设中各类工程的勘察、规划、设计、施工、安装、验收等需要协调统一的事项所制定的标准。工程建设标准是衡量工程质量的尺度,是保证工程质量与安全的基础。建设法规中关于工程建设标准的规定对保证技术进步,提高工程建设的质量与安全,发挥社会效益与经济效益,维护国家和人民的利益具有重要作用。

第三节　建设法规体系的构成

建设法规体系是指已经制定和需要制定的建设法律、建设行政法规和建设部门规章等构成的一个相互联系、相互补充、相互协调的完整统一的框架结构。

我国建设法规体系是以建设法律为龙头,建设行政法规为主干,建设部门规章和地方性建设法规、地方建设规章为支干而构成的。

一、建设法律

建设法律是指由全国人民代表大会及其常务委员会颁行的属于国务院建设行政主管部门主管业务范围的各项法律,其法律地位和效力仅次于宪法。

建设法律在建设法规体系框架中位于顶层,其法律地位和效力最高,是建设法规体系的核心和基础。《建筑法》《中华人民共和国城乡规划法》(简称《城乡规划法》)、《中华人民共和国招标投标法》(简称《招标投标法》)、《民法典》等都属于建设法律。

二、建设行政法规

建设行政法规是指由最高国家行政机关即国务院依法制定颁行的,属于国务院建设行政主管部门主管业务范围内的各项法规。建设行政法规的法律地位和效力低于建设法律。

行政法规的名称通常以"条例"的形式出现,也可以以"规定""办法""章程"等形式出现。《建设工程质量管理条例》《建设工程勘察设计管理条例》《建设工程安全生产管理条例》《城市房地产开发经营管理条例》等都属于建设行政法规。

三、建设部门规章

建设部门规章是指由国务院建设行政主管部门或国务院建设行政主管部门与国务院其他相关部门联合制定颁行的规章,其法律地位和效力低于建设法律、建设行政法规。

部门规章是由国务院各部委制定的法律规范性文件,《工程建设项目施工招标投标办法》(已按国家发展和改革委员会等九部委第23号令修正)、《建筑业企业资质管理规定》(2016年9月13日住房和城乡建设部令第32号发布)等都属于建设部门规章。

四、地方性建设法规

地方性建设法规是指在不与宪法、法律、行政法规相抵触的前提下，由省、自治区、直辖市人民代表大会及其常务委员会结合本地区实际情况制定并发布的规范性文件。如《湖北省建设工程施工招标投标管理办法》《黑龙江省建筑市场管理条例》等都属于地方性建设法规。

地方性建设法规具有地方性，只在本辖区内有效，其法律地位和效力低于法律和行政法规。

五、地方建设规章

地方建设规章是指省、自治区、直辖市人民政府根据法律和行政法规制定并颁布的适用于本地区的规范性文件，其法律地位和效力低于法律和行政法规，也低于同级或上级地方性建设法规。如《湖北省生产安全事故报告和调查处理办法》《湖北省土地整治管理办法》等都属于地方性建设规章。

《中华人民共和国立法法》第一百零六条规定：地方性建设法规、规章之间不一致时，由有关机关依照下列规定的权限做出裁决：

1）同一机关制定的新的一般规定与旧的特别规定不一致时，由制定机关裁决。

2）地方性建设法规与部门规章之间对同一事项的规定不一致，不能确定如何适用时，由国务院提出意见，国务院认为应当适用地方性建设法规的，应当决定在该地方适用地方性建设法规的规定；认为应当适用部门规章的，应当提请全国人民代表大会常务委员会裁决。

3）部门规章之间、部门规章与地方政府规章之间对同一事项的规定不一致时，由国务院裁决。

六、建设法律关系

1. 建设法律关系的概念

（1）法律关系的概念。法律关系是指由法律规范调整一定社会关系而形成的权利与义务关系。法律规范是法律关系产生的前提，法律关系是受法律约束的社会关系，是一定法律规范调整一定社会关系的结果。

（2）建设法律关系的概念。建设法律关系是法律关系的一种，是指由建设法规所确认和调整的，在建设管理和建设协作过程中所产生的权利与义务关系。

2. 建设法律关系的构成要素

法律关系都是由法律关系的主体、法律关系的客体和法律关系的内容三个要素构成的。由于三个要素的内涵不同，因此它们可以组成不同的法律关系，如民事法律关系、行政法律关系、劳动法律关系和经济法律关系等。同样，其中一个构成要素发生变化时，所组成的法律关系也就不再是原来的法律关系。

建设法律关系也是由主体、客体和内容三个要素组成的。

3. 建设法律关系的主体

建设法律关系的主体是指参加或管理、监督建设活动，受建设法规调整，在法律上享有权利，承担义务的自然人、法人或其他组织。

（1）自然人。自然人是基于出生而依法成为民事法律关系主体的人。自然人包括公民、外籍人员和无国籍人员。

自然人在工程建设活动中可以成为建设法律关系的主体。如施工企业工作人员（建筑工人、专业技术人员、注册执业人员等）同企业签订劳动合同时，即成为建设法律关系的主体。

（2）法人。法人是具有民事权利能力和民事行为能力，依法独立享有民事权利和承担民事义务的组织。《民法典》的规定，法人应当具备四个条件：①依法成立；②有必要的财产和经费；③有自己的名称、组织机构和场所；④能够独立承担民事责任。

我国的法人分为以下三种。

1）企业法人，是指以营利为目的，独立从事商品生产和经营活动的法人。工程建设活动中，企业法人的表现形式有建设单位、勘察设计单位、施工单位、监理单位和房地产开发企业等。

2）机关法人，是指国家机关，包括国家权力机关、行政机关、审判机关和检察机关等。国家权力机关是指全国人民代表大会及其常务委员会和地方各级人民代表大会及其常务委员会。行政机关包括国务院及其所属各部委、地方各级人民政府及其职能部门。在工程建设活动中，国务院、住房和城乡建设部、各级政府等都是机关法人的表现形式，起到审批、监督管理等作用。

3）事业单位和社会团体法人，是指一般不以营利为目的的法人。事业单位法人包括从事卫生、新闻等事业的单位法人，社会团体法人包括各种协会、学会、联合会、基金会等。

机关法人、事业单位法人、社会团体法人统称为非企业法人。

（3）其他组织。其他组织是指依法或依据有关政策成立，有一定的组织机构和财产，但又不能独立承担民事责任、不具备法人资格的组织。

4. 建设法律关系的客体

建设法律关系的客体是指参加建设法律关系的主体享有的权利和承担的义务所共同指向的对象。在通常情况下，法律关系的主体都是以某一客体为目的设立一定的权利、义务，从而产生法律关系的。这里的权利、义务所指向的事物，即法律关系的客体。

法律关系的客体分为财、物、行为和非物质财富四类。

（1）表现为财的客体。表现为财的客体一般是指资金及各种有价证券。在建设法律关系中表现为财的客体主要是建设资金，如基本建设贷款合同的标的，即一定数量的货币。

（2）表现为物的客体。法律意义上的物是指可为人们控制的并具有经济价值的生产资料和消费资料。在建设法律关系中表现为物的客体主要是建筑材料、建筑机械设备、建筑物等。

（3）表现为行为的客体。法律意义上的行为是指人的有意识的活动。在建设法律关系中表现为行为的客体主要是完成一定工作的活动，如勘察设计、施工安装、检查验收等活动。

（4）表现为非物质财富的客体。法律意义上的非物质财富是指人们脑力劳动的成果或智力方面的创作成果，如建筑设计方案等。

5. 建设法律关系的内容

建设法律关系的内容是指建设法律关系主体享有的权利和承担的义务。

（1）权利。权利是指法律关系主体在法定范围内有权进行各种活动。权利主体可要求其他主体做出一定的行为或抑制一定的行为，以实现自己的权利，因其他主体的行为而使权利不能实现时，权利主体有权要求国家机关加以保护并予以制裁。

（2）义务。义务是指法律关系主体必须按法律规定或约定承担应负的责任。

义务和权利是相互对应的，建设义务的主体应自觉履行建设义务，主体如果不履行或不适当履行建设义务，就要承担相应的法律责任。例如，在一个建设工程施工合同所确定的法律关系中，建设单位所享有的权利是在合同约定的期限内获得满足质量要求的完工工程，其承担的义务是按照合同约定的时间和数量对施工单位支付工程款。如果建设单位没有按照合同约定向施工单位进行工程款的支付，则要承担违约责任。

建设法律关系三要素如图 3-1 所示。

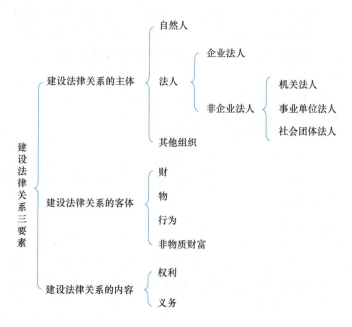

图 3-1　建设法律关系三要素

七、建设法律关系的产生、变更与终止

1. 建设法律关系的产生、变更与终止的概念

（1）建设法律关系的产生。建设法律关系的产生是指建设法律关系的主体之间产生了一定的权利和义务关系，如某建设单位与施工单位签订了建设工程施工合同，主体双方就产生了相应的权利和义务。此时，受建设法规调整的建设法律关系即告产生。

（2）建设法律关系的变更。构成法律关系的三个要素如果发生变化，就会导致这个特定的法律关系发生变化。建设法律关系的变更是指法律关系的三个要素发生变化。

建设法律关系的变更分为主体变更、客体变更和内容变更。

1）主体变更，是指法律关系主体数目增加或减少，如总承包商将所承揽的工程进行了分包，就导致了主体数目的增加。也可以是主体改变，例如在合同中，客体不变，相应权利义务也不变，此时主体改变也称为合同转让。

2）客体变更，是指法律关系中权利义务所指向的事物发生变化。客体变更可以是其范围变更，也可以是其性质变更。

客体范围的变更表现为客体的规模、数量发生变化。例如，由于设计变更，将某挖土方工程的工程量由 200m^3 增加到了 260m^3。

客体性质的变更表现为原有的客体已经不复存在，由新的客体代替了原有的客体。例如，由于设计变更，将原合同中的小桥改成了涵洞。

3）内容变更。法律关系主体与客体的变更，必然导致相应的权利和义务发生变化，即内容的变更。

（3）建设法律关系的终止。建设法律关系的终止是指建设法律关系主体之间的权利和义务不复存在，彼此丧失了约束力。

1）自然终止，建设法律关系的自然终止是指建设法律关系所规范的权利和义务顺利得到履行，建设法律关系主体取得了各自的利益，从而使该法律关系达到完结。

2）协议终止，建设法律关系的协议终止是指建设法律关系主体之间协商解除某类建设法律关系规范的权利和义务，致使该法律关系归于终止。

3）违约终止，建设法律关系的违约终止是指建设法律关系主体一方违约，或发生不可抗力，致使建设法律关系规范的权利不能实现。

2. 建设法律关系的产生、变更与终止的原因

法律关系只有在一定的情况下才能产生，同样这种法律关系的变更和终止也是由一定情况决定的。这种引起法律关系产生、变更和终止的情况，通常称为法律事实。法律事实即是法律关系的产生、变更和终止的原因。

法律事实按是否包含当事人的意志为依据分为以下两类。

（1）事件。事件是指不以当事人意志为转移而产生的法律事实。例如，洪水灾害导致工程施工延期，致使建设工程施工合同不能履行等。事件可分为以下三类：一是自然事件，如地震、海啸、台风等自然灾害；二是社会事件，如战争、政府禁令、暴乱等；三是意外事件，如爆炸事故、触礁、失火等。

（2）行为。行为是指人的有意识的活动。行为包括积极的作为和消极的不作为。

在建筑活动中，行为通常表现为以下几种。

1）民事法律行为，是指基于法律规定或者有法律依据，受法律保护的行为，如依法签订建设工程施工合同的行为等。

2）违法行为，是指受法律禁止的侵犯其他主体的建设权利和建设义务的行为，如违反法律规定或因过错不履行建设工程施工合同等行为。

3）行政行为，是指国家授权机关依法行使对建筑业管理权而发生法律后果的行为，如国家建设管理机关监督执行工程项目建设程序的行为。

4）立法行为，是指国家机关在法定权限内通过规定的程序，制定、修改、废止建设法律规范性文件的活动，如国家制定和颁布建设法律、法规、条例、标准定额等行为。

5）司法行为，是指国家司法机关的法定职能活动。它包括各级检察机构所实施的法律监督，各级审判机构的审判、调解活动等，如人民法院对建筑工程纠纷案件做出判决的行为。

思 考 题

1. 什么是建设法规？建设法规的调整对象是什么？
2. 建设法规体系是怎样构成的？举例说明建设法规体系的每一层级。
3. 建设法律关系的构成要素有哪些？它们分别是什么含义？
4. 地方性建设法规与部门规章之间对同一事项的规定不一致时如何处理？
5. 举例说明可以作为建设法律关系的客体的事物有哪些？

第四章
民法典基础知识

教学要点：

本章主要介绍民事法律关系、代理权、物权、债权、法律责任等，通过本章的学习，应达到以下目标。

1. 熟悉民事法律关系的构成。
2. 熟悉民事法律事实的概念和分类。
3. 熟悉民事行为的成立要件。
4. 熟悉代理权的相关内容。
5. 熟悉物权的基本概念变动和保护。
6. 熟悉承担民事法律责任的方式。

第一节 民事法律关系

一、民事法律关系概述

法律关系是法律在调整人们行为的过程中形成的特殊的权利和义务关系，其本质是受到法律调整的权利和义务关系。民法调整作为平等民事主体的自然人、法人及其他非法人组织之间的人身关系和财产关系，其中，人身关系包括人格关系和身份关系，财产关系包括财产的归属关系和财产的流转关系。法律关系通常由主体、客体和内容三个要素构成，民事法律关系也不例外，它的构成要素同样也包括民事法律关系的主体、客体和内容。

（一）民事法律关系的主体

民事法律关系的主体（简称民事主体），是指在民事法律关系中享受权利，承担义务的当事人和参与者，包括自然人、法人和非法人组织。

1. 自然人

自然人是基于出生而依法成为民事法律关系主体的人，包括公民、外籍人员和无国籍人员。我国民法根据一个人是否具有正常的认识及判断能力及丧失这种能力的程度，把自然人的行为能力分为完全民事行为能力、限制民事行为能力和无民事行为能力三种状况。

（1）完全民事行为能力。完全民事行为能力是指自然人具有通过自己独立的意思表示进行民事行为的能力。《民法典》第十七条、第十八条规定，18周岁以上的自然人是成年人，具有完全的民事行为能力，可以独立进行民事法律行为。16周岁以上不满18周岁的未成年人，以自己的劳动收入为主要生活来源的，视为完全民事行为能力人。

（2）限制民事行为能力。限制民事行为能力是指自然人独立通过意思表示进行民事行为的能力受到一定的限制。《民法典》第十九条规定，8周岁以上的未成年人是限制民事行为能力人，实施民事法律行为由其法定代理人代理或经其法定代理人同意、追认；但是可以独立实施纯获利益的民事法律行为或者与其年龄、智力相适应的民事法律行为。《民法典》第二十二条规定，不能完全辨认自己行为的成年人为限制民事行为能力人，实施民事法律行为由其法定代理人代理或者经其法定代理人同意、追认；但是可以独立实施纯获利益的民事法律行为或者与其智力、精神健康状况相适应的民事法律行为。限制民事行为能力人的监护人是其法定代理人。

（3）无民事行为能力。无民事行为能力是指自然人不具有以自己独立的意思表示进行民事行为的能力。《民法典》规定，不满8周岁的未成年人为无民事行为能力人，由其法定代理人代理实施民事法律行为；不能辨认自己行为的成年人为无民事行为能力人，由其法定代理人代理实施民事法律行为。8周岁以上的未成年人不能辨认自己行为的，适用前款规定。无民事行为能力人的监护人是其法定代理人。

2. 法人

法人是指具有民事权利能力和民事行为能力，依法独立享有民事权利和承担民事义务的组织。法人的构成要件有以下四个方面。

（1）依法成立。依法成立是指依照法律规定而成立。首先，法人组织的设立应合法，其设立的目的、宗旨要符合国家和社会公共利益的要求，其组织机构、设立方案、经营范围、经营方式等要符合法律的要求；其次，法人的成立程序应符合法律、法规的规定。

（2）有必要的财产或者经费。必要的财产或者经费是指法人的财产或者经费应与法人的性质、规模等相适应。必要的财产或者经费是法人生存和发展的基础，也是法人独立承担民事责任的物质基础。因此，必要的财产或者经费是法人应具备的最重要的基础条件。

（3）有自己的名称、组织机构和场所。法人应当有自己的名称，通过名称的确定使其区别于其他法人和法人成员。法人是社会组织，法人的意思表示必须依法由法人组织机构来完成，每一个法人都应当有自己的组织机构，组织机构代表法人进行相应的活动。

（4）能够独立承担民事责任。能够独立承担民事责任是指具有承担民事责任的独立能力。这与法人需拥有独立支配的财产相联系。法人作为独立的民事主体，对自己从事各项活动的后果，必须以自己的财产独立承担民事责任；法人的设立人、成员及工作人员对此不承担连带责任。在《民法典》中，法人被分为营利法人、非营利法人和特别法人。《民法典》规定，依照法律或者法人章程的规定，代表法人从事民事活动的负责人，为法人的法定代表人。法定代表人以法人名义从事的民事活动，其法律后果由法人承受。法人章程或者法人权力机构对法定代表人代表权的限制，不得对抗善意相对人。法定代表人代表法人的利益，按照法人的意志行使法人权利；在法人内部负责组织和领导生产经营活动，对外代表法人，全权处理一切民事活动。法人由其法定代表人进行诉讼。法定代表人有权直接代表本单位向人民法院起诉和应诉，其所进行的诉讼行为，就是本单位的诉讼行为，直接对本单位发生法律效力。

3. 非法人组织

非法人组织是指不具有法人资格，但可以以自己的名义进行民事活动的社会组织。非法人组织具有一定的民事权利能力、民事行为能力，也具有民事诉讼能力，但只具有相对独立的民事主体地位，其在财产和责任上不具有完全的独立性。

（二）民事法律关系的客体

民事法律关系的客体是民事权利义务所共同指向的对象，包括各种物质利益和非物质利益。具体包括物、行为、智力成果或知识产品、人格利益，在有法律规定的情况下，还包括权利本身。

（三）民事法律关系的内容

民事法律关系的内容是指民事主体所享有的民事权利和所承担的民事义务。民事权利，是指民法所确认的民事主体享有某种民事利益的可能性。民事义务是指民事主体依法应当为一定行为或不为一定行为从而使相对的民事主体实现其利益的必要性。民事权利与民事义务是直接相互对应的。

二、民事法律事实

（一）民事法律事实的概念

民事法律事实是指能够引起民事法律关系发生、变更或消灭的客观情况。民事法律事实是引起民事法律关系变动的原因。一定的民事法律事实的发生，会使民法规范与社会生活相连并发挥调整功能，从而以一定财产利益或者人身利益为对象，在民事主体之间产生民事权利和义务发生、变更或消灭的法律效果。

（二）民事法律事实的分类

民事法律事实的种类繁多，民法上根据事实是否与人的意志有关，将其分为行为和事件。

行为是与人的意志有关的法律事实。行为是法律要件中最常使用的法律事实。行为虽与人的意志有关，但根据意志是否需明确对外做意思表示，行为又被划分为表意行为和非表意行为。

1. 表意行为

表意行为是行为人通过意思表示，旨在设立、变更或消灭民事法律关系的行为。民事法律行为是合法的表意行为，因行为人有预期的效果意思，所以该行为能产生当事人意欲达到的民事法律关系产生、变更或消灭的效果。

2. 非表意行为

非表意行为是行为人主观上没有产生民事法律关系效果的意思表示，客观上引起法律效果发生的行为。如侵权行为，行为人主观上并没有效果意思，但客观上却导致赔偿的发生。

事件是与人的意志无关的法律事实。事件本是自然现象，只是因其能引起民事法律关系的变动，才被列为法律事实。例如，人的死亡、地震等，前者可能导致继承关系的发生；而后者若将房屋震塌则会导致所有权的消灭，若事前已投保，又会导致保险赔偿关系的发生。

三、民事行为

民事行为，又称为法律行为，是以意思表示为要素，旨在发生民事法律后果的行为，包括民事法律行为、无效的民事行为、可变更或可撤销的民事行为、效力未定的民事行为。

（一）民事行为的成立与生效

民事行为的成立与生效是两个既有联系又有区别的概念。在大多数情况下，民事行为的成立与民事行为的生效在时间上是一致的，即民事行为在成立时即具有法律效力。

《民法典》第一百三十六条规定，民事法律行为自成立时生效，但是法律另有规定或者当事人另有约定的除外。只有在少数情况下，民事行为的成立与生效不具有时间上的一致性，即一项民事行为已经成立，但却尚未生效。

（二）民事行为的成立要件

1. 一般成立要件

民事行为的成立一般应具备以下三个要件：

（1）当事人。这是民事行为成立须具备的主体要素。当事人包括自然人、法人或非法人组织。

（2）意思表示。这是民事行为得以成立的本质要素。民事行为的成立，必须具备意思表示。对一个单独民事行为而言，只需具备一个意思表示即可；而对合同而言，则需数个发生合意的意思表示才能导致民事行为成立。

（3）标的。这是民事行为成立须具备的客体要素。标的是指行为的内容，即行为人通过其行为所要达到的效果。

2. 特别成立要件

民事行为的特别成立要件，是指成立某一具体民事行为，除须具备一般成立要件外，还须具备其他的特殊事实要素。如实践性行为以标的物的交付为特别成立要件；当事人约定合同必须采用书面形式为合同成立前提的，则采用书面形式为合同成立的特别要件。

3. 民事法律行为的生效要件

民事法律行为的生效要件，是指已经成立的民事行为能够按照意思表示的内容而发生法律效力所应当具备的法定条件。民事法律行为的生效要件具体包括以下四项：

（1）行为人具有相应的民事行为能力。就自然人而言，完全民事行为能力人可以独立实施民事法律行为；限制民事行为能力人只能实施与其年龄、智力和精神健康状况相适应的民事法律行为，其他民事法律行为的实施要征得其法定代理人的同意或由其法定代理人代理；无民事行为能力人不能独立实施民事法律行为，需要实施民事法律行为时，由其法定代理人代理。法人的民事行为能力是由法人的经营范围决定的，一般情况下，法人只能在其核准登记的经营范围内活动。

（2）行为人的意思表示真实。民事法律行为是以意思表示为构成要素的行为，因此，它要求行为人的意思表示必须真实。所谓意思表示真实，是指行为人表现于外部的意思与其内在意志相一致或相符合。

（3）不违反法律、行政法规和社会公共利益。民事法律行为不违反法律、行政法规和社会公共利益的有效条件，是指民事法律行为的内容不得违反法律、行政法规或者社会公共利益。民事法律行为的内容是以意思表示明确确定的,它必须能发生民事法律效果;不仅在事实上能够发生民事法律效果,而且在法律上能够发生民事法律效果。

(4) 特殊生效要件。特殊生效要件是指某些特殊民事行为,依其性质,其生效除须具备一般有效要件外,尚须具备其他条件。例如,依照法律、行政法规的规定,有的民事法律行为需要办理相应的批准、登记等手续方能生效。

(三) 无效的民事行为

无效的民事行为,是指欠缺民事法律行为的有效要件,不发生法律效力的民事行为。无效的民事行为,从行为开始时就没有法律约束力。《民法典》规定:

1) 违反法律、行政法规的强制性规定的民事法律行为无效,但是该强制性规定不导致该民事法律行为无效的除外。

2) 违背公序良俗的民事法律行为无效。

3) 行为人与相对人恶意串通,损害他人合法权益的民事法律行为无效。

《民法典》下列条款规定,有下列情形之一的,民事法律行为合同无效或者可撤销:

1) 第一百四十四条,无民事行为能力人实施的民事法律行为无效。

2) 第一百四十六条,行为人与相对人以虚假的意思表示实施的民事法律行为无效。

3) 第一百四十七条,基于重大误解实施的民事法律行为。

4) 第一百四十八条,一方以欺诈手段,使对方在违背真实意思的情况下实施的民事法律行为。

5) 第一百五十条,一方或者第三方以胁迫手段,使对方在违背真实意思的情况下实施的民事法律行为。

6) 第一百五十一条,一方利用对方处于危困状态、缺乏判断能力等情形,致使民事法律行为成立时显失公平的。

《民法典》下列条款规定,有下列情形之一的,可免除法律责任:

1) 第一百八十条,因不可抗力不能履行民事义务的。

2) 第一百八十一条,因正当防卫造成损害的。

3) 第一百八十二条,因紧急避险造成损害的。

4) 第一百八十四条,因自愿实施紧急救助行为造成受助人损害的,救助人不承担民事责任。

(四) 民事行为被确认无效或被撤销的法律后果

民事行为被确认为无效后和被撤销后或者确定不发生效力的,从行为开始就没有法律效力,但是没有法律效力不等于没有法律后果产生。如果合同是无效或者被撤销的,《民法典》第一百五十七条规定,民事行为被确认为无效后和被撤销后或者确定不发生效力后,还可能会产生如下法律后果:

1. 返还财产

民事行为被确认无效后,当事人因该民事行为取得的财产,应当返还给对方。如果是其中一方取得的财产,则由取得方返还给对方,如果是双方取得的,则双方返还。不能返还或者没有必要返还的,应当折价补偿。

2. 赔偿损失

民事行为被确认为无效后,除发生返还财产的法律后果以外,如果无过错方遭受了财产上的损失，则有过错的一方应当承担损害赔偿的责任。如果双方都有过错的，应当各自承担相应的责任。

（五）效力待定的民事行为产生的合同及效力

效力待定的民事行为是指民事行为虽已经成立，但是否生效还不确定，根据民事行为人的行为，才能确定生效或不生效的民事行为。根据《民法典》的规定，相关合同主要有：

1. 限制民事行为能力人签订的依法不能独立订立的合同

《民法典》第一百四十五条规定，限制民事行为能力人实施的纯获利益的民事法律行为或者与其年龄、智力、精神健康状况相适应的民事法律行为有效，实施的其他民事法律行为经法定代理人同意或者追认后有效。

2. 无权代理人订立的合同及代理人超越代理权订立的合同

《民法典》第一百七十一条规定，行为人没有代理权、超越代理权或者代理权终止后，仍然实施代理行为，未经被代理人追认的，对被代理人不发生效力。

四、诉讼时效

时效是指当事人对财产的占有或不行使权利的行为，经过一定的时间，发生当事人取得权利或权利效力减损法律效果的制度。时效是导致民事法律关系产生、变更或消灭的法律事实，是基于法律的强制性规定，当事人不得约定不受时效限制或变更法定的时效期间。时效分为取得时效和消灭时效。《民法典》第一百八十八条规定，向人民法院请求保护民事权利的诉讼时效期间为三年。

我国《民法典》第一百八十八条规定只规定了诉讼时效，而未规定取得时效。在法律规定的诉讼时效期间内，权利人提出请求的，人民法院就应当强制义务人履行所承担的义务；而在法定的诉讼时效期间届满之后，权利人行使请求权的，人民法院就不再予以保护。《民法典》第一百八十八条规定，自权利受到损害之日起超过20年的，人民法院不予保护。《民法典》第一百九十二条规定，诉讼时效期间届满的，义务人可以提出不履行义务的抗辩。诉讼时效期间届满后，义务人同意履行的，不得以诉讼时效期间届满为由抗辩；义务人已经自愿履行的，不得请求返还。

第二节　代理权

一、代理关系

代理是指代理人在代理权限内，为被代理人的利益独立与第三人进行民事行为，该行为的法律效果由被代理人承担的一种法律制度。代理有广义与狭义之分。狭义代理即直接代理，又称显名代理，是指代理人以被代理人名义进行民事活动。

代理的种类分为委托代理、法定代理与指定代理。

1. 委托代理

委托代理又称意定代理，是指基于被代理人的委托授权而发生的代理。委托代理是最常见、最广泛适用的一种代理形式。委托授权行为是委托代理产生的直接根据。委托授权书应当载明代理人的姓名或名称、代理事项、权限和期间，并由授权人签名或盖章。委托授权书授权不明的，被代理人应当向第三人承担民事责任，代理人负连带责任。

2. 法定代理

法定代理是指根据法律的直接规定而发生的代理关系。法定代理主要适用于被代理人为无民事行为能力人或限制民事行为能力人的情况。在法定代理中，代理人与被代理人之间一般都存在血缘关系、婚姻关系或组织关系等。

3. 指定代理

指定代理，是指基于法院或有关机关的指定行为而发生的代理关系。例如，在没有委托代理人和法定代理人的情况下，人民法院、未成年人父母的所在单位或精神病人的所在单位、未成年人或精神病人住所地的居民委员会或村民委员会有权为无民事行为能力人或限制民事行为能力人指定代理人。

二、代理权的行使

代理权是代理制度的核心内容，是指代理人基于被代理人的意思表示或法律的直接规定或相关的指定，能够以被代理人的名义为意思表示或受领意思表示，其法律效果归于被代理人的资格。

（一）代理人的义务

1）代理人应在代理权限范围内行使代理权，不得无权、越权代理。

2）不得实施违法行为。代理人知道被委托代理的事项违法仍然进行代理活动的，或者被代理人知道代理人的代理行为违法不表示反对的，由代理人和被代理人负连带责任。

3）代理人应积极行使代理权，尽勤勉和谨慎的义务。

4）要为被代理人的利益实施代理行为。

5）代理人应亲自行使代理权，不得任意转托他人代理。

6）代理人应尽到报告义务和保密义务的责任。代理人未尽到职责，给被代理人造成损害的，代理人应承担民事赔偿责任。

（二）代理权行使的限制

滥用代理权，是指代理人行使代理权时，违背代理权的设定宗旨和代理行为的基本准则，进行有损被代理人利益的活动。

滥用代理权的主要类型如下：

1. 自己代理

自己代理是指代理人在代理权限内代理自己为民事行为。自己代理并不必然导致行为无效，如果事先得到同意或事后得到追认，法律也承认其效力。

2. 同时代理

同时代理是指一人同时担任双方的代理人为民事行为。同时代理双方并不必然导致行为无效，如果双方代理人同意或追认，法律也承认其效力。

3. 代理人的懈怠行为

代理人的懈怠行为是指代理人不尽勤勉义务致使被代理人利益受损的行为。

4. 代理人与第三人恶意串通损害被代理人利益的行为

在代理人与第三人恶意串通损害被代理人利益的情况下，由代理人和第三人对被代理人负连带责任。

(三)无权代理与表见代理

1. 无权代理

无权代理是指代理人不具有代理权而实施代理行为。无权代理包括狭义和广义的无权代理。狭义的无权代理是指行为人既没有代理权,也没有令第三人相信其有代理权的事实或理由,而以本人名义所为的代理。广义的无权代理除包括狭义的无权代理之外,还包括表见代理。无权代理行为属于效力未定的民事行为,基于意思自治原则,在无权代理不违反强行法的前提下,由当事人自主选择发生何种法律效果。

2. 表见代理

表见代理,是指被代理人的行为足以使诚信第三人相信无权代理人具有代理权,基于此项信赖而与无权代理人交易,由此产生的法律效果由法律强制被代理人承担的代理。《民法典》第一百七十二条规定,行为人没有代理权、超越代理权或者代理权终止后,仍然实施代理行为,相对人有理由相信行为人有代理权的,代理行为有效。该条款的立法目的是维护交易安全,保护善意第三人的利益。表见代理对本人产生有权代理的效力,本人不得以无权代理抗辩。表见代理对相对人来说,可自由选择主张表见代理或主张无权代理。

三、代理权的终止

1. 委托代理关系的消灭

委托代理关系消灭的情形如下:

1)代理期间届满或者代理事务完成。
2)被代理人取消委托或代理人辞去委托。
3)代理人死亡。代理人死亡必然会引起委托代理关系的消灭,被代理人死亡则未必终结委托代理关系。《民法典》第一百七十四条规定,被代理人死亡后,有下列情形之一的,委托代理人实施的代理行为有效:①代理人不知道并且不应当知道被代理人死亡;②被代理人的继承人予以承认;③授权中明确代理权在代理事务完成时终止;④被代理人死亡前已经实施,为了被代理人的继承人的利益继续代理。
4)代理人丧失民事行为能力。
5)作为被代理人或代理人的法人终止。

2. 法定代理、指定代理关系的消灭

法定代理、指定代理关系消灭的情形如下:

1)被代理人取得或恢复民事行为能力。
2)被代理人死亡或代理人死亡或代理人丧失民事行为能力。
3)指定代理的法院或指定机关取消指定。
4)其他原因,如取消监护人资格、解除收养关系等。

第三节 物权

一、物权的基本概念

物权是指权利人依法对特定的物享有直接支配和排他的权利,包括所有权、用益物权和担保物权。物权是财产的归属利用关系,是静态的财产关系;债权是财产的流转关系,是动

态的财产关系。物权是和债权相对应的民事权利，物权和债权构成了市场经济社会最基本的财产权利，二者关系密切。

（一）所有权

1. 所有权的概念

所有权是所有人依法对自己的财产所享有的占有、使用、收益和处分的权利。所有权是物权中最重要也最完全的一种权利，具体内容包括占有、使用、收益和处分四项权能。

2. 所有权的种类

（1）国家所有权。国家所有权是社会主义全民所有制在法律上的表现。国有财产由国务院代表国家行使所有权；法律另有规定的，依照其规定。《民法典》规定，法律规定属于国家所有的财产，属于国家所有即全民所有。国家所有权的客体包括：城市土地、矿藏、水流、海域；无线电频谱资源；国防资产；野生动植物资源。另外，森林、山岭、草原、荒地、滩涂等自然资源，属于国家所有，但法律规定属于集体所有的除外。法律规定属于国家所有的农村和城市郊区的土地及铁路、公路、电力设施、电信设施和油气管道等基础设施，属于国家所有。法律规定属于国家所有的文物，属于国家所有。这些财产有的只能作为国家所有权的客体，不能成为集体组织或公民个人所有权的客体。可见，国家所有权的客体具有广泛性，任何财产可以成为国家所有权的客体，但不一定能够成为集体组织和公民个人所有权的客体。

（2）集体组织所有权。劳动群众集体组织所有权是指劳动群众集体组织占有、使用、收益和处分其财产的权利。劳动群众集体组织所有权的客体可以是法律规定的国家专有财产以外的其他任何财产。

《民法典》第二百六十二条规定，对于集体所有的土地和森林、山岭、草原、荒地、滩涂等，依照下列规定行使所有权：

1）属于村农民集体所有的，由村集体经济组织或者村民委员会依法代表集体行使所有权。

2）分别属于村内两个以上农民集体所有的，由村内各该集体经济组织或者村民小组依法代表集体行使所有权。

3）属于乡镇农民集体所有的，由乡镇集体经济组织代表集体行使所有权。

此外，《民法典》规定，集体经济组织或者村民委员会的负责人做出的决定侵害集体成员合法权益的，该集体成员可以请求人民法院予以撤销。

（3）营利法人所有权。营利法人所有权是营利法人依法享有的占有、使用、收益和处分其生产资料和生活资料的权利。《民法典》第二百六十九条规定，营利法人对其不动产和动产依照法律、行政法规以及章程享有占有、使用、收益和处分的权利。

3. 所有权的取得

（1）所有权的原始取得。原始取得是指根据法律规定，最初取得财产的所有权或不依赖于原所有人的意志而取得财产的所有权。原始取得的方式有主要包括以下内容。

1）先占。

2）拾得遗失物。《民法典》第三百一十四条规定，拾得遗失物，应当返还权利人。拾得人与权利人之间法律关系的处理规则是：拾得遗失物，应当返还权利人。拾得人应当及时通知权利人领取，或者送交公安等有关部门。拾得人在返还拾得遗失物时，可以要求支付必要费用，但不得要求支付报酬。但遗失人发出悬赏广告，愿意支付一定报酬的，不得反悔。有关部门收到遗失物，知道权利人的，应当及时通知其领取；不知道权利人的，应当及时发布招领公告。自有关部门发出招领公告之日起6个月内无人认领的，遗失物归国家所有。拾得人在遗失物送交有关部门前，有关部门在遗失物被领取前，应当妥善保管遗失物。因故意或者重大过失致使遗失物毁损、灭失的，应当承担民事责任。拾得人拒不返还遗失物，按侵权行为处理；拾得人不得要求支付必要费用，也无权请求权利人按照承诺履行义务。

3) 发现埋藏物。拾得漂流物、发现埋藏物或者隐藏物的，同样适用拾得遗失物的规则。埋藏物是指埋藏于他物之中的动产。

埋藏物分为两种：①所有人明确的埋藏物，这种埋藏物在发现以后，其所有权仍属于原所有人。具体规则适用拾得遗失物的有关规定；②所有人不明确的埋藏物，归国家所有。

4) 添附。添附是指民事主体把不同所有人的财产或劳动成果合并在一起，如果恢复原状在事实上不可能或者在经济上不合理，则形成另一种新形态的财产。添附主要有混合、附合和加工三种方式。

《民法典》第三百二十二条规定，因加工、附合、混合而产生的物的归属，有约定的，按照约定；没有约定或者约定不明确的，依照法律规定。

5) 善意取得。善意取得是指动产占有人或者不动产的名义登记人将动产或者不动产不法转让给受让人，受让人以合理的价格善意取得财产，受让人可依法取得该财产所有权的法律制度。

(2) 所有权的继受取得。所有权的继受取得，又称为传来取得，是指通过某种法律事实从原所有人那里取得对某项财产的所有权。继受取得的原因，包括法律行为取得和法律行为以外的事实取得两大类。具体方式包括合同、继承遗产和接受遗赠等。

4. 所有权的消灭

所有权的消灭是指因为某种法律事实的出现，而使财产所有人丧失了所有权。导致所有权消灭的原因大致包括以下几种。

(1) 所有权客体灭失。所有权客体灭失是指作为所有权客体的财产因为各种原因不复存在。例如，因自然灾害、生活消费、生产消耗等事实或行为引起的所有权客体的灭失。

(2) 所有权主体消灭。所有权主体消灭是指因为所有人主体资格的丧失，导致其所享有的所有权的灭失。例如，公民自然死亡或被宣告死亡，法人被撤销或解散，原享有的所有权依法律程序被转移给他人从而归于消灭。

(3) 依法转让。例如，公民或法人通过买卖、赠予等合法方式将其财产出卖、赠予他人，使得原所有权发生移转。

(4) 所有权被抛弃。例如，丢弃某项财物，导致其不再享有对被弃财产的所有权。

(5) 依法强制消灭。依法强制消灭是指国家依照法律规定，为了社会公共利益的需要，采用征收或国有化等强制措施，有偿或无偿地迫使所有权人转移原享有的所有权，如国家依法律征收某项财产。

(二) 用益物权

《民法典》第三百二十三条规定，用益物权人对他人所有的不动产或者动产，依法享有占有、使用和收益的权利。

用益物权包括：土地承包经营权，建设用地使用权，宅基地使用权，地役权以及准物权（具体包括海域使用权、探矿权、采矿权、取水权和使用水域、滩涂从事养殖、捕捞的权利）。

1. 土地承包经营权

（1）土地承包经营权的概念。土地承包经营权是指自然人、法人或者非法人组织因从事耕作、种植或其他农业生产经营项目而基于承包合同对集体所有或集体使用的国家所有的农业用地所享有的占有、使用和收益的权利。

（2）土地承包经营权的取得。

1）通过签订承包经营合同而原始取得。这种取得土地承包经营权的方式，需要当事人以书面合同的形式为之。土地承包经营权从承包经营合同生效之日起成立。

2）因转让行为继受取得。土地承包经营权可以转让、互换，受让人从转让、互换合同生效时起取得承包经营权。登记不是土地承包经营权转让的成立要件，但是，当事人未进行变更登记的不得对抗善意第三人。

3）继承。土地承包经营权可以继承，被继承人死亡的，其继承人根据《中华人民共和国继承法》可以取得其承包经营权。

4）因法院强制执行等其他原因而取得土地承包经营权。

（3）土地承包经营权的流转。土地承包经营权人依照《中华人民共和国农村土地承包法》（简称《农村土地承包法》）的规定，有权将土地承包经营权采取转包、互换、转让等方式流转。流转的期限不得超过承包期的剩余期限。未经依法批准，不得将承包的土地用于非农建设。通过招标、拍卖、公开协商等方式承包荒地等农村土地，依照《农村土地承包法》等法律和国务院的有关规定，其土地承包经营权可以转让、入股、抵押或者以其他方式流转。土地承包经营自土地承包经营合同生效时设立。县级以上地方人民政府应当向土地承包经营权人发放土地承包经营权证、林权证、草原使用权证，并登记造册，确认土地承包经营权。土地承包经营权人将土地承包经营权互换、转让，当事人要求登记的，应当向县级以上地方人民政府申请土地承包经营权变更登记；未经登记，不得对抗善意第三人。

2. 建设用地使用权

（1）建设用地使用权的概念。建设用地使用权是指因营造建筑物或其他工作物而对国家所有的非农业用地进行占有、使用和收益的用益物权。

（2）建设用地使用权的取得。建设用地使用权是一种用益物权，因此，用益物权的一般取得原因（如转让、继承等），自然也适用于建设用地使用权。建设用地使用权的初次取得可以通过如下两种方式。

1）划拨。土地划拨，是土地使用人只需按照一定程序提出申请，经主管机关批准即可取得土地使用权，而不必向土地所有人交付租金及其他费用的取得方式。采取划拨方式的，应当遵守法律、行政法规关于土地用途的规定，严格限制以划拨方式设立建设用地使用权。《中华人民共和国土地管理法》第五十四条规定，建设单位使用国有土地，应当以出让等有偿使用方式取得；但是，下列建设用地，经县级以上人民政府依法批准，可以以划拨方式取得：①国家机关用地和军事用地；②城市基础设施用地和公益事业用地；③国家重点扶持的能源、交通、水利等基础设施用地；④法律、行政法规规定的其他用地。

2）出让。土地使用权出让，是指国家以土地所有人的身份将土地使用权在一定期限内让与土地使用者，并由土地使用者向国家支付土地使用权出让金的行为。土地使用权出让主要有三种方式，即协议、招标和拍卖。

《民法典》第三百四十七条规定，工业、商业、旅游、娱乐和商品住宅等经营性用地以及同一土地有两个以上意向用地者的，应当采取招标、拍卖等公开竞价的方式出让。《民法典》第三百四十八条规定，通过招标、拍卖、协议等出让方式设立建设用地使用权的，当事人应当采用书面形式订立建设用地使用权出让合同。

建设用地使用权从登记时设立。

（3）建设用地使用权的期限。

1）以划拨方式取得的建设用地使用权没有期限的限制。

2）以出让方式取得的建设用地使用权有最高期限的限制，其最高期限为：居住用地70年；商业、旅游、娱乐用地40年；教育、科技、文化、卫生、体育用地50年；综合或者其他用地50年；工业用地50年。每一块土地的实际使用年限，在最高年限内，由出让方和受让方双方商定。

3）住宅建设用地使用权期间届满的，自动续期。非住宅建设用地使用权期间届满后的续期，依照法律规定办理。该土地上的房屋及其他不动产的归属，有约定的，按照约定；没有约定或者约定不明确的，依照法律、行政法规的规定办理。

3. 宅基地使用权

宅基地使用权是指农民集体成员对于农民集体所有的土地以建设自用住宅为目的而享有的占有、使用和收益的排他性权利。宅基地使用权的所属主体特定。特定的宅基地仅限于本集体经济组织内部的成员享有使用权。宅基地使用权的客体是本集体所有的非农业用地。宅基地使用权的内容是依法建造、保有个人住宅、庭院而对土地的占有、使用和收益的权利。宅基地使用权须经合法手续取得。农村居民取得宅基地使用权，必须有完备合法的手续。城镇居民建造房屋需要宅基地的，须向所在地的土地管理部门申请，经批准后方能取得。

《民法典》规定，宅基地使用权的取得、行使和转让，适用土地管理的法律和国家的有关规定。

4. 地役权

所谓地役权，是指为了利用自己土地的便利而对他人的土地进行一定程度的利用或者对他人行使土地权利进行限制的权利。其中，需要利用他人之土地的土地被称为需役地，为需役地提供便利之被利用土地被称为供役地。在我国，地役权主要是建立在他人拥有用益物权的土地之上的。作为需役地的权利人可以是土地所有人，也可以是对土地拥有用益物权的人，在我国，主要是对土地拥有用益物权的人。

（三）担保物权

担保物权是指为确保债权的实现而设定的，以直接取得或者支配特定财产的交换价值为内容的权利。我国的担保物权包括抵押权、质权和留置权。

1. 抵押权

（1）抵押权的概念。抵押权是指债权人对于债务人或者第三人不移转占有而提供担保的财产，在债务人不履行债务或者发生当事人约定的实现抵押权的情形时，债权人依法享有的就担保的财产变价并优先受偿的权利。

（2）抵押权的设定。抵押权的设定应当由双方当事人签订抵押合同。抵押合同应当采用书面形式。抵押当事人包括抵押人和抵押权人。

（3）抵押物。抵押物又称为抵押财产，它是抵押权的标的物，是指抵押人用以设定抵押权的财产。《民法典》第三百九十五条规定了以下可用以抵押的财产范围：

1）建筑物和其他土地附着物。
2）建设用地使用权。
3）海域使用权。
4）生产设备、原材料、半成品、产品。此类动产既可以作为一般的动产抵押的标的物，还可以作为浮动抵押的标的物。
5）正在建造的建筑物、船舶、航空器。
6）交通运输工具。
7）法律、行政法规未禁止抵押的其他财产。

此外，《民法典》还特别规定，抵押人可以将前述七项内容所列的财产一并抵押。

《民法典》不仅规定了可用于抵押的财产，还规定了不得用于抵押的财产。《民法典》第三百九十九条规定，下列财产不得抵押。

1）土地所有权。
2）宅基地、自留地、自留山等集体所有的土地使用权，但是法律规定可以抵押的除外。
3）学校、幼儿园、医疗机构等以公益为目的成立的非营利法人的教育设施、医疗卫生设施和其他社会公益设施。
4）所有权、使用权不明或者有争议的财产。
5）依法被查封、扣押、监管的财产，但是已经设定抵押的财产被采取查封、扣押等财产保全或者执行措施的，不影响抵押权的效力。
6）法律、行政法规规定不得抵押的其他财产，如依法定程序确认为违法、违章的建筑物。

（4）抵押权的登记。

1）登记是抵押权的成立条件。《民法典》规定，如果以建筑物和其他土地附着物，建设用地使用权，海域使用权，正在建造的建筑物这四类财产设定抵押的，应当办理抵押物登记；抵押权自登记之日起设立。

2）登记具有对抗善意第三人的效力。当事人以《民法典》规定的生产设备、原材料、半成品、产品，正在建造的船舶、航空器，交通运输工具设定抵押，或者以《民法典》规定的动产设定抵押，抵押权自抵押合同生效时设立。未经登记，不得对抗善意第三人。因此，对这些财产是否进行抵押登记，完全由当事人决定。只是如果没有登记，不能对抗善意第三人。

（5）抵押权的实现。《民法典》第四百一十条规定，债务人不履行到期债务或者发生当事人约定的实现抵押权的情形，抵押权人可以与抵押人协议以抵押财产折价或者以拍卖、变卖该抵押财产所得的价款优先受偿。如果同一财产向两个以上债权人抵押的，拍卖、变卖抵押物所得的价款按照以下规定清偿：①抵押权已登记的，按照登记的先后顺序清偿；②顺序相同的，按照债权比例清偿；③抵押权已登记的先于未登记的受偿；④抵押权均未登记的，按照债权比例清偿。抵押权人应当在主债权诉讼时效期间行使抵押权，未行使的，人民法院不予保护。

2. 质权

（1）质权的概念。质权是指债权人为了担保债权的实现，要求债务人或第三人移交占有动产或权利，于债务人不履行债务时所享有的优先受偿的权利。

（2）动产质权的概念和设立。动产质权是以动产作为标的物的担保。《民法典》第四百二十五条规定，为担保债务的履行，债务人或者第三人将其动产出质给债权人占有的，债务人不履行到期债务或者发生当事人约定的实现质权的情形，债权人有权就该动产优先受偿。出质人和质权人应当以书面形式订立质押合同。

（3）动产质权的效力。对于出质人而言，动产出质后，出质人仍享有质物的所有权，但其处分权受到限制。《民法典》第四百三十一条规定，质权人在质权存续期间，未经出质人同意，擅自使用、处分质押财产，给出质人造成损害的，应当承担赔偿责任。债务履行期届满，出质人请求质权人及时行使权利，而质权人怠于行使权利致使质物价格下跌的，由此造成的损失，质权人应当承担赔偿责任。

（4）权利质权。权利质权是指以可转让的权利为标的物的质权。权利质权的标的物为权利，但不是任何权利都可以作为权利质权的标的物。

《民法典》第四百四十条规定，可以作为权利质权的权利如下：

1）汇票、支票、本票。

2）债券、存款单。

3）仓单、提单。

4）可以转让的基金份额、股权。

5）可以转让的注册商标专用权、专利权、著作权等知识产权中的财产权。

6）现有的以及将有的应收账款。

7）法律、行政法规规定可以出质的其他财产权利。

3. 留置权

（1）留置权的概念。留置权是指债务人不履行到期债务时，债权人可以留置已经合法占有的债务人的动产，并有权就该动产优先受偿的权利。留置权属于法定的担保物权。

（2）留置权的成立。留置权作为法定的担保物权必须符合法定的条件才能成立。

留置权的成立条件如下：

1）债权人合法占有债务人的动产。债权人合法占有债务人的动产是留置权成立的最基本要件。留置权的标的物，除了留置物本身以外，还包括从物、孳息和代位物。

2）占有的动产与债权属于同一法律关系（有牵连关系）。占有的动产与债权有牵连关系是指已合法占有的物是债权发生的原因。例如，保管费请求权的发生，与保管的标的物之间存在牵连关系。《民法典》第四百四十八条规定，债权人留置的动产，应当与债权属于同一法律关系，但企业之间留置的除外。

3）债权已届清偿期且债务人未按规定履行义务。只有在债权已届清偿期，债务人仍不能履行义务时，债权人才可以留置债务人的动产。

（3）留置权的效力。对于留置权人而言，留置权人负有妥善保管留置财产的义务，因保管不善致使留置财产毁损、灭失的，应当承担赔偿责任。

留置权人与债务人应当约定留置财产后的债务履行期间,没有约定或者约定不明确的,留置权人应当给债务人 2 个月以上履行债务的期间,但鲜活易腐等不易保管的动产除外。债务人逾期未履行的,留置权人可以与债务人协议以留置财产折价,也可以就拍卖、变卖留置财产所得的价款优先受偿。留置财产折价或者变卖的,应当参照市场价格。

二、物权的变动

物权的变动,是物权的产生、变更和消灭的总称。从权利主体方面观察,物权的变动即物权的取得、变更和丧失。

1. 物权的变动的公示与公信原则

(1) 公示原则。所谓公示,是指物权在变动时,必须将物权变动的事实通过一定的公示方法向社会公开,从而使第三人知道物权变动的情况,否则不能发生物权变动的效力。世界各国在公示方式上大体都采用相同的方式,就动产而言,其公示方式是占有;就不动产而言,其公示方式是登记。

(2) 公信原则。所谓公信原则,是指一旦当事人变更物权时,依据法律的规定进行了公示,则即使依照公示方法表现出来的物权不存在或存在瑕疵,但对于信赖该物权的存在并已从事了物权交易的人,法律仍然承认其具有与真实的物权存在相同的法律效果,以保护交易安全。

2. 基于法律行为的物权变动

在我国,物权依据法律行为而进行变动的,兼采折中主义和意思主义,但是以折中主义为原则。《民法典》第二百一十四条规定,不动产物权的设立、变更、转让和消灭,经依法登记,发生效力;未经登记,不发生效力,但法律另有规定的除外。依法属于国家所有的自然资源,所有权可以不登记。

《民法典》第二百二十四条规定,动产物权的设立和转让,自交付时发生效力,但法律另有规定的除外。第二百二十五条规定,船舶、航空器和机动车等物权的设立、变更、转让和消灭,未经登记,不得对抗善意第三人。

3. 不动产登记

所谓登记,是指经权利人的申请由登记机关将物权的发生、变更和消灭的事实记载在登记簿上,从而对于物权的变动予以公示的行为。不动产登记分为三种,即设立登记、变更登记和注销登记。不动产登记机关应当设置和保管不动产登记簿,不动产登记簿是物权归属和内容的根据。不动产登记机关应当为不动产权利人出具权利权属证书,不动产权属证书是权利人享有该不动产物权的证明。不动产权属证书记载的事项,应当与不动产登记簿一致;记载不一致的,除有证据证明不动产登记簿确有错误外,以不动产登记簿为准。

4. 动产的交付

动产物权变动的公示方式是交付,交付是指移转标的物的占有。动产的交付有四种方式:现实交付,简易交付,占有改定,指示交付。

5. 非基于法律行为引起的物权变动

因人民法院、仲裁委员会的法律文书或者人民政府的征收决定等,导致物权设立、变更、转让或者消灭的,自法律文书或者人民政府的征收决定等生效时发生效力;因继承或者受遗赠取得物权的,自继承或者受遗赠开始时发生效力;因合法建造、拆除房屋等事实行为设立或者消灭物权的,自事实行为成就时发生效力;基于法律行为以外其他法律事实而取得不动产物权的,处分该物权时,依照法律规定需要办理登记的,未经登记,不发生物权效力。

三、物权的保护

物权的保护,是权利人在其物权受到侵害以后,可以依据《民法典》的规定,请求侵害人为一定的行为或不为一定行为。保护物权的方法分为如下几种:

1. 请求确认物权

《民法典》第二百三十四条规定,因物权的归属、内容发生争议的,利害关系人可以请求确认权利。此条规定就是请求确认物权的请求权。即双方当事人对物权的归属,或者物权的具体内容发生争议时,可以请求法院确认具体的权利归属及内容。在诉讼法上,这属于确认之诉。

2. 请求返还原物

《民法典》第二百三十五条规定,无权占有不动产或者动产的,权利人可以请求返还原物。请求返还原物是指物权人之外的人无权占有不动产或者动产时,权利人可依法请求无权占有人返还原物,或请求人民法院责令无权占有人承担返还原物的责任。

无权占有分为两种情况:一是无权占有所有物;二是非法侵占。对于无权占有,权利人可以通过提出请求或诉讼的方式,要求返还。

3. 请求排除妨害或者消除危险

《民法典》第二百三十六条规定,妨害物权或者可能妨害物权的,权利人可以请求排除妨害或者消除危险。这是关于排除妨害及消除危险请求权的规定。所谓请求排除妨害,是指物权正遭受损害和权利的行使。物权正遭受妨害时,物权人可依法请求不法侵害人排除妨害,或请求人民法院责令侵害人承担排除妨害的责任。

4. 请求恢复原状

《民法典》第二百三十七条规定,造成不动产或者动产毁损的,权利人可以请求修理、重作、更换或者恢复原状。此条规定的内容就是物权人的恢复原状请求权,即权利人有权要求加害人通过修理等方式恢复财产原来的状态。恢复原状不仅要在实际上可能,而且要在经济上合理,否则就不应当采取这种方式。

5. 请求赔偿损失

赔偿损失,是指物权权利人的财产遭受他人的不法侵害,致使财产损坏不能修复,或者原物已经灭失,不能返还的,权利人可以请求侵害人赔偿财产损失,也可要求人民法院责令侵害人赔偿损失。通过恢复原状、返还原物等方法不足以补偿权利人的损失时,权利人在请求恢复原状、返还原物的同时,可以请求侵害人赔偿损失。

第四节 债权

一、债权的概念

《民法典》第一百一十八条规定,债权是因合同、侵权行为、无因管理、不当得利以及法律的其他规定,权利人请求特定义务人为或者不为一定行为的权利。

债的发生原因,也称债的发生根据,即引起债的关系产生的法律事实。债的发生原因,以其是否依当事人的意思而发生为标准,可分为意定之债和法定之债。

1. 合同
合同是债的最常见的、最重要的发生根据,属于意定之债。

2. 侵权行为
侵权行为,是指不法侵害他人的合法权益应负民事责任的行为。民事主体的合法权益受法律保护,任何人都负有不得非法侵害的义务。行为人不法侵害他人的财产权利或人身权利的,受害人有权请求加害人赔偿损失,加害人负有赔偿损失等义务,故侵权行为也是债的发生原因。侵权之债属法定之债。

3. 无因管理
无因管理,是指没有法定的或约定的义务,为避免他人利益受损失而对他人的事务进行管理或者服务的行为。无因管理一经成立,管理人有权请求本人偿还管理所支出的必要费用,故为债的发生原因。无因管理之债为法定之债。

4. 不当得利
不当得利,是指没有合法根据获得利益而使他人利益受到损害的事实。依法律规定,取得不当利益的一方当事人应将其所取得的利益返还给受损失的一方,受损失一方当事人有权请求取得利益的一方返还其不当得到的利益,故不当得利为债的发生原因。不当得利之债为法定之债。

5. 其他原因
合同、侵权行为、无因管理、不当得利是债的发生的主要原因。除此以外,其他法律事实也会引起债的发生。例如,因缔约过失在缔约当事人间产生债权债务关系;因遗赠在受赠人与遗嘱执行人间产生债权债务关系。

二、债的消灭

债的消灭是指债的关系在客观上不复存在,债权债务关系终止。债的关系消灭的,依附于主债权债务的从属债权、债务,如担保、违约金等一并消灭。负债字据是债权债务存在的证明,债的关系消灭的,债权人应当将债务人的负债字据返还债务人,因故不能返还的,应向债务人出具债务已经消灭的字据。负债的清偿即履行,是指债务人按照法律的规定或者合同的约定向债权人履行义务。债务人向债权人实施的特定行为,从债务人方面说,为给付;从债权人方面说,为履行;从债的消灭上说,为清偿。债务人清偿了债务,债权人的权利实现,债的目的达到,债当然也就消灭。因此,清偿为债的消灭的最常见原因。

1. 债的解除
债的解除,即合同有效成立后,因一方当事人的意思表示或双方的协议而导致债的消灭。双方协议终止债的,债即因双方的协议而消灭。但当事人终止债的协议,不得违反法律的强行性规定或禁止性规定抵销。抵销,是指当事人双方相互负有相同种类的给付,将两项债务相互冲抵,使其相互在对等额内消灭。抵销债务,也就是抵销债权,抵销使双方债权按照抵销数额消灭。抵销使双方债权溯及得为抵销之时消灭。抵销发生后,双方债权的担保及其他权利,均从得为抵销之时消灭;双方债权的利息债权,也从得为抵销之时消灭。抵销可分为法定抵销与合意抵销,通常所说的抵销即指法定抵销。当事人互负到期债务,该债务的标的物种类、品质相同的，任何一方可以将自己的债务与对方的债务抵销，但依照法律规定或者按照合同性质不得抵销的除外。当事人主张抵销的，应当通知对方。通知自到达对方时生效。抵销不得附条件或者附期限。

2. 提存

提存是指债务人在债务履行期届满时，将无法给付的标的物交提存机关，以消灭债务的行为。因此，为使债务人不因债权人的原因而受迟延履行之累，法律设提存制度。通过提存，债务人得将其无法给付给债权人的标的物交给提存机关保存，以代替向债权人的给付，从而免除自己的清偿责任。债务人提存后，债务人的债务即消灭，因而提存也为债的消灭原因。自提存之日起，债务人的债务归于消灭。标的物提存使债权得到清偿，标的物所有权转移归于债权人，标的物毁损灭失的风险也转移归于债权人负担。但因提存部门过错造成毁损、灭失的，提存部门负有赔偿责任。提存部门有保管提存标的物的权利和义务。提存部门应当采取适当的方法妥善保管提存标的物，以防毁损、变质或灭失。债权人可以随时领取提存物，但债权人对债务人负有到期债务的，在债权人未履行债务或者提供担保之前，提存部门根据债务人的要求应当拒绝其领取提存物。债权人领取提存物的权利，自提存之日起5年内不行使而消灭，提存物扣除提存费用后归国家所有。除当事人另有约定的情况外，提存费用由提存受领人承担。

3. 债的免除

债的免除，是指债权人抛弃债权，而使债务人的债务消灭的单方的民事法律行为。因免除成立后，债务人不再负担被免除的债务，债权人的债权也就不再存在，债即消灭，因此，免除债务也为债的消灭原因。

4. 混同

混同是指债权和债务同归一人，致使债的关系消灭的事实。《民法典》第五百五十七条规定，债权债务同归于一人，合同解除的，该合同的权利义务关系终止。因此，混同的效力是导致债的关系绝对消灭，并且主债消灭，从债也随之消灭。但在涉及第三人利益的情形下，虽发生混同，债也不消灭。例如，在债权出质时，债权不因混同而消灭；票据的债权人与债务人混同时，债也不当然消灭。

5. 其他情形

法律规定或者当事人约定债的消灭的其他情形。

第五节 法律责任

一、法律责任概述

（一）法律责任的概念

法律责任是指国家对违反法定义务、超越法定权利或滥用权利的违法行为所做的否定的法律评价，是自由意志支配下的行为所引起的合乎逻辑的不利的法律后果；是由国家强制责任人为一定行为或不为一定行为，从而补偿和救济受到侵害或损害的合法利益和法定权利，恢复被破坏的法律关系和法律秩序的手段。

（二）法律责任的种类

法律责任的种类，也是法律责任的各种表现形式，根据不同的标准，可以做不同的划分。根据违法行为所违反的法律的性质，可以把法律责任分为民事责任、刑事责任、行政责任、违宪责任和国家赔偿责任。

1. 民事责任

民事责任是指由于违反民事法律、违约或者由于民法规定所应承担的一种法律责任。民事责任主要表现为一种财产上的责任。民事责任的主体主要是自然人或法人。

《民法典》第一百七十九条规定，承担民事责任的方式主要有：①停止侵害；②排除妨碍；③消除危险；④返还财产；⑤恢复原状；⑥修理、重作、更换；⑦继续履行；⑧赔偿损失；⑨支付违约金；⑩消除影响、恢复名誉；⑪赔礼道歉。

法律规定惩罚性赔偿的，依照其规定。

2. 刑事责任

刑事责任是指行为人因其犯罪行为所必须承受的，由司法机关代表国家所确定的否定性法律后果。刑事责任是所有法律责任中性质最为严重、制裁最为严厉的一种。刑事责任主要是人身责任，刑事责任的主体主要是自然人，但也可以是法人。

3. 行政责任

行政责任是指因违反行政法规定或因行政法规定而应承担的法律责任。行政责任的主体比较广泛，除了以国家机关和国家公务人员为主之外，还可以是自然人或其他组织、团体。

4. 违宪责任

违宪责任是指由于有关国家机关制定的某种法律、法规和规章与宪法规定相抵触，或有关国家机关、社会组织或公民从事了与宪法规定相抵触的活动而产生的法律责任。违宪责任是指由于违宪而必须承担的法律责任，是法律责任中最为特殊的一种，主要表现为政治上的、领导上的责任。

5. 国家赔偿责任

国家赔偿责任是指在国家机关行使公权力时由于国家机关及其工作人员违法行使职权所引起的由国家作为承担主体的赔偿责任。

（三）法律责任的构成

根据违法行为的一般特点，把法律责任的构成要件概括为：责任主体、违法行为或违约行为、损害结果、因果关系、主观过错五个方面。

1. 责任主体

责任主体是指因违法、违约或法律的特殊规定而承担法律责任的人，包括自然人、法人和其他组织。责任主体是法律责任构成的必备条件。

2. 违法行为或违约行为

违法行为或违约行为在法律责任构成中居于重要地位，是法律责任的核心构成要素。违法行为或违约行为包括作为和不作为两类。作为是指人的积极的身体活动，直接做了法所禁止或合同所不允许的事，自然要导致法律责任。不作为是指人的消极的身体活动，行为人在能够履行自己应尽义务的情况下不履行该义务。区分作为与不作为，对于确定法律责任的范围、大小具有重要意义。

3. 损害结果

损害结果是指违法行为或违约行为侵犯他人或社会的权利和利益所造成的损失和伤害，包括实际损害、丧失既得利益以及预期可得利益。损害结果可以是对人身的损害、财产的损害、精神的损害，也可以是其他方面的损害。损害结果表明法律所保护的合法权益遭受了侵害，因而具有侵害性。同时，损害结果具有确定性，它是违法行为或违约行为已经实际造成的侵害事实，而不是推测的、臆想的、虚构的、尚未发生的情况。损害结果的确定性，表明损害事实在客观上能够认定。认定损害结果时，一般根据法律、社会普遍认识、公平观念，并结合社会影响、环境等因素进行。

4. 因果关系

因果关系是指违法行为或违约行为与损害结果之间的必然联系。因果关系是归责的基础和前提，是认定法律责任的基本依据。因果关系对于确定行为主体，认定责任主体，以及决定责任范围具有重要意义。

5. 主观过错

主观过错是指行为人实施违法行为或违约行为时的主观心理状态。现代社会将主观过错作为法律责任的构成要件之一，不同的主观心理状态对认定某一行为是否应承担法律责任及承担何种法律责任有着直接的联系。主观过错作为犯罪的主观方面的内容，是犯罪构成的要件之一，对于认定和衡量刑事责任具有重要作用。在民事责任方面，一般也要考虑主观过错，采用过错责任原则。主观过错包括故意和过失两类。故意是指明知自己的行为会发生危害社会的结果，仍然希望或放任这种结果发生的心理状态；过失是指应当预见自己的行为可能发生损害他人、危害社会的结果，因为疏忽大意而没有预见，或已经预见而轻信能够避免，以致发生这种结果的心理状态。

二、工程建设中常见的法律责任

（一）民事责任

1. 违约责任

违约责任，是违反合同的民事责任的简称，是指合同当事人一方不履行合同义务，或履行的合同义务不符合合同约定所应承担的民事责任。合同关系的相对性决定了违约责任的相对性，即违约责任是合同当事人之间的民事责任，合同当事人以外的第三人对当事人之间的合同不承担违约责任。违约责任以补偿守约方因违约行为所受损失为主要目的，以损害赔偿为主要责任形式，故具有补偿性质。违约责任可以由当事人在法律规定的范围内约定，具有一定的任意性。

违约责任的形式，即承担违约责任的具体方式。因此，当事人一方不履行合同义务或者履行合同义务不符合约定的，应当承担继续履行、采取补救措施或者赔偿损失等违约责任。当然，除此之外，违约责任还有其他形式，如违约金和定金责任。

《民法典》第五百八十五条规定，当事人可以约定一方违约时应当根据违约情况向对方支付一定数额的违约金，也可以约定因违约产生的损失赔偿额的计算方法。

2. 侵权责任

侵权责任，是指行为人侵害他人财产或对人身造成损害，依法应当承担的法律后果。

《民法典》第一千六百六十五条规定，行为人因过错侵害他人民事权益，应当承担侵权责任。依照法律规定推定行为人有过错，行为人不能证明自己没有过错的，应当承担侵权责任。民事权益包括生命权、健康权、姓名权、名誉权、荣誉权、肖像权、隐私权、婚姻自主权、监护权、所有权、用益物权、担保物权、著作权、专利权、商标专用权、发现权、股权和继承权等人身、财产权益。侵权责任分为一般侵权责任和特殊侵权责任。一般侵权责任是指行为人因过错侵害他人财产权和人身权并造成损害，适用过错责任原则和侵权责任的一般构成要件的侵权行为的民事责任。一般侵权责任的构成要件包括：①损害事实的客观存在；②行为的违法性；③违法行为与损害事实之间的因果关系；④行为人的过错。特殊侵权责任是指当事人基于自己有关的行为、物件、事件或者其他特别原因致人损害，依照民法上的特别责任条款或者民事特别法的规定仍应对他人的人身、财产损失所承担的民事责任。特殊侵权责任是基于法律规定而归责于行为人或第三人的法律责任。它并不以行为人具有主观过错为前提，受害人也不对此负举证责任。《民法典》和《侵权责任法》的规定，特殊侵权责任主要包括产品责任、机动车交通事故责任、医疗损害责任、环境污染和生态破坏责任、高度危险责任、饲养动物损害责任、建筑物和物件损害责任。

《侵权责任法》第15条规定，承担侵权责任的主要方式有：停止侵害；排除妨碍；消除危险；返还财产；恢复原状；赔偿损失；赔礼道歉；消除影响、恢复名誉。以上承担侵权责任的方式，可以单独适用，也可以合并适用。

（二）行政责任

行政责任，行政法律责任的简称，是指行政主体及行政公务人员有违反有关行政管理的法律、法规的规定，但尚未构成犯罪的行为依法所应当承担的法律后果。行政责任分为行政处罚和行政处分。

1. 行政处罚

行政处罚是指国家行政机关及其他依法可以实施行政处罚权的组织，对违反经济、行政管理法律、法规、规章，尚不构成犯罪的公民、法人及其他组织实施的一种法律制裁。在我国工程建设领域，对于建设单位、勘察单位、设计单位、施工单位、工程监理单位等参建单位而言，行政处罚是较为常见的行政责任形式。《中华人民共和国行政处罚法》（简称《行政处罚法》）是为规范和调整行政处罚的设定和实施的法律依据。《行政处罚法》第8条规定，行政处罚的种类包括：①警告；②罚款；③没收违法所得、没收非法财物；④责令停产停业；⑤暂扣或者吊销许可证、暂扣或者吊销执照；⑥行政拘留；⑦法律、行政法规规定的其他行政处罚。

2. 行政处分

行政处分是国家行政机关依照行政隶属关系对违法失职的公务员给予的惩戒。国家公务员有《中华人民共和国公务员法》（以下简称《公务员法》）所列违纪行为，尚未构成犯罪的，或者虽然构成犯罪但是依法不追究刑事责任的，应当给予行政处分；违纪行为情节轻微，经过批评教育后改正的，也可以免予行政处分。

依据《公务员法》的规定，行政处分分为警告、记过、记大过、降级、撤职、开除。公务员在受处分期间不得晋升职务和级别，其中受记过、记大过、降级、撤职处分的，不得晋升工资档次。受撤职处分的，按照规定降低级别。公务员受开除以外的处分，在受处分期间有悔改表现,并且没有再发生违纪行为的,处分期满后,由处分决定机关解除处分并以书面形式通知本人。解除处分后,晋升工资档次、级别和职务不再受原处分的影响。但是,解除降级、撤职处分的,不视为恢复原级别、原职务。

(三) 刑事责任

刑事责任是指犯罪人员因其实施犯罪行为而应当承担的国家司法机关依照刑事法律对其犯罪行为及本人所做的否定评价和谴责,具体表现为犯罪人员有义务接受司法机关的审讯和刑罚处罚。

我国《刑法》规定:故意犯罪,应当负刑事责任;过失犯罪,法律有规定的才负刑事责任。刑罚是由国家最高立法机关在《刑法》中确定的,由人民法院对犯罪人员适用并由专门机构执行的最为严厉的国家强制措施。

根据《刑法》的规定,刑罚分为主刑和附加刑。主刑是对犯罪分子适用的主要刑罚方法,只能独立适用,不能附加适用,对犯罪分子只能判一种主刑。主刑分为管制、拘役、有期徒刑、无期徒刑和死刑。附加刑是既可以独立适用又可以附加适用的刑罚方法。对同一犯罪行为既可以在主刑之后判处一个或数个附加刑,也可以独立判处一个或数个附加刑。附加刑分为罚金、剥夺政治权利、没收财产、驱逐出境。其中,驱逐出境只能对犯罪的外国人适用。

此外,我国《刑法》还规定了非刑罚的处理方法,即对犯罪人员判处刑罚以外的其他方法。非刑罚的处理方法包括:由于犯罪行为而使被害人遭受经济损失的,对犯罪人员除刑事处罚外,判处赔偿经济损失;对于犯罪情节轻微不需要判处刑罚的,根据情况予以训诫或者责令其反省悔过、赔礼道歉、赔偿损失,或者由主管部门给予行政处罚或者行政处分。

思 考 题

1. 民事法律关系的主体是什么?
2. 简述完全民事行为能力、限制民事行为能力、无民事行为能力是如何界定的。
3. 简述法人的构成要件。
4. 简述民事行为的成立与生效。
5. 简述无效民事行为的法律后果。
6. 简述无权代理和表见代理的区别。
7. 简述所有权的种类。
8. 简述担保物权的种类。
9. 简述债的消灭和解除。

第五章 土地管理法规

教学要点：

本章主要介绍土地管理法规制度，土地使用权的概念和特征及种类，土地利用总体规划的编制，土地保护，耕地保护，土地用途管制等内容，通过本章教学，应达到以下目标：

1. 对《土地管理法》有基本的认识。
2. 掌握土地使用权的概念、特征及种类。
3. 掌握土地用途管制的具体内容。
4. 掌握耕地保护的相关内容。
5. 掌握土地利用总体规划的编制。

第一节 土地管理法概述

一、土地管理相关法规

1986年，中共中央、国务院发布了《关于加强土地管理、制止乱占耕地的通知》；第六届全国人民代表大会常务委员会第十六次会议通过了《中华人民共和国土地管理法》；国务院第一百次常务会议决定组建国家土地管理局，从此开始了我国土地管理制度的建立与完善的历程，从中央到地方各级人民政府设置土地管理部门，依法实施全国城乡土地统一管理。1998年，第九届人大一次会议第三次全体会议表决通过关于国务院机构改革方案的决定，由地质矿产部、国家土地管理局、国家海洋局和国家测绘局共同合并组建国土资源部。2008年，根据第十一届全国人民代表大会第一次会议审议批准的《国务院机构改革方案》和《国务院关于机构设置的通知》（国发〔2008〕11号），国土资源部设立，为国务院组成部门。

（一）土地管理法

《中华人民共和国土地管理法》（以下简称《土地管理法》）于1986年6月25日第六届全国人民代表大会常务委员会第十六次会议通过，根据1988年12月29日第七届全国人民代表大会常务委员会第五次会议通过的《关于修改〈中华人民共和国土地管理法〉的决定》第一次修正，1998年8月29日第九届全国人民代表大会常务委员会第四次会议修订，根据

2004 年 8 月 28 日第十届全国人民代表大会常务委员会第十一次会议《关于修改〈中华人民共和国土地管理法〉的决定》第二次修正，根据 2019 年 8 月 26 日第十三届全国人民代表大会常务委员会第十二次会议《关于修改〈中华人民共和国土地管理法〉、〈中华人民共和国城市房地产管理法〉的决定》第三次修正。

（二）土地管理法实施条例

《中华人民共和国土地管理法实施条例》（以下简称《土地管理法实施条例》）于 1998 年 12 月 27 日中华人民共和国国务院令第 256 号发布，根据 2011 年 1 月 8 日《国务院关于废止和修改部分行政法规的决定》第一次修订，根据 2014 年 7 月 29 日《国务院关于修改部分行政法规的决定》第二次修订，根据 2021 年 7 月 2 日中华人民共和国国务院令第 743 号第三次修订。

（三）土地调查条例

为了科学、有效地组织实施土地调查，保证土地调查数据的真实性、准确性和及时性，根据《土地管理法》和《中华人民共和国统计法》，制定了《土地调查条例》，由 2008 年 2 月 7 日中华人民共和国国务院令第 518 号发布。根据 2016 年 2 月 6 日《国务院关于修改部分行政法规的决定》第一次修正，根据 2018 年 3 月 19 日《国务院关于修改和废止部分行政法规的决定》第二次修正。土地调查的目的是，全面查清土地资源和利用状况，掌握真实准确的土地基础数据，为了科学规划、合理利用、有效保护土地资源而实施最严格的耕地保护制度；为加强和改善宏观调控提供依据，促进经济社会全面协调可持续发展。土地调查工作按照全国统一领导、部门分工协作、地方分级负责、各方共同参与的原则组织实施。

（四）建设用地审查报批管理办法

为加强土地管理，规范建设用地审查报批工作，根据《土地管理法》《土地管理法实施条例》，制定《建设用地审查报批管理办法》，由 1999 年 3 月 2 日中华人民共和国国土资源部令第 3 号发布，2010 年 11 月 30 日第一次修正，根据 2016 年 11 月 25 日《国土资源部关于修改〈建设用地审查报批管理办法〉的决定》第二次修正。

二、土地管理相关制度

（一）土地有偿使用制度

《土地管理法》第一章第二条规定，国家依法实行国有土地有偿使用制度。但是，国家在法律规定的范围内划拨国有土地使用权的除外。土地有偿使用制度作为一项基本的经济制度，是指国家作为土地所有者通过有偿的方式将土地租给使用者；土地作为生产对象有偿地提供给集体组织和个人使用，集体组织和个人按照国家规定或依合同约定向政府一次性或分期缴纳使用费的制度；它是调整国家与个人之间资源的供求关系，平衡资源紧张的矛盾，改善资源浪费现象的一项基本制度。

（二）土地用途管制制度

《土地管理法》第一章第四条指出："国家实行土地用途管制制度。"土地用途管制作为一种土地管理的重要方式，被许多国家广泛采用，在各国有着大体相同的管制内容和手段。土地管理部门经过实地勘察测量和相关研究，对一定区域内的土地就用途和使用条件进行科学合理的规划，对用途的变更和调整依据相关法律法规进行限制和管理，在最大限度上合理利用有限的土地资源，满足人们对不同类型土地的需要。从本质上看，土地用途管制通常是由政府主导的、通过政府的公权力对土地市场的自由配置进行干预、主导土地资源在不同产业间用途分配的一种手段

（三）土地调查统计制度

《土地管理法》第二十六条规定"国家建立土地调查制度"，第二十八条规定"国家建立土地统计制度"。县级以上人民政府自然资源主管部门和同级统计部门共同制定统计调查方案，依法进行土地统计，定期发布土地统计资料。土地所有者或者使用者应当提供有关资料，不得虚报、拒报、迟报。自然资源主管部门和统计部门共同发布的土地面积统计资料是各级人民政府编制土地利用总体规划的依据。

2008年2月7日，《土地调查条例》公布实施，我国土地调查事业进入一个崭新的时代。与人口普查等、经济普查等具有同样重大意义的国情国力调查一样，土地调查从此步入法治化建设轨道。我国于1984—1996年开展了第一次全国土地调查；自2007年7月1日起，开展第二次全国土地调查，以2009年12月31日为标准时点汇总两次调查数据。2013年12月30日，国土资源部、国家统计局、国务院第二次全国土地调查领导小组办公室联合下发《关于第二次全国土地调查主要数据成果的公报》。

（四）耕地保护制度

《土地管理法》第三十条规定，国家保护耕地，严格控制耕地转为非耕地。国家实行占用耕地补偿制度。非农业建设经批准占用耕地的，按照"占多少，垦多少"的原则，由占用耕地的单位负责开垦与所占用耕地的数量和质量相当的耕地；没有条件开垦或者开垦的耕地不符合要求的，应当按照省、自治区、直辖市的规定缴纳耕地开垦费，专款用于开垦新的耕地。省、自治区、直辖市人民政府应当制订开垦耕地计划，监督占用耕地的单位按照计划开垦耕地或者按照计划组织开垦耕地，并进行验收。

《土地管理法》第三十三条规定："国家实行永久基本农田保护制度。"我国虽没有直接以耕地保护命名的法律，但是我国已经制定了大量与耕地保护有关的法律、法规以及规章。《中华人民共和国宪法》（简称《宪法》）是我国的根本大法，《宪法》中有关于土地的规定具有指导性、原则性和政策性，它是我国耕地法律保护体系的基础。

《宪法》第九条、第十条中关于土地所有制、土地所有权和使用权的保护、国家征用和征收土地、土地使用权依法转让的规定等是我国土地立法的根本依据。《民法典》《刑法》，以及全国人大常委会制定的《土地管理法》《农村土地承包法》《城市房地产管理法》都对耕地保护有所涉及。这些法律有些是直接以调整土地的合理开发、利用和保护为主要宗旨，有些虽然不直接调整土地关系，但是在内容上有其适用的条款。有关耕地保护的行政法规主要有《基本农田保护条例》《土地管理法实施条例》《村庄和集镇规划建设管理条例》等。

《土地管理法实施条例》第七条规定，依照《土地管理法》的有关规定，收回用地单位的土地使用权的，由原土地登记机关注销土地登记。土地使用权有偿使用合同约定的使用期限届满，土地使用者未申请续期或者虽申请续期未获批准的，由原土地登记机关注销土地登记。

第二节 土地所有权和土地使用权

一、土地所有权

（一）土地所有权的概念及分类

土地所有权是指土地所有者依法对其所有的土地行使占有、使用、收益和处分的权利。土地所有权是土地所有制在法律上的体现，是一定社会形态的所有制经济制度在法律上的反映。我国土地所有权分为国家土地所有权和集体土地所有权。国家土地所有权是指国家对属于全民所有的土地享有的占有、使用、收益和处分的权利。国家所有土地的所有权由国务院代表国家行使。我国《土地管理法》第九条明确规定，城市市区的土地属于国家所有。农村和城市郊区的土地，除由法律规定属于国家所有的以外，属于农民集体所有；宅基地和自留地、自留山，属于农民集体所有。

《土地管理法》第十一条规定，农民集体所有的土地依法属于村农民集体所有的，由村集体经济组织或者村民委员会经营、管理；已经分别属于村内两个以上农村集体经济组织的农民集体所有的，由村内各该农村集体经济组织或者村民小组经营、管理；已经属于乡（镇）农民集体所有的，由乡（镇）农村集体经济组织经营、管理。

自然人不能成为土地所有权主体。中华人民共和国是国家土地所有权的统一和唯一的主体，由其代表全体人民对国有土地享有独占和支配的权利。集体土地所有权的主体，即享有土地所有权的集体组织，根据《民法典》，集体所有的土地依照法律属于村农民集体所有，由村集体经济组织或者村民委员会经营、管理，已经属于乡（镇）农民集体所有的，由乡（镇）农村集体经济组织经营、管理。

（二）土地所有权的法律特征

土地所有权是一种物权。所谓物权，是指直接支配一定的物并享受其利益的排他性财产权，与其他物权相比，我国的土地所有权不具有可流通性，不得买卖和非法转让。我国的土地所有权具有以下特征：

（1）土地所有权是自物权，具有自权性。物权分为自物权和他物权。自物权是指对自己的物所享有的权利，他物权是指对他人的物所享有的权利。土地所有权作为一种自物权，权利人依法享有占有、使用、收益和处分其土地的权利。

（2）土地所有权是一种绝对权与独占权。任何人均负有不得侵犯和妨碍所有人行使土地权利的义务。土地所有权遭受他人侵害时，所有人可依法请求司法机关责令侵权行为人承担停止侵害、赔偿损失等的民事法律责任。

（3）土地所有权是完全物权，具有完全性。土地所有权赋予权利人全面支配土地的一切可能性，除了法律和公序良俗，不受任何限制。

（4）土地所有权的主体具有特定性。根据《宪法》和《土地管理法》的规定，土地所有权属于国家和集体。这里的集体是指农村劳动群众集体组织，不包括城镇集体组织。

二、土地使用权

（一）土地使用权的概念与特点

1. 土地使用权的概念

土地使用权是指土地使用者根据法律规定、合同约定，在法律允许的范围内，对其所使用的土地依法享有实际利用和取得收益的权利。《土地管理法》第十条规定，国有土地和农民集体所有的土地，可以依法确定给单位或者个人使用。使用土地的单位和个人，有保护、管理和合理利用土地的义务。

2. 土地使用权的特点

土地使用权具有占有、使用、收益和一定的处分权能，但与土地所有权的四项权能是不同的。土地使用权的占有是使用权人对土地实行控制的权利，它是产生使用权的前提和基础。我国土地使用权具有如下特点：

1）土地使用权是一种他物权，具有派生性。
2）土地使用权具有独立性。
3）土地使用权的内容具有完整性。
4）土地使用权的主体具有广泛性的特点。我国土地所有权的主体限于全民和劳动群众集体，而土地使用权的主体却十分广泛，包括单位和个人。
5）土地使用权具有可流通性。《宪法》第十条规定，任何组织或者个人不得侵占、买卖或者以其他形式非法转让土地。土地的使用权可以依照法律的规定转让。

（二）土地使用权的种类

1. 国有土地使用权

国有土地使用权是指公民、法人或其他组织依法对国有土地所享有的进行土地开发利用、经营的权利。国有土地使用权的主体非常广泛，根据《中华人民共和国城镇国有土地使用权出让和转让暂行条例》（简称《城镇国有土地使用权出让和转让暂行条例》）第三条的规定，中华人民共和国境内外的公司、企业、其他组织和个人，除法律另有规定者外，均可依照本条例的规定取得土地使用权，进行土地开发、利用、经营。同时，该条例第四条、第五条又规定了，依照本条例的规定取得土地使用权的土地使用者，其使用权在使用年限内可以转让、出租、抵押或者用于其他经济活动，合法权益受国家法律保护。土地使用者开发、利用、经营土地的活动，应当遵守国家法律、法规的规定，并不得损害社会公共利益。

国有土地可以依法确定给单位或者个人使用。《土地管理法》第十五条规定，国有土地和农民集体所有的土地，可以依法确定给单位或者个人使用。使用土地的单位和个人，有保护、管理和合理利用土地的义务。《土地管理法》第十三条规定，国家所有依法用于农业的土地可以由单位或者个人承包经营，从事种植业、林业、畜牧业、渔业生产。发包方和承包方应当依法订立承包合同，约定双方的权利和义务。承包经营土地的单位和个人，有保护和按照承包合同约定的用途合理利用土地的义务。

2. 集体土地使用权

集体土地使用权是指依照法律规定或者合同的约定，将农民集体所有的土地确定给单位或者个人经营、管理、合理利用的权利。

农民集体所有的土地主要有以下几种土地使用权形式：

1）农村宅基地使用权。
2）自留地、自留山的使用权。
3）土地承包经营权。
4）乡镇企业用地的使用权。
5）其他形式的集体土地使用权。

农民集体所有的土地，可以依法确定给单位或者个人使用。使用土地的单位和个人，有保护、管理和合理利用土地的义务。

我国《土地管理法》第十一条规定，农民集体所有的土地依法属于村农民集体所有的，由村集体经济组织或者村民委员会经营、管理；已经分别属于村内两个以上农村集体经济组织的农民集体所有的，由村内各该农村集体经济组织或者村民小组经营、管理；已经属于乡（镇）农民集体所有的，由乡（镇）农村集体经济组织经营、管理。

《土地管理法》第十三条中规定，农民集体所有和国家所有依法由农民集体使用的耕地、林地、草地，以及其他依法用于农业的土地，采取农村集体经济组织内部的家庭承包方式承包，不宜采取家庭承包方式的荒山、荒沟、荒丘、荒滩等，可以采取招标、拍卖、公开协商等方式承包，从事种植业、林业、畜牧业、渔业生产。家庭承包的耕地的承包期为三十年，草地的承包期为三十年至五十年，林地的承包期为三十年至七十年；耕地承包期届满后再延长三十年，草地、林地承包期届满后依法相应延长。

三、土地所有权和土地使用权争议的解决

1）可以通过协商解决土地所有权和土地使用权争议的，由当事人协商解决。
2）协商不成的，由人民政府处理。单位之间的争议，由县级以上人民政府处理；个人之间、个人与单位之间的争议，由乡级人民政府或者县级以上人民政府处理。
3）当事人对有关人民政府的处理决定不服的，可以自接到处理决定通知之日起30日内，向法院起诉。在土地所有权和使用权争议解决前，任何一方不得改变土地利用现状。

第三节 土地利用和土地保护

一、土地利用

（一）土地利用总体规划的编制与审批

1. 土地利用总体规划的编制

（1）土地利用总体规划的编制依据。各级人民政府应当依据国民经济和社会发展规划、国土整治和资源环境保护的要求、土地供给能力及各项建设对土地的需求，组织编制土地利用总体规划。土地利用总体规划的规划期限由国务院规定，下一级土地利用总体规划应当依据上一级土地利用总体规划编制。地方各级人民政府编制的土地利用总体规划中的建设用地总量不得超过上一级土地利用总体规划确定的控制指标，耕地保有量不得低于上一级土地利用总体规划确定的控制指标。省、自治区、直辖市人民政府编制的土地利用总体规划，应当

确保本行政区域内耕地总量不减少。

（2）土地利用总体规划的编制原则。《土地管理法》第十七条规定，土地利用总体规划按照下列原则编制：

1）落实国土空间开发保护要求，严格土地用途管制。

2）严格保护永久基本农田，严格控制非农业建设占用农用地。

3）提高土地节约集约利用水平。

4）统筹安排城乡生产、生活、生态用地，满足乡村产业和基础设施用地合理需求，促进城乡融合发展。

5）保护和改善生态环境，保障土地的可持续利用。

6）占用耕地与开发复垦耕地数量平衡、质量相当。

2. 土地利用总体规划的审批

土地利用总体规划实行分级审批。

1）省、自治区、直辖市的土地利用总体规划，报国务院批准。

2）省、自治区人民政府所在地的城市、人口数量在100万以上的城市及国务院指定的城市的土地利用总体规划，经省、自治区人民政府审查同意后，报国务院批准。

3）上述规定以外的土地利用总体规划，逐级上报省、自治区、直辖市人民政府批准；其中，乡（镇）土地利用总体规划可以由省级人民政府授权的设区的市、自治州人民政府批准。土地利用总体规划一经批准，必须严格执行。

3. 其他相关规定

1）城市建设用地规模应当符合国家规定的标准，充分利用现有建设用地，不占或者尽量少占农用地。城市总体规划、村庄和集镇规划，应当与土地利用总体规划相衔接，城市总体规划、村庄和集镇规划中建设用地规模不得超过土地利用总体规划确定的城市和村庄、集镇建设用地规模。在城市规划区内、村庄和集镇规划区内，城市和村庄、集镇建设用地应当符合城市规划、村庄和集镇规划。

2）江河、湖泊综合治理和开发利用规划，应当与土地利用总体规划相衔接。在江河、湖泊、水库的管理和保护范围及蓄洪滞洪区内，土地利用应当符合江河、湖泊综合治理和开发利用规划，符合河道、湖泊行洪、蓄洪和输水的要求。

3）各级人民政府应当加强土地利用计划管理，实行建设用地总量控制。土地利用年度计划，根据国民经济和社会发展计划、国家产业政策、土地利用总体规划，以及建设用地和土地利用的实际状况编制。土地利用年度计划应当对《土地管理法》第六十三条规定的集体经营性建设用地做出合理安排。土地利用年度计划的编制审批程序与土地利用总体规划的编制审批程序相同，一经审批下达，必须严格执行。

4）省、自治区、直辖市人民政府应当将土地利用年度计划的执行情况列为国民经济和社会发展计划执行情况的内容，向同级人民代表大会报告。

（二）建立土地调查与统计制度

1. 建立土地调查制度

国家建立土地调查制度，县级以上人民政府土地行政主管部门会同同级有关部门进行土地调查。土地所有者或者使用者应当配合调查，并提供有关资料。县级以上人民政府土地行政主管部门会同同级有关部门根据土地调查成果、规划土地用途和国家制定的统一标准，评定土地等级。

2. 建立土地统计制度

国家建立土地统计制度，县级以上人民政府土地行政主管部门和同级统计部门共同制订统计调查方案，依法进行土地统计，定期发布土地统计资料。土地所有者或者使用者应当提供有关资料，不得虚报、瞒报、拒报、迟报。土地行政主管部门和统计部门共同发布的土地面积统计资料是各级人民政府编制土地利用总体规划的依据。

二、土地保护

（一）土地保护的概念

由于人口的不断增长，形成对土地资源的巨大压力，一方面是非农业用地不断扩大，占去和破坏一部分耕地；另一方面是在土地利用中，由于一些不合理的开发，破坏了土地生态系统与环境要素之间的平衡关系，致使土地资源不断退化，生产力不断下降，所以，土地保护成为土地管理工作的一项重大而长期的基本任务。土地保护的目的是要达到对土地资源的可持续利用。土地保护是人类为了自身的生存与发展对土地资源的需求，保存土地资源，恢复和改善土地资源的物质生产能力，防治土地资源的环境污染，使土地资源能够持续地被利用所采取的措施和行动。

我国《宪法》规定，"国家保障自然资源的合理利用"。

《中华人民共和国环境保护法》（简称《环境保护法》）《土地管理法》《中华人民共和国农业法》和《基本农田保护条例》等明确了土地保护的内容，包括对土地资源数量的保护、防治土地资源污染的环境保护、维护土地的生产潜力和提高土地资源生产力的地力保护。

（二）土地资源数量的保护

土地资源的数量是指土地资源在水平面上的面积，土地资源的数量还可定义为是人类在当前和可预见的未来已经和拟开发的，具有特定性质的土地剖面在水平面扩展体的面积。对于某个特定的地区而言，土地资源数量特性的内容包括土地资源种类的数量和各类土地资源的面积。由于土地资源在社会经济发展中具有重要性的原因，随着社会经济的不断发展，一个国家或地区的土地资源种类及各类土地资源的数量，是谋划该国或该地区社会经济发展的基础。土地资源数量的保护，是指对土地资源的保存，主要是针对农业用地的保护。防止非农业用地的盲目扩展，主要通过基本农田保护实现。《土地管理法》第四章"耕地保护"规定了国家保护耕地，严格控制耕地转为非耕地。国家实行占用耕地补偿制度、永久基本农田保护制度，禁止任何单位和个人闲置、荒芜耕地。国家鼓励土地整理。

《关于强化管控落实最严格耕地保护制度的通知》（国土资发〔2014〕18号）突出强调，要毫不动摇地坚守耕地保护红线。

《中共中央关于制定国民经济和社会发展第十三个五年规划的建议》提出，坚持最严格的耕地保护制度。坚守耕地红线，实施藏粮于地、藏粮于技战略，提高粮食产能，确保谷物基本自给、口粮绝对安全。

(三) 土地资源质量的保护

土地资源的质量是通过土地资源评价或土地评价确定的。土地资源评价是指在一定用途条件下土地资源对土地资源好坏的评定,土地资源的好坏可解释为土地资源对某种用途的适宜程度高低、生产潜力或生产力的大小及价值的多少等。此外,从污染的角度来说,土地资源的质量还包括土地资源在一定的用途条件下,该用途是否对土地资源自身造成污染,以及污染的程度如何,由于污染的原因比较复杂,一种土地资源利用所形成的污染物还会通过大气、水等对邻近土地资源造成污染。所以,从环境角度所谈的土地资源质量,是指土地资源是否被污染物污染以及被污染的程度,而不讨论土地资源被污染的原因。综上所述,土地资源的质量或土地资源好坏的评价标准包括:"适宜程度高低""生产潜力或生产力的大小""污染状况"和"价值的多少"等四种类型。土地资源质量的保护,通常是指土地资源的地力保护,即维护土地的生产潜力和提高土地资源生产力水平,主要方式有防治水土流失、沙化、次生盐碱化、贫瘠化等。

(四) 土地资源环境的保护

土地资源环境的保护即防治土地资源污染。

1. 土地污染

土地污染是指土地被利用后由于各种原因受到污染,而对人体和环境产生潜在危害。土地污染的途径主要有两类:天然污染和人为污染。天然污染是指自然界本身存在的物质对土地造成的污染,如自然界中某些金属、氡和甲烷等产生的污染;人为污染是指人们应用天然资源,开采、加工、生产各种产品给土地造成的污染,以及农业中化学物质,如化肥和农药等不合理的使用对土地造成的污染等。

1) 土地污染中的人为污染源主要存在于能源工业,金属加工制造区,非金属及其产品的生产业,玻璃及陶瓷制造业,化学品、印染品的生产与使用,工程与制造业,食品加工工业,木材加工工业,纺织工业,橡胶工业,农业等方面的生产活动中。其中农业对土地的污染日益引起人们的重视,现代化农业依靠大量的能量物质输入,在改良土壤、提高产量的同时,一些难以分解的化学药品,如杀虫剂等随着生物地球化学过程,进入食物链或滞留土壤内,在生命有机体内富集,使生物产生病变或致畸,并形成土地污染;又可通过地表径流过程污染地表水或淋溶渗入影响地下水质,所以农田污染必须引起重视。城市郊区农用土地主要污染物为废水、垃圾、农药等,污染程度远高于远郊农用地。

2) 土地利用具有生态环境效应。生态环境是指以人为主体的环境,它是由周围的各种有机体和土地、水、空气等非生命环境相结合,所组成的生命维持系统。土地作为生态环境的组成要素,其利用开发实质上是对环境平衡机制的干扰,从而使生态环境发展的不确定性增大。虽然人类由此可获取维持社会发展的物质,但也构成了对生态环境的破坏,产生人们不愿意获得的负效应。土地利用对周围环境的作用不是单一的,而是多种效应共同发生,相互叠加,交织在一起,对生态环境所有各组分均产生影响。但是,一般而言,土地利用对生态环境的影响有其共同特点,即使生态群落简单化,物种减少,生态系统的不稳定性增大。然而由于土地利用方式的规模、结构和强度的不同,其对生态环境各组成部分及整体所产生的效应具有明显的时空差异,如林地大肆砍伐、小区域范围的植被破坏、动物迁徙物种减少、土壤侵蚀范围增加,这些现象会造成降水减少、气温升高、旱涝灾害增多,甚至导致全球气候变化。

2. 土壤污染防治

土壤是社会可持续发展的物质基础，关系到人民群众的身体健康以及美丽中国的建设，保护好土壤环境是推进生态文明建设和维护国家生态安全的重要内容。当前，我国土壤环境总体状况堪忧，部分地区污染较为严重。为切实加强土壤污染防治，逐步改善土壤环境质量，国家制定了《土壤污染防治行动计划》（国发〔2016〕31号），这是推进生态文明建设，坚决向污染宣战的一项重大举措。

3. 土地污染与生态环境质量恶化防治的对策和措施

（1）防治土地污染与生态环境质量恶化的对策。"一要吃饭，二要建设，三要保护环境"是我国土地利用的基本方针。土地污染防治的措施首先是要正确评价土地利用方式及其生态环境效应，确定科学的土地利用结构，明确土地利用总体方案。

土地污染最突出的特点是污染容易，治理难。因此，防治土地污染必须"以防为主"，严格控制和消除污染源，不能走先污染后治理的道路。防治土地污染，应成立相应的治理与协调机构；制定有关法规，控制对土地的污染和限制对污染土地的使用；建立土地使用登记制度，完善土地档案；制定不同用途土地的污染物浓度指标；鼓励对污染土地进行整治；加强与污染土地有关的科学研究。土地污染防治的重点是减少由农药、化肥、污浊水和固体废弃物等带给土地的有毒物质的数量，减少毒素的再循环。

（2）土地污染与生态环境质量恶化防治的具体措施。开展土地污染的调查与监测，制定土地污染标准是评价土地质量、防止污染发生和发展的基础工作。土地污染调查是指区域土壤污染状况调查和污染程度的分级评价。土地污染的监测和预防即在代表性区域内定期采样，或在条件许可时，在固定点安置监测仪器进行化学、物理和生物学测定，以观察污染状况的动态变化规律。

此外，还制定"三废"排放的标准，改进工艺流程、控制和消除工矿业"三废"排放，尽可能减少或消除污染物质来源。必须排放的"三废"要净化处理，进行回收综合利用，变废为宝，使之符合国家的排放标准。对于废水灌溉必须谨慎，在利用前必须测定废水中的有害物质和浓度，避免盲目使用以引起污染；控制化学农药和化肥的使用，要合理使用化学农药，发展高效、低毒、低残留的农药新品种，提倡推广生物防治和综合防治病虫害的新措施，化肥的使用必须实行平衡配方施肥方法，提高化肥的利用率。

（3）污染土地的整治技术。污染土地的整治是一项昂贵而困难的工作，目前西方国家使用的整治技术主要有覆盖搬移、封闭式填埋、微生物处理、高温处理、抽取法、蒸气萃取、植物处理等。近几年，应用植物金属的方法已引起广泛的关注，其主要原理是将基质中的重金属，通过植物吸收或者将其固定在土壤中，待收获后，对重金属进行处理。对于污染土地的整治，可以根据实际情况以及经济和技术的可能性，选择适宜的整治技术。

（五）防止违法占地

违法占地是国土资源违法行为中最常见的一种类型，它是指行为人未经批准或者采取欺骗手段骗取批准，违法占用土地进行非农业建设的行为。违法占地的主体是违法占用、使用土地的单位或个人，即实施具体违法占地行为且能够独立承担法律责任的自然人、法人或者其他组织。

《土地管理法》等法律法规明确了任何单位和个人使用国有土地或者农民集体所有土地

进行建设的条件和程序，这些规定是判定某项行为是否属于违法占地的法律依据。

《土地管理法》第五十九条规定，乡镇企业、乡（镇）村公共设施、公益事业、农村村民住宅等乡（镇）村建设，应当按照村庄和集镇规划，合理布局，综合开发，配套建设；建设用地，应当符合乡（镇）土地利用总体规划和土地利用年度计划，并依照该法第四十四条、第六十条、第六十一条、第六十二条的规定办理审批手续。

（六）违法占地的表现形式

违法占地行为主要有以下四种表现形式。

第一，未经批准占用土地，主要是指单位或个人未取得合法用地批准文件或未办理用地批准手续而违法占用土地进行建设。

第二，采用欺骗手段骗取批准文件占用土地建设，主要是指单位或个人占地建设虽然取得了用地批准手续，但批准手续是通过弄虚作假骗取的，不具备合法性，因此也属于违法占地。例如，某村民已有宅基地，却隐瞒情况伙同村干部出具没有宅基地的证明，骗取批准新的宅基地。

第三，少批多占，主要是指超过批准的用地面积占用土地，多占的部分属于违法占地。

第四，其他形式的违法占地，如依法收回非法批准、使用的土地，有关当事人拒不归还的，以违法占地论处；依法收回国有土地使用权，当事人拒不交还的；临时用地到期，拒不归还土地或在临时用地上修建永久性建筑物、构筑物的；对在土地利用总体规划制定前已建的不符合土地利用总体规划确定用途的建筑物、构筑物进行重建、扩建等。根据立案标准，有《土地管理法》《城市房地产管理法》等土地管理法律、法规和规章规定的各类违法行为，依法应当给予行政处罚或行政处分的，应及时予以立案。但是违法行为轻微并及时纠正，没有造成危害后果的，或者法律、法规和规章未规定法律责任的，不予立案。

相关违法行为还可分为以下五类。

1. 非法转让土地类

非法转让土地类的行为有以下几种：

1）未经批准，非法转让、出租、抵押以划拨方式取得的国有土地使用权的。

2）不符合法律规定的条件，非法转让以出让方式取得的国有土地使用权的。

3）将农民集体所有的土地的使用权非法出让、转让或者出租用于非农业建设的。

4）不符合法律规定的条件，擅自转让房地产开发项目的。

5）以转让房屋（包括其他建筑物、构筑物），或者以土地与他人联建房屋分配实物、利润，或者以土地出资入股、联营与他人共同进行经营活动，或者以置换土地等形式非法转让土地用权的。

6）买卖或者以其他形式非法转让土地的。

2. 非法占地类

非法占地类的行为有以下几种：

1）未经批准或者采取欺骗手段骗取批准，非法占用土地的。

2）农村村民未经批准或者采取欺骗手段骗取批准，非法占用土地建住宅的。

3）超过批准的数量占用土地的。

4）依法收回非法批准、使用的土地，有关当事人拒不归还的。

5）依法收回国有土地使用权，当事人拒不交出土地的。
6）临时使用土地期满，拒不归还土地的。
7）不按照批准的用途使用土地的。
8）不按照批准的用地位置和范围占用土地的。
9）在土地利用总体规划确定的禁止开垦区内进行开垦，经责令限期改正，逾期不改正的。
10）在临时使用的土地上修建永久性建筑物、构筑物的。
11）在土地利用总体规划制定前已建的不符合土地利用总体规划确定用途的建筑物、构筑物、进行重建、扩建的。

3. 破坏耕地类

破坏耕地类的行为有以下几种：
1）占用耕地建窑、建坟，破坏种植条件的。
2）未经批准，擅自在耕地上建房、挖砂、采石、采矿、取土等，破坏种植条件的。
3）非法占用基本农田建窑、建房、建坟、挖砂、采石、采矿、取土、堆放固体废弃物或者从事其他活动破坏基本农田，毁坏种植条件的。
4）拒不履行土地复垦义务，经责令限期改正，逾期不改正的。
5）建设项目施工和地质勘查临时占用耕地的土地使用者，自临时用地期满之日起 1 年以上未恢复种植条件的。
6）因开发土地造成土地荒漠化、盐渍化的。

4. 非法批地类

非法批地类的行为有以下几种：
1）无权批准征收、使用土地的单位或者个人非法批准占用土地的。
2）超越批准权限非法批准占用土地的。
3）没有农用地转用计划指标或者超过农用地转用计划指标，擅自批准农用地转用的。
4）规避法定审批权限，将单个建设项目用地拆分审批的。
5）不按照土地利用总体规划确定的用途批准用地的。
6）违反法律规定的程序批准占用、征收土地的。
7）核准或者批准建设项目前，未经预审或者预审未通过，擅自批准农用地转用、土地征收或者办理供地手续的。
8）非法批准不符合条件的临时用地的。
9）应当以出让方式供地，而采用划拨方式供地的。
10）应当以招标、拍卖、挂牌方式出让国有土地使用权，而采用协议方式出让的。
11）在以招标、拍卖、挂牌方式出让国有土地使用权的过程中，弄虚作假的。
12）不按照法定的程序，出让国有土地使用权的。
13）擅自批准出让或者擅自出让土地使用权用于房地产开发的。
14）按低于国家规定所确定的最低价，协议出让国有土地使用权的。
15）依法应当给予土地违法行为行政处罚或者行政处分，而未依法给予行政处罚或者行政处分，补办建设用地手续的。
16）对涉嫌违法使用的土地或者存在争议的土地，已经接到举报，或者正在调查，或者上级机关已经要求调查处理，仍予办理审批、登记或颁发土地证书等手续的。

17）未按国家规定的标准足额缴纳新增建设用地土地有偿使用费，擅自下发农用地转用或土地征收批准文件的。

5. 其他类型的违法行为

其他类型的违法行为有以下几种：

1）依法应当将耕地划入基本农田保护区而不划入，经责令限期改正而拒不改正的。

2）破坏或者擅自改变基本农田保护区标志的。

3）依法应当对土地违法行为给予行政处罚或者行政处分，而不给予行政处罚或者行政处分，也不提出行政处分建议的。

4）土地行政主管部门的工作人员，没有法律、法规的依据，擅自同意减少、免除、缓交土地使用权出让金等滥用职权的。

5）土地行政主管部门的工作人员，不依照土地管理的规定，办理土地登记、颁发土地证书，或者在土地调查、建设用地报批中，虚报、瞒报、伪造数据以及擅自更改土地权属、地类和面积等滥用职权的。

6. 查处国土资源违法行为

查处国土资源违法行为，是指县级以上人民政府国土资源主管部门，依照法定职权和程序，对自然人、法人或者其他组织违反土地、矿产资源法律法规的行为，进行调查处理，实施法律制裁的具体行政执法行为。查处国土资源违法行为，应当遵循严格、规范、公正、文明的原则，做到事实清楚、证据确凿、定性准确、依据正确、程序合法、处罚适当。

查处国土资源违法行为的实施主体是县级以上人民政府国土资源主管部门，具体工作依法由其执法监察工作机构和其他业务职能工作机构按照职责分工承担。

按照违法占地项目在其所处的区域（城市、镇规划区，乡、村庄规划区）内，一般会涉及未取得建设工程规划许可证、未取得乡村建设规划许可证两种情况。也就是说，违法占地行为在违反《土地管理法》的同时，一般也涉及违反《城乡规划法》。此外，违法占地问题往往也涉及违法建设问题。《城乡规划法》第四十条规定："在城市、镇规划区内进行建筑物、构筑物、道路、管线和其他工程建设的，建设单位或者个人应当向城市、县人民政府政府城乡规划主管部门或者省、自治区、直辖市人民政府确定的镇人民政府申请办理建设工程规划许可证。申请办理建设工程规划许可证，应当提交使用土地的有关证明文件、建设工程设计方案等材料。"

对违法占地建设，《土地管理法》第七十六条明确了责令退还土地、限期拆除或没收地上新建的建筑物和其他设施、恢复土地原状，并处罚款等处罚措施。

取得使用土地的有关证明文件，是申请办理建设工程规划许可证的前提。因此，在城市、镇规划区内违反《土地管理法》占地实施建设的，属于违法占地行为，而违法占地由于不能提供合法使用土地的手续，是不能取得建设工程规划许可证的。因此，违法占地行为也必然是违法建设行为（城乡规划建设主管部门违法批准建设的情形除外），这就出现了法律竞合问题。因此，具体适用什么法律，应遵循效率高、效果好的原则。对未取得建设工程规划许可证的项目，《城乡规划法》第六十四条规定，由县级以上人民政府城乡规划主管部门责令停止建设；尚可采取改正措施消除对规划实施的影响的，限期改正，处建设工程造价5%以上10%以下的罚款；无法采取改正措施消除影响的，限期拆除，不能拆除的，没收实物或者违法收入，可以并处建设工程造价10%以下的罚款。《城乡规划法》第六十八条规定："城乡规划主管部门作出责令停止建设或者限期拆除的决定后，当事人不停止建设或者逾期不拆除的，建设工程所在地县级以上地方人民政府可以责成有关部门采取查封施工现场、强制拆除等措施。"

可见，《城乡规划法》对未取得建设工程规划许可证而进行违法建设的行为，明确了限期改正、罚款、限期拆除、没收实物或者违法收入等处罚措施（对于规划部门给予限期改正、罚款处罚的当事人在履行处罚决定后，可以申请完善用地手续），这相对《土地管理法》单一的处罚方式来说，在处罚手段和方式上更灵活，也更有效。《城乡规划法》还赋予了县级以上人民政府的强制拆除权，这有利于对违法用地的及时制止、及时处理，通过将违法用地消灭在萌芽状态，一方面减少了社会财富的损失，另一方面也降低了违法建筑建成后当事人对行政处罚的抵触程度。对乡、村庄规划区内的违法用地，《城乡规划法》第四十一条规定："建设单位或者个人在取得乡村建设规划许可证后，方可办理用地审批手续。"《城乡规划法》第六十五条规定："在乡、村庄规划区内未依法取得乡村建设规划许可证或者未按照乡村建设规划许可证的规定进行建设的，由乡、镇人民政府政府责令停止建设、限期改正；逾期不改正的，可以拆除。"

可见，在乡、村庄规划区内，未取得乡村建设规划许可证进行建设的（也不能取得合法用地手续），违反了《城乡规划法》和《土地管理法》，并且前者还赋予了乡、镇人民政府强制拆除权。因此，在乡、村庄规划区内对未取得乡村建设规划许可证进行建设的，按《城乡规划法》进行查处于法有据。为此，对于违法占用建设用地和未利用地的新建建筑物和其他设施，在城市、镇规划区内违法占地建设的，通过转交城乡规划主管部门，由县级以上人民政府组织相关部门按《城乡规划法》进行制止、查处；如涉及违法占用耕地，涉嫌犯罪的，再按《土地管理法》进行处理或移送司法机关。

通过将违法占地新建的建筑物和其他设施转交城乡规划主管部门处理，可以妥善安排大部分的违法占地上形成的建筑物和其他设施。对于其他城乡规划主管部门确实无法处置的地上建筑物和其他设施，再区分占用国有建设用地、未利用地，集体建设用地、未利用地等具体情形，由违法当事人与合法的土地所有者或者使用者协商进行处置。

（七）违法和非法占地处理：收回土地使用权

《土地管理法》第六十六条规定，有下列情形之一的，农村集体经济组织报经原批准用地的人民政府批准，可以收回土地使用权：

（1）为乡（镇）村公共设施和公益事业建设，需要使用土地的。
（2）不按照批准的用途使用土地的。
（3）因撤销、迁移等原因而停止使用土地的。

依照前款第（1）项规定收回农民集体所有的土地的，对土地使用权人应当给予适当补偿。

收回集体经营性建设用地使用权，依照双方签订的书面合同办理，法律、行政法规另有规定的除外。

（八）追究行政责任

违法占地的行为人为机关法人、事业单位法人、国有企业、社会团体，或具有国家工作人员身份的人员的，对有关责任人还应当追究行政责任，给予相应的行政处分。

（九）追究刑事责任

违法占地构成犯罪的，要依法追究刑事责任。《刑法》第三百四十二条非法占有农用地罪规定，违反土地管理法规，非法占用耕地、林地等农用地，改变被占用土地用途，数量较大，造成耕地、林地等农用地大量毁坏的，处5年以下有期徒刑或者拘役，并处或者单处罚金。

对于违法占地是否构成犯罪，《最高人民法院关于审理破坏土地资源刑事案件具体应用法律若干问题的解释》《最高人民法院关于审理破坏林地资源刑事案件具体应用法律若干问题的解释》《最高人民法院关于审理破坏草原资源刑事案件应用法律若干问题的解释》。

违法用地所占的地类不同，比如违法占用耕地等农用地和违法占用未利用地，其违法性质、违法情节和法律责任不同，相应的处罚也不同。因此，查处违法用地必须要准确判定占用土地的类型。2014年10月1日开始实施《国土资源违法行为查处工作规程》对如何判定违法用地的种类做了明确规定，"违法占用的土地为建设用地和未利用地的，责令退还土地，可以并处罚款。对地上新建建筑物和其他设施，由违法当事人与合法的土地所有者或使用者协商处置，涉及违反《城乡规划法》的，应当转交城乡规划主管部门处理。"

思 考 题

1. 简述土地管理法的立法过程。
2. 简述土地使用权的概念与法律特征。
3. 我国土地使用权具有什么特别之处？
4. 土地使用权的种类有哪几种？
5. 论述土地用途管制制度。
6. 简述土地利用总体规划的编制与审批。
7. 简述土地有偿使用制度的基本内容。
8. 我国的土地产权体系是怎样的？
9. 我国的土地登记有什么特点？
10. 简述土地利用计划指标体系。
11. 简述土地调查与统计制度的基本内容。

第六章
房地产管理法规

教学要点：

本章主要介绍房地产管理法的基本原则、土地使用权出让、土地使用权划拨、城市房屋征收与补偿、房地产开发、房地产交易等内容，通过本章学习，应达到以下目标：

1. 理解并掌握土地使用权出让的特征。
2. 理解并掌握房屋征收的条件与程序。
3. 理解并掌握房屋征收补偿标准。
4. 理解并掌握商品房预售的程序。
5. 理解并掌握房地产抵押的内容。
6. 理解并掌握房屋租赁相关内容。

第一节 房地产管理法规概述

一、房地产管理法的基本概念

（一）房地产

房地产是房产和地产的统称，它包括房屋财产和土地财产。从自然形态看，房产即房屋，是指供人们用于居住、工作或者其他用途的建筑物和构筑物，以及有关的附属设施。地产即土地，是指用于建筑房屋的土地。我国房地产管理相关法律中没有给房地产直接下定义，但是从目前的规定来看，房地产作为一个复杂的概念，至少具有以下几层含义：①房地产是地产与房产的有机结合，房依地而建，地为房载，房地不可分离；②房地产是实体财产与财产权的有机结合，既包括有形的实体（土地、房屋），又包括寓于有形实体中的各种经济关系及由此而形成的各种权利；③房地产作为一个统一体，地产居于主导和核心地位，土地能够独立地成为不动产，而房产处在相对次要和依附的地位，不存在独立意义的房产。从经济学角度分析，房地产业是国民经济中的一个重要的产业部门，发展房地产业对促进国民经济总体发展具有重要意义。从法学角度分析，房地产无疑具有一般"物"的属性，它又称不动产，相对于动产而言，它最根本的特点是位置不能移动。

（二）房地产管理法

房地产管理法是指调整在房地产开发、经营、管理和各种服务活动中所形成的一定的社会关系的法律规范的总称。房地产方面的立法，可以采用两种不同的体例，一种即"房地产法"，另一种则是"房地产管理法"。前者应比较详尽地规定房地产所有权、土地使用权、房地产抵押权和典权等不动产物权的内容、取得、变更、终止和保护等事项，以及国家对房地产及房地产业的管理等事项，是一种包括民法规范和经济法规范的综合性法律；而后者，只需要规定国家对房地产和房地产业的管理事项，对不动产物权的内容则可从略。目前，我国的房地产立法，采用了"房地产管理法"的体例模式。在我国，房地产管理法有狭义和广义之分。狭义的房地产管理法，仅指1994年7月5日由第八届全国人民代表大会常务委员会第八次会议通过的，自1995年1月1日起施行的《城市房地产管理法》。广义的房地产管理法，除《城市房地产管理法》之外，还包括所有调整房地产关系的法律规范。以房地产关系为调整对象的法律规范，散见于我国的宪法、法律、行政法规、部门规章、地方性法规、地方政府规章之中。由这些不同法律层次的调整房地产关系的法律规范所组成的有机结合体，即广义的房地产管理法。

二、房地产管理法立法的目的与现状

（一）房地产管理法立法的目的

1. 加强对房地产的管理

房地产业是与社会生产和生活密切相关的基础性产业，它为整个国民经济的发展提供了基本的物质保证，为劳动者提供了必要的生活条件，在繁荣城市经济、增加财政收入、促进建筑业及相关产业的发展中发挥着重要作用。房地产业还可以促进社会消费结构的合理化，对社会投资具有导向作用。因此，房地产业是我国经济发展的基础性、先导性产业，国家必须加强对房地产的管理。

2. 维护房地产市场秩序

房地产市场秩序是指人们在从事房地产市场活动中应当遵循的准则，为防止和克服建设用地供应总量失控、国家土地资源流失、房地产开发投资结构不合理、房地产市场行为不规范等问题的产生和发展，国家可以通过行政手段、经济手段、法律手段来加强管理，维护房地产市场秩序。而法律手段较之于行政手段、经济手段，更具有严肃性、稳定性和权威性。所以，必须加强房地产管理法立法，以更为有效地维护房地产市场秩序。

3. 保障房地产权利人的合法权益、促进房地产业健康发展

房地产权利人是指在房地产法律关系中，依法享有权利并承担相应义务的自然人、法人、其他社会组织和国家。国家依法保障房地产权利人的合法权益，不允许任何组织和个人加以侵犯，这是保证房地产业健康发展的必要条件。为此，必须加强房地产管理法立法。

（二）房地产管理法立法的现状

改革开放以来，我国的房地产业得到了迅速发展，与之相适应的立法工作也取得了很大成就。目前，以《城市房地产管理法》为基本法，再辅之以一系列房地产单行行政法规和相关部门规章，结合宪法、民法、行政法共同调整房地产关系的房地产法律规范体系已基本形成。

1.《宪法》中的有关内容

《宪法》第十条规定："城市的土地属于国家所有。农村和城市郊区的土地，除由法律

规定属于国家所有的以外，属于集体所有；宅基地和自留地、自留山，也属于集体所有。国家为了公共利益的需要，可以依照法律规定对土地实行征用并给予补偿。任何组织或者个人不得侵占、买卖、出租或者以其他形式非法转让土地。土地的使用权可以依照法律的规定转让。一切使用土地的组织和个人必须合理地利用土地。"

2. 有关法律

法律分为基本法和普通法。基本法，例如，我国《民法典》中对包括房地产在内的财产的占有、使用、收益、处分权利及相邻关系的规定。普通法，例如，《土地管理法》中对土地管理原则、土地所有权和使用权、土地的利用和保护、国家建设用地、乡（镇）村建设用地等的规定。

3. 有关行政法规

国务院颁布的行政法规在房地产法规中具有重要地位，如《中华人民共和国城镇国有土地使用权出让和转让暂行条例》《城市房地产开发经营管理条例》《国有土地上房屋征收与补偿条例》《土地管理法实施条例》《住房公积金管理条例》《物业管理条例》等。

4. 有关部门规章

有关部门规章是指国务院各部委和直属机构，主要是住房和城乡建设部和国土资源部颁布的房地产规范性文件。例如，《房地产开发企业资质管理规定》《商品房销售管理办法》《城市房地产中介服务管理规定》《城市房地产抵押管理办法》《城市房地产转让管理规定》《协议出让国有土地使用权规定》《城市商品房预售管理办法》《土地利用年度计划管理办法》《注册房地产估价师管理办法》《招标拍卖挂牌出让国有建设用地使用权规定》《土地登记办法》《房屋登记办法》《建设项目用地预审管理办法》《建设用地审查报批管理办法》《商品房屋租赁管理办法》《征收土地公告办法》《城市国有土地使用权出让转让规划管理办法》《国有土地上房屋征收评估办法》《城市地下空间开发利用管理规定》《房地产经纪管理办法》《公共租赁住房管理办法》《房地产估价机构管理办法》等。

5. 有关地方性法规和规章

地方性法规和规章是指由各省级人民代表大会及其常务委员会或人民政府、省会城市和较大的市人民代表大会及其常务委员会或人民政府制定颁布的适用于各自行政区域的房地产规范性文件。

三、房地产管理法的基本原则

1. 节约用地，保护耕地的原则

土地，是人类最珍贵的自然资源，是人们赖以生产、生活和繁衍生息、发展开拓的根基，是国家最宝贵的物质财富，是一切财富的源泉之一。节约用地，保护耕地，既是一项基本国策，也是房地产管理法的重要基本原则。

2. 国有土地有偿、有限期使用的原则

实践证明，实行土地的有偿使用制度，对于保护耕地、合理利用土地、节约用地、增加财政收入等，都具有十分重要的意义。因此，《城市房地产管理法》明确规定了国家实行国有土地有偿、有限期使用这一制度。同时，也规定了国家机关用地和军事用地，城市基础设施用地和公益事业用地，国家重点扶持的能源、交通、水利等项目用地，以及法律、行政法规规定的其他用地，可以由县级以上人民政府依法批准划拨。

3. 国家扶持发展居民住宅的原则

从 20 世纪 80 年代后期，我国开始进行城镇住房制度的改革，实行住房商品化，多方筹集建设资金，使住房的建设、分配、消费进入良性循环，从而从根本上解决住房困难问题。同时规定在房地产开发中，应当将解决城镇居民住房，特别是困难户的住房问题作为一项重要的任务，要做好"安居工程房"、微利房和商品房的建设，加快危旧房的改造，采取税收等方面的优惠措施，鼓励和扶持房地产开发企业开发建设居民住宅。

4. 国家保护房地产权利人的合法权益和房地产权利人必须守法的原则

国家保护房地产权利人的合法权益和房地产权利人必须守法，是维护房地产市场秩序、建立和培育完善房地产市场体系的一个重要条件。在房地产市场中，房地产权利人的合法权益能否得到保护，直接影响到房地产开发、房地产交易等活动能否正常、有序、健康地进行；同样，房地产权利人能否遵守法律和行政法规，直接影响到能否建立规范的房地产市场。

四、房地产管理体制

1. 国务院主管部门

《城市房地产管理法》第七条规定，国务院建设行政主管部门、土地管理部门依照国务院规定的职权划分，各司其职，密切配合，管理全国房地产工作。

2. 地方人民政府主管部门

《城市房地产管理法》第七条规定，县级以上地方人民政府房产管理、土地管理部门的机构设置及其职权由省、自治区、直辖市人民政府确定。《城市房地产管理法》第六十三条规定，经省、自治区、直辖市人民政府确定，县级以上地方人民政府由一个部门统一负责房产管理和土地管理工作的，可以制作、颁发统一的房地产权证书。

第二节　房地产开发用地

房地产开发用地，是指以进行房地产开发为目的而取得使用权的土地。依据《土地管理法》和《城市房地产管理法》，房地产开发用地有两种供应方式：一是出让国有土地使用权；二是划拨国有土地使用权。随着国有土地有偿使用制度的建立，土地使用权出让已成为获取房地产开发用地的主要途径，只有在国家法律规定的范围内才能以划拨方式供地。

一、土地使用权出让

（一）土地使用权出让的概念

土地使用权是依法对一定土地加以利用并取得收益的权利。土地使用权有广义和狭义之分。狭义的土地使用权是指依法对土地实际使用的权利，与土地占有权、土地收益权和土地处分权一起构成完整的土地所有权。广义的土地使用权是指独立于土地所有权之外的，含有土地占有权、狭义的土地使用权、部分土地收益权和不完全的土地处分权的集合。本书所说的土地使用权是指广义的土地使用权。取得广义的土地使用权者，称为土地使用权人。《城市房地产管理法》第八条规定："土地使用权出让，是指国家将国有土地使用权（以下简称土地使用权)在一定年限内出让给土地使用者,由土地使用者向国家支付土地使用权出让金的行为。"土地使用权出让,必须符合土地利用总体规划、城市规划和年度建设用地计划。

土地使用权出让具有以下几个特征。

(1) 土地使用权出让是国家将国有土地使用权出让的行为。土地使用权出让是一种国家行为,因为国家是国有土地的所有者,只有国家能以土地所有者的身份出让土地。城市规划区内的集体所有的土地,必须依法征用为国有土地后,该块土地的使用权方可出让。这是为维护国家对土地管理的权威性,有效地控制出让土地的范围和数量。

(2) 土地使用权出让是有期限的。我国是实行土地公有制的社会主义国家,这就决定了土地使用权只能在一定期限内出让给土地使用者。土地使用权出让的最高年限,是由国家法律按照土地的不同用途规定的,它是指一次出让签约的最高年限。土地使用权出让年限届满时,土地使用者可以申请续期。

(3) 土地使用权出让是有偿的。土地使用者取得一定年限内的国有土地使用权,须向国家支付土地使用权出让金。土地使用权出让金是土地使用权有偿出让的货币表现形式,其本质上是国家凭借土地所有权取得的土地经济效益。土地使用权出让金主要包括一定年限内的地租,此外还包括土地使用权出让前国家对土地的开发成本及有关的征地拆迁补偿安置等费用。

(4) 土地使用者享有权利的范围不含地下之物。土地使用者对地下的资源、埋藏物和市政公用设施等,不因享有土地的使用权而对其享有权利。

(二) 土地使用权出让的法律限制

我国对土地使用权出让采取国家管控的方式,即由国家经营土地的一级市场,其目的在于加强政府对土地使用权出让的管理,保证土地使用权出让有计划、有步骤地进行。

1. 土地使用权出让的批准权限

《土地管理法》第四十六条规定,土地使用权出让的批准权限为:凡征收永久基本农田的,或永久基本农田以外的耕地超过35公顷的,或其他土地超过70公顷的,由国务院批准。其他的由省、自治区、直辖市人民政府批准。需要指出的是,政府对出让土地使用权的批准,不仅是对土地使用权出让面积的批准,实际上还是对整个出让方案的批准。这是因为在审批过程中,政府必须对出让方案所涉及的出让地块的用途、年限和其他条件等一并进行审查。所以,出让方案应当由市、县人民政府土地管理部门会同城市规划、建设、房产管理部门共同拟订。

2. 土地使用权出让的宏观调控

《城市房地产管理法》第十一条规定,县级以上地方人民政府出让土地使用权用于房地产开发的,须根据省级以上人民政府下达的控制指标拟订年度出让土地使用权总面积方案,按照国务院规定,报国务院或者省级人民政府批准。这是国家对土地使用权出让实行总量控制和宏观调控的重要法律规定。根据这一规定,各级人民政府必须将出让土地使用权的总面积严格控制在下达的指标之内。

3. 土地使用权出让的方式

《城市房地产管理法》第十三条规定,土地使用权出让,可以采取拍卖、招标或者双方协议的方式。商业、旅游、娱乐和豪华住宅用地，有条件的，必须采取拍卖、招标方式；没有条件，不能采取拍卖、招标方式的，可以采取双方协议的方式。采取双方协议方式出让土地使用权的出让金不得低于按国家规定所确定的最低价。协议出让最低价标准由市、县人民政府根据基准地价和标定地价来确定，一经确定，必须严格执行并向社会公开，各级人民政府均不得以低于协议出让最低价出让土地。为了规范国有土地使用权出让行为，建立公开、公平、公正的土地使用权制度，2002年4月3日国土资源部第四次部务会议通过，并于2007年9月21日国土资源部第三次部务会议修订，自2007年11月1日起施行的《招标拍卖挂牌出让国有建设用地使用权规定》第四条规定："工业、商业、旅游、娱乐和商品住宅等经营性用地以及同一宗地有两个以上意向用地者的，应当以招标、拍卖或者挂牌方式出让。"

（1）招标出让。招标出让国有建设用地使用权，是指市、县人民政府国土资源行政主管部门（出让人）发布招标公告，邀请特定或者不特定的自然人、法人和其他组织参加国有建设用地使用权投标，根据投标结果确定国有建设用地使用权人的行为。招标出让方式，其特点是引入了市场竞争机制。但在确定受让人时，中标者不一定是投标标价的最高者。这是因为，在评标时，不仅要考虑投标报价，还要考虑投标人的业绩、资信情况、土地开发规划设计方案等，最后在综合评价的基础上择优而定。招标出让，分为公开招标和邀请招标两种形式。公开招标，是指通过广播、电视、报刊等新闻媒介发布招标广告，有意获取土地使用权的受让方均可申请投标，这种招标方式也称为无限制竞争性招标。邀请招标，则由招标方选择符合条件的单位和个人，并向其发出招标通知书和招标文件，邀请其参加投标，这种招标方式也称为限制竞争性招标。实践证明，招标出让方式的效果比较好。它不仅有利于土地规划利用的优化，确保国家获得土地收益，而且有利于公平竞争，给出让方留有一定的选择余地。招标出让方式，适用于开发性用地或有较高技术性要求的建设用地。

（2）拍卖出让。拍卖出让国有建设用地使用权，是指市、县人民政府国土资源行政主管部门（出让人）发布拍卖公告，由竞买人在指定时间、地点进行公开竞价，根据出价结果确定国有建设用地使用权人的行为。拍卖出让方式的特点是，竞争具有公开性，价格是确定受让人的唯一条件，从而排除了任何主观因素，有利于公平竞争，可以使国家最大限度地获得土地收益，增加财政收入。这种方式主要适用于投资环境好、盈利大、竞争性很强的房地产业、金融业、旅游业、商业和娱乐用地。

（3）挂牌出让。挂牌出让国有建设用地使用权，是指市、县人民政府国土资源行政主管部门（出让人）发布挂牌公告，按公告规定的期限将拟出让宗地的交易条件在指定的土地交易场所挂牌公布，接受竞买人的报价申请并更新挂牌价格，根据挂牌期限截止时的出价结果或者现场竞价结果确定国有建设用地使用权人的行为。如果在挂牌期限截止时仍有两个或者两个以上的竞买人要求报价的，出让人应当对挂牌宗地进行现场竞价，由出价最高者取得土地使用权。挂牌出让方式综合体现了招标、拍卖和协议方式的优点，并同样具有公开、公平、公正的特点。尤其适用于当前我国土地市场现状，具有招标、拍卖不具备的优势：一是挂牌时间长，且允许多次报价，有利于投资者理性决策和竞争；二是操作简便，便于开展；三是有利于土地有形市场的形成和运作。挂牌出让方式是对招标、拍卖方式出让国有建设用地使用权的重要补充。

（4）协议出让。协议出让国有建设用地使用权，是指市、县人民政府国土资源行政主管部门（出让人）与受让人双方就土地使用权出让所涉及的有关事项，如出让土地的面积、用途、年限、出让金等，经一对一的谈判、协商达成一致意见并签订土地使用权出让协议的行为。以协议方式出让土地使用权，由于受让人的单一性，因此不能体现市场公开、竞争的原则，在实践中受人为因素的干扰较多，主观随意性较大，容易滋生土地出让中的不正之风，导致国有土地收益流失。但在我国社会主义市场经济发展的初期，协议出让方式还是一种重要的出让方式，它主要用于工业、仓储、市政公用事业项目、非营利项目，以及政府为调整经济结构、实施产业政策而需要给予优惠、扶持的建设项目等。

2006 年 8 月 1 日起实施的《协议出让国有土地使用权规范（试行）》中规定，出让国有土地使用权，除依照法律、法规和规章的规定应当采用招标、拍卖或者挂牌方式外，方可采取协议方式，主要包括以下情况：

1）供应商业、旅游、娱乐和商品住宅等各类经营性用地以外用途的土地，其供地计划公布后同一宗地只有一个意向用地者的。

2）原划拨、承租土地使用权人申请办理协议出让，经依法批准，可以采取协议方式，但《国有土地划拨决定书》《国有土地租赁合同》、法律、法规、行政规定等明确应当收回土地使用权重新公开出让的除外。

3）划拨土地使用权转让申请办理协议出让，经依法批准，可以采取协议方式，但《国有土地划拨决定书》、法律、法规、行政规定等明确应当收回土地使用权重新公开出让的除外。

4）出让土地使用权人申请续期，经审查准予续期的，可以采用协议方式。

5）法律、法规、行政规定明确可以协议出让的其他情形。

4. 土地使用权出让的最高年限

所谓土地使用权出让的最高年限，是指法律规定的土地使用者可以使用国有土地的最高年限。土地使用权出让的实际年限，只能在国家规定的最高年限内，由出让方和受让方在签订出让合同时约定。

《城镇国有土地使用权出让和转让暂行条例》（国务院令第 732 号）第十二条规定，土地使用权出让最高年限按下列用途确定：①居住用地 70 年；②工业用地 50 年；③教育、科技、文化、卫生、体育用地 50 年；④商业、旅游、娱乐用地 40 年；⑤综合或者其他用地 50 年。每一块土地的实际使用年限，在最高年限内，由出让方和受让方双方商定。根据我国《民法典》的规定，建设用地使用权转让、互换、出资、赠予的，当事人应当采取书面形式订立相应的合同。合同的期限由当事人约定，但不得超过建设用地使用权的剩余期限。《国有建设用地使用权出让合同（示范文本）》（GF—2008—2601）中规定：出让年限按合同约定的交付土地之日起算；原划拨（承租）国有建设用地使用权出让手续的，出让年限自合同签订之日起算；通过转让方式取得的建设用地使用权，其使用年限为建设用地使用权出让合同约定的使用年限减去原建设用地使用者已使用年限后的剩余年限。

5. 土地使用权出让合同

（1）土地使用权出让合同的概念。《城市房地产管理法》第十五条规定："土地使用权出让，应当签订书面出让合同。土地使用权出让合同由市、县人民政府土地管理部门与土地使用者签订。"这是因为只有签订合同，出让行为才能成立，出让双方的权利义务才能明确，才能受法律保护。土地使用权出让合同，是指市、县人民政府土地管理部门与土地使用者之间就出让城市国有土地使用权所达成的、明确相互之间权利义务关系的协议。

（2）土地使用权出让合同的主要内容。我国《民法典》第三百四十八条中规定，通过招标、拍卖、协议等出让方式设立建设用地使用权的，当事人应当采用书面形式订立建设用地使用权出让合同。

合同内容适用《民法典》中的关于合同的规定。《民法典》第四百七十条规定："合同的内容由当事人约定，一般包括下列条款：

（一）当事人的姓名或者名称和住所；

（二）标的；

（三）数量；

（四）质量；

（五）价款或者报酬；

（六）履行期限、地点和方式；

（七）违约责任；

（八）解决争议的方法。

当事人可以参照各类合同的示范文本订立合同。"

（3）土地使用权出让合同的变更与解除。一般来说，土地使用权出让合同一经订立，就具有法律约束力，任何部门、单位和个人不得擅自变更和解除。在土地使用权出让合同变更的事由中，比较常见的是土地使用者提出改变土地用途。为此，《城市房地产管理法》第十八条规定了变更土地用途的批准程序和处理方法："土地使用者需要改变土地使用权出让合同约定的土地用途的，必须取得出让方和市、县人民政府城市规划行政主管部门的同意，签订土地使用权出让合同变更协议或者重新签订土地使用权出让合同，相应调整土地使用权出让金。"此外，《城市房地产管理法》第十六条、第十七条规定："土地使用者必须按照出让合同约定，支付土地使用权出让金；未按照出让合同约定支付土地使用权出让金的，土地管理部门有权解除合同，并可以请求违约赔偿。""土地使用者按照出让合同约定支付土地使用权出让金的，市、县人民政府土地管理部门必须按照出让合同约定，提供出让的土地；未按照出让合同约定提供出让的土地的，土地使用者有权解除合同，由土地管理部门返还土地使用权出让金，土地使用者并可以请求违约赔偿。"

6. 土地使用权的终止和续期

（1）土地使用权的终止。土地使用权终止是指由于土地使用权出让合同规定的使用年限届满、提前收回及土地灭失等原因，使得土地使用权出让合同的土地使用者与土地所有者之间的权利义务关系不复存在。

土地使用权终止的原因有以下三种：

1）因土地灭失而终止。土地使用权要以土地的存在或土地能满足某种需要为前提，因土地灭失而导致使用人实际上不能继续享受土地的，土地使用权自然终止。土地灭失是指由于自然原因造成原土地性质的彻底改变或原土地面貌的彻底改变。例如，因地震、水患、塌陷等自然灾害引起的土地不能使用的情况。土地使用权因土地灭失而终止的，灭失的风险应由土地使用权人承担，其已经缴纳的出让金，不得要求返还。

2）因土地使用者抛弃而终止。土地使用权因土地使用者抛弃而终止是指由于政治、经济、行政等原因，土地使用者抛弃使用的土地，致使土地使用权出让合同失去意义或无法履行而终止土地使用权。

3）因土地使用权收回而终止。《城市房地产管理法》第二十条规定："国家对土地使用者依法取得的土地使用权，在出让合同约定的使用年限届满前不收回；在特殊情况下，根据社会公共利益的需要，可以依照法律程序提前收回，并根据土地使用者使用土地的实际年限和开发土地的实际情况给予相应的补偿。"

（2）国有建设用地使用权收回和终止的法律后果。国有建设用地使用权收回或终止之日起，土地使用者即丧失了该幅建设用地的使用权。

国有建设用地使用权终止会产生下列法律后果。

1）土地使用者不再享有该幅土地的使用权，国有建设用地使用权受让人与土地所有者或者其代表之间在该幅土地上的权利和义务随之解除。

2）地上建筑物和其他附着物随建设用地使用权的终止而由国家无偿取得。

3）出让合同规定必拆除的设备等，土地使用者必须在规定的期限内拆除。

（3）土地使用权的续期。

《城市房地产管理法》第二十二条规定："土地使用权出让合同约定的使用年限届满，土地使用者需要继续使用土地的，应当至迟于届满前一年申请续期，除根据社会公共利益需要收回该幅土地的，应当予以批准。经批准准予续期的，应当重新签订土地使用权出让合同，依照规定支付土地使用权出让金。

土地使用权出让合同约定的使用年限届满，土地使用者未申请续期或者虽申请续期但依照前款规定未获批准的，土地使用权由国家无偿收回。"

二、土地使用权划拨

（一）土地使用权划拨的概念

《城市房地产管理法》第二十三条规定："土地使用权划拨，是指县级以上人民政府依法批准，在土地使用者缴纳补偿、安置等费用后将该幅土地交付其使用，或者将土地使用权无偿交付给土地使用者使用的行为。

依照本法规定以划拨方式取得土地使用权的，除法律、行政法规另有规定外，没有使用期限的限制。"

划拨土地使用权包括土地使用者缴纳拆迁安置、补偿费用（如城市的存量土地和征收集体土地）和无偿取得（如国有的荒山、沙漠、滩涂等）两种形式。不论是何种形式，土地使用者均无须缴纳土地使用权出让金。

除法律、法规另有规定外，划拨土地没有使用期限的限制，但未经许可不得进行转让、出租、抵押等经营活动。

取得划拨土地使用权，必须经有批准权的人民政府核准并按法定的工作程序办理手续。在国家没有法律规定之前，在城市范围内的土地和城市范围以外的国有土地，除出让土地以外的土地，均按划拨土地进行管理。

（二）土地使用权划拨的范围

《城市房地产管理法》第二十四条规定，下列建设用地的土地使用权，确属必要的，可以由县级以上人民政府依法批准划拨。

1. 国家机关用地和军事用地

国家机关用地，是指行使国家职能的各种机关用地的总称，它包括国家权力机关、国家行政机关、国家审判机关、国家检察机关、国家军事机关的用地。军事用地，是指军事设施用地。根据《军事设施保护法》的规定，军事用地包括下列建筑、场地和设施用地：①指挥机关、地面和地下的指挥工程、作战工程；②军用机场、港口、码头；③营区、训练场、试验场；④军事油库、仓库；⑤军用通信、侦察、导航、观测台站和测量、导航和助航标志；⑥军用公路、铁路专用线、军用通信、输电线路、军用输油、输水管道；⑦边防、海防管控设施；⑧国务院和中央军事委员会规定的其他军事设施。

2. 城市基础设施用地和公益事业用地

城市基础设施用地，是指城市给水、排水、污水处理、供电、通信、煤气、热力、道路、桥梁、市内公共交通、园林绿化、环境卫生以及消防、路标、路灯等设施用地。城市公益事业用地，是指城市内的学校、医院、体育场馆、图书馆、文化馆、博物馆、纪念馆、福利院、敬老院、防疫站等不以经营为目的的文体、卫生、教育、福利事业用地。

3. 国家重点扶持的能源、交通、水利等项目用地

这类用地是指由中央投资或中央与地方共同投资或者共同引进外资，以及其他投资者投资，国家采取各种优惠政策重点扶持的煤炭、石油、天然气、电力等能源项目用地；铁路、港口码头等交通项目用地；水库、防洪、防溃、防碱、农田灌溉、水力发电、江河治理、城市供水和排水等水利工程项目用地。

4. 法律、行政法规规定的其他用地

2001年，国土资源部根据《土地管理法》和《城市房地产管理法》的规定，制定发布了《划拨用地目录》。只有符合该目录的建设用地项目，由建设单位提出申请，经有批准权的人民政府批准，方可以划拨方式获得土地使用权。

三、出让与划拨方式取得土地使用权的区别

在我国，取得国有土地使用权的方式，包括出让和划拨。以出让方式取得国有土地使用权须缴纳相当数额的出让金，属于有偿使用，通常适用于商业开发用地的取得；而以划拨方式取得国有土地使用权无须缴纳出让金，几乎等于无偿使用，通常适用于公共事业用地的取得。在房地产开发领域，以划拨方式取得土地使用权的情况，仅限于经济适用房。为了保障低收入人群能够有房住，政府会以划拨方式转让土地使用权给开发商，并在有关文件中严格限定建成房屋的价格与面积。经济适用房的价格低于一般商品房的原因在于，其土地使用权是无偿取得的。另外，值得注意的是，划拨土地使用权与出让土地使用权的区别，除了有偿与无偿以外，还体现在期限方面，划拨土地使用权是没有使用期限的。没有使用期限，意味着可以无限期使用，也意味着政府有可能根据公用事业的需要而随时要求收回。

第三节　城市房屋征收与补偿

2007年3月，全国人民代表大会通过了《中华人民共和国物权法》（以下简称《物权法》），该法明确了公共利益征收问题。当时，未体现公共利益征收原则的《城市房屋拆迁

管理条例》面临和《物权法》的冲突，此后，针对《城市房屋拆迁管理条例》与《物权法》相冲突的质疑越来越多。2007年8月30日，全国人民代表大会常务委员会修改了《城市房地产管理法》，增加规定"为了公共利益的需要，国家可以征收国有土地上单位和个人的房屋，并依法给予拆迁补偿，维护被征收人的合法权益；征收个人住宅的，还应当保障被征收人的居住条件。具体办法由国务院规定"。《城市房地产管理法》的修改，实质上是授权国务院针对征收国有土地上单位和个人的房屋制定具体办法。该立法授权做出后，为了规范国有土地上的房屋征收与补偿活动，维护公共利益，保障被征收房屋所有权人的合法权益，国务院制定了《国有土地上房屋征收与补偿条例》并于2011年1月21日正式公布施行，《城市房屋拆迁管理条例》同时废止。2020年5月通过的《民法典》继续将公共利益征收原则纳入，原有的《物权法》同时废止。

一、国有土地上房屋征收的概念与特征

国有土地上房屋征收是指为了公共利益的需要，征收国有土地上单位、个人的房屋，并对被征收房屋所有权人给予公平补偿的行为。其中，政府为房屋征收人，被征收房屋所有权人为被征收人。根据《国有土地上房屋征收与补偿条例》的规定，房屋拆迁的地域范围仅限于国有土地房屋征收补偿，但不限于城市规划区内。对集体土地征收补偿由《土地管理法》予以调整。根据《宪法》和《民法典》的有关规定，城市的土地属于国家所有。法律规定属于国家所有的农村和城市郊区的土地，属于国家所有。

为了妥善处理实践中的矛盾，《国有土地上房屋征收与补偿条例》的总体特征表现为：

1) 统筹兼顾工业化、城镇化建设和土地房屋被征收群众的利益，努力把公共利益同被征收人的个人利益统一起来。

2) 通过明确补偿标准、补助和奖励措施，保护被征收群众的利益，使房屋被征收群众的居住条件有改善、原有生活水平不降低。

3) 通过完善征收程序，加大公众参与，规定禁止建设单位参与搬迁，取消《城市房屋拆迁管理条例》行政机关自行强制拆迁的规定，加强和改进群众工作，把强制拆迁减到最少。

二、房屋征收的条件与程序

房屋征收是指国家因公共利益的需要而使用城市规划区内已建有房屋及地上建筑的土地时，经人民政府批准，由具有征收资格的征收人对现有房屋及其他地上建筑物强制性收买，并对房屋所有权人因此所受的损失给予经济补偿的行为。

（一）房屋征收的条件

1. 符合公共利益

国有土地上房屋征收必须以公共利益为目的。根据《国有土地上房屋征收与补偿条例》的规定，只有在为了保障国家安全、促进国民经济和社会发展等公共利益的需要，确需征收房屋时，才允许对国有土地上的房屋实施征收。

对公共利益的认定，《国有土地上房屋征收与补偿条例》列举了以下几种情形：

1) 国防和外交的需要。

2) 由政府组织实施的能源、交通、水利等基础设施建设的需要。

3) 由政府组织实施的科技、教育、文化、卫生、体育、环境和资源保护、防灾减灾、文物保护、社会福利、市政公用等公共事业的需要。

4) 由政府组织实施的保障性安居工程建设的需要。

5) 由政府依照《城乡规划法》有关规定组织实施的对危房集中、基础设施落后等地段进行旧城区改建的需要。

6) 法律、行政法规规定的其他公共利益的需要。

上述六种情形只有在由政府组织实施时方符合公共利益需要的要求，如果是私人因修建收费公路的需要、兴办私立学校的需要、建造商品住宅的需要、建造商业网点的需要等，则不符合上述六种具体情形所要求的条件。此外，为公共利益需要而征收国有土地上的房屋，并不完全排斥房屋被征收后所兴办的建设项目是收费项目或具有一定的营利性，如科技、教育、文化、卫生、体育、市政公用等诸多的公共事业项目都需对消费相关服务项目的公众收取一定的费用，甚至带有一定的营利性，但这并不影响政府组织实施这些项目的公益属性。

2. 满足规划要求

确需征收房屋的各项建设活动，除须符合上述公共利益要求以外，还须满足一系列规划、计划的强制性要求。这些规划和计划包括国民经济和社会发展规划、土地利用总体规划，城乡规划和专项规划，保障性安居工程建设、旧城区改建等。

（二）房屋征收的程序

房屋征收涉及公共利益的发展，也关系到被征收人的切身利益，因此，为了维护公共利益，保障被征收房屋所有权人的合法权益，房屋征收必须由人民政府做出决定，并严格按法定程序进行。

（1）征收条件的认定、审查。市、县级人民政府应当对国有土地房屋征收项目是否符合规定的公共利益条件进行认定，并对其是否满足相关规划、计划的要求进行审查。对征收条件的认定和审查是做出征收决定的前置程序，认定不符合公共利益或经审查不满足相关规划、计划要求的项目，将不启动后续的房屋征收程序。同时，未经征收条件认定和审查而做出的征收决定是违法的。

（2）制订征收补偿方案。

1) 补偿方案的拟订与上报，即市、县级人民政府确定的房屋征收部门对不同项目拟订具体的房屋征收补偿方案，并依法上报市、县级人民政府。

2) 补偿方案的论证与公布，即市、县级人民政府组织相关部门，如发展改革、财政、国土、规划、城建、房管等部门对拟订的征收补偿方案进行论证。市、县级人民政府必须对论证后的征收补偿方案予以公开，征求社会公众的意见，征求意见的期限不得少于30日。

3) 补偿方案的修改与公布，即公开征求意见的期限届满后，市、县级人民政府应当将征求意见情况和根据公众意见的修改情况及时公布。不论是赞成意见还是反对意见，市、县级人民政府都必须予以认真考虑和对待。对于不采纳反对意见的，在公布情况时必须充分说明不采纳的理由。此外，因旧城区改建需要征收房屋，多数被征收人认为征收补偿方案不符合相关规定的，市、县级人民政府应当组织由被征收人和公众代表参加的听证会，并根据听证会情况修改方案。

(3) 评估社会稳定风险。市、县级人民政府在做出房屋征收决定前，应当按照有关规定进行社会稳定风险评估。国有土地上的房屋征收与补偿工作事关广大人民群众的切身利益，必须对此进行社会稳定风险评估。社会稳定风险评估涉及诸多方面，包括房屋征收的合法性与合理性、征收程序的严格性、建设项目的可行性、环境污染评估、社会治安评估等诸多方面，市、县级人民政府在做出征收决定前都应当按照有关规定进行评估。

(4) 预存征收补偿费用。为了保障被征收人的合法权益，保证征收补偿费用的落实，应实行征收补偿费用预存制度。征收补偿费用预存制度要求市、县级人民政府在做出房屋征收决定前，征收补偿费用应当足额到位、专户存储、专款专用。征收补偿费用只有足额到位，才能保证资金充实；只有专户存储，才能保证及时发放；只有专款专用，才能保证不被挪用。为了保证该制度的落实，《国有土地上房屋征收与补偿条例》做了配套规定，要求在实施房屋征收过程中先补偿、后搬迁；做出房屋征收决定的市、县级人民政府在申请人民法院强制执行时，强制执行申请书应当附具补偿金额和专户存储账号。

(5) 确定征收范围。市、县级人民政府确定的房屋征收部门负责拟订房屋征收范围，并对征收范围内房屋的权属、区位、用途、建筑面积等情况进行调查登记，被征收人应当予以配合。征收范围的调查登记旨在摸清征收标的的物质实体状况和权属状况，为后续征收工作的继续开展、被征收房屋价值的确定、补偿工作的进行等提供基础资料和依据。调查登记工作完成后，房屋征收部门应将调查结果在房屋征收范围内向被征收人公布。

(6) 保全被征收房屋。国有土地上房屋征收以补偿为代价，不是无偿取得。补偿费用的确定有一个时点，在不同的时点被征收房屋的物质实体状况和房屋用途可能会发生改变，而这些改变会直接导致征收补偿费用的变化。根据规定，房屋征收补偿费用的确定时点是房屋征收决定的公告之日。从房屋征收范围的确定到征收决定的做出之间存在一个时间段，这一时间段内，被征收人出于多得征收补偿款的趋利动机，有可能会采取一些投机取巧、侵占公共利益的不当行为以增加补偿费用，若予以补偿，对纳税人和其他守法的被征收人并不公平。为此，《国有土地上房屋征收与补偿条例》规定了征收范围内被征收房屋的保全制度，要求在房屋征收范围确定后，不得在房屋征收范围内实施新建、扩建、改建房屋和改变房屋用途等不当增加补偿费用的行为；违反规定而实施的，不予补偿。

(7) 做出征收决定。在征收条件的认定和审查程序，征收补偿方案的拟订、公布、公开征求意见程序，房屋征收补偿方案的社会稳定风险评估程序，房屋征收补偿款预存程序，房屋征收范围的拟订程序，征收范围内被征收房屋的保全等一系列前置程序依次完成后，市、县级人民政府即可着手做出房屋征收的行政决定。为慎重起见，当房屋征收决定涉及被征收人数量较多的，应当经政府常务会议讨论决定。市、县级人民政府在做出房屋征收决定后应当及时公告，公告内容应当载明征收补偿方案和被征收人的行政复议、行政诉讼权利等事项。需特别注意的是，被征收房屋的所有权自市、县级人民政府的征收决定生效时，由被征收人所有转归国家所有，且该房屋的国有土地使用权同时收回。

三、国有土地上房屋征收的补偿

房屋征收补偿法律关系是征收人与被征收人之间的关系。在房屋征收补偿法律关系中，被征收人是被征收房屋的所有权人，包括单位和个人；征收人是国家，负有补偿义务的人是做出房屋征收决定的市、县级人民政府。

（一）补偿范围

征收补偿的补偿范围是指被征收房屋的所有权人因房屋被征收依法应得到补偿的内容。《国有土地上房屋征收与补偿条例》对补偿范围做出了相关规定。

1. 被征收房屋的价值补偿

被征收房屋的价值是指被征收的建筑物及其占用范围内的建设用地使用权和其他不动产的价值，其中其他不动产主要是指不可移动的围墙、假山、水井、烟囱、水塔、苗木等。被征收房屋的价值不仅包括建筑物本身的价值，还包括其所占用土地的建设用地使用权的价值。被征收房屋的价值由具有相应资质的房地产价格评估机构按照《国有土地上房屋征收评估办法》评估确定，对被征收房屋价值的补偿，不得低于房屋征收决定公告之日被征收房屋类似房地产的市场价格。被征收方对评估确定的被征收房屋价值有异议的，可以向房地产价格评估机构申请复核评估。对复核结果有异议的，可以向房地产价格评估专家委员会申请鉴定。

2. 搬迁补偿

搬迁补偿即搬迁费补偿。所谓搬迁费，是指被征收房屋被拆除后，被征收人就地安置或异地安置所需支出的必要合理费用。房屋被征收后，被征收人必须搬迁，产生的费用计入市、县级人民政府应当依法给予补偿的费用。由于不同用途的房屋需要搬迁的物质实体和项目并不相同，因而搬迁补偿的确定只能一事一议，无法制定统一的标准。此外，如果是一次性就地安置的，往往只需要计算一次搬迁补偿；如果异地安置，因为存在一个过渡期限和过渡地点，往往需要搬迁两次甚至更多次，在计算搬迁补偿时需要分段、分次计算后进行汇总。

3. 临时安置补偿

临时安置补偿是指对选择房屋产权调换补偿方式的被征收人，在产权调换房屋交付前，由房屋征收部门向被征收人支付临时安置费或者提供周转用房的补偿。临时安置补偿包括临时安置费补偿和提供周转用房补偿两项。支付临时安置费补偿适用于在过渡期内，被征收人自行安排住处过渡的情形。但即使选择使用周转用房的，在周转用房实际提供前，房屋征收部门也应当向被征收人支付过渡期限内所需的临时安置费。

4. 停产停业补偿

如果被征收的房屋属于生产经营用房，被征收人所受的损失除了房屋本身的价值外，还会遭受停产停业所带来的损失，而这部分损失直接与房屋征收有关，因此应给予补偿。对因征收房屋造成停产停业损失的补偿，应根据房屋被征收前的效益、停产停业期限等因素确定，具体办法由省、自治区、直辖市制定。应当注意的是，停产停业损失是指合法损失，也即从事合法生产经营活动而可能获取的合法财产利益的损失；违法生产经营活动本为法律所不允许，属于应当依法予以取缔的范畴，因而不存在停产停业损失补偿的问题。

5. 补助与奖励

在国有土地上房屋征收的实践中，往往由房屋征收部门给予被征收人一定的补助和奖励，以促使被征收人配合征收和搬迁工作。《国有土地上房屋征收与补偿条例》规定，市、县级人民政府应当制定补助和奖励办法，对被征收人给予补助和奖励。

6. 不属于补偿范围的房屋

不属于补偿范围的房屋包括以下几类：

1）房屋征收范围确定后，违反国家禁止性规定，在房屋征收范围内新建、扩建、改建的房屋。

2）为了增加补偿费用而改变用途的房屋。

3）被定为违法建筑的房屋。

4）超过批准期限的临时建筑。

上述房屋依法不属于征收补偿的范围，在房屋征收中将不予补偿。

（二）补偿的实施

1. 补偿协议

房屋征收部门应与被征收人依法就补偿方式、补偿金额和支付期限、用于产权调换房屋的地点和面积、搬迁费、临时安置费或者周转用房、停产停业损失、搬迁期限、过渡方式和过渡期限等事项，订立补偿协议。补偿协议订立后，双方当事人应当依约履行合同。一方当事人不履行补偿协议约定的义务的，另一方当事人可以依法提起诉讼。由于《国有土地上房屋征收与补偿条例》确立了"先补偿、后搬迁"的基本原则，因此，当房屋征收部门不依约支付征收补偿费用时，被征收人可以依法行使先履行抗辩权，待房屋征收部门履行支付补偿费用的义务后，再履行自己的搬迁义务。由于在性质上补偿协议属于私法上的契约范畴，因此，守约方提起的诉讼为违约之诉，属于民事诉讼范畴，而非行政诉讼。

2. 补偿决定

通过签订补偿协议确定双方当事人之间的权利义务关系是实施房屋征收补偿的最佳方式，因为补偿协议是双方当事人意思自主与意思一致的结果，能最好地实现当事人的补偿意愿和利益偏好。但补偿协议的达成与签订必然会受制于一定的限制条件，有时当事人之间难以形成意思表示的一致，有时需要签订补偿协议的另一方当事人并不明确。为解决这一问题，《国有土地上房屋征收与补偿条例》规定，房屋征收部门与被征收人在征收补偿方案确定的签约期限内达不成补偿协议，或者被征收房屋所有权人不明确的，由房屋征收部门报请做出房屋征收决定的市、县级人民政府依照本条例的规定，按照征收补偿方案做出补偿决定，并在房屋征收范围内予以公告。补偿决定与补偿协议存在着根本性不同，前者是征收决定者单方意志的体现，而后者是双方当事人意思一致的结果。因此，在性质上，补偿协议是一种私法上的契约，而补偿决定则是一个具体的行政行为。补偿决定虽由征收决定者单方做出，但必须满足公平的要求，除须在内容上包括法定的补偿协议事项外，还应当尽可能比照与其最相似的被征收人签订的补偿协议的权利义务内容，来设置补偿决定所针对的被征收人的权利义务内容。补偿决定做出后，市、县级人民政府应当依法对补偿决定予以公告。被征收人对补偿决定不服的，可以依法申请行政复议，也可以依法提起行政诉讼。

第四节 房地产开发

一、房地产开发的概念

《城市房地产管理法》第二条规定："本法所称房地产开发，是指在依据本法取得国有土地使用权的土地上进行基础设施、房屋建设的行为。"房地产开发的实质是以土地开发和房屋建设为投资对象所进行的生产经营活动。房地产开发包括土地开发和房屋开发。土地开发，主要是指房屋建设的前期准备，即实现"三通一平"（水通、电通、路通和场地平整），把自然状态的土地变为可供建造房屋和各类设施的建设用地。土地开发有两种情形：一是新区土地开发，即把农业用地或者其他非城市用地改造为适合工商业、居民住宅、商品房及其他城市用途的城市用地；二是旧城区改造，也叫作土地再开发或二次开发，即通过投入新的资金、劳动等，对城市原有土地进行改造，拆除原来的建筑物，调整城市规划，改变土地用途，完善城市基础设施，提高土地的利用效益。房屋开发包括四个方面：一是住宅开发；二是生产与经营性建筑物开发，如工厂厂房、各类商店、各种仓库、办公用房等的开发；三是生产、生活服务性建筑物及构筑物的开发，如交通运输设施、公用事业和服务事业设施、娱乐设施的开发；四是城市其他基础设施的开发。房地产开发是一种经营性的行为，由专业化的房地产开发企业进行，这类企业从事的是房地产的投资和经营，即从有偿取得土地使用权，到勘察设计和建筑施工，直到最终将开发产品（房屋、基础设施及其相应的土地使用权）作为商品在房地产市场转让，寻求利润回报。房地产开发，对于改善投资环境和居住条件，提高城市的综合功能和总体效益，促进房地产业以及城乡社会、经济的协调发展，都有重要作用。

二、房地产开发的基本原则

房地产开发的基本原则，是指在城市规划区国有土地范围内，从事房地产开发并实施房地产开发管理的过程中应依法遵守的基本原则。《城市房地产管理法》第二十五条规定："房地产开发必须严格执行城市规划，按照经济效益、社会效益、环境效益相统一的原则，实行全面规划、合理布局、综合开发、配套建设。"

（一）严格执行城市规划

房地产开发是城市开发建设的重要组成部分，必须严格执行城市规划。房地产开发与城市规划的关系极为密切。城市规划是城市发展的纲领，是城市各项建设包括房地产开发的依据，是建设城市经济和实现社会发展目标的重要手段。房地产开发的实践经验证明，开发房地产，首先必须规划好，以城市规划为依据通过科学的预测和规划，明确房地产开发的发展方向和发展格局，在规划的引导和控制下逐步实现发展目标。

（二）经济效益、社会效益和环境效益相统一

房地产开发是一项经济活动，首先要讲求经济效益，但不能仅局限于考虑经济效益，更不能以牺牲社会效益和环境效益为代价来换取经济效益。从总体上来说，房地产开发的经济效益、社会效益和环境效益是相辅相成的。经济效益的提高，有助于社会效益和环境效益的实现；社会效益和环境效益的提高，又保障了房地产开发经济效益的顺利实现。

（三）全面规划、合理布局、综合开发、配套建设

房地产开发必须实行全面规划、合理布局、综合开发、配套建设的方针。全面规划、合理布局、综合开发、配套建设是实施房地产综合开发的工作方针，也是我国房地产开发的有效经验，推动了我国房地产业的发展。房地产综合开发可以避免分散建设的种种弊端，有利于实现城市总体规划；综合开发也有利于城市各项建设事业的协调发展，同步建设基础设施、配套工程和主体工程，工程竣工以后配套交付使用，便于生产、生活；综合开发还有利于缩短建设周期，降低工程造价，提高房地产开发的经济效益和社会效益。

三、房地产开发的要求

（一）按合同约定开发

《城市房地产管理法》第二十六条规定："以出让方式取得土地使用权进行房地产开发的，必须按照土地使用权出让合同约定的土地用途、动工开发期限开发土地。超过出让合同约定的动工开发日期满一年未动工开发的，可以征收相当于土地使用权出让金百分之二十以下的土地闲置费；满二年未动工开发的，可以无偿收回土地使用权；但是，因不可抗力或者政府、政府有关部门的行为或者动工开发必需的前期工作造成动工开发迟延的除外。"

土地是不可替代的稀缺资源，这一特点决定了必须节约和合理开发利用土地。但是，由于管理制度不完善等原因，土地供给总量失控，批租土地缺乏必要的调控手段，因此出现了圈而不用、早圈晚用、多圈少用等现象，给极为宝贵的土地资源造成了极大的浪费。同时，获取土地使用权的单位或个人，有些根本不进行任何开发建设，转手倒卖"地皮"，从中牟取暴利，致使国家收益流失、房地产价格扭曲等。因此，这些现象必须采取法律手段予以制止。

《城市房地产管理法》对此规定了两种行政处罚措施：

（1）闲置土地满1年未开发的，征收土地闲置费。土地闲置费由造成土地闲置、荒废的用地单位或个人向当地财政缴纳，各类土地闲置费的标准是不同的。

（2）满2年未开发的，无偿收回土地使用权。这种收回土地使用权是对土地使用者不按期限开发利用土地的惩罚措施，因而与期满收回土地使用权和因国家利益及社会公共利益需要等而引起的提前收回土地使用权不同，它引起的法律后果是国家无偿取得土地使用权，其地上建筑物和其他附着物也由国家无偿取得，因而不具有对等性及补偿性。但是，房地产开发逾期是因不可抗力或者政府、政府有关部门的行为或者动工开发必需的前期工作造成的除外。这样规定体现了法律的严密性，避免了漏洞的出现。

（二）房地产开发项目的设计与施工

房地产开发项目的设计与施工必须符合法定标准。《城市房地产管理法》第二十七条中规定："房地产开发项目的设计、施工，必须符合国家的有关标准和规范。"因为房地产开发项目同其他建设项目一样，具有投资量大、使用期限长等特点，所以必须按标准和规范进行设计、施工。否则，一旦出现质量问题不仅会直接影响项目的寿命，造成巨大的经济损失，甚至会危及人身安全，实践中这方面的教训已屡见不鲜。

（三）严格竣工验收

竣工验收是全面考核开发成果、检验设计和工程质量的重要环节，也是开发成果转入流通和使用阶段的标志。为了防止不符合质量要求的房屋、基础设施投入使用，保护使用者、消费者的合法权益，《城市房地产管理法》第二十七条规定："房地产开发项目竣工，经验收合格后，方可交付使用。"房地产开发项目竣工后，房地产开发企业应当向项目所在地的县级以上地方人民政府房地产开发主管部门提出竣工验收申请。房地产开发主管部门应当自收到竣工验收申请之日起30日内对涉及公共安全的内容，组织工程质量监督、规划、消防、人防等有关部门或者单位进行验收。城市新建住宅小区的竣工综合验收，按《城市住宅小区竣工综合验收管理办法》进行。

综合验收的条件如下:
1) 所有建设项目按批准的小区规划和设计要求全部建成,并能满足使用。
2) 住宅及公共配套设施、市政公用基础设施等单项工程全部验收合格,验收资料齐全。
3) 各类建筑物的平面位置、立面造型、装修色调等符合批准的规划设计要求。
4) 施工机具、暂设工程、建筑残土、剩余构件全部拆除、清运完毕,达到场清地平。
5) 拆迁居民已合理安置。

所有工程全部验收后,验收小组应向城市建设行政主管部门提交住宅小区竣工综合验收报告,报告经审查批准后,开发建设单位方可将房屋和有关设施办理交付使用手续。

四、房地产开发企业

(一) 房地产开发企业的概念

《城市房地产管理法》第三十条规定:"房地产开发企业是以营利为目的,从事房地产开发和经营的企业。"房地产开发企业具有以下两个特点。

1. 以营利为目的

所谓"以营利为目的",是指房地产开发企业在开发和经营活动中以获取最大限度的经济利益为目的。

2. 以房地产开发和经营为营业范围

《城市房地产开发经营管理条例》第二条规定:"本条例所称房地产开发经营,是指房地产开发企业在城市规划区内国有土地上进行基础设施建设、房屋建设,并转让房地产开发项目或者销售、出租商品房的行为。"

(二) 房地产开发企业设立的条件

《城市房地产管理法》第三十条中规定,设立房地产开发企业,应当具备下列条件:
1) 有自己的名称和组织机构。
2) 有固定的经营场所。
3) 有符合国务院规定的注册资本。
4) 有足够的专业技术人员。
5) 法律、行政法规规定的其他条件。

《城市房地产开发经营管理条例》第五条规定,设立房地产开发企业,除应当符合有关法律、行政法规规定的企业设立条件外,还应当具备下列条件:
1) 有100万元以上的注册资本。
2) 有4名以上持有资格证书的房地产专业、建筑工程专业的专职技术人员,2名以上持有资格证书的专职会计人员。

省、自治区、直辖市人民政府可以根据本地方的实际情况,对设立房地产开发企业的注册资本和专业技术人员的条件做出高于上述条件的规定。

(三) 房地产开发企业设立的程序

1. 申请登记

设立房地产开发企业,应当向县级以上人民政府工商行政管理部门申请登记。

2. 审核批准

工商行政管理部门根据房地产开发企业设立的条件，对登记申请进行审查。符合设立条件的，自收到申请之日起 30 日内予以登记，发给营业执照；不符合条件的不予登记，并说明理由。工商行政管理部门在对设立房地产开发企业申请登记进行审查时，应当听取同级房地产开发主管部门的意见。

3. 登记备案

房地产开发企业应当自领取营业执照之日起 30 日内，持营业执照复印件、企业章程、验资证明、企业法定代表人的身份证明、专业技术人员的资格证书和聘用合同等有关文件到登记机关所在地的房地产开发主管部门备案。

（四）房地产开发企业资质管理

1. 房地产开发企业资质等级条件

房地产开发企业按照企业条件分为一级、二级、三级、四级共四个资质等级。

（1）一级资质条件。

1）注册资本不低于 5 000 万元。

2）从事房地产开发经营 5 年以上。

3）近 3 年房屋建筑面积累计竣工 30 万 m^2 以上，或者累计完成与此相当的房地产开发投资额。

4）连续 5 年建筑工程质量合格率达 100%。

5）上一年房屋建筑施工面积 15 万 m^2 以上，或者完成与此相当的房地产开发投资额。

6）有职称的建筑、结构、财务、房地产及有关经济类的专业管理人员不少于 40 人，其中具有中级以上职称的管理人员不少于 20 人，持有资格证书的专职会计人员不少于 4 人。

7）工程技术、财务、统计等业务负责人具有相应专业中级以上职称。

8）具有完善的质量保证体系，商品住宅销售中实行了《住宅质量保证书》和《住宅使用说明书》制度。

9）未发生过重大工程质量事故。

（2）二级资质条件。

1）注册资本不低于 2 000 万元。

2）从事房地产开发经营 3 年以上。

3）近 3 年房屋建筑面积累计竣工 15 万 m^2 以上，或者累计完成与此相当的房地产开发投资额。

4）连续 3 年建筑工程质量合格率达 100%。

5）上一年房屋建筑施工面积 10 万 m^2 以上，或者完成与此相当的房地产开发投资额。

6）有职称的建筑、结构、财务、房地产及有关经济类的专业管理人员不少于 20 人，其中具有中级以上职称的管理人员不少于 10 人，持有资格证书的专职会计人员不少于 3 人。

7）工程技术、财务、统计等业务负责人具有相应专业中级以上职称。

8）具有完善的质量保证体系，商品住宅销售中实行了《住宅质量保证书》和《住宅使用说明书》制度。

9）未发生过重大工程质量事故。

(3) 三级资质条件。

1) 注册资本不低于 800 万元。

2) 从事房地产开发经营 2 年以上。

3) 房屋建筑面积累计竣工 5 万 m^2 以上，或者累计完成与此相当的房地产开发投资额。

4) 连续 2 年建筑工程质量合格率达 100%。

5) 有职称的建筑、结构、财务、房地产及有关经济类的专业管理人员不少于 10 人，其中具有中级以上职称的管理人员不少于 5 人，持有资格证书的专职会计人员不少于 2 人。

6) 工程技术、财务等业务负责人具有相应专业中级以上职称，统计等其他业务负责人具有相应专业初级以上职称。

7) 具有完善的质量保证体系，商品住宅销售中实行了《住宅质量保证书》和《住宅使用说明书》制度。

8) 未发生过重大工程质量事故。

(4) 四级资质条件。

1) 注册资本不低于 100 万元。

2) 从事房地产开发经营 1 年以上。

3) 已竣工的建筑工程质量合格率达 100%。

4) 有职称的建筑、结构、财务、房地产及有关经济类的专业管理人员不少于 5 人，持有资格证书的专职会计人员不少于 2 人。

5) 工程技术负责人具有相应专业中级以上职称，财务负责人具有相应专业初级以上职称，配有专业统计人员。

6) 商品住宅销售中实行了《住宅质量保证书》和《住宅使用说明书》制度。

7) 未发生过重大工程质量事故。

2. 房地产开发企业暂定资质

新设立的房地产开发企业在房地产开发主管部门备案后，可申请《暂定资质证书》。《暂定资质证书》的有效期为 1 年。房地产开发企业应当在《暂定资质证书》有效期满前 1 个月内向房地产开发主管部门申请核定资质等级。房地产开发主管部门应当根据其开发经营业绩核定相应的资质等级。房地产开发主管部门可以视企业经营情况延长《暂定资质证书》的有效期，但延长期限不得超过 2 年。自领取《暂定资质证书》之日起 1 年内无开发项目的，《暂定资质证书》有效期不得延长。

3. 房地产开发企业资质等级核定申请

房地产开发企业应当申请核定企业资质等级。

申请核定资质等级的房地产开发企业，应当提交下列证明文件：

1) 企业资质等级申报表。

2) 房地产开发企业资质证书（正、副本）。

3) 企业资产负债表和验资报告。

4) 企业法定代表人和经济、技术、财务负责人的职称证件。

5) 已开发经营项目的有关证明材料。

6) 房地产开发项目手册及《住宅质量保证书》《住宅使用说明书》执行情况报告。

7) 其他有关文件、证明。

4. 房地产开发企业资质等级审批

房地产开发企业资质等级实行分级审批。一级资质由省、自治区、直辖市人民政府建设行政主管部门初审,报国务院建设行政主管部门审批。二级资质及二级资质以下企业的审批办法由省、自治区、直辖市人民政府建设行政主管部门制定。经资质审查合格的企业,由资质审批部门发给相应等级的资质证书。资质证书由国务院建设行政主管部门统一制作。资质证书分为正本和副本,资质审批部门可以根据需要核发资质证书副本若干份。

5. 不同资质等级企业的业务范围

一级资质的房地产开发企业承担房地产项目的建设规模不受限制,可以在全国范围承揽房地产开发项目。二级资质及二级资质以下的房地产开发企业可以承担建筑面积 25 万 m^2 以下的开发建设项目,承担业务的具体范围由省、自治区、直辖市人民政府建设行政主管部门确定。各资质等级的房地产开发企业应当在规定的业务范围内从事房地产开发经营业务,不得越级承担任务。

6. 房地产开发企业资质年检制度

房地产开发企业的资质实行年检制度。对于不符合原定资质条件或者有不良经营行为的企业,由原资质审批部门予以降级或者注销资质证书。房地产开发企业无正当理由不参加资质年检的,视为年检不合格,由原资质审批部门注销资质证书。房地产开发主管部门应将房地产开发企业资质年检结果向社会公布。

第五节 房地产交易

一、房地产交易的一般规定

(一)房地产交易概述

1. 房地产交易的含义

房地产交易的含义有狭义和广义之分。狭义的房地产交易仅仅是指当事人之间进行的房地产转让、房地产抵押和房屋租赁的活动。广义的房地产交易除了包括当事人之间在进行房地产转让、抵押、租赁等交易行为,还包括与房地产交易行为有着密切关系的房地产价格及体系、房地产交易的中介服务。

2. 房地产转让、抵押时权属不可分离的原则

房地产转让、抵押时,房屋的所有权和该房屋占用范围内的土地使用权同时转让、抵押。房地产属于一种不可移动的特殊商品,房屋一经建造完毕,就固定于该房屋占用范围内的土地上。所以要使用房屋,就必须要使用该房屋占用范围内的土地,而要使用房屋占用范围内的土地,也必须要使用该房屋。为此,房屋所有权与该房屋占用范围内的土地使用权的享有者应当为同一主体,只有这样才能发挥房地产的应有效用。所以,《城市房地产管理法》第三十二条规定:"房地产转让、抵押时,房屋的所有权和该房屋占用范围内的土地使用权同时转让、抵押。"

3. 房地产转让、抵押时,当事人应当依法办理房地产权属登记

《城市房地产管理法》明确规定,国家实行土地使用权和房屋所有权登记发证制度。以

出让或者划拨方式取得土地使用权，应当向县级以上地方人民政府土地管理部门申请登记，经县级以上地方人民政府土地管理部门核实，由同级人民政府颁发土地使用权证书。在依法取得的房地产开发用地上建成房屋的，应当凭土地使用权证书向县级以上地方人民政府房产管理部门申请登记，由县级以上地方人民政府房产管理部门核实并颁发房屋所有权证书。经省、自治区、直辖市人民政府确定，县级以上地方人民政府由一个部门统一负责房产管理和土地管理工作的，可以制作、颁发统一的房地产权证书。依照《城市房地产管理法》第六十一条的规定，将房屋的所有权和该房屋占用范围内的土地使用权的确认和变更，分别载入房地产权证书。早在2007年，《物权法》（现已废止）第十条就规定，不动产实行统一登记，并授权行政法规对统一登记的范围、登记机构和登记办法做出规定。为了彻底解决此前不动产登记"九龙治水"的管理模式，2014年12月24日，国务院发布了《不动产登记暂行条例》，自2015年3月1日起施行。该条例明确规定：由国土资源部负责指导、监督全国不动产登记工作，同时要求县级以上地方人民政府确定一个部门负责本行政区域不动产登记工作。2008年2月1日起施行的《土地登记办法》和2008年7月1日施行的《房屋登记办法》中，有关不动产登记的规定与《不动产登记暂行条例》规定不一致的，以《不动产登记暂行条例》规定为准。

（二）房地产交易的价格管理

1. 房地产价格定期公布制度

《城市房地产管理法》第三十三条规定："基准地价、标定地价和各类房屋的重置价格应当定期确定并公布。具体办法由国务院规定。"所谓定期确定并公布，是指相关城市的人民政府或者其授权的部门应当根据经济和社会发展的情况，在一定的时期内评定基准地价、标定地价和各类房屋的重置价格，并予以公布。基准地价，是指在某一城市的一定区域范围内，首先根据用途相似、地段相连、地价相近的原则划分地价区段，然后调查评估出的各地价区段在某一时点的平均价格水平。标定地价是指标志性宗地在某一时点的价格。所谓标志性宗地，即能代表不同区位、同一用途土地的宗地。标定地价的价格时点是相对固定的，就是有关部门公布确定的时间。基准地价和标定地价是国家对土地市场进行管理的依据。房屋重置价格，是指按照当地的建筑技术、工艺水平、建筑材料价格、人工和运输费用等条件，重新建造同类结构、式样、质量标准的房屋价格。简单地说，就是假设房屋在估价时点重新建造时，必要的建造费用加平均利润。房屋的重置价格之前主要用于城市房屋拆迁补偿额的计算。

2. 房地产价格评估制度

（1）房地产价格评估的概念。房地产价格评估是指房地产专业估价人员根据估价目的，遵循估价原则，按照估价程序，采用科学的估价方法，并结合估价经验与对影响房地产价格因素的分析，对房地产最可能实现的合理价格所做出的推测与判断。无论是房地产转让、抵押，还是房屋租赁，都需要对房地产进行估价，这是房地产交易过程中的一项必不可少的基础性工作。

（2）房地产价格评估的原则。房地产价格评估应当遵循公正、公平、公开的原则，这是社会主义市场经济条件下应当遵循的基本原则。所谓公正的原则，是指房地产价格评估机构在进行房地产价格评估的过程中，应当公正地对待各个要求对房地产价格进行评估的相关方，不得有所偏向。所谓公平的原则，是指房地产价格评估中各方享有的权利和承担义务必须体现公平。所谓公开的原则，是指房地产价格评估的程序、标准等应当向社会公开，以便于社会公众监督，从而保证房地产价格评估的公正。

（3）房地产价格评估的方法。在进行房地产价格评估时，应当按照国家规定的技术标准和评估程序，以基准地价、标定地价和各类房屋的重置价格为基础，参照当地的市场价格进行评估。

3. 房地产成交价格申报制度

房地产成交价格申报制度，是指房地产权利人转让房地产时，应当将转让房地产的实际成交价格向县级以上地方人民政府规定的部门如实申报，不得瞒报，或者做不实的申报。实行房地产成交价格申报制度，能够加强税收征收管理，保障国家税收收入；能够对房地产转让的行情进行准确的统计，保证国家进行科学的宏观调控。因此，任何一个房地产权利人，在依法将其房地产转移给他人以后，都应当向县级以上地方人民政府规定的部门如实申报成交价。

二、房地产的转让

《城市房地产管理法》第三十七条规定："房地产转让，是指房地产权利人通过买卖、赠予或者其他合法方式将其房地产转移给他人的行为。"

《城市房地产管理法》第三十九条规定，以出让方式取得土地使用权的，转让房地产时，应当符合下列条件：

1）按照出让合同约定已经支付全部土地使用权出让金，并取得土地使用权证书。

2）按照出让合同约定进行投资开发，属于房屋建设工程的，完成开发投资总额的25%以上，属于成片开发土地的，形成工业用地或者其他建设用地条件。

转让房地产时房屋已经建成的，还应当持有房屋所有权证书。

《城市房地产管理法》第四十条规定，以划拨方式取得土地使用权的，转让房地产时，应当按照国务院规定，报有批准权的人民政府审批。有批准权的人民政府准予转让的，应当由受让方办理土地使用权出让手续，并依照国家有关规定缴纳土地使用权出让金。以划拨方式取得土地使用权的，转让房地产报批时，有批准权的人民政府按照国务院规定决定可以不办理土地使用权出让手续的，转让方应当按照国务院规定将转让房地产所获收益中的土地收益上缴国家或者做其他处理。

1. 不得转让的房地产

《城市房地产管理法》第三十八条规定，下列房地产，不得转让：

1）以出让方式取得土地使用权的，不符合《城市房地产管理法》第三十九条规定的条件的。

2）司法机关和行政机关依法裁定、决定查封或者以其他形式限制房地产权利的。这里的司法机关是指行使国家审判权、检察权和侦查权的人民法院、检察院和公安机关。这些机关按照有关法律规定有权查封或者以其他方式限制房地产权利人的权利。这里的行政机关是指法律规定的国家的执法机关，比如房产管理部门、土地管理部门、税务机关等。这些机关也有权对房地产权利人的权利以法律规定的形式进行限制。

3）依法收回土地使用权的。土地使用权的行使是以土地使用权的存在为前提的，土地使用权被收回了，土地使用权人也就无权转让土地使用权。

4）共有房地产，未经其他共有人书面同意的。共有房地产是属于共有人共同享有的权利，共有人中的任何人，在行使这项权利时均必须经过另一方的同意，未经过同意，不得转让。为减少纠纷，共有人同意转让共有的房地产时，必须以书面的形式进行。

5）权属有争议的。房地产的使用权或者所有权存在争议时，将其进行转让，则会引起新的纠纷，不利于争议的解决。所以，权属有争议的房地产不得转让。

6）未依法登记领取权属证书的。依法取得的土地使用权和房屋的所有权，必须办理登记手续，领取使用权证书或者所有权证书。未领取者，法律不予承认其所享有的权利，因此，不得进行转让。

7）法律、行政法规规定禁止转让的其他情形。这项规定是一个比较灵活的规定，以防止难以预料的情形发生。

2. 房地产转让的程序与合同

（1）房地产转让的程序。根据《城市房地产转让管理规定》，房地产转让应当按照下列程序办理：

1）房地产转让当事人签订书面转让合同，房地产转让合同的成立，并未实现房地产权利的转移；房地产权利的转移，应以房地产交易管理机构变更登记为准。

2）房地产转让当事人在房地产转让合同签订后90日内持房地产权属证书、当事人的合法证明、转让合同等有关文件向房地产所在地的房地产管理部门提出申请，并申报成交价格。

3）房地产管理部门对提供的有关文件进行审查，并在7日内做出是否受理申请的书面答复。

4）房地产管理部门核实申报的成交价格，并根据需要对转让的房地产进行现场查勘和评估。

5）通过审核，转让行为符合法律、法规的规定，房地产转让的有关当事人根据申报的成交价或评估价缴纳有关税费。

6）办理房屋权属登记手续，核发房地产权属证书。《城市房地产管理法》第六十一条中规定，房地产转让或者变更时，应当向县级以上地方人民政府房产管理部门申请房产变更登记，并凭变更后的房屋所有权证书向同级人民政府土地管理部门申请土地使用权变更登记，经同级人民政府土地管理部门核实，由同级人民政府更换或者更改土地使用权证书。法律另有规定的，依照有关法律的规定办理。

（2）房地产转让合同。房地产转让合同是指房地产转让当事人就转让房地产的有关问题所达成一致的书面协议。房地产转让合同在向有关机关缴纳相应的税费、办理产权过户登记手续后才生效。房地产转让合同，应当载明土地使用权取得的方式，这是法律对房地产转让合同的特殊要求。因为房地产转让必然涉及土地使用权的转让，由于土地使用权既可通过出让也可以通过划拨取得，而这两种取得的方式不同，必然影响到房地产转让的程序、条件及效果，因而法律要求当事人在签订该合同时，必须载明土地使用权取得的方式。房地产转让合同成立，土地使用权出让合同载明的权利、义务也随之转移。房地产转让就是房屋所有权与土地使用权的同时转让，原土地出让合同的效力对国家和新的土地使用权人即受让方仍然有效。以出让方式取得土地使用权的使用年限，为原出让合同约定使用年限减去原土地使用者已使用年限后的剩余年限。受让人改变土地使用权出让合同约定土地用途的，必须履行法定手续，即改变土地用途必须经过原出让方同意并签订土地使用权出让合同变更协议或重新签订土地使用权出让合同，相应调整土地使用权出让金。改变土地用途还须经市、县人民政府规划行政主管部门同意。

房地产转让应当签订书面转让合同，合同中应当载明下列主要内容：
1）双方当事人的姓名或者名称、住所。
2）房地产权属证书名称和编号。
3）房地产的坐落位置、面积、四至界限。
4）土地使用权的取得方式、时间及年限。
5）房地产的用途或使用性质。
6）成交价格及支付方式。
7）房地产交付使用的时间及过户时间。
8）双方的权利和义务。
9）违约责任。
10）双方约定的其他事项。

三、商品房预售

（一）商品房预售的概念

商品房预售是指房地产开发经营企业将正在建设中的房屋预先出售给承购人，由承购人支付定金或房屋价款的行为。

为防止炒作地皮，保证正常的房地产开发活动，《城市房地产管理法》第四十五条规定，商品房预售，应当符合下列条件：

1）已交付全部土地使用权出让金，取得土地使用权证书。商品房的出售，必然涉及房屋所有权及土地使用权同时转让的问题。所以预售商品房时预售人应当是已经取得土地使用权的人，即已经足额支付土地使用权出让金，并领取土地使用权证书的人。

2）持有建设工程规划许可证。预售的商品房必须是合法建筑，即只有经过城市规划及建设行政管理部门批准，发给建设工程规划许可证及施工许可证的工程建筑才可预售商品房。

3）按提供预售的商品房计算，投入开发建设的资金达到工程建设总投资的25%以上，并已经确定施工进度和竣工交付日期。这是以出让方式取得土地使用权的房地产转让的必备条件，目的是保证商品房确实存在，防止买空卖空、炒作地皮现象。

4）向县级以上人民政府房产管理部门办理预售登记，取得商品房预售许可证明。这是预售商品房的必经手续，是不动产交易的特有条件。

开发经营企业申请办理《商品房预售许可证》，应当提交下列证件（复印件）及资料：
1）上述前三项条件的证明材料。
2）开发经营企业的《营业执照》和资质等级证书。
3）工程施工合同。
4）商品房预售方案。

商品房预售方案应当说明商品房的位置、装修标准、竣工交付日期、预售总面积、交付使用后的物业管理等内容，并应当附商品房预售总平面图、分层平面图。房地产管理部门在接到开发经营企业申请后，应当详细查验各项证件和资料，并到现场进行查勘。经审查合格的，应在接到申请后的 10 日内核发《商品房预售许可证》。未取得《商品房预售许可证》的，不得进行商品房预售。商品房预售人应当按照国家有关规定将预售合同报县级以上人民政府房产管理部门和土地管理部门登记备案。

（二）商品房预售合同的备案

商品房预售时除必须同时符合上述四个条件，商品房预售人还应当同认购人签订预售房屋的合同，合同订立后应当按照国家有关规定将预售合同报县级以上人民政府房产管理部门和土地管理部门备案，以便于对商品房预售活动进行监督与管理。

（三）商品房预售款的使用

商品房预售所得款项，必须用于有关的工程建设，这主要是指预售款项应运用于正在开发建设的工程，不得挪作他用。

（四）商品房预售后再行转让

关于这一问题，《城市房地产管理法》第四十六条只做了一个原则性的规定，即"商品房预售的，商品房预购人将购买的未竣工的预售商品房再行转让的问题，由国务院规定"。这一规定实际上是对商品房预售合同转让的认可。商品房预售后再行转让，只是变更预售合同的主体，预售合同的内容不发生变化，由商品房预购人将原预售合同的债权或权利义务转让给第三人，使第三人与预售人之间设立新的民事法律关系。商品房预售后再行转让属于房地产的二手交易。

四、房地产抵押

（一）房地产抵押概述

1. 房地产抵押的含义

《城市房地产管理法》第四十七条规定："房地产抵押，是指抵押人以其合法的房地产以不转移占有的方式向抵押权人提供债务履行担保的行为。债务人不履行债务时，抵押权人有权依法以抵押的房地产拍卖所得的价款优先受偿。"

2. 房地产抵押的法律特征

1）房地产抵押具有从属性，其抵押权从属于债权，只有在债务人不履行已到期的债务时，债权人才可行使抵押权来处分该房地产。抵押权随着债权的成立而成立，随着债权的转移而转移。

2）房地产抵押是以不动产即房地产为标的的。抵押权人不以对抵押的房地产的实际占有为条件。由于抵押的房地产只是提供债务履行的担保，而不是提供给抵押权人实际支配，所以抵押人在用其合法的房地产进行抵押时，其对该房地产的实际占有权并不转移。

3）房地产抵押权人享有从抵押房地产的价款中优先受偿的权利。房地产抵押后，如果债务人到期不履行债务或债务人在抵押期间解散、被宣布破产，那么，就可以依法将抵押的房地产拍卖，对拍卖抵押房地产所得价款，抵押权人有比其他债权人优先得到清偿债务的权利。因处分抵押房地产而取得土地使用权和房屋所有权的，应当依法办理过户登记。

4）房地产抵押具有物上追及力。在抵押人将房地产抵押后，如果抵押人将抵押的房地产擅自转让他人，那么，抵押权人可以追及抵押的房地产行使权利。对于因抵押权人追及抵押的房地产行使权利而使受让人遭受损失的，非法转让抵押房地产的抵押人应当承担相应的责任。抵押权的物上追及力还表现在抵押人将抵押的房屋租赁给他人时，抵押权不受影响；抵押人非经债权人同意，将已抵押房地产就同一担保价值做重复抵押的，重复抵押无效；抵押人在已抵押房地产上再设定其他抵押时，只能在先设抵押担保价值之外的余额的范围内设定抵押。

（二）房地产抵押的设定

1. 房地产抵押设定的含义

所谓房地产抵押的设定，是指抵押人和抵押权人根据我国有关法律法规的规定，就抵押的房地产及其担保的债务等有关事项协商一致达成协议，签订抵押合同，并到县级以上人民政府规定部门办理抵押登记的过程。

2. 房地产抵押设定的要求

1）《城市房地产管理法》第四十八条规定："依法取得的房屋所有权连同该房屋占用范围内的土地使用权，可以设定抵押权。以出让方式取得的土地使用权，可以设定抵押权。"

2）《城市房地产管理法》第四十九条规定："房地产抵押，应当凭土地使用权证书、房屋所有权证书办理。"

3）《城市房地产管理法》第五十一条规定："设定房地产抵押权的土地使用权是以划拨方式取得的，依法拍卖该房地产后，应当从拍卖所得的价款中缴纳相当于应缴纳的土地使用权出让金的款额后，抵押权人方可优先受偿。"

4）《城市房地产管理法》第五十二条规定："房地产抵押合同签订后，土地上新增的房屋不属于抵押财产。需要拍卖该抵押的房地产时，可以依法将土地上新增的房屋与抵押财产一同拍卖，但对拍卖新增房屋所得，抵押权人无权优先受偿。"

五、房屋租赁

（一）房屋租赁的含义

房屋租赁，是指房屋所有权人作为出租人将其房屋出租给承租人使用，由承租人向出租人支付租金的行为。

（二）房屋租赁的特征

1. 出租房屋的人必须是房屋的所有权人

在我国，房屋的所有权人既包括国家、集体，也包括个人。国家、集体所有的房屋统称为公房，个人所有的房屋统称为私房。一般来说，国家所有的公房由房地产管理行政机关所属的房管单位和机关、团体、事业单位以及国有企业代表国家行使所有权，这些代表国家行使对公房的所有权的人，被视为所有权人。集体所有公房的所有权人是该集体。

2. 房屋租赁不转移出租房屋的所有权

出租人将房屋出租给承租人后，出租人只是将房屋的使用权有期限地转移给承租人，而不发生所有权的变化。在房屋租赁合同的有效期内，出租人失去的是出租房屋的使用权，承租人取得的是承租房屋的使用权，出租人对该房屋依然享有所有权。

3. 承租人向出租人支付租金

房屋的所有人可以在保持其所有权不变的前提下，根据房屋的使用年限将房屋出租以实现其收益。出租人将房屋出租给承租人以后，承租人要向出租人支付规定数量或者双方约定数量的租金。

4. 房屋租赁有效期届满，承租人必须把该房屋返还给出租人

出租人将房屋出租给承租人后，承租人只能在房屋租赁合同的有效期内使用该房屋。房屋租赁有效期限届满，承租人必须把出租的房屋返还给出租人，不得再行使用，也不得返还其他的房屋而留下该房屋。

（三）房屋租赁合同

由于房屋租赁关系复杂，因此，为了明确双方当事人各自的权利和义务，也为了房产管理部门便于管理，《城市房地产管理法》要求房屋租赁当事人之间应当签订书面租赁合同，并向房屋所在地房产管理部门登记备案。房屋租赁合同应当载明下列主要条款：双方当事人的情况；住房具体情况；住房用途；租赁期限；房租及支付方式；住房修缮责任；住房状况变更；转租的约定；违约责任；租赁合同的变更和终止等。

（四）房屋租赁登记

房屋租赁实行登记备案制度。签订、变更、终止租赁合同的，当事人应当向房屋所在地市、县人民政府房产管理部门登记备案。《商品房租赁管理办法》第十四条规定："房屋租赁合同订立后三十日内，房屋租赁当事人应当到租赁房屋所在地直辖市、市、县人民政府建设（房地产）主管部门办理房屋租赁登记备案。"

（五）转租

房屋转租，是指房屋承租人在租赁期限内征得出租人同意，将其承租的房屋再出租给他人（次承租人）的行为。出租人可以从转租中获得收益。原承租人被称为"二房东"。房屋转租，应当订立转租合同。转租合同必须经原出租人书面同意，并办理登记备案手续。转租合同的终止日期不得超过原租赁合同规定的终止日期，但出租人与转租双方协商约定的除外。转租合同生效后，转租人享有并承担转租合同规定的出租人的权利和义务，并且应当履行原租赁合同规定的承租人的义务，但出租人与转租双方另有约定的除外。转租期间，原租赁合同变更、解除或者终止，转租合同也随之相应变更、解除或者终止。

六、房地产中介服务机构

（一）房地产中介服务机构的概念

所谓房地产中介服务，是指在房地产市场上从事咨询、经纪和评估等业务的活动。房地产中介服务机构，就是在房地产市场上为从事房地产投资、开发和交易等活动的主体提供咨询、经纪和评估等业务服务的机构。由于这些机构一般是专门从事房地产业的活动，了解市场信息，熟悉房地产开发、利用和交易，故人们在从事房地产相关活动时往往要求助于这些中介服务机构。

（二）房地产中介服务机构的设立条件

《城市房地产管理法》第五十八条规定，房地产中介服务机构应当具备下列条件：①有

自己的名称和组织机构；②有固定的服务场所；③有必要的财产和经费；④有足够数量的专业人员；⑤法律、行政法规规定的其他条件。设立房地产中介服务机构，应当向工商行政管理部门申请设立登记，领取营业执照后，方可开业。

（三）房地产中介服务机构的种类

1. 房地产咨询机构

房地产咨询机构是从事有关房地产业的投资、开发、经营决策和交易活动等咨询服务的机构。一般来说，这种机构比较了解房地产市场动态，故能够提出较有权威性的见解，以帮助从事房地产相关活动的人较好地进行经营决策。

2. 房地产价格评估机构

房地产价格评估机构是从事有关房地产的估价活动的机构，这种机构主要根据社会、经济、政治、地理和个人因素等，利用科学的评估方法，权衡土地价格、房屋价格，并参照市场价格，从而对房地产价格做出科学的评定。该类机构对房地产交易及其他活动都有十分重要的影响。

3. 房地产经纪机构

所谓房地产经纪，是指房地产经纪机构和房地产经纪人员为促进房地产交易，向委托人提供房地产居间、代理等服务，并收取佣金的行为。所谓房地产经纪机构，是指依法设立、从事房地产经纪活动的中介服务机构。房地产经纪机构可以设立分支机构。

思 考 题

1. 简述土地使用权出让的法律性质。
2. 简述房屋征收的条件与程序。
3. 简述房屋征收补偿的范围。
4. 简述房地产抵押的相关内容。
5. 简述房屋租赁的相关内容。
6. 简述商品房预售的程序。
7. 简述房地产开发的基本原则。
8. 简述房地产开发企业的设立要求。
9. 简述房地产交易的一般规定。

第七章
建设工程勘察设计法律制度

教学要点：

本章主要介绍建设工程勘察设计过程中的有关法律制度和管理条例，通过本章的学习，应达到以下目标：

1. 熟悉建设工程勘察设计的概念、勘察设计的发包与承包。
2. 掌握设计文件的编制与实施、施工图设计文件的审查。
3. 熟悉建设工程勘察设计的监督管理。

第一节　建设工程勘察设计概述

一、建设工程勘察设计的概念

（一）建设工程勘察

建设工程勘察是指为满足工程建设的规划、设计、施工、运营及综合治理等方面的需要，对地形、地质及水文等情况进行测绘、勘探测试，并提供相应成果和资料的活动，岩土工程中的勘测、设计、处理、监测活动也属于建设工程勘察的范畴。

（二）建设工程设计

建设工程设计是指根据建设工程的要求，对建设工程所需的技术、经济、资质、环境等条件进行综合分析、论证，编制建设工程设计文件的活动。

在工程建设的各个环节中，勘察是基础，而设计是整个工程建设的灵魂。它们对工程的质量和效益都发挥着十分重要的作用。建设工程勘察、设计应当与社会、经济发展水平相适应，力争实现经济效益、社会效益和环境效益相统一。

二、建设工程勘察设计法规的立法现状

建设工程勘察设计法规是指调整建设工程勘察设计活动中发生的各种社会关系的法律规范的总称。

目前，我国建设工程勘察设计方面的立法层次总体来说还比较低，主要由住房和城乡建设部及相关部委的规章和规范性文件组成。国务院及住建部先后颁发了多项管理文件，现行

的主要法规有：1999 年建设部颁布的《建设工程勘察设计市场管理规定》、2000 年建设部颁布的《建筑工程设计招标投标管理办法》、2000 年国务院颁布的《建设工程勘察设计管理条例》(2000 年，根据 2015 年 6 月 12 日《国务院关于修改〈建设工程勘察设计管理条例〉的决定》进行了第一次修订，根据 2017 年 10 月 7 日《国务院关于修改部分行政法规的决定》进行了第二次修订)、2000 年建设部颁布的《实施工程建设强制性标准监督规定》、2001 年建设部颁布的《建设工程勘察设计企业资质管理规定》、2003 年发改委等八部委颁布的《工程建设项目勘察设计招标投标办法》(2013 年进行了修订)、2004 年建设部颁布的《勘察设计注册工程师管理规定》、2007 年建设部颁布的《建设工程勘察设计资质管理规定》等。

为适应市场经济的需要，进一步加强对建设工程勘察设计行为的规范和管理，国家正在积极制定《中华人民共和国工程勘察设计法》，届时它将成为我国第一部建设工程勘察设计方面的法律，对建设工程勘察设计的法治建设将有极大的推动作用。

三、建设工程勘察设计的原则

1) 建设工程勘察设计应当与社会、经济相适应，坚持经济效益、社会效益和环境效益相统一的原则。

2) 坚持先勘察、后设计、再施工的原则。

3) 单位和个人必须依法进行勘察设计，严格执行工程建设强制性标准，并坚持对工程勘察设计的质量负责的原则。

4) 坚持鼓励在建设工程勘察设计活动中采用先进技术、先进工艺、先进设备、新型材料和现代管理方法的原则。

5) 坚持综合利用资源和满足环保要求的原则。

6) 坚持公共建筑和住宅要注意美观、适用和协调的原则。

第二节 建设工程勘察设计发包与承包

一、建设工程勘察设计的委托

(一) 建设工程勘察设计的委托条件

委托勘察设计业务的建设工程项目应当具备以下条件：

1) 建设工程项目可行性研究报告或项目建议书已获批准。

2) 已经办理了建设用地规划许可证等手续。

3) 法律、法规规定的其他条件。

(二) 建设工程勘察设计的委托方式

《建设工程勘察设计管理条例》第十二条规定："建设工程勘察、设计发包依法实行招标发包或者直接发包。"第十三条规定："建设工程勘察、设计应当依照《招标投标法》的规定，实行招标发包。"

上述规定表明，建设工程勘察、设计的委托方式有两种：招标发包或者直接发包。除有特定要求的一些项目经有关主管部门批准后可以直接发包外，建设工程勘察设计任务都应按照《招标投标法》的规定，采用招标发包的方式进行。

1. 招标发包

根据《招标投标法》的规定，在中华人民共和国境内进行下列工程建设项目，包括项目的勘察、设计、施工、监理，以及与工程建设有关的重要设备、材料等的采购，必须进行招标：

1) 大型基础设施、公用事业等关系社会公共利益、公众安全的项目。
2) 全部或者部分使用国有资金投资或者国家融资的项目。
3) 使用国际组织或者外国政府贷款、援助资金的项目。

具体的范围和规模标准在本书后续章节将有详细介绍，在此不赘述。

2. 直接发包

《工程建设项目勘察设计招标投标办法》第四条规定，按照国家规定需要履行项目审批、核准手续的依法必须进行招标的项目，有下列情形之一的，经项目审批核准部门审批、核准，项目的勘察设计可以不进行招标：

1) 涉及国家安全、国家秘密、抢险救灾或者属于利用扶贫资金实行以工代赈、需要使用农民工等特殊情况，不适宜进行招标。
2) 主要工艺、技术采用不可替代的专利或者专有技术，或者其建筑艺术造型有特殊要求。
3) 采购人依法能够自行勘察、设计。
4) 已通过招标方式选定的特许经营项目投资人依法能够自行勘察、设计。
5) 技术复杂或专业性强，能够满足条件的勘察设计单位少于三家，不能形成有效竞争。
6) 已建成项目需要改、扩建或者技术改造，由其他单位进行设计影响项目功能配套性。
7) 国家规定的其他特殊情形。

同时，《建设工程勘察设计管理条例》第十六条规定，下列建设工程的勘察、设计，经有关主管部门批准，可以直接发包：

1) 采用特定的专利或者专有技术的。
2) 建筑艺术造型有特殊要求的。
3) 国务院规定的其他建设工程的勘察、设计。

二、建设工程勘察设计发包与承包的一般规定

1) 发包方可以将整个建设工程的勘察、设计发包给一个勘察、设计单位，也可以将建设工程的勘察、设计分别发包给几个勘察、设计单位。
2) 承包方必须持有由建设行政主管部门颁发的工程勘察资质证书或工程设计资质证书，在证书规定的业务范围内承接勘察设计业务，并对其提供的勘察设计文件的质量负责。
3) 建设工程勘察、设计单位不得将所承揽的建设工程勘察、设计转包。
4) 除建设工程主体部分的勘察、设计外，经发包方书面同意，承包方可以将建设工程其他部分的勘察、设计再分包给其他具有相应资质等级的建设工程勘察、设计单位。

5）委托方将整个建设工程项目的设计业务分别委托给几个承接方时，必须选定其中一个承接方作为主体承接方，负责对整个建设工程项目设计的总体协调；实施工程项目总承包的建设工程按有关规定执行；承接部分设计业务的承接方直接对委托方负责，并应当接受主体承接方的指导与协调；委托勘察业务原则上也按此规定进行。

6）发包方应向承包方提供编制勘察设计文件所必需的基础资料和有关文件，并对提供的文件资料负责。

第三节　建设工程勘察设计文件的编制与实施

一、建设工程设计的依据

建设工程设计的依据是各个建设工程在设计前必须进行的各种调查和研究，以及从中得出的工程建设目的和条件。

《建设工程勘察设计管理条例》规定，编制建设工程勘察、设计文件，应当以下列资料为依据：

1）项目批准文件。
2）城乡规划。
3）工程建设强制性标准。
4）国家规定的建设工程勘察、设计深度要求。

铁路、交通、水利等专业建设工程，还应当以专业规划的要求为依据。

如有可能，设计单位应积极参加项目建议书的编制、建设地址的选择、建设规划的制订以及试验研究等设计的前期工作。对大型水利枢纽、水电站、大型矿山、大型工厂等重点项目，在项目建议书批准前，可根据长远规划的要求进行必要的资源调查、工程地质和水文勘察、经济调查和多种方案的技术经济比较等方面的工作，从中了解和掌握有关情况，收集必要的设计基础资料，为编制设计文件做好准备。

二、工程设计阶段和内容

（一）设计阶段

根据《基本建设设计工作管理暂行办法》的规定，设计阶段可根据建设项目的复杂程度而决定。

一般可以把项目按规模分为如下几类。

1. 一般建设项目

一般建设项目的设计可按初步设计和施工图设计两个阶段进行。

2. 技术复杂的建设项目

技术复杂的建设项目可增加技术设计阶段，即按初步设计、技术设计、施工图设计三个阶段进行。

3. 存在总体部署问题的建设项目

一些牵涉面广的建设项目，如大型矿区、油田、林区、垦区、联合企业等建设项目，存在总体开发部署等重大问题，这时，在进行一般设计前，还可进行总体规划设计或总体设计。

（二）勘察设计文件的要求

《建设工程勘察设计管理条例》规定，勘察设计文件必须满足各自的要求。

1. 勘察文件的编制

编制建设工程勘察文件，应当真实、准确，满足建设工程规划、选址、岩土治理和施工的需要。

2. 设计文件的编制

编制方案设计文件，应满足编制初步设计文件和控制概算的需要；编制初步设计文件应满足编制施工招标文件、主要设备材料订货和编制施工图设计文件的需要；编制施工图设计文件应满足设备材料采购、非标准设备制作和施工的需要，并注明建设工程的合理使用年限。

3. 材料、设备的选用

设计文件中选用的材料、构配件、设备，应当注明其规格、型号、性能等技术指标，其质量要求必须符合国家规定的标准。除有特殊要求的建筑材料、专用设备和工艺生产线等外，设计单位不得指定生产厂、供应商。

4. 新技术、新材料的使用

勘察、设计文件中规定采用的新技术、新材料，可能影响建设工程质量和安全，又没有国家技术标准的，应当由国家认可的检测机构进行试验、论证，出具检测报告，并经国务院有关部门或省、自治区、直辖市人民政府有关部门组织的建设工程技术专家委员会审定后，方可使用。

（三）设计内容与深度

1. 总体设计

总体设计一般由文字说明和图纸两部分组成。其内容包括建设规模、产品方案、原料来源、工艺流程概况、主要设备配备、主要建筑物及构筑物、公用和辅助工程、"三废"治理及环境保护方案、占地面积估计、总图布置及运输方案、生活区规划、生产组织和劳动定员估计、工程进度和配合要求、投资估算等。

总体设计的深度应满足开展初步设计，主要大型设备、材料的预安排，土地征用谈判等工作的要求。目前，总体设计中往往还对建设项目的经济指标有明确的要求。

2. 初步设计

初步设计一般应包括下列有关文字说明和图纸：设计依据、设计指导思想、产品方案、各类资源的用量和来源、工艺流程、主要设备选型及配置、总图运输、主要建筑物和构筑物、公用及辅助设施、新技术采用情况、主要材料用量、外部协作条件、占地面积和土地利用情况、综合利用和"三废"治理、生活区建设、抗震和人防措施、生产组织和劳动定员、各项技术经济指标、建设顺序和期限、总概算等。

初步设计的深度应满足以下要求：设计方案的比选和确定、主要设备材料订货、土地征用、基建投资的控制、施工招标文件的编制、施工图设计的编制、施工组织设计的编制、施工准备和生产准备等。

3. 技术设计

技术设计的内容，由有关部门根据工程的特点和需要自行制订，其深度应能满足确定设计方案中重大技术问题和有关实验、设备制造等方面的要求。

4. 施工图设计

施工图设计，应根据已获批准的初步设计进行。

施工图设计的深度应能满足设备材料的安排和非标准设备的制作与施工要求、施工图预算的编制、施工要求等，并应注明建设工程合理使用年限。

三、建筑工程抗震要求

（一）抗震预防范围

地震烈度为 6 度及以上地区和今后有可能发生破坏性地震地区的所有新建、改建、扩建工程必须进行抗震设防。

抗震设防地区村镇建设中的公共建筑、统建的住宅及乡镇企业的生产、办公用房，必须进行抗震设防。

（二）抗震设防

工程勘察设计单位应按规定的业务范围承担工程项目的抗震设防，严格遵守现行抗震设防规范和有关规定。工程项目的设计文件应有抗震设防的内容，包括设防的依据、设防标准、方案论证等。

新建工程采用新技术、新材料和新结构体系，均应通过相应级别的抗震性能鉴定，符合抗震要求，方可采用。

四、设计文件的审批和修改

（一）设计文件的审批

在我国，建设项目设计文件的审批，实行"分级管理、分级审批"的原则。

根据《设计文件的编制和审批办法》，设计文件的具体审批权限如下：

1) 大中型建设项目的初步设计和总概算及技术设计，按隶属关系，由国务院主管部门或省、自治区、直辖市审批。

2) 小型建设项目初步设计的审批权限，由主管部门或省、自治区、直辖市自行规定。

3) 总体规划设计（或总体设计）的审批权限与初步设计的审批权限相同。

4) 各部直接代管的下放项目的初步设计，由国务院主管部门为主，会同有关省、自治区、直辖市审查或批准。

5) 施工图设计除主管部门规定要审查者外，一般不再审批，设计单位要对施工图的质量负责，并向生产、施工单位进行技术交底，听取意见。

（二）设计文件的修改

设计文件是工程建设的主要依据，经批准后，就具有一定的严肃性，不得任意修改和变更。建设单位、施工单位、监理单位都无权修改建设工程勘察、设计文件。确需修改的，应由原勘察设计单位进行。经原勘察设计单位同意，建设单位也可委托其他具有相应资质的建设工程勘察、设计单位修改，并由修改单位对修改的勘察设计文件承担相应责任。

施工单位、监理单位发现建设工程勘察、设计文件不符合工程建设强制性标准或合同约定的质量要求的，应当报告建设单位，建设单位有权要求建设工程勘察、设计单位对建设工程勘察、设计文件进行修改、补充。

建设工程勘察、设计文件内容需要做重大修改的，建设单位应当报经原审批机关批准后，方可修改。

根据《设计文件的编制和审批办法》，修改设计文件应遵循以下规定：

1）设计文件是工程建设的主要依据，经批准后不得任意修改。

2）凡涉及计划任务书的主要内容，如建设规模、产品方案、建设地点、主要协作关系等方面的修改，须经原计划任务书审批机关批准。

3）凡涉及初步设计的主要内容，如总平面布置、主要工艺流程、主要设备、建筑面积、建筑标准、总定员、总概算等方面的修改，须经原设计审批机关批准。修改工作须由原设计单位负责进行。

4）施工图的修改，须经原设计单位的同意。

第四节　建设工程施工图设计文件的审查

一、施工图设计文件审查的概念

施工图设计文件（以下简称"施工图"）审查是指国务院建设行政主管部门和省、自治区、直辖市人民政府建设行政主管部门依法认定的设计审查机构，根据国家的法律、法规、技术标准与规范，对施工图设计文件的结构安全和强制性标准、规范执行情况等技术方面进行的独立审查。

《建设工程质量管理条例》（2017年10月7日修订）第十一条规定："施工图设计文件审查的具体办法，由国务院建设行政主管部门会同国务院其他有关部门制定。"

二、施工图审查的范围和内容

（一）施工图审查的范围

《建筑工程施工图设计文件审查暂行办法》规定，凡属建筑工程设计等级分级标准中的各类新建、改建、扩建的建筑工程项目均须进行施工图审查。各地的具体审查范围，由各省、自治区、直辖市人民政府建设行政主管部门确定。

按规定应进行施工图审查而未审查或经审查不合格的施工图，一律不得使用。

（二）施工图审查的内容

《建筑工程施工图设计文件审查暂行办法》规定，施工图审查的主要内容如下：

1）建筑物的稳定性与安全性，包括地基基础及主体结构体系的安全。

2）是否符合消防、节能、环保、抗震、卫生和人防等有关强制性标准、规范。

3）是否达到规定的施工图设计深度的要求。

4）是否损害公共利益。

施工图审查的目的是维护社会公共利益,保护社会公众的生命财产安全。因此,施工图审查主要涉及社会公共利益、公众安全方面的问题。

三、施工图审查机构

施工图审查机构是具有独立法人资格的公益性中介组织。省、自治区、直辖市人民政府建设行政主管部门应当按照国家确定的审查机构条件,并结合本行政区域内的建设规模,认定相应数量的审查机构。

《建筑工程施工图设计文件审查暂行办法》第十八条规定,设计审查机构的设立,应当坚持内行审查的原则。符合以下条件的机构方可申请承担设计审查工作:

1)具有符合设计审查条件的工程技术人员组成的独立法人实体。
2)有固定的工作场所,注册资金不少于20万元。
3)有健全的技术管理和质量保证体系。
4)地级以上城市(含地级市)的审查机构,具有符合条件的结构审查人员不少于6人;勘察、建筑和其他配套专业的审查人员不少于7人。县级城市的设计审查机构应具备的条件,由省级人民政府建设行政主管部门规定。
5)审查人员应当熟练掌握国家和地方现行的强制性标准、规范。

《建筑工程施工图设计文件审查暂行办法》第十七条规定,设计审查人员必须具备下列条件:

1)具有10年以上结构设计工作经历,独立完成过5项二级以上(含二级)项目工程设计的一级注册结构工程师、高级工程师,年满35周岁,最高不超过65周岁。
2)有独立工作能力,并有一定语言文字表达能力。
3)有良好的职业道德。

直辖市、计划单列市、省会城市的设计审查机构,由省、自治区、直辖市建设行政主管部门初审后,报国务院建设行政主管部门审批,并颁发施工图设计审查许可证;其他城市的设计审查机构由省级建设行政主管部门审批,并颁发施工图设计审查许可证。取得施工图设计审查许可证的机构,方可承担审查工作。

四、施工图审查的程序与管理

(一)施工图审查的程序

1)在设计单位完成施工图后,建设单位应将施工图连同该项目批准立项的文件或初步设计批准文件及主要的初步设计文件一起报送建设行政主管部门,并做书面记录。
2)建设行政主管部门委托审查机构进行审查,同时发出委托审查通知书。
3)审查机构完成审查,向建设行政主管部门提交技术性审查报告。
4)审查结束,建设行政主管部门向建设单位发出施工图审查批准书。
5)报审施工图和有关资料应存档备查。

(二)施工图审查的管理

1. 施工图审查时限

审查机构在收到审查材料后,应在一个期限范围内完成审查工作,并提供工作报告。目前规定的具体审查期限为：一般项目 20 个工作日；特级、一级项目 30 个工作日；重大及技术复杂项目可适当延长。

2. 其他要求

审查机构在审查结束后，应向建设行政主管部门提交书面的项目施工图审查报告，报告应有审查人员签字、审查机构盖章。

施工图一经审查批准，不得擅自进行修改。如遇特殊情况需要进行涉及审查主要内容的修改时，必须重新报请原审批部门委托审查机构审查，经批准后方能实施。施工图审查所需经费，由施工图审查机构向建设单位收取。

3. 施工图审查后的处理

审查合格的，审查机构应当向建设单位出具审查合格书，并将经审查机构盖章的全套施工图交还建设单位。审查合格书应当有各专业的审查人员签字，经法定代表人签发，并加盖审查机构公章。审查机构应当在 5 个工作日内将审查情况报工程所在地县级以上地方人民政府建设行政主管部门备案。

审查不合格的，审查机构应当将施工图退建设单位，并书面说明不合格原因。施工图退建设单位后，建设单位应当要求原勘察设计单位进行修改，并将修改后的施工图报原审查机构审查。

（三）对审查结果有争议的解决途径

建设单位或设计单位对审查机构做出的审查报告有重大分歧意见时，可由建设单位或设计单位向所在省、自治区、直辖市人民政府建设行政主管部门提出复查申请，由省、自治区、直辖市人民政府建设行政主管部门组织专家论证并做出复查结果。

五、施工图审查各方的责任

设计文件质量责任是在设计文件出现质量问题时，由设计单位和设计人员承担直接责任，审查机构和审查人员负间接的监督责任。如因设计质量存在问题而造成损失，业主只能向设计单位和设计人员追责，审查机构和审查人员在法律上并不承担赔偿责任。

（一）设计单位与设计人员的责任

设计单位及其设计人员必须对自己的勘察设计文件的质量负责，这是《工程建设质量管理条例》《建设工程勘察设计管理条例》等法规所明确规定的，也是国际上通行的规则，它并不因通过了审查机构的审查就可免责。审查机构的审查只是一种监督行为，若设计文件出现质量问题，设计单位和设计人员必须根据实际情况和相关法律规定，承担相应的经济责任、行政责任和刑事责任。

（二）审查机构和审查人员的责任

审查机构和审查人员在设计质量问题上的免责，并不意味着审查机构和审查人员不需要承担任何责任。《建筑工程施工图设计文件审查暂行办法》第二十一条明确规定，施工图审查机构和审查人员应当依据法律、法规和国家与地方的技术标准认真履行审查职责。施工图审查机构应当对审查的图纸质量负相应的审查责任，但不代替设计单位承担设计质量责任。施工图审查机构不得对本单位，或与本单位有直接经济利益关系的单位完成的施工图进行审查。审查人员要在审查的图纸上签字。对玩忽职守、徇私舞弊、贪污受贿的审查人员和机构，由建设行政主管部门依法暂停或者吊销其审查资格，并处以相应的经济处罚。构成犯罪的，依法追究其刑事责任。

（三）政府主管部门的责任

政府各级建设行政主管部门在施工图审查中享有行政审批权，主要负责行政监督管理和程序性审批工作。它对设计文件的质量不承担直接责任，但对其审批工作的质量负有不可推卸的责任，这个责任具体表现为行政责任和刑事责任。

对此，《建设工程勘察设计管理条例》第四十三条明确规定："国家机关工作人员在建设工程勘察、设计活动的监督管理工作中玩忽职守、滥用职权、徇私舞弊，构成犯罪的，依法追究刑事责任；尚不构成犯罪的，依法给予行政处分。"

第五节　建设工程勘察设计监督管理

一、监督管理机构

《建设工程勘察设计管理条例》规定，国务院建设行政主管部门对全国的建设工程勘察、设计活动实施统一监督管理。国务院铁路、交通、水利等有关部门按照国务院规定的职责分工，负责全国的有关专业建设工程勘察、设计活动的监督管理。

县级以上地方人民政府的建设行政主管部门对本行政区域内的建设工程勘察、设计活动实施监督管理，县级以上人民政府交通、水利等有关部门在各自的职责范围内，负责本行政区域内有关专业建设工程勘察、设计活动的监督管理。

县级以上人民政府建设行政主管部门和其他有关部门应当加强对建设工程质量的监督管理，对其是否违反有关建设工程质量的法律、法规及其对强制性标准的执行情况进行监督检查。

二、监督管理内容

建设工程勘察、设计单位在建设工程勘察、设计资质证书规定的业务范围内跨部门、跨地区承揽勘察、设计业务的，有关地方人民政府及其所属部门不得设置障碍，不得违反国家规定收取任何费用。

县级以上人民政府建设行政主管部门或者交通、水利等有关部门应当对施工图设计文件中涉及公共利益、公众安全、工程建设强制性标准的内容进行审查。施工图设计文件未经审查批准的，不得使用。

任何单位和个人对建设工程勘察、设计活动中的违法行为都有权检举、控告和投诉。

三、建设工程勘察设计违法责任

违反《建设工程质量管理条例》的行为，必须受到相应的处罚，造成重大生产安全事故的，还要追究其刑事责任。

（一）建设单位的违法责任

发包方将建设工程勘察、设计业务发包给不具有相应资质等级的建设工程勘察、设计单位的，责令改正，并处以50万元以上100万元以下的罚款。

建设单位在施工图设计文件未经审查或审查不合格时擅自施工的，处20万元以上50万元以下的罚款。

建设单位明示或者暗示设计单位或者施工单位违反工程建设强制性标准，降低工程质量的，责令改正，并处20万元以上50万元以下的罚款。

（二）勘察、设计单位的违法责任

1. 资质不符合规定的责任

建设工程勘察、设计单位未取得资质证书承揽工程的，予以取缔。以欺骗手段取得资质证书承揽工程的，吊销其资质证书。对于超越资质等级许可的范围，或以其他勘察设计单位的名义承揽勘察、设计业务，或者允许其他单位或个人以本单位的名义承揽勘察、设计业务的建设工程勘察、设计单位，可责令其停业整顿，降低资质等级；情节严重的，吊销其资质证书。

对于有上述各种行为的勘察、设计单位，还应处以合同约定的勘察费、设计费1倍以上2倍以下的罚款，并没收其违法所得。

2. 非法转包的责任

建设工程勘察、设计单位将所承揽的工程进行非法转包的，责令改正，没收违法所得，并处以合同约定的勘察费、设计费25%以上50%以下的罚款，还可责令其停业整顿，降低其资质等级；情节严重的，吊销其资质证书。

3. 不按规定进行设计的责任

对于不按工程建设强制性标准等规定进行勘察、设计的勘察、设计单位，不按勘察成果文件进行设计或指定建筑材料、建筑构配件生产厂、供应商的设计单位，责令其改正，并处10万元以上30万元以下的罚款。因上述行为造成工程事故的，责令停业整顿，降低资质等级；情节严重的，吊销资质证书；造成损失的，依法承担赔偿损失。

（三）勘察、设计执业人员的违法责任

个人未经注册，擅自以注册建造工程勘察、设计人员的名义从事建设工程勘察、设计活动的，责令停止违法行为；已经注册的执业人员和其他专业技术人员，未受聘于一个建设工程勘察、设计单位或同时受聘于两个以上建设工程勘察、设计单位从事有关业务活动的，可责令停止执行业务或吊销其资格证书。对于上述人员，还要没收其违法所得，处违法所得2倍以上5倍以下的罚款，给他人造成损失的，依法承担赔偿责任。

（四）国家机关工作人员的违法责任

国家机关工作人员在建设工程勘察、设计的监督管理工作中玩忽职守、滥用职权、徇私舞弊，构成犯罪的，依法追究刑事责任；尚不构成犯罪的，依法给予行政处分。

思 考 题

1. 什么是建设工程勘察？什么是建设工程设计？
2. 建设工程勘察设计的委托方式有哪几种？
3. 哪些建设工程的勘察设计可以直接发包？
4. 建设工程设计的依据和设计内容是什么？
5. 建设工程设计文件的修改有哪些相关规定？
6. 什么是施工图设计文件的审查？

第八章
建筑法律制度

教学要点：

本章主要介绍建筑法律制度的基本内容及重点问题。通过本章的学习，应达到以下目标：

1. 了解《建筑法》的概念及立法目的。
2. 掌握施工许可制度，以及建筑工程的发包与承包制度。
3. 熟悉执业资格制度，以及建设工程监理的有关规定。
4. 掌握建设工程的发包与承包。
5. 熟悉工程监理的范围。
6. 掌握工程建设常见的法律责任。

第一节 建筑法律制度概述

一、建筑法的概念和调整对象

（一）建筑法的概念

《建筑法》经1997年11月1日第八届全国人民代表大会常务委员会第28次会议通过，根据2011年4月22日第十一届全国人民代表大会常务委员会第20次会议《关于修改〈中华人民共和国建筑法〉的决定》进行了修正。《建筑法》分总则、建筑许可、建筑工程发包与承包、建筑工程监理、建筑安全生产管理、建筑工程质量管理、法律责任、附则共8章85条，自1998年3月1日起施行。

由于根据《建筑法》制定的《建设工程安全生产管理条例》《建设工程质量管理条例》已经分别对建筑工程的安全和质量做出了更为详细的规定，因而本章仅就建筑许可、建筑工程发包与承包、建筑工程监理等内容进行阐述。

建筑法的概念有狭义和广义之分。狭义的建筑法，即形式意义上的建筑法，是指国家立法机关制定的统一调整建设单位、建筑从业单位及从业者、建筑行政机关在建筑活动中的市场准入、工程发包与承包、勘察、设计、施工、竣工验收直至交付使用等各个环节所发生的各种社会关系的基本法律，如《建筑法》。广义的建筑法，即实质意义上的建筑法，是指以在建筑活动和建筑管理活动中形成的社会关系为调整对象的法律规范体系，是规范建筑活动和建筑管理活动的法律、行政法规、部门规章、地方立法和司法解释等组成的有机整体。

（二）建筑法的调整对象

《建筑法》的调整对象可参照其第八十三条的规定："省、自治区、直辖市人民政府确定的小型房屋建筑工程的建筑活动，参照本法执行。依法核定作为文物保护的纪念建筑物和古建筑等的修缮，依照文物保护的有关法律规定执行。抢险救灾及其他临时性房屋建筑和农民自建低层住宅的建筑活动，不适用本法。"以及其第八十四条规定："军用房屋建筑工程建筑活动的具体管理办法，由国务院、中央军事委员会依据本法制定。"

建筑活动是《建筑法》所要规范的核心内容。《建筑法》所称的建筑活动是指各类房屋建筑及其附属设施的建造和与其配套的线路、管道、设备的安装活动。但《建筑法》中关于施工许可、建筑施工企业资质审查和建筑工程发包、承包、禁止转包，以及建筑工程监理、建筑工程安全和质量管理的规定，适用于其他专业建筑工程的建筑活动。

《建筑法》的调整对象主要有两种社会关系：一是在从事建筑活动过程中所形成的社会关系；二是在实施建筑活动管理的过程中所形成的社会关系。从性质上来看，前一种属于平等主体的民事关系，即作为平等主体的建设单位、勘察与设计单位、建筑安装企业、监理单位、建筑材料供应单位之间在建筑活动中所形成的民事关系。后一种属于行政管理关系，即建设行政主管部门对建筑活动进行的计划、组织、监督的关系。

二、建筑法的立法目的

《建筑法》第一条的规定明确了其立法目的在于加强对建筑活动的监督管理，维护建筑市场秩序，保证建筑工程的质量和安全，促进建筑业的健康发展。

（一）加强对建筑活动的监督管理

随着市场经济的发展，建筑市场开始出现不规范行为等问题，《建筑法》的立法目的之一在于在其规定的范围的基础上加强监督管理的力度，并以现代化的管理方式来管理建筑活动，为从事建筑活动和对建筑活动进行监督管理提供必须遵守的行为规范。

（二）维护建筑市场秩序

所谓维护建筑市场秩序，主要包括两层意思：一层是维护现有合法、合理的建筑市场秩序；另一层是清除和打击建筑市场的不规范行为。《建筑法》从市场准入、市场竞争、市场交易等多方面确立建筑市场运行必须遵守的基本规则，保护合法的建筑行为，处罚违法的建筑行为，这对于构建健康有序的建筑市场秩序非常有必要。

（三）保证建筑工程的质量和安全

"百年大计，质量第一"，质量与安全是建筑工程的生命线。《建筑法》通过对工程质量和安全方面的标准、规范等的确立，要求建筑市场的参与者和监督管理者都必须根据国家的相关规定从事自己的建筑活动，才能保证建筑工程的质量和安全。

（四）促进建筑业的健康发展

促进建筑业的健康发展是《建筑法》立法的最终目的，即国家通过对建筑活动的监督管理，维护建筑市场秩序，保证建筑工程的质量和安全，最终使得建筑业适应社会主义市场经济发展的要求，合理有序地向前发展。

第二节 建筑许可

一、建筑许可的概念

建筑许可是指建设行政主管部门或者其他有关行政主管部门准许、变更和终止公民、法人和其他组织从事建筑活动的具体行政行为。建筑许可制度是各国普遍采用的对建筑活动进行管理的一项重要制度。

在我国，根据《建筑法》的相关规定，建筑许可的表现形式为施工许可证、批准证件（开工报告）、资质证书、执业资格证书等。建筑许可包括三项许可制度，即施工许可证制度、单位资质制度、个人资格制度。

《建筑法》第七条规定："建筑工程开工前，建设单位应当按照国家有关规定向工程所在地县级以上人民政府建设行政主管部门申请领取施工许可证；但是，国务院建设行政主管部门确定的限额以下的小型工程除外。"这一规定确立了建筑工程的施工许可制度。建筑工程施工许可制度是建设行政主管部门根据建设单位的申请，依法对建筑工程是否具备施工条件进行审查，符合条件者，准许该建筑工程开始施工并颁发施工许可证的一种制度。

从业资格许可制度是指国家对从事建筑活动的单位和人员实行资质或资格审查，并许可其按照相应的资质、资格条件从事相应的建筑活动的制度。包括从事建筑活动的单位资质制度和从事建筑活动的个人资格制度。

根据《建筑法》的相关规定，从事建筑活动的单位资质制度的管理对象，主要包括建筑施工企业、勘察单位、设计单位和工程监理单位等；个人资格制度的管理对象主要包括注册建筑师、注册监理工程师、注册造价工程师、注册建造师和注册结构工程师等。

二、建筑工程施工许可制度

建设单位必须在建设工程立项批准后，工程发包前，向建设行政主管部门或其授权的部门办理工程报建登记手续。未办理报建登记手续的工程，不得发包，不得签订工程合同。新建、扩建和改建的建设工程，建设单位必须在开工前向建设行政主管部门或其授权的部门申请领取建设工程施工许可证。未领取施工许可证的，不得开工。

建立施工许可制度，有利于保证建设工程的开工符合必要条件，避免不具备条件的建设工程盲目开工而给当事人造成损失或导致国家财产的浪费，从而使建设工程在开工后能够顺利实施，也便于有关行政主管部门了解和掌握所辖范围内有关建设工程的数量、规模及施工队伍等基本情况，依法进行指导和监督，保证工程建设活动依法有序进行。

（一）施工许可证的申请

《建筑法》第七条规定："建筑工程开工前，建设单位应当按照国家有关规定向工程所在地县级以上人民政府建设行政主管部门申请领取施工许可证；但是，国务院建设行政主管部门确定的限额以下的小型工程除外。按照国务院规定的权限和程序批准开工报告的建筑工程，不再领取施工许可证。"

这个规定确立了我国工程建设的施工许可制度，明确了施工许可证的申请时间与申请主体：施工许可证应在建筑工程开工前申请领取，即应当在施工准备工作基本就绪之后，组织施工之前申请；施工许可证的申请者是建设单位（也可称业主或者项目法人），做好各项施工准备工作是建设单位的义务。因此，施工许可证的申领，应当由建设单位来承担，而不应是施工单位或其他单位。建设单位未依法在开工前申请领取施工许可证便开工建设的，属于违法行为。

县级以上人民政府的建设行政主管部门是施工许可证的审查和发放机关。建设行政主管部门应当依法履行该项职责，对经审查符合法定开工条件的建筑工程颁发施工许可证，对不符合法定开工条件的不得发给施工许可证。

（二）施工许可证的申请范围

我国目前对建设工程开工条件的审批，存在着颁发施工许可证和批准开工报告两种形式。多数工程适用的是办理施工许可证形式，部分工程则适用批准开工报告形式。

《建筑工程施工许可管理办法》规定，在我国境内从事各类房屋建筑及附属设施的建造、装修装饰和与其配套的线路、管道、设备的安装以及市政基础设施工程的施工，建设单位在开工前应当依照规定，向工程所在地的县级以上人民政府建设行政主管部门申请领取施工许可证。

根据《建筑法》的规定，可以不申领施工许可证的情形有以下几种：

1. 国务院建设行政主管部门确定的限额以下的小型工程

《建筑法》规定，国务院建设行政主管部门确定的限额以下的小型工程，可以不申请办理施工许可证。据此，《建筑工程施工许可管理办法》第二条做出了进一步的规定，工程投资额在30万元以下或者建筑面积在300m²以下的建筑工程，可以不申请办理施工许可证。这一限额由省、自治区、直辖市人民政府建设行政主管部门根据当地实际情况进行调整，并报国务院建设行政主管部门备案。由于小型建筑工程具有投资少、建设规模小、施工相对来说比较简单等特点，没有必要都向建设行政主管部门申请领取施工许可证。

2. 有批准开工报告的建筑工程

《建筑法》规定，按照国务院规定的权限和程序批准开工报告的建筑工程，不再领取施工许可证。开工报告是建设单位按照国家有关规定向计划行政管理部门申请准予开工的文件。为了避免出现同一项建筑工程的开工由不同的政府行政主管部门多头重复审批的现象，《建筑法》规定对实行开工报告审批制度的建筑工程，不再领取施工许可证。

需要办理开工报告的建筑工程，必须按照国务院规定的权限和程序办理，没有办理的，不得开工。有了开工报告就不必再办理施工许可证。

3. 抢险救灾等工程

《建筑法》第八十三条中规定："抢险救灾及其他临时性房屋建筑和农民自建低层住宅的建筑活动，不适用本法。"

4. 军事房屋建筑

《建筑法》第八十四条规定："军用房屋建筑工程建筑活动的具体管理办法，由国务院、中央军事委员会依据本法制定。"据此，军用房屋建筑工程是否实行施工许可，由国务院、中央军事委员会另行规定。

(三) 施工许可证的审批

施工许可证由工程所在地县级以上人民政府建设行政主管部门审批。具体由哪一级建设行政主管部门审批，则要视工程的投资额大小和投资额来源的不同而定。建设行政主管部门应当在接到申请后的 15 日内，对符合条件的申请者颁发施工许可证。

(四) 申请领取施工许可证的条件

《建筑法》第八条规定，申请领取施工许可证，应当具备下列条件：

1. 已经办理该建筑工程用地批准手续

根据《土地管理法》，任何单位和个人进行建设，需要使用土地的，必须依法申请使用土地。其中需要使用国有建设用地的，应当向有批准权的土地行政主管部门申请，经其审查，报本级人民政府批准。

如果没有办理用地批准手续，意味着将没有合法的土地使用权，自然是无法开工的，因此，不能颁发施工许可证。

2. 在城市规划区的建筑工程，已经取得规划许可证

根据《城市规划法》，规划许可证包括建设用地规划许可证和建设工程规划许可证。建设用地规划许可证是城市规划行政主管部门根据城市规划的要求和建设项目用地的实际需要，向提出建设用地申请的建设单位或个人核发的确定建设用地的位置、面积、界限的证件。建设工程规划许可证是城市规划行政主管部门向建设单位或个人核发的确认其建设工程符合城市规划要求的证件。

如果没有取得规划许可证，意味着拟建的工程属于违章建筑，在这种情况下，自然不能颁发施工许可证。

3. 施工场地已经基本具备施工条件，需要拆迁的，其拆迁进度符合施工要求

很多工程都涉及拆迁，如果拆迁工作进展不顺利，就意味着后续工作无法进行。因此，开始修建工程之前，必须首先解决拆迁的问题。但是，解决拆迁的问题并不意味着必须要拆迁完毕才能施工，只要拆迁的进度能够满足后续施工的要求就可以了，这样可以形成拆迁与施工的流水作业，缩短总工期。

4. 已经确定施工企业

只有确定了施工企业，建筑工程才具有了开工的可能性。如果施工企业尚未确定，显然就不具备开工的条件。

按照规定应该招标的工程没有招标，应该公开招标的工程没有公开招标，或者肢解发包工程，以及将工程发包给不具备相应资质条件的承包方的，所确定的施工企业无效。

5. 有满足施工需要的施工图及技术资料

如果没有满足施工需要的施工图和技术资料，施工单位显然是无法施工的。《建筑工程施工许可管理办法》第四条进一步规定，建设单位在申请领取施工许可证时，除了应当有满足施工需要的施工图及技术资料，还应满足施工图设计文件已按规定审查合格。

6. 有保证工程质量和安全的具体措施

施工单位编制的施工组织设计中，要有根据建筑工程特点制订的相应质量、安全技术措施，并按照规定办理了工程质量、安全监督手续。

委托监理单位去进行监理本身就是建设单位保证质量和安全的一项具体措施。同时，监理单位在监理过程中也是很多具体保证质量和安全措施的执行者，因此，《建筑工程施工许可管理办法》对于申请施工许可证的条件又在《建筑法》的基础上做了进一步延伸，规定了"按照规定办理了工程质量、安全监督手续"。这也是颁发施工许可证的一个限制性条件。

7. 建设资金已经落实

建设单位在建筑工程施工过程中必须拥有足够的建设资金，这是预防拖欠工程款，保证施工顺利进行的基本经济保障。国家发展和改革委《关于加强基础设施建设项目管理 确保工程安全质量的通知》（发改投资规〔2021〕910号）明确规定，严格工程造价和建设资金管理。项目招标投标确定的中标价格要体现合理造价要求，杜绝造价过低带来的安全质量问题。政府投资项目所需资金应当按照国家有关规定确保落实到位，不得由施工单位垫资建设，不得随意缩减政府投资计划明确的投资规模。严禁转移、侵占、挪用政府投资资金。

8. 法律、行政法规规定的其他条件

建筑工程申请领取施工许可证，除了应当具备以上七项条件外，还应当具备其他法律、行政法规规定的有关建筑工程开工的条件。这样规定的目的是同其他法律、行政法规的规定相衔接。例如，根据《中华人民共和国消防法》（以下简称《消防法》），对于按规定需要进行消防设计的建筑工程，建设单位应当将其消防设计图报送公安消防机构审核；未经审核或者经审核不合格的，建设行政主管部门不得发给施工许可证，建设单位不得施工。

（五）领取施工许可证的程序

1）建设单位向发证机关领取《建筑工程施工许可证申请表》。

2）建设单位持加盖单位公章及法定代表人印鉴的《建筑工程施工许可证申请表》及相关的证明文件，向发证机关提出申请。

3）发证机关在收到建设单位报送的《建筑工程施工许可证申请表》和所附证明文件后，对于符合条件的，应当自收到申请之日起15日内颁发施工许可证；对于不符合条件的，应当自收到申请之日起15日内书面通知建设单位，并说明理由。

（六）施工许可证的使用

1. 施工许可证的有效期限

建设单位应当自领取施工许可证之日起3个月内开工。因故不能按期开工的，应当向发证机关申请延期；延期以两次为限，每次不超过3个月。既不开工又不申请延期或者超过延期时限的，施工许可证自行废止。

2. 中止施工和恢复施工

在建的建筑工程因故中止施工的，建设单位应当自中止施工之日起1个月内，向发证机关报告，并按照规定做好建设工程的维护管理工作。恢复施工时，也应当向发证机关报告；中止施工满1年的工程恢复施工前，建设单位应当报发证机关核验施工许可证。

按照国务院有关规定批准开工报告的建筑工程，因故不能按期开工或者中止施工的，应当及时向批准机关报告情况，因故不能按期开工超过6个月的，应当重新办理开工报告的批准手续。

3. 未取得施工许可证擅自开工的后果

《建筑法》第六十四条规定："违反本法规定，未取得施工许可证或者开工报告未经批准擅自施工的,责令改正,对不符合开工条件的责令停止施工,可以处以罚款。"

《建筑工程施工许可管理办法》第十二条规定:"对于未取得施工许可证或者为规避办理施工许可证将工程项目分解后擅自施工的,由有管辖权的发证机关责令停止施工,限期改正,对建设单位处工程合同价款1%以上2%以下罚款;对施工单位处3万元以下罚款。"

三、工程建设从业单位资质管理

从事建筑工程活动的企业或单位,应当向工商行政管理部门申请设立登记,并由建设行政主管部门审查,颁发资格证书。建筑工程从业的经济组织包括施工单位、勘察单位、设计单位和工程监理单位,以及法律、法规规定的其他单位(如工程招标代理机构、工程造价咨询机构等)。

《建筑法》第十二条规定:"从事建筑活动的建筑施工企业、勘察单位、设计单位和工程监理单位,应当具备下列条件:

(一)有符合国家规定的注册资本;
(二)有与其从事的建筑活动相适应的具有法定执业资格的专业技术人员;
(三)有从事相关建筑活动所应有的技术装备;
(四)法律、行政法规规定的其他条件。"

《建筑法》第十三条规定:"从事建筑活动的建筑施工企业、勘察单位、设计单位和工程监理单位,按照其拥有的注册资本、专业技术人员、技术装备和已完成的建筑工程业绩等资质条件,划分为不同的资质等级,经资质审查合格,取得相应等级的资质证书后,方可在其资质等级许可的范围内从事建筑活动。"

(一)建筑业企业资质管理

建筑业企业,是指从事土木工程、建筑工程、线路管道设备安装工程、装修工程的新建、扩建、改建等活动的企业。

建筑业企业资质分为施工总承包资质、专业承包资质和施工劳务资质三个序列。施工总承包资质、专业承包资质按照工程性质和技术特点分别划分为若干资质类别,各资质类别按照规定的条件划分为若干资质等级。施工劳务资质不分类别与等级。

1. 施工总承包企业

取得施工总承包资质的企业(以下简称施工总承包企业),可以承接施工总承包工程。

施工总承包企业可以对所承接的施工总承包工程内各专业工程全部自行施工,也可以将专业工程或劳务作业依法分包给具有相应资质的专业承包企业或劳务分包企业。根据专业范围,施工总承包企业分为房屋建筑工程、公路工程、铁路工程、港口工程、水利水电工程、电力工程、矿山工程、冶炼工程、化工石油工程、市政公用工程、通信工程、机电安装工程12个资质类别。

以房屋建筑工程为例,《房屋建筑工程施工总承包企业资质等级标准》将施工总承包企业资质等级分为特级、一级、二级和三级。其中,特级房屋建筑施工总承包企业承担任务范围不受限制,一级、二级及三级房屋建筑施工总承包企业应在其资质等级许可的范围内从事建筑活动。

2. 专业承包企业

取得专业承包资质的企业(以下简称专业承包企业),可以承接施工总承包企业分包的专业工程和建设单位依法发包的专业工程。专业承包企业可以对所承接的专业工程全部自行施工，也可以将劳务作业依法分包给施工劳务企业。

《专业承包企业资质等级标准》根据专业范围，将专业承包企业分为36个资质类别，例如地基基础工程专业承包、桥梁工程专业承包、建筑幕墙工程专业承包、钢结构工程专业承包等。按照不同的资质类别，专业承包企业一般分为2~3个资质等级。

3. 施工劳务企业

取得施工劳务资质的企业（简称施工劳务企业），可以承接施工总承包企业或专业承包企业分包的施工劳务。施工劳务企业不分类别和等级，可承担各类施工劳务作业。

（二）建设工程勘察设计资质管理

1. 工程勘察资质

根据《建设工程勘察设计资质管理规定》，工程勘察资质分为工程勘察综合资质、工程勘察专业资质、工程勘察劳务资质。工程勘察综合资质只设甲级；工程勘察专业资质设甲级、乙级，根据工程性质和技术特点，部分专业可以设丙级，工程勘察劳务资质不分等级。

取得工程勘察综合资质的企业，可以承接各专业（海洋工程勘察除外）、各等级的工程勘察业务；取得工程勘察专业资质的企业，可以承接相应等级、相应专业的工程勘察业务；取得工程勘察劳务资质的企业，可以承接岩土工程治理、工程钻探、凿井等工程勘察劳务业务。

2. 工程设计资质

工程设计资质分为工程设计综合资质、工程设计行业资质、工程设计专业资质和工程设计专项资质。工程设计综合资质只设甲级；工程设计行业资质、工程设计专业资质、工程设计专项资质设甲级、乙级。根据工程性质和技术特点，个别行业、专业、专项资质可以设丙级，建筑工程专业资质可以设丁级。

取得工程设计综合资质的企业，可以承接各行业、各等级的建设工程设计业务；取得工程设计行业资质的企业，可以承接相应行业相应等级的工程设计业务及本行业范围内同级别的相应专业、专项（设计施工一体化资质除外）工程设计业务；取得工程设计专业资质的企业，可以承接本专业相应等级的专业工程设计业务及同级别的相应专项工程设计业务（设计施工一体化资质除外）；取得工程设计专项资质的企业，可以承接本专项相应等级的专项工程设计业务。

（三）工程监理资质管理

工程监理企业资质分为综合资质、专业资质和事务所资质三个序列。综合资质只设甲级；专业资质原则上分为甲、乙、丙三个级别，并按照工程性质和技术特点划分为140个专业工程类别；除房屋建筑、水利水电、公路和市政公用四个专业工程类别设丙级资质外，其他专业工程类别不设丙级资质。事务所资质不分等级。

1. 综合资质企业可以承揽的业务范围

综合资质企业可以承揽所有专业工程类别建设工程项目的工程监理业务，以及项目管理、技术咨询等相关服务。

2. 专业资质企业可以承揽的业务范围

专业甲级资质可以承揽建设工程的项目管理、技术咨询等相关服务。专业乙级资质可以承揽相应专业工程类别二级（含二级）以下建设工程项目的工程监理业务，以及相应类别和级别建设工程的项目管理、技术咨询等相关服务。专业丙级资质可以承揽相应专业工程类别三级建设工程项目的工程监理业务，以及相应类别和级别建设工程的项目管理、技术咨询等相关服务。

3. 事务所资质企业可以承揽的业务范围

事务所资质企业可承揽三级建设工程项目的工程监理业务，以及相应类别和级别建设工程项目管理、技术咨询等相关服务。但是，国家规定必须实行强制监理的建设工程监理业务除外。

国务院建设行政主管部门负责全国建筑业企业资质、建设工程勘察、设计资质、工程监理企业资质的归口管理工作，国务院铁道、交通、水利、信息产业、民航等有关部门配合国务院建设行政主管部门实施相关资质类别和相应行业企业资质的管理工作。

新设立的企业，应到工商行政管理部门办理登记注册手续，取得企业法人营业执照后，方可到建设行政主管部门办理资质申请手续。任何单位和个人不得涂改、伪造、出借、转让企业资质证书，不得非法扣押、没收企业资质证书。

四、工程建设专业技术人员执业资格管理

从事建筑工程活动的人员，要通过国家任职资格考试、考核，由建设行政主管部门注册并颁发资格证书。建筑工程的执业人员主要包括注册建筑师、注册结构工程师、注册监理工程师、注册工程造价师、注册建造师，以及法律、法规规定的其他人员。建筑工程从业者资格证件，严禁出卖、转让、出借、涂改、伪造。违反上述规定的，将视具体情节追究法律责任，建筑工程从业者资格的具体管理办法由国务院建设行政主管部门另行规定。

《建筑法》第十四条规定："从事建筑活动的专业技术人员，应当依法取得相应的执业资格证书，并在执业资格证书许可的范围内从事建筑活动。"

（一）建筑业专业人员执业资格制度的含义

建筑业专业人员执业资格制度是指我国的建筑业专业人员在各自的专业范围内参加全国或行业组织的统一考试，获得相应的执业资格证书，经注册后在资格许可范围内执业的制度。建筑业专业人员执业资格制度是我国强化市场准入制度、提高项目管理水平的重要举措。

（二）建筑业专业技术人员执业资格的种类

目前我国有多种建筑业专业执业资格，其中主要有注册建筑师、注册结构工程师、注册造价工程师、注册土木（岩土）工程师、注册房地产估价师、注册监理工程师、注册建造师。

（三）建筑业专业技术人员执业资格的共同点

这些不同岗位的执业资格存在许多共同点，这些共同点正是我国建筑业专业技术人员执业资格的核心内容。

1. 均需要参加统一考试

建筑业专业技术人员跨行业、跨区域执业的，要参加全国统一考试；只在本行业内部执业的，要参加本行业统一考试；只在本区域内部执业的，要参加本区域统一考试。

2. 均需要注册

建筑业专业技术人员只有经过注册后才能成为注册执业人员。没有注册的，即使通过了统一考试，也不能执业。每个不同的执业资格的注册办法均由相应的法规或者规章所规定。

3. 均有各自的执业范围

每个执业资格证书都限定了一定的执业范围。注册执业人员不得超越范围执业。

4. 均须接受继续教育

由于知识在不断更新，每一位注册执业人员都必须要及时更新知识，因此都必须要接受继续教育。接受继续教育的频率和形式由相应的法规或者规章所规定。

第三节　建设工程发包与承包

一、建设工程发包与承包概述

建设工程发包与承包作为构成建设工程承发包商业活动不可分割的两个方面，是指建设单位或者总承包单位（发包方），将待完成的建筑勘察、设计、施工、监理、重要设备材料的采购等工作的全部或其中一部分委托工程勘察设计企业、施工企业、监理企业、设备供应商或制造商（承包方），并按照双方约定支付一定的报酬，通过合同明确双方当事人的权利、义务的一种交易行为。

建设工程发包与承包的内容涉及建设工程的全过程，包括可行性研究的发包与承包、工程勘察设计的发包与承包、材料及设备采购的发包与承包、工程施工的发包与承包、工程劳务的发包与承包、工程项目监理的发包与承包、工程项目管理的发包与承包等。但在实践中，建设工程发包与承包主要是指建设工程勘察设计、施工的发包与承包。

二、建设工程发包

（一）建设工程发包方式

《建筑法》规定，建设工程的发包方式分为直接发包和招标发包。

1. 建设工程直接发包

建设工程直接发包是指发包方与承包方直接进行协商，以约定工程建设的价格、工期和其他条件的交易方式。根据《工程建设项目施工招标投标办法》相关条款的规定，下列工程项目经有关部门批准后，可以不进行施工招标而直接发包。

1）涉及国家安全、国家秘密或者抢险救灾而不适宜招标的。
2）属于利用扶贫资金实行以工代赈需要使用农民工的。
3）施工主要技术采用特定的专利或者专有技术的。
4）施工企业自建自用的工程，且该施工企业资质等级符合工程要求的。
5）在建工程追加的附属小型工程或者主体加层工程，原中标人仍具备承包能力的。
6）法律、行政法规规定的其他情形。

2. 建设工程招标发包

建设工程招标发包是指发包方事先标明其拟建工程的内容和要求，由愿意承包的单位递送标书，明确其承包工程的价格、工期、质量等条件，再由发包方从中择优选择工程承包方的交易方式。《招标投标法》规定，在中华人民共和国境内进行下列工程建设项目，包括项目的勘察、设计、施工、监理，以及与工程建设有关的重要设备、材料等的采购，必须进行招标。

1）大型基础设施、公用事业等关系社会公共利益、公众安全的项目。
2）全部或者部分使用国有资金投资或者国家融资的项目。
3）使用国际组织或者外国政府贷款、援助资金的项目。

所列项目的具体范围和规模标准，由国务院发展计划部门会同国务院其他有关部门制定，报国务院批准。法律或者国务院对必须进行招标的其他项目范围有规定的，依照其规定。2018年3月27日，国家发展和改革委员会发布了经国务院批准的《必须招标的工程项目规定》，于2018年6月1日起施行，2000年5月1日原国家发展计划委员会发布的《工程建设项目招标范围和规模标准规定》同时废止。

《必须招标的工程项目规定》第二条规定了全部或者部分使用国有资金投资或者国家融资的项目的范围。

1）使用预算资金200万元人民币以上，并且该资金占投资额10%以上的项目。
2）使用国有企业事业单位资金，并且该资金占控股或者主导地位的项目。

《必须招标的工程项目规定》第三条规定了使用国际组织或者外国政府贷款、援助资金的项目的范围。

1）使用世界银行、亚洲开发银行等国际组织贷款、援助资金的项目。
2）使用外国政府及其机构贷款、援助资金的项目。

《必须招标的工程项目规定》第五条对必须进行招标的项目的勘察、设计、施工、监理，以及与工程建设有关的重要设备、材料等的采购标准做了进一步细化规定。

1）施工单项合同估算价在400万元人民币以上。
2）重要设备、材料等货物的采购，单项合同估算价在200万元人民币以上。
3）勘察、设计、监理等服务的采购，单项合同估算价在100万元人民币以上。

同一项目中可以合并进行的勘察、设计、施工、监理，以及与工程建设有关的重要设备、材料等的采购，合同估算价合计达到上述规定标准的，必须招标。

（二）建设工程发包具体规定

《建筑法》中关于建设工程发包有如下相关规定：

1）发包方式要符合法律规定，依法应实行招标发包的工程，不得进行直接发包。
2）建筑工程无论是实行招标发包还是直接发包，发包单位都必须将建筑工程发包给具有相应资质条件的承包单位。
3）按照合同约定，建筑材料、建筑构配件和设备由工程承包单位采购的，发包单位不得指定生产商、供应商。
4）发包单位应当按合同约定及时拨付工程款项。
5）发包单位及其工作人员不得收受贿赂、回扣或索取其他好处。
6）提倡实行工程总承包。《建筑法》第二十四条第一款规定："提倡对建筑工程实行总承包。"《建筑法》第二十四条第二款规定："建筑工程的发包单位可以将建筑工程的勘察、设计、施工、设备采购一并发包给一个工程总承包单位，也可以将建筑工程勘察、设计、施工、设备采购的一项或者多项发包给一个工程总承包单位。"

7）禁止将建设工程肢解发包。《建筑法》第二十四条规定，建筑工程发包单位不得将应当由一个承包单位完成的建筑工程肢解成若干部分发包给几个承包单位。

肢解发包是指建筑工程发包单位将应当由一个承包单位完成的建设工程分解成若干部分发包给不同的承包单位的行为。肢解发包可能导致发包单位变相规避招标，也必然增加发包次数，导致合同管理上难度加大，不利于成本控制和进度控制。

三、建设工程承包

（一）资质管理

承包建设工程的单位应当持有依法取得的资质证书，并在其资质等级许可的业务范围内承揽工程。禁止建筑施工企业超越本企业资质等级许可的业务范围或者以任何形式用其他建筑施工企业的名义承揽工程。禁止建筑施工企业以任何形式允许其他单位或者个人使用本企业的资质证书、营业执照或以本企业的名义承揽工程。

（二）建设工程联合承包制度

《建筑法》提倡对建设工程实行总承包。但同时，其第二十七条规定："大型建筑工程或者结构复杂的建筑工程，可以由两个以上的承包单位联合共同承包。"

1. 联合体中各成员单位的责任承担

（1）内部责任。组成联合体的成员单位投标之前必须要签订共同投标协议，明确约定各方拟承担的工作和责任，并将共同投标协议连同投标文件一并提交招标人。依据《工程建设项目施工招标投标办法》，联合体投标未附联合体各方共同投标协议的，由评标委员会初审后按废标处理。

（2）外部责任。《建筑法》第二十七条规定，共同承包的各方对承包合同的履行承担连带责任。《民法典》第一百七十八条规定："二人以上依法承担连带责任的，权利人有权请求部分或者全部连带责任人承担责任。连带责任人的责任份额根据各自责任大小确定；难以确定责任大小的，平均承担责任。实际承担责任超过自己责任份额的连带责任人，有权向其他连带责任人追偿。连带责任，由法律规定或者当事人约定。"

2. 联合体资质的认定

联合体作为投标人也要符合资质管理的规定，因此，必须要对联合体确定资质等级。

《建筑法》第二十七条对如何认定联合体资质做出了原则性规定：两个以上不同资质等级的单位实行联合共同承包的，应当按照资质等级低的单位的业务许可范围承揽工程。

《招标投标法》及其相关规定对"联合体投标"问题做出了更具体的规定。

（三）建设工程分包制度

1. 分包的含义

《建筑法》第二十九条规定，建筑工程总承包单位可以将承包工程中的部分工程发包给具有相应资质条件的分包单位。

工程分包是指工程承包单位按与发包单位商定的方案将承包范围内的非主要部分及专业性较强的工程另行发包给具有相应资质的建筑安装单位承包的行为。

依据《房屋建筑和市政基础设施工程施工分包管理办法》的相关规定，施工分包是指建筑业企业将其所承包的房屋建筑和市政基础设施工程中的专业工程或者劳务作业发包给其他建筑业企业完成的活动。

其中，专业工程分包，是指施工总承包单位将其所承包工程中的专业工程发包给具有相应资质的其他建筑业企业完成的活动。劳务作业分包，是指施工总承包单位或者专业承包单位将其承包工程中的劳务作业发包给劳务分包单位完成的活动。

建筑工程总承包单位可以将承包工程中的部分工程发包给具有相应资质条件的分包单位。但是，除总承包合同中约定的分包外，必须经建设单位认可。采用施工总承包方式的，建筑工程主体结构的施工必须由总承包单位自行完成。

2. 对分包单位的认可

《建筑法》第二十九条进一步规定，除总承包合同中约定的分包外，必须经建设单位认可。

这条规定实际上赋予了建设单位对分包单位的否决权。即没有经过建设单位认可的分包单位是违法的分包单位。尽管《建筑法》将认可的范围局限于"总承包合同中约定的分包单位"以外的分包单位，但是，由于总承包合同中的分包单位已经在合同中得到了建设单位的认可，所以，实质上需要建设单位认可的分包单位的范围包含了所有的分包单位。

需要注意的是，认可分包单位与指定分包单位是不同的。认可是指建设单位在总承包单位已经做出选择的基础上对分包单位进行确认，而指定则是首先由建设单位对分包单位做出选择。在国外，可以存在指定分包单位，例如《FIDIC 施工合同条件》中就有指定分包单位。指定分包单位在国内的地位是不明确的。建筑领域内效力最高的《建筑法》中没有涉及指定分包单位的概念，其是否合法尚未明确，但《房屋建筑和市政基础设施工程施工分包管理办法》第七条明确规定了，建设单位不得直接指定分包工程承包人。《工程建设项目施工招标投标办法》第六十六条规定，招标人不得直接指定分包人。

3. 违法分包

《建筑法》明确规定，禁止总承包单位将工程分包给不具备相应资质条件的单位，也禁止分包单位将其承包的工程再分包。

依据《建筑法》《建设工程质量管理条例》，更进一步将违法分包的情形界定为以下几种。

1）总承包单位将建设工程分包给不具备相应资质条件的单位的。
2）建设工程总承包合同中未有约定，又未经建设单位认可，承包单位将其承包的部分建设工程交由其他单位完成的。
3）施工总承包单位将建设工程主体结构的施工分包给其他单位的。
4）分包单位将其承包的建设工程再分包的。

4. 总承包单位与分包单位的连带责任

《建筑法》第二十九条第二款规定："建筑工程总承包单位按照总承包合同的约定对建设单位负责；分包单位按照分包合同的约定对总承包单位负责。总承包单位和分包单位就分包工程对建设单位承担连带责任。"

连带责任既可以依合同约定产生，也可以依法律规定产生。建设单位虽然和分包单位之间没有合同关系，但是当分包工程发生质量、安全、进度等方面的问题给建设单位造成损失时，建设单位既可以根据总承包合同向总承包单位追究违约责任，也可以根据法律规定直接要求分包单位承担损害赔偿责任，分包单位不得拒绝。总承包单位和分包单位之间的责任划分，应当根据双方的合同约定或者各自的过错大小确定；一方向建设单位承担的责任超过其应承担份额的，有权向另一方追偿。

（四）转包

转包是指承包单位承包建设工程后，不履行合同的责任与义务，将其承包的建设工程倒手转让给其他单位，或将其承包的全部建设工程肢解以后以分包的名义分别转给其他单位承包，并不对工程承担技术、质量、经济等法律责任的行为。因此，《建筑法》规定，禁止承包单位将其承包的全部建筑工程转包给其他单位；禁止承包单位将其承包的全部建筑工程肢解以后以分包的名义分别转包给其他单位。

由于转包行为严重扰乱了建筑市场的秩序，具有较大的危害性，因此，转包人应对其行为承担法律责任。《建筑法》第六十七条第一款规定："承包单位将承包的工程转包的，或者违反本法规定进行分包的，责令改正，没收违法所得，并处罚款，可以责令停业整顿，降低资质等级；情节严重的，吊销资质证书。"除此之外，转包行为属法律禁止行为，转包合同无效。转包人对因转包工程不符合规定的质量标准造成的损失，与接受转包的单位承担连带责任。

第四节　建设工程监理

一、建设工程监理的概念

建设工程监理，是指具有相应资质的监理单位受工程项目业主的委托，依据国家有关法律、法规，依据建设行政主管部门批准的工程项目建设文件，建设工程合同和建设工程委托监理合同，对工程建设实施的专业化监督和管理。

根据《建筑法》的有关规定，建设单位与其委托的工程监理单位应当订立书面委托合同。工程监理单位应当根据建设单位的委托，客观、公正地执行监理业务。建设单位和工程监理单位之间是一种委托代理关系，适用《民法典》有关代理的法律规定。

在监理的过程中要遵循以下原则。

（一）独立监理

《建筑法》第三十四条规定："工程监理单位不得转让工程监理业务。"监理合同一经订立，任何一方不得擅自变更合同。工程监理单位只有保持独立性，才有可能做到客观公正。工程监理单位与被监理工程的承包单位，以及建筑材料、建筑构配件和设备供应单位不得有隶属关系或者其他利害关系。

（二）公正监理

《建筑法》第三十四条规定："工程监理单位应当根据建设单位的委托，客观、公正地执行监理任务。"若没有公正，监理制度就失去了意义。工程监理单位应当根据建设单位的委托，客观、公正地执行监理任务。工程监理单位与承包单位串通，为承包单位谋取非法利益，给建设单位造成损失的，应当与承包单位承担连带赔偿责任。

二、强制监理的范围

并不是所有的工程都需要实行监理,《建筑法》第三十条规定:"国家推行建筑工程监理制度。国务院可以规定实行强制监理的建筑工程的范围。"

2000年1月30日施行的《建设工程质量管理条例》第十二条规定了必须实行监理的建设工程范围。在此基础上,《建设工程监理范围和规模标准规定》则对必须实行监理的建设工程做出了更具体的规定。

(一)国家重点建设项目

国家重点建设项目是指依据《国家重点建设项目管理办法》所确定的对国民经济和社会发展有重大影响的骨干项目。

(二)大中型公用事业工程

大中型公用事业工程是指项目总投资额在3 000万元以上的下列工程项目:

①供水、供电、供气、供热等市政工程项目;②科技、教育、文化等项目;③体育、旅游、商业等项目;④卫生、社会福利等项目;⑤其他公用事业项目。

(三)成片开发建设的住宅小区工程

建筑面积在5万m^2以上的住宅建设工程必须实行监理;5万m^2以下的住宅建设工程,可以实行监理,具体范围和规模标准由省、自治区、直辖市人民政府建设行政主管部门规定。

(四)利用外国政府或者国际组织贷款、援助资金的工程

1)使用世界银行、亚洲开发银行等国际组织贷款资金的项目。
2)使用国外政府及其机构贷款资金的项目。
3)使用国际组织或者国外政府援助资金的项目。

(五)国家规定必须实行监理的其他工程

1)项目总投资额在3 000万元以上关系社会公共利益、公众安全的下列基础设施项目:①煤炭、石油、化工、天然气、电力、新能源等项目;②铁路、公路、管道、水运、民航以及其他交通运输业等项目;③邮政、电信枢纽、通信、信息网络等项目;④防洪、灌溉、排涝、发电、引(供)水、滩涂治理、水资源保护、水土保持等水利建设项目;⑤道路、桥梁、地铁和轻轨交通、污水排放及处理、垃圾处理、地下管道、公共停车场等城市基础设施项目;⑥生态环境保护项目;⑦其他基础设施项目。

2)学校、影剧院、体育场馆项目。

三、工程监理的依据及内容

(一)工程监理的依据

根据《建筑法》《建设工程质量管理条例》《建设工程安全生产管理条例》的有关规定,工程监理的依据包括以下几个方面。

1. 法律、法规

监理单位的工作就是对工程建设实施专业化的监督和管理,监理的对象即是施工单位。

施工单位的建设行为是受很多法律、法规制约的，这些法律、法规规定了施工单位在工程建设中不可偷工减料等。监理单位在监理过程中首先就要监督检查施工单位是否存在违法行为，因此法律、法规是工程监理的依据之一。

2. 有关的技术标准

与工程建设有关的技术标准分为强制性标准和推荐性标准。

强制性标准是各参建单位都必须执行的标准，而推荐性标准则是可以自主决定是否采用的标准。通常情况下，建设单位如要求采用推荐性标准，应当与设计单位或施工单位在合同中明确约定。经合同约定采用的推荐性标准，对合同当事人同样具有法律约束力，设计或施工未达到该标准，将构成违约行为。

3. 设计文件

施工单位的任务是按照设计文件进行施工。

如果施工单位没有按照设计文件的要求去修建工程就构成违约，擅自修改设计文件更构成违法。因此，设计文件就是监理单位的依据之一。

4. 建设工程承包合同

建设单位和承包单位通过订立建设工程承包合同，明确双方的权利和义务。合同中约定的内容要远远大于设计文件的内容。例如，进度、工程款支付等都不是设计文件所能描述的，而这些内容也是当事人必须履行的义务。监理单位有权利也有义务监督检查承包单位是否按照合同约定履行这些义务。因此，建设工程承包合同也是工程监理的一个依据。

（二）工程监理的内容

工程监理在本质上是项目管理，是监理单位代表建设单位而进行的项目管理。其监理的内容自然与项目管理的内容是一致的，包括"三控制、三管理、一协调"，即进度控制、质量控制、成本控制，安全管理、合同管理、信息管理及沟通协调。

但是，由于监理单位是接受建设单位的委托代表建设单位进行项目管理的，其监理权限将取决于建设单位的授权，因此，不同建设项目监理的内容也将不尽相同。

《建筑法》第三十三条规定："实施建筑工程监理前，建设单位应当将委托的工程监理单位、监理的内容及监理权限，书面通知被监理的建筑施工企业。"

四、监理单位和监理人员的主要权利、义务与责任

（一）监理人员的主要权利

监理人员认为工程施工不符合工程设计要求、施工技术标准和合同约定的，有权要求建筑施工企业改正。

监理人员发现工程设计不符合建筑工程质量标准或者合同约定的质量要求的，应当报告建设单位要求设计单位改正。

（二）监理单位的主要义务

1）监理单位应当在其资质等级许可的监理范围内，承担工程监理业务。

2）监理单位应当根据建设单位的委托，客观、公正地执行监理任务。

3）监理单位与被监理工程的承包单位，以及与建筑材料、建筑构配件和设备供应单位不得有隶属关系或者其他利害关系。

4）监理单位不得转让工程监理业务。

（三）监理单位的主要责任

1）监理单位对建设单位或承包单位提供的资料和文件，承担保密的责任。

2）监理单位未履行监理义务或监理单位指令错误，给建设单位造成损失的，应承担相应的赔偿责任。

3）监理单位与承包单位串通，给建设单位造成损失的，应与承包单位承担连带赔偿责任。

4）监理单位对第三方违反合同规定的质量和工期，或是由于不可抗力导致监理合同不能全部或部分履行的情况不承担责任。

五、建设监理合同

《民法典》第七百九十六条规定，建设工程实行监理的，发包人应当与监理人采用书面形式订立委托监理合同。发包人与监理人的权利和义务以及法律责任，应当依照该法合同编委托合同以及其他有关法律、行政法规的规定。由此可见，建设项目的业主（建设监理的委托人）与建设监理单位（建设监理的受托人）之间是由委托合同所确立的权利义务关系。这个委托监理合同又是监理单位开展监理工作的最主要的直接依据之一。委托监理合同的适当订立和履行不仅关系到建设项目监理工作的成败和建设项目控制目标的实现与否，还关系到合同双方的直接利益。因此，业主和监理单位都应当十分重视监理合同的订立和履行。

由于建设项目本身具有复杂性的特点，监理合同的内容不仅复杂而且十分专业化。对于处于委托人地位的建设项目业主来说，能够在平等、自愿的基础上自主签订内容完善、合乎科学规律的委托监理合同，一般不在业主的知识、经验和能力范围之内。因此，委托监理合同示范文本的存在十分必要。建设部和国家工商行政管理局于2000年2月联合发布了《建设工程委托监理合同（示范文本）》（GF—2000—0202），它由三个部分组成：委托监理合同、标准条件和专用条件。2012年3月，住房和城乡建设部、国家工商行政管理总局对《建设工程委托监理合同（示范文本）》（GF—2000—0202）进行了修订，制定了《建设工程监理合同（示范文本）》（GF—2012—0202）。

监理单位不按照委托监理合同的约定履行监理义务，对应当监督检查的项目不检查或者不按规定检查，给建设单位造成损失的，应当承担相应的赔偿责任。监理单位企业与施工单位串通，为施工单位谋取非法利益，给建设单位造成损失的，应当与施工单位承担连带赔偿责任。

（一）与建筑施工单位串通的法律责任

监理单位与建设单位或者建筑施工单位串通，弄虚作假、降低工程质量的，责令改正，处以罚款，降低资质等级或者吊销资质证书；有违法所得的，予以没收；造成损失的，承担连带赔偿责任；构成犯罪的，依法追究刑事责任。

（二）转让工程监理业务的法律责任

监理单位转让监理业务的，责令改正，没收违法所得，可以责令停业整顿，降低资质等级；情节严重的，吊销资质证书。

第五节　法律责任

一、法律责任概述

（一）法律责任的概念

法律责任也称违法责任，是指行为人因违反法律规定或合同约定的义务而应当承担的强制性的不利后果。

（二）法律责任的特征

1. 法律责任具有法定性

法律责任的法定性表现为法律的强制性，即违反法律时就必然要受到法律的制裁，它是国家强制力在法律规范中的一个具体体现。

2. 引起法律责任的原因是法律关系的主体违反了法律

任何违反法律义务或超越法定权利的行为，都是对法律秩序的破坏，因而必然要受到国家强制力的修正或制裁。

3. 法律责任的大小同违反法律义务的程度相适应

违反法律义务的内容多、深度深，法律责任就大；相反，违反法律义务少、程度浅，法律责任就小。

4. 法律责任须由专门的国家机关和部门来认定

法律责任是根据法律的规定而让违法者承担一定的责任，它必须由专门的国家机关或部门来认定，无权的单位和个人是不能确定法律责任的。

（三）法律责任的构成要件

只有符合一定条件的违法行为才能引起法律责任。法律责任的构成要件有两种：

一类是一般构成要件，即只要具备了这些条件就可以引起法律责任，法律无须明确规定这些条件。

另一类是特殊构成要件，即只有具备法律规定的要件时，才能构成法律责任。特殊要件必须有法律的明确规定。

1. 一般构成要件

法律责任的一般构成要件由四个条件构成，它们之间互为联系，缺一不可：

1）有损害事实发生。
2）存在违法行为。
3）违法行为与损害事实之间有因果关系。
4）违法者主观上有过错。

2. 特殊构成要件

1）特殊主体。特殊主体是指法律规定违法者必须具备一定的身份和职务时才能承担法律责任。例如刑事责任中的职务犯罪，如贪污、受贿等，以及行政责任中的职务违法，如徇私舞弊、以权谋私等。不具备这一条件时，则不承担这类责任。

2）无过错责任。许多民事责任的构成要件不管主观上是否存在过错，只要有损害事实发生均要承担法律责任。这种责任反映了法律责任的补偿性，而不具有法律制裁意义。

3）特殊结果。特殊结果中要求后果严重、损失重大。如质量监督人员对工程质量监督工作粗心大意、不负责任，应当发现的隐患未发现，从而造成重大质量事故，那么就要承担玩忽职守的法律责任。

4）转承责任。有些法律责任则要求与违法者有一定关系的第三人来承担。如未成年人打伤他人的侵权赔偿责任，应由未成年人的监护人来承担。

（四）法律责任的种类

以引起责任的行为性质为标准，一般可将法律责任分为民事责任、行政责任和刑事责任。

民事责任是指由于违反民事法律、违约或者由于民法规定所应承担的一种法律责任。行政责任是指因违反行政法或因行政法规定而应承担的法律责任。刑事责任是指行为人因其犯罪行为所必须承担的，由司法机关代表国家所确定的否定性法律后果。

二、工程建设常见法律责任

（一）违反建筑市场管理的法律、法规责任认定与处理

（1）连带责任。建筑施工企业转让、出借资质证书或者以其他方式允许他人以本企业的名义承揽工程的，对承揽工程不符合规定的质量标准造成的损失，建筑施工企业与使用本企业名义的单位或者个人承担连带赔偿责任。

（2）损害赔偿责任。涉及主体或承重结构变动的装修工程擅自施工，给他人造成损失的，应当承担补偿损失的责任。

（3）因相邻关系引起的民事责任。施工现场对毗邻建筑物、构筑物和特殊环境可能造成损害的，建筑施工企业应当采取安全防护措施。否则，对方有权要求排除危险，由此造成损失的，建筑施工企业应当赔偿。

建筑施工企业应当保护施工现场的地下管线，造成损失的，建筑施工企业应当赔偿。施工现场因噪声、振动等妨碍周围邻人生产、生活的，他人有权要求建筑施工企业采取控制措施。由此造成损失的，建筑施工企业应当赔偿。

（4）职务侵权责任。负责颁发建筑工程施工许可证的部门及其工作人员对不符合施工条件的建筑工程颁发许可证的，负责工程质量监督检查或竣工验收部门及其工作人员对不合格的建筑工程出具合格文件或按合格工程验收的，如造成损失，由该部门承担相应的赔偿责任。

（二）工程建设行政责任

1. 概念

工程建设行政责任是指因违反法律责任和法规而必须承担的法律责任。

2. 分类

工程建设行政责任分为两类：

1）公民和法人因违反行政管理法律法规的行为而应承担的行政责任。

2）国家工作人员因违反政纪或在执行职务时违反行政法规的行为而应承担的责任。

3. 行政责任的承担方式

行政责任包括行政处罚和行政处分。

（1）行政处罚。2021年修订的《行政处罚法》规定，行政处罚的种类有：①警告、通报批评；②罚款、没收违法所得、没收非法财物；③暂扣许可证件、降低资质等级、吊销许可证件；④限制开展生产经营活动、责令停业停产、责令关闭、限制从业；⑤行政拘留；⑥法律、行政法规规定的其他行政处罚。

在建设领域，法律、行政法规所设定的行政处罚主要有：警告、通报批评、罚款、没收违法所得、责令限期改正、责令停业整顿、取消一定期限内参加依法必须进行招标的项目的投标资格、责令停止施工、暂扣许可证件、降低资质等级、吊销资质证书（同时吊销营业执照）、责令停止执业、吊销执业资格证书或其他许可证等。

（2）行政处分。行政处分的种类有：①警告；②记过；③记大过；④降级；⑤撤职；⑥开除。

4. 违反建筑市场管理法律、法规的行政责任认定与处理

1）建设单位未取得施工许可证或者开工报告未经批准擅自施工的，责令停止施工，限期改正，处工程合同价款的1%以上2%以下罚款。

2）建设单位将工程发包给不具有相应资质条件的承包单位，或者将建筑工程肢解分包的，责令改正，处以50万元以上100万元以下的罚款；超越本单位资质等级承揽工程的，责令停止违法行为，处以罚款，可以责令停业整顿，降低资质等级；情节严重的，吊销资质证书；未取得资质证书的，予以取缔，并处以罚款；有违法所得的，予以没收；以欺骗手段取得资质证书的，吊销资质证书，处以罚款。

3）勘察、设计、施工、监理单位超越本单位资质等级承揽工程的，责令停止违法行为，对勘察、设计、施工、监理单位处以合同约定的勘察费、设计费或者监理酬金的1倍以上2倍以下的罚款；对施工单位处以工程合同价款的2%以上4%以下的罚款，可以责令停业，降低资质等级；情节严重的，吊销资质证书；有违法所得的，予以没收。未取得资质证书承揽工程的，予以取缔，处以罚款；以欺骗手段取得资质证书承揽工程的，吊销资质证书，处以罚款。

4）勘察、设计、施工、监理单位允许其他单位或个人以本单位名义承揽工程的，责令改正，没收违法所得，对勘察单位、设计单位、监理单位处合同约定的勘察费、设计费和监理酬金的1倍以上2倍以下的罚款；对施工单位处工程合同价款的2%以上4%以下的罚款；可以责令停业整顿，降低资质等级；情节严重的，吊销资质证书。

5）承包单位将承包的工程转包的，或者违反法律规定进行分包的，责令改正，没收违法所得，并处罚款，对勘察单位、设计单位处合同约定的勘察费、设计费的25%以上50%以下的罚款，对施工单位处工程合同价款的0.5%以上1%以下的罚款；可以责令停业整顿，降低资质等级；情节严重的，吊销资质证书。

6）在工程发包与承包中索贿、受贿、行贿构成犯罪的，依法追究刑事责任；不构成犯罪的，分别处以罚款，没收贿赂的财物，对直接负责的主管人员和其他直接责任人员给予处分。对行贿的单位除依照上述的规定处罚外，可以责令停业整顿，降低资质等级或者吊销资质证书。

7）违反法律规定，涉及建筑主体或者承重结构变动的装修工程擅自施工的，责令改正，处以罚款。

（三）工程建设刑事责任

1. 概念

工程建设刑事责任是指犯罪主体因违反《刑法》的规定，实施了犯罪行为时所应承担

的法律责任。

2. 刑事责任的承担方式

刑事责任的承担方式是刑事处罚。刑事处罚有以下两种：

1）主刑，包括管制、拘役、有期徒刑、无期徒刑和死刑。

2）附加刑，包括罚金、没收财产和剥夺政治权利。

有些刑事责任可以根据犯罪的具体情况而免除刑事处罚，有关部门可以根据法律的规定使其承担其他种类的法律责任，如对贪污犯可以给予开除公职的行政处分等。

3. 工程建设活动中常见的刑事犯罪

（1）重大责任事故罪。重大责任事故罪，是指在生产、作业中违反有关安全管理的规定，或者强令他人违章冒险作业，因而发生重大伤亡事故或者造成其他严重后果的行为。

《刑法》第一百三十四条规定，建筑企业或其他企业、事业单位职工，由于不服管理、违反规章规定，或者强令工人违章冒险作业，因而发生重大伤亡事故或者造成其他严重后果的，处3年以下有期徒刑或拘役，情节特别恶劣的，处3年以上7年以下有期徒刑。

（2）重大劳动安全事故罪。重大劳动安全事故罪，是指安全生产设施或者安全生产条件不符合国家规定，因而发生重大伤亡事故或者造成其他严重后果的行为。

《刑法》第一百三十五条规定，建筑企业等劳动安全设施不符合国家规定，经有关部门或单位职工提出后，对事故隐患仍不采取措施，因而发生重大伤亡事故或者造成其他严重后果的，处3年以下有期徒刑或拘役，情节特别恶劣的，处3年以上7年以下有期徒刑。

（3）工程重大安全事故罪。工程重大安全事故罪，是指建设单位、设计单位、施工单位、工程监理单位违反国家规定，降低工程质量标准，造成重大安全事故的行为。

《刑法》第一百三十七条规定，建设单位、设计单位、施工单位、工程监理单位违反国家规定，降低工程质量标准，造成重大安全事故的，对直接责任人员，处5年以下有期徒刑或拘役，并处罚金；后果特别严重的，处5年以上10年以下有期徒刑，并处以罚金。

除此之外，工程建设活动中常见的刑事犯罪还包括：公司、企业人员受贿罪，向公司、企业人员行贿罪，贪污罪，介绍贿赂罪，单位行贿罪，签订、履行合同失职罪，非法低价出让国有土地使用权罪，强迫职工劳动罪，挪用公款罪，重大环境污染事故罪等。

思 考 题

1. 什么是建筑许可？建筑许可包括哪几种？
2. 申请施工许可证的范围和条件是什么？
3. 简述执业资格制度。
4. 什么是建设工程的承包与发包？发包有哪些方式？
5. 什么是工程建设监理？实行强制监理的建设工程的范围有哪些？
6. 工程建设的常见法律责任有哪些？

第九章 建设工程招标投标法律制度

教学要点：

本章主要介绍建设工程招标投标法律制度的概念、建设工程招标投标的全过程以及相应的违法行为和法律责任。通过本章的学习，应达到以下目标：

1. 理解建设工程招标投标法的概念，了解其立法历程和基本原则。
2. 熟悉建设工程招标投标、开标、评标与中标的全过程以及相应法律规定。
3. 掌握工程项目招标的范围和规模标准、招标的方式、联合体投标的含义及法律规定、招标人和投标人的违法行为以及法律责任。

第一节 建设工程招标投标法概述

一、建设工程招标投标的概念及意义

（一）建设工程招标投标的概念

招标投标是指在市场经济条件下进行大宗货物的买卖、工程建设项目的发包与承包，以及服务项目的采购与提供时，买方（采购方）提出自己的条件吸引卖方参与竞争，并择优确定卖方（提供方）的一种交易方式。招标和投标是指交易活动的两个主要步骤。

建设工程招标，是指建设单位（或业主）就拟建的工程发布通告，用法定方式吸引建设项目的承包单位参加竞争，进而通过法定程序从中选择条件优越者来完成工程建设任务的法律行为。一般建设工程的招标种类有工程项目全过程招标，勘察设计招标，材料、设备供应招标，工程施工招标，工程监理招标等。

建设工程投标是建设工程招标的对称概念，是指经过特定审查而获得投标资格的建设项目承包单位，按照招标文件的要求，在规定的时间内向招标单位填报投标书，并争取中标的法律行为。招标人与中标人应签订明确双方权利义务的合同。

（二）建设工程招标投标的意义

1) 有利于打破垄断，开展竞争，促进企业转变经营机制，提高企业的管理水平。
2) 促进建设工程按程序和客观规律办事，克服建筑市场的混乱现象，保证承发包工作的公平、公正。

3）确保和提高工程质量，缩短建设工期，降低工程造价。
4）促进经济体制的改革和市场经济体制的完善。
5）促进我国建筑企业进入国际市场。

二、建设工程招标投标法的概念及立法历程

（一）建设工程招标投标法的概念

建设工程招标投标法是国家用来规范招标投标活动、调整在招标投标过程中产生的各种关系的法律规范的总称，它包括所有调整工程建设项目招标投标活动的法律规范，其中最有代表性的就是《招标投标法》。

《招标投标法》由第九届全国人民代表大会常务委员会第十一次会议于1999年8月30日通过，自2000年1月1日起施行。其立法的目的是规范招标投标活动，保护国家利益、社会公共利益，以及招标投标活动当事人的合法权益，提高经济效益，保证项目质量。2017年12月27日，第十二届全国人民代表大会常务委员会第三十一次会议对《招标投标法》进行了修订。

《招标投标法》共六章六十八条。第一章为总则，规定了《招标投标法》的立法宗旨、适用范围、强制招标的范围，以及招标投标活动中应遵循的基本原则；第二至四章根据招标投标活动的具体程序和步骤，规定了招标、投标、开标、评标和中标各阶段的行为规则；第五章规定了违反上述规则应承担的法律责任；第六章为附则，规定了《招标投标法》的例外适用情形及生效日期。

（二）建设工程招标投标法的立法历程

1984年，国家计委、城乡建设环境保护部联合下发了《建设工程招标投标暂行规定》，我国由此开始推行招标投标制度。1992年，建设部颁布了《工程建设施工招标投标管理办法》。1994年12月16日建设部、国家体改委再次发出《全面深化建筑市场体制改革的意见》，明确提出大力推行招标投标，强化市场竞争。1999年3月15日全国人民代表大会通过了《合同法》，该法对招标投标制度产生了重要的影响。

1999年8月30日，全国人民代表大会常务委员会通过了《招标投标法》，并于2000年1月1日起施行。这部法律将建设工程的招标投标制度全面上升到了法律的高度。此后，关于建设工程招标投标制度的法律法规不断完善和丰富。

2000年5月1日，国家计委发布了《工程建设项目招标范围的规模标准规定》。2000年6月30日，国家计委等七部委联合发布《评标委员会和评标办法暂行规定》，其中有三个重大突破：关于低于成本价的认定标准；关于中标人的确定条件；关于最低价中标的规定。2000年7月1日，国家计委发布了《工程建设项目自行招标试行办法》和《招标公告发布暂行办法》。2003年，国家发改委发布了《工程建设项目施工招标投标办法》等。2011年11月30日，《中华人民共和国招标投标法实施条例》于国务院第一百八十三次常务会议通过，自2012年2月1日起施行。

三、建设工程招标投标活动的基本原则

《招标投标法》第五条规定："招标投标活动应当遵循公开、公平、公正和诚实信用的原则。"

(一) 公开原则

招标投标活动应当遵循公开原则,这是为了保证招标活动的广泛性、竞争性和透明性。公开原则,首先要求招标信息公开,其次还要求招标投标过程公开。

(二) 公平原则

招标投标活动的公平原则,要求招标人严格按照规定的条件和程序办事,同等地对待每一个投标竞争者,不得对不同的投标竞争者采用不同的标准。招标人不得以任何方式限制或者排斥本地区、本系统以外的法人或者其他组织参加投标。

(三) 公正原则

在招标投标活动中招标人行为应当公正,对所有的投标竞争者都应平等对待,不能有特殊。招标人和投标人双方在招标投标活动中的地位平等,任何一方不得向另一方提出不合理的要求,不得将自己的意志强加给对方。

(四) 诚实信用原则

诚实信用是民事活动的一项基本原则,招标投标活动是以订立采购合同为目的的民事活动,当然也适用这一原则。诚实信用原则要求招标投标各方都要诚实守信,不得有欺骗、背信的行为。

第二节　建设工程项目招标

一、建设工程招标人

《招标投标法》规定,招标人是提出招标项目、进行招标的法人或其他组织。因此招标人应当是法人或者其他组织,而自然人则不能成为招标人。同时,招标人应依法提出招标项目,同时组织招标行为。

二、建设工程招标的组织形式

招标组织形式包括自行招标和委托招标。

(一) 自行招标

自行招标是指招标人自身具有编制招标文件和组织评标的能力,依法自行办理招标。招标人具有编制招标文件和组织评标的能力的,可以自行办理招标事宜。任何单位和个人不得强制其委托招标代理机构办理招标事宜。依法必须进行招标的项目,招标人自行办理招标事宜的,应当向有关行政监督部门备案。

建设单位自行招标应具备的条件如下:
1) 具有法人资格或者依法成立的其他组织。
2) 有与招标工程相适应的经济、技术管理人员。
3) 有组织编制招标文件的能力。
4) 有审查投标单位资质的能力。
5) 有组织开标、评标和定标的能力。

（二）委托招标

委托招标，是指招标人委托招标代理机构办理招标事宜，其中所说的招标代理机构是依法设立、从事招标代理业务并提供相关服务的社会中介组织。招标人有权自行选择招标代理机构，委托其办理招标事宜。任何单位和个人不得以任何方式为招标人指定招标代理机构。

1. 招标代理机构的性质

招标人不具备自行招标能力或者不愿自行招标的，应当委托具有相应资格条件的专业招标代理机构，由其代理招标人进行招标。招标代理机构与行政机关和其他国家机关不得存在隶属关系或者其他利益关系。

招标代理机构应当具备下列条件：

1）有从事招标代理业务的营业场所和相应资金。
2）有能够编制招标文件和组织评标的相应专业力量。

2. 招标代理机构可以承担的招标事宜

根据《工程建设项目施工招标投标办法》第二十二条的规定，招标代理机构应当在招标人委托的范围内承担招标事宜。招标代理机构可以在其资格等级范围内承担下列招标事宜：

1）拟订招标方案，编制和出售招标文件、资格预审文件。
2）审查投标人资格。
3）编制标底。
4）组织投标人踏勘现场。
5）组织开标、评标，协助招标人定标。
6）草拟合同。
7）招标人委托的其他事项。

招标代理机构不得无权代理、越权代理，不得明知委托事项违法而进行代理。招标代理机构不得接受同一招标项目的投标代理和投标咨询业务；未经招标人同意，不得转让招标代理业务。

3. 招标代理机构的资质与业务范围

从事工程招标代理业务的机构，应当依法取得国务院建设行政主管部门或者省、自治区、直辖市人民政府建设行政主管部门认定的工程招标代理机构资格，并在其资格许可的范围内从事相应的工程招标代理业务。

国务院建设行政主管部门负责全国工程招标代理机构资格认定的管理。省、自治区、直辖市人民政府建设行政主管部门负责本行政区域内的工程招标代理机构资格认定的管理。

工程招标代理机构资格分为甲级、乙级和暂定级。甲级工程招标代理机构可以承担各类工程的招标代理业务。乙级工程招标代理机构只能承担工程总投资1亿元人民币以下的工程招标代理业务。暂定级工程招标代理机构，只能承担工程总投资6 000万元人民币以下的工程招标代理业务。工程招标代理机构可以跨省、自治区、直辖市承担工程招标代理业务。

任何单位和个人不得限制或者排斥工程招标代理机构依法开展工程招标代理业务。

三、建设工程招标应具备的条件

工程勘察、设计招标应具备如下条件：

1) 具有经过审批单位批准的设计任务书。
2) 具有开展设计必需的可靠基础资料。
3) 成立了专门的招标小组或办公室，并有指定的负责人。

《工程建设项目施工招标投标办法》规定工程施工招标应具备如下条件：
1) 招标人已经依法成立。
2) 初步设计及概算应当履行审批手续的，已经批准。
3) 招标范围、招标方式和招标组织形式等应当履行核准手续的，已经核准。
4) 有相应资金或资金来源已经落实。
5) 有招标所需的设计图及技术资料。

四、建设工程招标的方式

（一）公开招标

公开招标，也称无限竞争招标，是指招标人以招标公告的方式邀请不特定的法人或者其他组织投标。招标人采用公开招标方式的，应当发布招标公告。依法必须进行招标的项目的招标公告，应当通过国家指定的报刊、网络信息平台或者其他媒介发布。

（二）邀请招标

邀请招标，也称有限竞争招标，是指招标人以投标邀请书的方式邀请特定的法人或者其他组织投标。

对于应当公开招标的施工招标项目，有下列情形之一的，经批准可以进行邀请招标：
1) 项目技术复杂或有特殊要求，只有少量几家潜在投标人可供选择的。
2) 受自然地域环境限制的。
3) 涉及国家安全、国家秘密或者抢险救灾，适宜招标但不宜公开招标的。
4) 拟公开招标的费用与项目的价值相比，不值得的。
5) 法律、法规规定不宜公开招标的。

招标人采用邀请招标方式的，应当向3个以上具备承担招标项目的能力、资信良好的特定的法人或者其他组织发出投标邀请书。

（三）两种招标方式的主要区别

1. 发布信息的方式不同

公开招标采用公告的形式发布信息，邀请招标采用投标邀请书的形式发布信息。

2. 选择的范围不同

公开招标因使用招标公告的形式，针对的是一切潜在的对招标项目感兴趣的法人或其他组织，招标人事先不知道投标人的数量；邀请招标针对的是已经了解的法人或其他组织，而且事先已经知道投标人的数量。

3. 竞争的范围不同

由于公开招标使所有符合条件的法人或其他组织都有机会参加投标，竞争的范围较广，竞争性体现得也比较充分，招标人拥有绝对的选择余地，容易获得最佳招标效果；邀请招标方式下投标人的数目有限，竞争的范围有限，招标人拥有的选择余地相对较小，有可能提高中标的合同价，也有可能将某些在技术上或报价上更有竞争力的供应商或承包商遗漏。

4. 公开的程度不同

公开招标的方式下，所有的活动都必须严格按照预先指定并为大家所知的程序标准公开进行，大大降低了作弊的可能性；相比而言，邀请招标的公开程度逊色一些，产生不法行为的机会也就多一些。

5. 时间和费用不同

由于邀请招标不发布公告，只需要将投标邀请书送给特定的法人或其他组织，使整个招标投标的时间大大缩短，招标费用也相应减少。公开招标的程序比较复杂，从发布公告，投标人做出反应，评标，到签订合同，有许多时间上的要求，要准备许多文件，因而耗时较长，费用也比较高。

五、建设工程招标的程序

整个建设工程的完整的招标过程主要分为三个阶段，分别是招标准备阶段、招标投标阶段和决标成交阶段，具体包含的工作内容如图 9-1 所示。

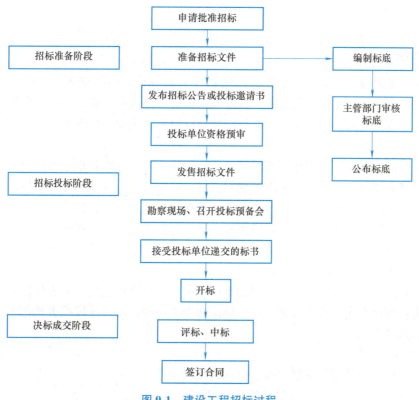

图 9-1　建设工程招标过程

（一）招标准备工作

招标的准备工作主要包括成立招标组织，确定招标方式以及申请批准招标。其中，申请批准招标是指招标单位向政府主管机关提交招标申请书用以要求开始组织招标、办理招标事宜。招标申请书主要包括以下内容：工程名称、建设地点、工程建设规模、结构类型、招标范围、招标方式、要求施工企业等级、施工前期准备情况（土地征用、拆迁情况、勘察设计情况、施工现场条件等)、招标机构组织情况等。招标申请书被批准后，就可以编制资格预审文件和招标文件。

（二）发布招标公告或投标邀请书

如前文所述，招标的方式有两种：公开招标和邀请招标。采用公开招标的工程项目，应当在国家或者地方指定的报刊、网络信息平台或其他媒介上发布招标公告，并同时在中国工程建设和建筑业信息网上发布招标公告。一般不得晚于投标开始前45天（大型工程可达90天）发布。采用邀请招标方式的，应当向3个以上符合资质条件的施工企业发出投标邀请书。

按照《工程建设项目施工招标投标办法》的规定，招标公告与投标邀请书应当载明的事项相同，具体包括以下内容。

1）招标人的名称和地址。
2）招标项目的内容、规模、资金来源。
3）招标项目的实施地点和工期。
4）获取招标文件或者资格预审文件的地点和时间。
5）对招标文件或者资格预审文件收取的费用。
6）对招标人的资质等级的要求。

（三）资格预审

根据《工程建设项目施工招标投标办法》的有关规定，资格审查分为资格预审和资格后审。资格预审，是指在投标前对潜在投标人进行的资格审查。资格后审，是指在开标后对投标人进行的资格审查。目前在建设工程招标投标过程中主要采用资格预审的方式。

1. 资格预审的要求

采取资格预审方式的，招标人可以发布资格预审公告，资格预审公告适用有关招标公告的规定。招标人应当在资格预审文件中载明资格预审的条件、标准和方法。招标人不得改变载明的资格条件或者以没有载明的资格条件对潜在投标人进行资格预审。

经资格预审后，招标人应当向资格预审合格的潜在投标人发出资格预审合格通知书，告知获取招标文件的时间、地点和方法，并同时向资格预审不合格的潜在投标人告知资格预审结果。资格预审不合格的潜在投标人不得参加投标。

资格审查时，招标人不得以不合理的条件限制、排斥潜在投标人或者投标人，不得对潜在投标人或者投标人实行歧视待遇。任何单位和个人不得以行政手段或者其他不合理方法限制投标人的数量。

2. 资格预审的内容

资格预审的重点是专业资格审查，包括以下内容：

1）施工经历，包括以往承担类似项目的业绩。
2）为承担本项目所配备的人员状况，包括管理人员和主要人员的名单和简历。
3）为履行合同任务而配备的机械、设备以及施工方案等情况。
4）财务情况，包括申请人的资产负债表、现金流量表等。

（四）编制和发售招标文件

1. 招标文件的编制

建设工程招标文件既是投标单位编制投标文件的依据，也是招标单位与将来中标单位签订工程承包合同的基础，招标文件中提出的各项要求对整个招标工作乃至承发包双方都有约束力。

《招标投标法》第十九条规定："招标人应当根据招标项目的特点和需要编制招标文件。招标文件应当包括招标项目的技术要求、对投标人资格审查的标准、投标报价要求和评标标准等所有实质性要求和条件以及拟签订合同的主要条款。国家对招标项目的技术、标准有规定的，招标人应当按照其规定在招标文件中提出相应要求。招标项目需要划分标段、确定工期的，招标人应当合理划分标段、确定工期，并在招标文件中载明。"

招标人应当根据招标工程的特点和需要，自行或者委托工程招标代理机构编制招标文件。招标文件应当包括下列内容：

1）投标须知，包括工程概况、招标范围、资格审查条件、开标的时间和地点、评标的方法和标准等。

2）招标工程的技术要求和设计文件。

3）采用工程量清单招标的，应当提供工程量清单。

4）投标函的格式及附录。

5）拟签订合同的主要条款。

6）要求投标人提交的其他材料。

2. 招标文件的发售

招标文件一般发售给通过资格预审、获得投标资格的投标人。根据《工程建设项目施工招标投标办法》第十五条的规定，招标人应当按招标公告或者投标邀请书规定的时间、地点出售招标文件或资格预审文件。自招标文件或资格预审文件出售之日起至停止出售之日止，最短不得少于5个工作日。对招标文件的收费应当合理，不得以营利为目的。招标人在发布招标公告、发出投标邀请书后或者售出招标文件、资格预审文件后不得擅自终止招标。

3. 招标文件的修改

招标文件发出后，招标单位不得擅自变更其内容。确需进行必要的澄清、修改或补充内容的，须报招标管理机构审查同意。《招标投标法》第二十三条规定，招标人对已发出的招标文件进行必要的澄清或者修改的，应当在招标文件要求提交投标文件截止时间至少15日前，以书面形式通知所有招标文件收受人。该澄清或者修改的内容为招标文件的组成部分。

4. 招标文件规定的时限要求

《招标投标法》第二十四条规定，招标人应当确定投标人编制投标文件所需要的合理时间；但是，依法必须进行招标的项目，自招标文件开始发出之日起至投标人提交投标文件截止之日止，最短不得少于20日。

招标文件中还应载明投标有效期。投标有效期，是招标文件中规定的投标文件有效期，在此期间内，投标人有义务保证投标文件的有效性。《工程建设项目施工招标投标办法》第二十九条规定，招标文件应当规定一个适当的投标有效期，以保证招标人有足够的时间完成评标和与中标人签订合同。投标有效期从投标人提交投标文件截止之日起计算。

在原投标有效期结束前，出现特殊情况的，招标人可以书面形式要求所有投标人延长投标有效期。投标人同意延长的，不得要求或被允许修改其投标文件的实质性内容，但应当相应延长其投标保证金的有效期；投标人拒绝延长的，其投标失效，但投标人有权收回其投标保证金。因延长投标有效期造成投标人损失的，招标人应当给予补偿，但因不可抗力需要延长投标有效期的除外。

5. 科学编制标底

依据《工程建设项目施工招标投标办法》第三十四条，招标人可根据项目特点决定是否编制标底。编制标底的，标底编制过程和标底在开标前必须保密。

招标项目编制标底的，应根据批准的初步设计、投资概算，依据有关计价办法，参照有关工程定额，结合市场供求状况，综合考虑投资、工期和质量等方面的因素合理确定。标底由招标人自行编制或委托中介机构编制。一个工程只能编制一个标底。任何单位和个人不得强制招标人编制或报审标底，或干预其确定标底。招标项目可以不设标底，进行无标底招标。

6. 勘察现场与召开投标预备会

（1）勘察现场。勘察现场的目的在于了解工程场地和周围环境情况，以获取投标单位认为有必要的信息。为便于投标单位提出问题并得到解答，勘察现场一般安排在投标预备会之前的1~2天进行。招标单位应向投标单位介绍有关现场的以下情况：①施工现场是否达到招标文件规定的条件；②施工现场的地理位置和地形、地貌；③施工现场的地质、土质、地下水位、水文等情况；④施工现场气候条件，如气温、湿度、风力、年雨雪量等；⑤现场环境，如交通、饮水、污水排放、生活用电、通信等；⑥工程在施工现场中的位置或布置；⑦临时用地、临时设施搭建等。

投标人在勘察现场中如有疑问，应给招标人留有解答时间。投标人应在投标预备会前以书面形式向招标人提出问题。

（2）投标预备会。投标预备会也称答疑会、标前会议，是指招标单位为澄清或解答招标文件或现场勘察中的问题，以便投标单位更好地编制投标文件而组织召开的会议。投标预备会在招标管理机构监督下，由招标单位组织并主持召开，参加会议的人员包括招标单位、投标单位、代理机构、招标文件的编制人员、招标投标管理机构的管理人员等。所有参加投标预备会的投标单位应签到登记，以证明出席投标预备会。在预备会上对招标文件和现场情况做介绍或解释，并解答投标单位提出的疑问，包括书面提出的和口头提出的询问。在投标预备会上还应对图纸进行交底和解释。投标预备会结束后，由招标单位整理会议记录和解答内容，报招标管理机构核准同意后，尽快以书面形式将问题及解答同时发送到所有获得招标文件的投标单位。

第三节　建设工程项目投标

一、建设工程投标人

（一）投标人的概念及要求

投标人是指响应投标，参加投标竞争的自然人、法人或其他组织。所谓响应投标，是指获得招标信息或收到投标邀请书后购买招标文件，接受资格审查，编制投标文件（俗称标书）等按招标人要求所进行的活动。除依法允许个人参加投标的科研项目外，其他项目的投标人必须是法人或其他经济组织，自然人不能成为建设工程的投标人。

《招标投标法》第二十六条规定："投标人应当具备承担招标项目的能力；国家有关规

定对投标人资格条件或者招标文件对投标人资格条件有规定的，投标人应当具备规定的资格条件。"

（二）联合体投标

1. 联合体投标的含义

联合体投标是指某单位为了承揽不适于自己单独承包的工程项目而与其他单位联合，以一个投标人的身份去投标的建设行为。

根据《招标投标法》第三十一条第一款的规定："两个以上法人或者其他组织可以组成一个联合体，以一个投标人的身份共同投标。"

2. 联合体各方的资格要求

《招标投标法》第三十一条第二款规定："联合体各方均应当具备承担招标项目的相应能力；国家有关规定或者招标文件对投标人资格条件有规定的，联合体各方均应当具备规定的相应资格条件。由同一专业的单位组成的联合体，按照资质等级较低的单位确定资质等级。"

3. 联合体各方的权利和义务

《招标投标法》第三十一条第三款规定："联合体各方应当签订共同投标协议，明确约定各方拟承担的工作和责任，并将共同投标协议连同投标文件一并提交招标人。联合体中标的，联合体各方应当共同与招标人签订合同，就中标项目向招标人承担连带责任。"根据该规定，联合体各方的权利和义务分为内部和外部两类。

（1）联合体各方内部的权利和义务。共同投标协议属于合同关系，联合体内部各方通过协议明确约定各方在中标后要承担的工作和责任，该约定必须详细、明确，以免日后发生争议。同时，该共同投标协议应当同投标文件一并提交招标人，使招标人了解有关情况，并在评标时予以考虑。

（2）联合体各方外部的权利和义务。联合体各方就中标项目对外向招标人承担连带责任。所谓连带责任，是指在同一债权债务关系中有两个以上的债务人时，任何一个债务人都负有向债权人履行债务的义务。债权人可以向其中任何一个或者多个债务人请求履行债务，可以请求部分履行，也可以请求全部履行。负有连带责任的债务人不得以债务人之间对债务分担比例有约定来拒绝部分或全部履行债务。连带债务人中一个或者多个债务人履行了全部债务后，其他连带债务人对债权人的履行义务即行解除。但是，对连带债务人内部关系而言，根据其内部约定，债务人清偿债务超过其应承担份额的，有权向其他连带债务人追偿。

二、建设工程投标的程序

（一）编制投标文件

根据《招标投标法》第二十七条的规定，投标人应当按照招标文件的要求编制投标文件。投标文件应当对招标文件的实质性要求做出响应。

投标文件一般包括以下内容：

1）投标函。
2）投标报价。
3）投标项目方案及说明。
4）投标人资格、资信证明文件及授权书。

5）招标文件要求的其他有关内容和各种附件、附表等材料。根据招标文件载明的项目实际情况，如果准备在中标后将中标项目的部分非主体、非关键工程进行分包，投标人则应在投标文件中载明。

编制投标文件的过程中，投标单位应认真仔细研读招标文件，依据招标文件和工程技术规范要求编制投标文件。投标文件编制完成后应仔细整理、核对，按招标文件的规定进行密封和标注。投标单位必须使用招标文件中提供的表格格式。投标单位在填写投标文件时，凡要求填写的空格都必须填写，填写要字迹清晰、端正，补充设计图要整洁。投标文件一般规定不允许涂改。如允许涂改，一定要按规定的方式进行。投标单位按招标文件所提供的表格格式，编制一份投标文件"正本"和投标须知所述份数的"副本"，并由投标单位法定代表人亲自签署并加盖单位公章和法定代表人印鉴。

（二）交纳投标保证金

投标担保金，是指投标人对其投标被接受后投标书中规定的责任不得撤销或者反悔所做的保证。若投标人违约，招标人将对投标保证金予以没收。

《工程建设项目施工招标投标办法》第三十七条规定，招标人可以在招标文件中要求投标人提交投标保证金。投标保证金除现金外，还可以是银行出具的银行保函、保兑支票、银行汇票或现金支票。投标保证金一般不得超过项目估算价的2%，且最高不得超过80万元人民币。投标保证金有效期应当与投标有效期一致。投标人应当按照招标文件要求的方式和金额，将投标保证金随投标文件提交给招标人。投标人不按招标文件要求提交投标保证金的，该投标文件将被拒绝，作为废标处理。

（三）提交投标文件

投标人应当在招标文件要求提交投标文件的截止时间前，将投标文件送达投标地点；在截止时间后送达的投标文件，招标人应当拒收。

招标人收到投标文件后，应当签收保存，不得开启。投标人少于3个的，招标人应当依法重新招标。

（四）投标文件的补充、修改、替代或撤回

投标人在招标文件要求提交投标文件的截止时间前，可以补充、修改或者撤回已提交的投标文件，并书面通知招标人。补充、修改的内容为投标文件的组成部分。

超过截止时间，投标人不得补充、修改、替代或者撤回其投标文件。投标人补充、修改、替代投标文件的，招标人不予接受；投标人撤回投标文件的，其投标保证金将被没收。

第四节　建设工程项目的开标、评标与中标

一、开标

（一）开标的概念

开标是指投标截止后，招标人按招标文件所规定的时间和地点，开启投标人提交的投标文件，公开宣布投标人的名称、投标价格及投标文件中的其他主要内容的活动。

(二) 开标的时间与地点

《招标投标法》第三十四条规定："开标应当在招标文件确定的提交投标文件截止时间的同一时间公开进行；开标地点应当为招标文件中预先确定的地点。"根据这一规定，招标文件截止时间即是开标时间。

(三) 开标的程序

《招标投标法》第三十五条规定："开标由招标人主持，邀请所有投标人参加。"开标时，还可以邀请招标主管部门、评标委员会、监察部门的有关部门人员参加，也可以委托公证部门对整个开标过程依法进行公证。

开标时，由投标人或者推选的代表检查投标文件的密封情况，由工作人员当众拆封，宣读投标人名称、投标价格和投标文件的其他主要内容。招标人在招标文件要求提交投标文件的截止时间前收到的所有投标文件，开标时都应当当众予以拆封、宣读。应当记录开标过程，并存档备查。

(四) 不予受理的投标文件与无效标书

投标文件有下列情形之一的，招标人不予受理：
1) 逾期送达的或者未送达指定地点的。
2) 未按招标文件要求密封的。

在开标时，投标文件出现下列情形之一的，应当作为无效投标文件，不得进入评标：
1) 投标文件未按照招标文件的要求予以密封的。
2) 投标文件中的投标函未加盖投标人的公章及企业法定代表人印鉴的，或者在企业法定代表人委托代理人的情况下，没有合法、有效的委托书（原件）及委托代理人印鉴的。
3) 投标文件的关键内容字迹模糊、无法辨认的。
4) 投标人未按照招标文件的要求提供投标保函或者投标保证金的。
5) 组成联合体投标，投标文件未附联合体各方共同投标协议的。

二、评标

评标，是指由招标人依法组建的评标委员会根据招标文件规定的评标标准和方法，对投标文件进行系统的评审和比较的过程。

(一) 评标委员会

评标委员会由招标人或其委托的招标代理机构熟悉相关业务的代表和有关技术、经济等方面的专家组成，成员人数为 5 人以上（单数），其中技术、经济等方面的专家不得少于成员总数的 2/3。评标委员会设负责人的，负责人由评标委员会成员推举产生或者由招标人确定。评选委员会负责人与评标委员会成员有同等的表决权。评标委员会成员的名单在中标结果确定前应当保密。

(二) 投标文件的澄清和说明

评标委员会可以要求投标人对投标文件中含义不明确的内容做必要的澄清或者说明，但是澄清或者说明不得超出投标文件的范围，或者改变投标文件的实质性内容。澄清和说明应以书面方式进行。

投标文件中的大写金额和小写金额不一致的，以大写金额为准；总价金额与依据单价计算出的结果不一致的，以依据单价计算出的结果为准，但单价金额小数点有明显错误的除外；对不同文字文本投标文件的解释发生异议的，以中文文本为准。

（三）应当作为废标处理的情况

1）弄虚作假。

2）报价低于其个别成本。在评标过程中，评标委员会发现投标人的报价明显低于其他投标报价或者在设有标底时明显低于标底，使其投标报价可能低于其个别成本的，应当要求该投标人做出书面说明并提供相关证明材料。投标人不能合理说明或者不能提供相关证明材料的，由评标委员会认定该投标人以低于成本报价竞标，其投标应作为废标处理。

3）投标人不具备资格条件或者投标文件不符合形式要求。

4）未能在实质上响应的投标。

（四）投标偏差

评标委员会应当根据招标文件，审查并逐项列出投标文件的全部投标偏差。投标偏差分为重大偏差和细微偏差。

1. 重大偏差

下列情况属于重大偏差：

1）没有按照招标文件要求提供投标担保或者所提供的投标担保有瑕疵。

2）投标文件没有投标人授权代表签字，或没有加盖公章。

3）投标文件载明的招标项目完成期限超过招标文件规定的期限。

4）明显不符合技术规格、技术标准的要求。

5）投标文件载明的货物包装方式、检验标准和方法等不符合招标文件的要求。

6）投标文件附有招标人不能接受的条件。

7）不符合招标文件中规定的其他实质性要求。

2. 细微偏差

细微偏差是指投标文件在实质上响应招标文件要求，但在个别地方存在漏项或者提供了不完整的技术信息和数据等情况，并且补正这些漏项或者不完整不会对其他投标人造成不公平的结果。细微偏差不影响投标文件的有效性。

评标委员会应当书面要求存在细微偏差的投标人在评标结束前予以补正。拒不补正的，在详细评审时可以对细微偏差做不利于该投标人的量化，量化标准应当在招标文件中明确规定。

3. 有效投标过少的处理

如果否决不合格投标或者界定废标后，因有效投标不足3个使得投标明显缺乏竞争性的，评标委员会可以否决全部投标。投标人少于3个或者所有投标被否决的，招标人应当依法重新招标。

（五）详细评审方法

中标人的投标应当符合下列条件之一：

1）能够最大限度满足招标文件中规定的各项综合评价标准。

2）能够满足招标文件的实质性要求，并且经评审的投标价格最低，但是投标价格低于成本的除外。经初步评审合格的投标文件，评标委员会应当根据招标文件确定的评标标准和方法，对其技术部分和商务部分做进一步评审、比较。

评标方法包括经评审的最低投标价法、综合评估法或者法律、行政法规允许的其他评标方法。

1. 经评审的最低投标价法

（1）经评审的最低投标价法介绍。根据经评审的最低投标价法，能够满足招标文件的实质性要求，并且经评审的最低投标价的投标，应当推荐为中标候选人。这种评标方法是按照评审程序，经初审后，以合理低标价作为中标的主要条件。合理的低标价必须是经过终审，通过答辩，证明是可以实现低标价的，措施有力可行的报价。但这种投标方法不保证最低的投标价中标，因为它在比较价格时必须考虑一些修正因素，因此也有一个评标的过程。

（2）经评审的最低投标价法的适用范围。经评审的最低投标价法一般适用于具有通用技术、性能标准或者招标人对其技术、性能没有特殊要求的招标项目。这种评标方法应当是一般项目的首选评标方法。

（3）经评审的最低投标价法的评标要求。采用经评审的最低投标价法的，评标委员会应当根据招标文件中规定的评标价格调整方法，对所有投标人的投标报价以及投标文件的商务部分做必要的价格调整。

中标人的投标应当符合招标文件规定的技术要求和标准，但评标委员会无须对投标文件的技术部分进行价格折算。根据经评审的最低投标价法完成详细评审后，评标委员会应当拟订一份"标价比较表"，连同书面评标报告提交招标人。

2. 综合评估法

（1）综合评估法介绍。不宜采用经评审的最低投标价法的招标项目，一般应当采取综合评估法进行评审。

根据综合评估法，最大限度地满足招标文件中规定的各项综合评价标准的投标，应当推荐为中标候选人。衡量投标文件是否最大限度地满足招标文件中规定的各项评价标准，可以采取折算为货币的方法、百分法或者其他方法。需量化的因素及其权重应当在招标文件中明确规定。在综合评估法中最为常用的方法是百分法。这种方法是将各评审指标分别在百分之内所占的比例和评标标准在招标文件内规定。开标后按评标程序，根据评分标准，由评标委员会对各投标人的标书进行评分，最后以总得分最高的投标人为中标人。这种评标方法一直是建设工程领域采用较多的方法。

（2）综合评估法的评标要求。评标委员会对各个评审因素进行量化时，应当将量化指标建立在同一基础或者同一标准上，使各投标文件具有可比性。

对技术部分和商务部分进行量化后，评标委员会应当对这两部分的量化结果进行加权，计算出每一投标的综合评估价或者综合评估分。

根据综合评估法完成评标后，评标委员会应当拟订一份"综合评估比较表"，连同书面评标报告提交招标人。

3. 其他评标方法

在法律、行政法规允许的范围内，招标人也可以采用其他评标方法。

（六）编制评标报告

评标委员会经过对投标人的投标文件进行初审和终审以后，应编制书面评标报告。评标报告由评标委员会全体成员签字。对评标结论持有异议的，评标委员会成员可以书面方式阐述其不同意见和理由。评标委员会成员拒绝在评标报告上签字且不陈述其不同意见和理由的，视为同意评标结论。评标委员会应当对此做出书面说明并记录在案。

三、中标

(一) 确定中标候选人

经过评标后，就可确定出中标候选人（或中标单位）。评标委员会推荐的中标候选人应当限定在 1~3 人，并标明排列顺序。对使用国有资金投资或者国家融资的项目，招标人应当确定排名第一的中标候选人为中标人。招标人可以授权评标委员会直接确定中标人。

(二) 发出中标通知书并订立书面合同

1) 中标人确定后，招标人应当向中标人发出中标通知书，并同时将中标结果通知所有未中标的投标人。中标通知书对招标人和中标人具有法律效力。中标通知书发出后，招标人改变中标结果，或者中标人放弃中标项目的，应当依法承担法律责任。

2) 招标人和中标人应当自中标通知书发出之日起 30 日内，按照招标文件和中标人的投标文件订立书面合同。招标人和中标人不得再行订立背离合同实质性内容的其他协议。中标人不与招标人订立合同的，投标保证金不予退还并取消其中标资格，给招标人造成的损失超过投标保证金数额的，应当对超过部分予以赔偿；没有提交投标保证金的，应当对招标人的损失承担赔偿责任。招标人无正当理由不与中标人签订合同，给中标人造成损失的，招标人应当给予赔偿。

3) 招标人与中标人签订合同后 5 个工作日内，应当向中标人和未中标的投标人退还投标保证金。《中华人民共和国招标投标法实施条例》第二十六条规定：招标人在招标文件中要求投标人提交投标保证金的，投标保证金不得超过招标项目估算价的 2%。投标保证金有效期应当与投标有效期一致。

4) 中标人应当按照合同约定履行义务，完成中标项目。中标人不得向他人转让中标项目，也不得将中标项目肢解后分别向他人转让。中标人按照合同约定或者经招标人同意，可以将中标项目的部分非主体、非关键性工程分包给他人完成。接受分包方应当具备相应的资格条件，并不能再次分包。中标人应当就分包项目向招标人负责，接受分包方就分包项目承担连带责任。

(三) 提交履约担保

招标文件要求中标人提交履约担保的，中标人应当提交。所谓履约担保，是指发包人在招标文件中规定的要求承包人提交的保证履行合同义务的担保。

履约担保一般有三种形式：银行保函、履约担保书和保留金。其中最为常用的是银行保函。它是由商业银行出具的担保证明，通常为合同金额的 10% 左右。投标阶段递交的投标保证金与履约担保之间的区别见表 9-1。

表 9-1 投标保证金与履约担保的区别

项 目	提 交 人	防 范 内 容	有 效 期	额 度
投标保证金	所有投标人	不审慎投标	投标保证金有效期应当与投标有效期一致	不得超过招标项目估算价的 2%
履约担保	中标人	不履行合同	开工至竣工	合同价的 5%~10%

(四）提交招标投标报告

强制招标的项目，招标人应自确定中标人之日起 15 日内向有关行政监督部门提交招标投标报告。

第五节　违法行为及法律责任

一、招标人的违法行为及法律责任

（一）违反强制招标义务

依法必须进行招标的项目而不招标的，将必须进行招标的项目化整为零或者以其他任何方式规避招标的，有关行政监督部门责令限期改正，可以处项目合同金额 5‰ 以上 10‰ 以下的罚款；对全部或者部分使用国有资金的项目，项目审批部门可以暂停项目执行或者暂停资金拨付；对单位直接负责的主管人员和其他直接责任人员依法给予处分。相关行为影响中标结果的，中标无效。

（二）限制竞争或违反非歧视义务

招标人以不合理的条件限制或者排斥潜在投标人的，对潜在投标人实行歧视待遇的，强制要求投标人组成联合体共同投标，或者限制投标人之间竞争的，责令改正，可以处 1 万元以上 5 万元以下的罚款。

例如，一家国有企业要进行办公楼项目招标，在招标开始前就内定了一家曾经合作过的单位作为中标单位，但通过公开招标竞争的方式并不能保证其中标。于是，作为该项目评标委员会主任委员的一位该国有企业的高级管理人员在评标过程中介绍各家投标单位情况时，对其他投标单位只做简单介绍。而在介绍那家内定的中标单位时，该高级管理人员说道："这家投标单位曾经跟我们合作过，在工程管理和人员配备上比较合适，各方面跟我们都配合得很好，对此招标人是非常看重的，请评委充分考虑。"评标结果出来时，该高级管理人员所重点提到的那家内定单位就是中标单位。上述情况就属于限制竞争或违反非歧视义务。

（三）违反保密义务

依法必须进行招标项目的招标人违反保密义务，向他人透露已获取招标文件的潜在投标人的名称、数量或者可能影响公平竞争的有关招标投标的其他情况的，或者泄露标底的，给予警告，可以并处 1 万元以上 10 万元以下的罚款；对单位直接负责的主管人员和其他直接责任人员依法给予处分；构成犯罪的，依法追究刑事责任。相关行为影响中标结果的，中标无效。

（四）违反禁止谈判义务

依法必须进行招标的项目，招标人违反法律规定，与投标人就投标价格、投标方案等实质性内容进行谈判的，给予警告，对单位直接负责的主管人员和其他直接责任人员依法给予处分。相关行为影响中标结果的，中标无效。

（五）不当确定中标人

招标人在评标委员会依法推荐的中标候选人以外确定中标人的，或依法必须进行招标的项目在所有投标被评标委员会否决后自行确定中标人的，属于不当确定中标人，中标无效。对此，应责令改正，可以处中标项目金额5‰以上10‰以下的罚款；对单位直接负责的主管人员和其他直接责任人员依法给予处分。

（六）违规订立合同

招标人与中标人不按照招标文件和中标人的投标文件订立合同的，或者招标人、中标人订立背离合同实质性内容的协议的，责令改正；可以处中标项目金额5‰以上10‰以下的罚款。

例如，某房地产公司通过招标选择建筑公司为其施工。该房地产公司按照主管部门的程序及要求发出招标公告，出售招标文件，组织投标、开标、评标。在签订合同时，该房地产公司暗中与中标人磋商，重新起草签订了一份新的合同，提高了招标投标文件中的价款。为了通过主管部门的审核，该房地产公司又和中标人签订了一份与投标文件内容一致的合同，但是双方约定以私下签订的合同为准。上述情况就属于违规订立合同。

二、投标人的违法行为及法律责任

（一）串通投标

1. 投标人相互串通投标报价

《招标投标法》第三十二条第一款规定："投标人不得相互串通投标报价，不得排挤其他投标人的公平竞争，损害招标人或者其他投标人的合法权益。"《工程建设项目施工招标投标办法》第四十六条规定，下列行为均属于投标人串通投标报价：

1）投标人之间相互约定抬高或降低投标报价。
2）投标人之间相互约定，在招标项目中分别以高、中、低价位报价。
3）投标人之间先进行内部竞价，内定中标人，再参加投标。
4）投标人之间其他串通投标报价行为。

2. 投标人与招标人串通投标

《招标投标法》第三十二条第二款规定："投标人不得与招标人串通投标，损害国家利益、社会公共利益或者他人的合法权益。下列行为均属于招标人与投标人串通投标：

1）招标人在开标前开启投标文件，并将投标情况告知其他投标人，或者协助投标人撤换投标文件，更改报价。
2）招标人向投标人泄露标底。
3）招标人与投标人商定，投标时压低或抬高标价，中标后再给投标人或招标人额外补偿。
4）招标人预先内定中标人。
5）其他串通投标的行为。

3. 应承担的法律责任

投标人相互串通投标或者与招标人串通投标的，投标人以向招标人或者评标委员会成员行贿的手段谋取中标的，中标无效，处中标项目金额5‰以上10‰以下的罚款，对单位直接负责的主管人员以及其他直接责任人员处单位罚款数额5%以上10%以下的罚款；有违法所得的，并处没收违法所得；情节严重的，取消其1~2年内参加依法必须进行招标的项目的投标资格并予以公告,直至由工商行政管理机关吊销营业执照;构成犯罪的,应依法追究刑事责任,给他人造成损失的,依法承担赔偿责任。

例如,某学校对学生宿舍楼进行招标。由于该学校与一家建筑公司有长期的业务往来,故此次仍然希望这家建筑公司中标。于是双方达成默契,在招标时,该学校要求该建筑公司在投标报价时尽量压低投标报价,以确保中标,在签合同时,再将工程款提高,果然在开标时,该建筑公司的报价为最低价,经评委审议,最终推荐该建筑公司为中标候选人,学校向该建筑公司发出中标通知书。在签合同前,该建筑公司以材料涨价为由,将原投标报价提高了10%,提高后的工程造价高于开标时所有其他投标人的报价,并与招标学校签订了施工合同。上述学校和建筑公司的行为就属于串通投标。

(二)以行贿的手段谋取中标

《招标投标法》第三十二条第三款规定:"禁止投标人以向招标人或者评标委员会成员行贿的手段谋取中标。"

投标人以行贿的手段谋取中标是严重违背《招标投标法》基本原则的违法行为,对其他投标人是不公平的。投标人以行贿手段谋取中标的法律后果是中标无效,有关责任人和单位应当承担相应的行政责任或刑事责任,给他人造成损失的,还应当承担民事赔偿责任。

(三)弄虚作假、骗取中标

《招标投标法》第三十三条规定,投标人不得以他人名义投标或者以其他方式弄虚作假,骗取中标。根据《工程建设项目施工招标投标办法》第四十八条的规定,以他人名义投标是指投标人挂靠其他施工单位,或从其他单位通过受让或租借的方式获取资格或资质证书,或者由其他单位及其法定代表人在自己编制的投标文件上加盖印章或签字等行为。投标人以他人名义投标或者以其他方式弄虚作假,骗取中标的,中标无效,给招标人造成损失的,依法承担赔偿责任;构成犯罪的,依法追究刑事责任。

依法必须进行招标的项目的投标人有前款所列行为尚未构成犯罪的,处中标项目金额5‰以上10‰以下的罚款,对单位直接负责的主管人员和其他直接责任人员处单位罚款数额5%以上10%以下的罚款;有违法所得的,并处没收违法所得;情节严重的,取消其1~3年内参加依法必须进行招标的项目的投标资格并予以公告,直至由工商行政管理机关吊销其营业执照。相关行为影响中标结果的,中标无效。

三、中标人的违法行为及法律责任

中标人将中标项目转让给他人,将中标项目肢解后分别转让给他人,违反法律规定将中标项目的部分主体、关键性工作分包给他人,或者分包人再次分包的,转让、分包无效,处转让、分包项目金额5‰以上10‰以下的罚款;有违法所得的,并处没收违法所得,可以责令停业整顿;情节严重的,由工商行政管理机关吊销营业执照。

中标人不履行与招标人订立的合同的,履约保证金不予退还,给招标人造成的损失超过履约保证金数额的,还应当对超过部分予以赔偿;没有提交履约保证金的,应当对招标人的损失承担赔偿责任。

中标人不按照与招标人订立的合同履行义务,情节严重的,取消其2~5年内参加依法必须进行招标的项目的投标资格并予以公告,直至由工商行政管理机关吊销其营业执照。

四、招标代理机构的违法行为及法律责任

招标代理机构违反规定，泄露应当保密的与招标投标活动有关的情况和资料的，或者与招标人、投标人串通损害国家利益、社会公共利益或者他人合法权益的，处 5 万元以上 25 万元以下的罚款，对单位直接负责的主管人员和其他直接责任人员处单位罚款数额 5% 以上 10% 以下的罚款；有违法所得的，并处没收违法所得；情节严重的，暂停直至取消招标代理资格；构成犯罪的，依法追究刑事责任。给他人造成损失的，依法承担赔偿责任。相关行为影响中标结果的，中标无效。

五、评标委员会的违法行为及法律责任

评标委员会成员在评标过程中擅离岗位，影响评标程序正常进行，或者在评标过程中不能客观公正地履行职责的，给予警告；情节严重的，取消其担任评标委员会成员的资格，责令其不得再参加任何依法必须进行招标项目的评标，并处 1 万元以下的罚款。

评标委员会成员收受投标人的财物或者其他好处的，评标委员会成员或者参加评标的有关工作人员向他人透露对投标文件的评审和比较、中标候选人的推荐以及与评标有关的其他情况的，给予警告，没收收受的财物，可以并处 3 000 元以上 5 万元以下的罚款，对有所列违法行为的评标委员会成员取消担任评标委员会成员的资格，不得再参加任何依法必须进行招标的项目的评标；构成犯罪的，依法追究刑事责任。

思 考 题

1. 简述建设工程招标的不同方式以及它们之间的区别。
2. 建设工程招标投标的程序是怎样的？
3. 简述不予受理的投标文件和无效的投标文件有哪些。
4. 评标方法有哪几种？
5. 《招标投标法》对于开标时间、地点及参加人有哪些规定？
6. 《招标投标法》对于评标委员会的组成有哪些规定？
7. 简述招标人的违法行为及法律责任。
8. 简述招标人的违法行为及法律责任。
9. 简述投标人的违法行为及法律责任。
10. 简述中标人的违法行为及法律责任。

第十章 建设工程质量管理法律制度

教学要点：

本章主要介绍建设工程质量的含义、建设工程质量管理法律制度体系、工程建设标准、建设工程质量管理监督体系。通过本章的学习，应达到以下目标：

1. 掌握建设工程质量、建设工程质量管理体系的概念，了解建设工程质量法规现状。
2. 掌握工程建设行为主体的质量责任。
3. 熟悉政府对工程质量的监督管理、工程建设的标准化管理。
4. 掌握工程建设竣工验收和质量保修制度。

第一节 建设工程质量管理法律制度概述

一、建设工程质量的含义

建设工程质量的含义有狭义和广义之分。

（一）狭义的建设工程质量

从狭义上说，建设工程质量是指建设工程的成果符合业主需要而具备的使用功能。这一概念强调的是建设工程的实体质量，如基础是否坚固，主体结构是否安全，以及通风、采光是否合理等。

（二）广义的建设工程质量

广义的建设工程质量不仅包括建设工程的实体质量，还包括形成实体质量的工作质量。工作质量是指参与建设工程的建设者，为了保证建设工程实体质量而具备的所从事工作的水平和工作的完善程度。它包括社会工作质量，如社会调查、市场预测、质量回访和保修服务等；生产过程工作质量，如管理工作质量、技术工作质量和后勤工作质量等。工作质量直接决定了实体质量，建设工程实体质量的好坏是建设工程的决策、设计、施工、保修等单位各方面、各环节工作质量的综合反映，建设工程各阶段的质量内涵及标准见表10-1。

表 10-1　建设工程各阶段的质量内涵及标准

阶　段	质　量　内　涵	标　　准
决策阶段	可行性研究	国家的发展规划或业主的需求
设计阶段	1. 功能、使用价值的满足程度 2. 工程设计的安全、可靠性 3. 自然及社会环境的适应性 4. 工程概预算的经济性 5. 设计进度的时间性	工程建设勘察、设计合同及有关法律、法规、强制性标准
施工阶段	1. 功能、使用价值的满足程度 2. 工程设计的安全、可靠性 3. 自然及社会环境的适应性 4. 工程概预算的经济性 5. 设计进度的时间性	工程建设施工合同及相关法律、法规、强制性标准
保修阶段	保持和恢复原使用功能的能力	工程建设施工合同及相关法律、法规、强制性标准

二、建设工程质量的特征

工程项目建设周期长、投资大、涉及的参与主体众多，这些特点决定了建设工程质量与一般的产品质量相比较，具有一些典型特征。

（一）影响因素多，质量变动大

归纳起来，建设工程质量的影响因素可分为五大方面，即通常所说的"4M1E"：人（Man）、机械（Machine）、材料（Material）、方法（Method）和环境（Environment）。在工程建设全过程中，严格控制好这五大因素是保证建设工程质量的关键。

（二）隐蔽性强，终检局限性大

工程项目在施工过程中，由于交接工序多，若不及时检查发现每一道工序存在的质量问题，完工后尽管表面上质量很好，但很可能混凝土已经失去了强度，钢筋已经被锈蚀得完全没有作用。诸如此类的工程质量问题在终检时是很难通过肉眼判断出来的，有时即使用上检测工具，也不一定能发现问题。

（三）对社会环境影响大

与工程规划、设计、施工质量的好坏有密切联系的不仅仅有工程成果使用者，还有全体社会公众。建设工程质量不仅直接影响人民群众的生产生活，而且影响着社会可持续发展的环境，特别是有关绿化、环保和噪声等方面的问题。

三、工程质量管理法律规范的调整对象和适用范围

（一）工程质量管理法律规范的调整对象

《建筑法》《建设工程质量管理条例》等法律调整以下两种社会关系：

1）国家主管机关与建设单位、勘察单位、设计单位、施工单位、监理单位之间的工程质量监督管理关系。这是纵向的工程质量管理。

2）建设工程活动中有关主体之间的民事关系，包括建设单位与勘察单位、设计单位之间的勘察设计合同关系，建设单位与施工单位之间的施工合同关系，建设单位与监理单位之间的建设监理委托合同关系等。这是横向的工程质量管理。

（二）建设工程范围

1. 建筑活动

《建筑法》规定，建筑活动是指各类房屋建筑及其附属设施的建造和与其配套的线路、管道、设备的安装活动。建筑活动的范围如下：

1）各类房屋的建筑。
2）房屋附属设施（如围墙、烟囱）的建造。
3）与房屋配套的线路（如电器线路、通信线路）的安装、管道（给水排水管道、暖气通风管道）的安装和设备（电梯、空调等）的安装。

《建筑法》规定的建筑活动范围虽然较窄，但也在第八十一条规定了："本法关于施工许可、建筑施工企业资质审查与建筑工程发包、承包、禁止转包，以及建筑工程监理、建筑工程安全和质量管理的规定，适用于其他专业建筑工程的建筑活动，具体办法由国务院规定。"

2. 建设工程

在《建设工程质量管理条例》中，建设工程是指土木工程、建筑工程、线路、管道和设备安装工程以及装修工程。

1）土木工程，是指矿山、铁路、公路、隧道、桥梁、堤坝、电站、码头、飞机场、运动场、营造林、海洋平台等工程。
2）建筑工程，是指房屋建筑工程，即有顶盖、梁柱墙壁、基础农业及能够形成内部空间，满足人们生产、生活、公共活动的工程实体，包括厂房、剧院、旅馆、商店、学校、医院和住宅等工程。
3）线路、管道和设备安装工程，包括电力、通信线路、石油、燃气、给水、排水、供热等管道系统和各类机械设备、装置的安装活动。
4）装修工程，是指对建筑物内外进行美化和增加使用功能的工程建设活动。

（三）工程质量责任主体的范围

1. 建设行政主管部门及铁路、交通、水利等有关部门

有关部门行政管理人员执法监督不力，是造成重大恶性工程质量事故的首要原因。为此，国务院办公厅在《关于加强基础设施工程质量管理的通知》中强调，要建立和落实工程质量领导责任制，并进一步明确了各级、各类领导以及行政管理人员的质量责任。

2. 建设单位

建设单位是建设工程的投资人，也称"业主"，是工程建设过程的总负责方，拥有确定建设项目的规模、功能、外观，选用材料设备，按照国家法律法规选择承包单位的权利。建设单位可以是包括房地产开发商的法人或自然人。

3. 勘察、设计单位

勘察单位是指对地形地质及水文等要素进行测绘、勘探、测试及综合评定，并提供可行性评价与建设工程所需勘察成果资料的单位。设计单位是指按照现行技术标准对建设工程项目进行综合设计及技术经济分析，并提供建设工程施工依据的设计文件和图样的单位。

4. 施工单位

施工单位是指已通过建设行政主管部门的资质审查，从事建设工程施工承包的单位。按照承包方式的不同，施工单位可分为总承包单位和专业承包单位。

5. 工程监理单位

工程监理单位是指已通过建设行政主管部门的资质审查，受建设单位委托，依据法律法规以及有关技术标准、设计文件和承包合同，在建设单位的委托范围内，对建设工程进行监督管理的单位。工程监理单位可以是具有法人资格的监理公司、监理事务所，也可以是兼营监理业务的，从事工程技术研究、科学研究及建设工程咨询的单位。

6. 设备材料供应商

设备材料供应商是指提供构成建筑工程实体的设备和材料的企业，它不仅包括设备材料生产商，还包括设备材料经销商。

（四）地域适用范围和时间效力

1. 地域适用范围

法律规范的地域适用范围是指法律规范在什么地域内适用。根据《建筑法》和《建设工程质量管理条例》的有关规定，我国工程质量管理法律规范适用于在中华人民共和国境内从事的工程建设活动。同时，工程质量管理法律规范不适用境外从事的工程建设活动，如我国的建筑施工企业在国外承包建设工程项目，则不适用《建筑法》和《建设工程质量管理条例》，只能适用当地的有效法律。

2. 时间效力

法律规范的时间效力是指法律规范在什么时间发生效力。在我国工程质量管理法律规范体系范围内的法律规范，生效时间主要有两种：

（1）自公布之日起生效。例如，《建设工程质量管理条例》规定条例自公布之日起施行，也就是从 2000 年 1 月 30 日国务院第 279 号令签发之日起生效。

（2）公布后经过一段时间开始生效。例如，《建筑法》于 1997 年 11 月 1 日公布，但在第八十五条规定"本法自 1998 年 3 月 1 日起施行"。

我国的法律规范不具有溯及力，即新发布的规范性文件对其产生之日以前的事情没有法律效力。也就是说，在 2000 年 1 月 30 日前发生的有关建设工程的质量事件，不适用《建设工程质量管理条例》的规定。法律规范的时间效力问题关系到我们在具体工作中能否准确找到适用法律规范。

第二节　工程建设标准

一、工程建设标准概述

（一）工程建设标准的概念

工程建设标准是指为在工程建设领域内获得最佳秩序，对建设工程的勘察、设计、施工、安装、验收、运营维护及管理等活动和结果需要协调统一的事项所制定的共同的、重复使用的技术依据和准则。

工程建设标准通过标准的规范，特别是一些强制性标准的制定，对建设工程实施安全防范措施、消除安全隐患提出统一的技术要求，以确保在现有的技术、管理条件下尽可能地保障建设工程的质量安全，从而最大限度地保障建设工程的建造者、使用者和社会公众的生命财产安全及人身健康安全。

（二）工程建设标准的划分

1. 根据标准的约束性程度划分

根据标准的约束性程度，工程建设标准可分为强制性标准和推荐性标准。

强制性标准是指保障人民身体健康、人身财产安全的标准及法律、行政性法规规定强制性执行的国家和行业标准。此外，省、自治区、直辖市标准化行政主管部门制定的工业产品的安全、卫生要求等方面的地方标准在本行政区域内是强制性标准。

对工程建设来说，下列标准属于强制性标准：

1）工程建设勘察、规划、设计、施工（包括安装）及验收等通用的综合标准和重要的通用的质量标准。

2）工程建设通用的有关安全、卫生和环境保护的标准。

3）工程建设重要的术语、符号、代号、计量与单位、建筑模数和制图方法标准。

4）工程建设重要的通用的试验、检验和评定等标准。

5）工程建设重要的通用的信息技术标准。

6）国家需要控制的其他工程建设通用的标准。

其他非强制性的国家和行业标准是推荐性标准。国家鼓励企业自愿采用推荐性标准。

2. 根据标准的内容划分

根据标准涉及的内容，工程建设标准可分为设计标准、施工及验收标准、建设定额。

1）设计标准是指从事工程设计所依据的技术文件。

2）施工标准是指施工操作程序及其技术要求的标准。

3）验收标准是指检验、接收竣工工程项目的规程、办法与标准。

4）建设定额是指国家规定的消耗在单位建筑产品上的活劳动和物化劳动的数量标准，以及用货币表现的某些必要费用的额度。

3. 根据标准的不同属性划分

根据标准的不同属性，工程建设标准可分为技术标准、管理标准和工作标准。

1）技术标准是指针对标准化领域中需要协调统一的技术事项所制定的标准。

2）管理标准是指针对标准化领域中需要协调统一的管理事项所制定的标准。

3）工作标准是指针对标准化领域中需要协调统一的工作事项所制定的标准。

4. 根据标准的不同层次划分

根据标准的不同层次，工程建设标准可分为国家标准、行业标准、地方标准和企业标准。

1）国家标准是对需要在全国范围内统一的技术要求制定的标准。

2）行业标准是对没有具体可参照的国家标准而又需要在全国某个行业范围内统一的技术要求所制定的标准。

3）地方标准是对没有具体可参照的国家标准和行业标准而又需要在该地区范围内统一

的技术要求所制定的标准。

4）企业标准是对企业范围内需要协调、统一的技术要求、管理事项和工作事项所制定的标准。

二、我国工程建设的几种主要标准

（一）工程建设国家标准

1. 工程建设国家标准的范围

1）工程建设勘察、规划、设计、施工（包括安装）及验收等通用的质量要求。
2）工程建设通用的有关安全、卫生和环境保护的技术要求。
3）工程建设通用的术语、符号、代号、量与单位、建筑模数和制图方法。
4）工程建设通用的试验、检验和评定等方法。
5）工程建设通用的信息技术要求。
6）国家需要控制的其他工程建设通用的技术要求。

2. 工程建设国家标准的分类

工程建设国家标准分为强制性标准和推荐性标准，其中，下列标准属于强制性标准：

1）工程建设勘察、规划、设计、施工（包括安装）及验收等通用的综合标准和重要的通用的质量标准。
2）工程建设通用的有关安全、卫生和环境保护的标准。
3）工程建设重要的通用的术语、符号、代号、量与单位、建筑模数和制图方法标准。
4）工程建设重要的通用的试验、检验和评定方法等标准。
5）工程建设重要的通用的信息技术标准。
6）国家需要控制的其他工程建设通用的标准。

强制性标准以外的标准是推荐性标准。

3. 工程建设国家标准的制定原则和程序

（1）工程建设国家标准的制定原则。制定工程建设国家标准必须贯彻执行国家的有关法律、法规和方针、政策，密切结合自然条件，合理利用资源，充分考虑工程使用和维修的要求，做到安全适用、技术先进、经济合理；对需要进行科学试验或测试验证的项目，应当纳入各级主管部门的科研计划，认真组织实施，写出成果报告；纳入国家标准的新技术、新工艺、新设备、新材料，应当经有关主管部门或受委托单位鉴定，且经实践检验行之有效；积极采用国际标准和国外先进标准，并经认真分析论证或测试验证，确保其符合我国国情；国家标准条文规定应当严谨明确，文句简练，不得模棱两可，其内容深度、术语、符号、计量单位等应当前后一致；必须做好与现行相关标准之间的协调工作。

（2）工程建设国家标准的制定程序。工程建设国家标准的制定程序分为准备、征求意见、送审和报批四个阶段。

（二）工程建设行业标准

1. 工程建设行业标准的范围和类型

《工程建设行业标准管理办法》规定，对没有相关国家标准而需要在全国某个行业范围内统一的下列技术要求，可以制定行业标准：

1）工程建设勘察、规划、设计、施工（包括安装）及验收等行业专用的质量要求。

2）工程建设行业专用的有关安全、卫生和环境保护的技术要求。

3）工程建设行业专用的术语、符号、代号、量与单位和制图方法。

4）工程建设行业专用的试验、检验和评定等方法。

5）工程建设行业专用的信息技术要求。

6）其他工程建设行业专用的技术要求。

工程建设行业标准也分为强制性标准和推荐性标准。下列标准属于强制性标准：

1）工程建设勘察、规划、设计、施工（包括安装）及验收等行业专用的综合性标准和重要的行业专用的质量标准。

2）工程建设行业专用的有关安全、卫生和环境保护的标准。

3）工程建设重要的行业专用的术语、符号、代号、量与单位和制图方法标准。

4）工程建设重要的行业专用的试验、检验和评定方法等标准。

5）工程建设重要的行业专用的信息技术标准。

6）行业需要控制的其他工程建设标准。

强制性标准以外的标准是推荐性标准。

行业标准不得与国家标准相抵触。行业标准的某些规定与国家标准不一致时，必须有充分的科学依据和理由，并经国家标准的审批部门批准。行业标准在相应的国家标准实施后，应当及时修订或废止。

2. 工程建设行业标准的制定、修订程序与复审

工程建设行业标准的制定、修订程序，也可以按准备、征求意见、送审和报批四个阶段进行。

工程建设行业标准实施后，根据科学技术的发展和工程建设的实际需要，该标准的批准部门应当适时进行复审，确认其继续有效或予以修订、废止。一般每5年复审1次。

（三）工程建设地方标准

1. 工程建设地方标准制定的范围和权限

工程建设地方标准在省、自治区、直辖市范围内由省、自治区、直辖市建设行政主管部门统一计划、统一审批、统一发布、统一管理。

2. 工程建设地方标准的实施和复审

工程建设地方标准不得与国家标准和行业标准相抵触。对与国家标准或行业标准相抵触的地方标准的规定，应当自行废止。工程建设地方标准应报国务院建设行政主管部门备案，未经备案的工程建设地方标准，不得在建设活动中使用。

工程建设地方标准中，对直接涉及人民生命财产安全、人民身体健康、环境保护和公共利益的条文，经国务院建设行政主管部门确定后，可作为强制性条文。在不违反国家标准和行业标准的前提下，工程建设地方标准可以独立实施。

工程建设地方标准实施后，应根据科学技术的发展、本行政区域工程建设的需要，以及工程建设国家标准、行业标准的制定、修订情况，适时进行复审，复审周期一般不超过5年。对复审后需要修订或局部修订的工程建设地方标准，应当及时进行修订或局部修订。

(四) 工程建设企业标准

《中华人民共和国标准化法》（简称《标准化法》）规定，企业生产的产品没有相关国家标准和行业标准的，应当制定企业标准，作为组织生产的依据。已有相关国家标准或者行业标准的，国家鼓励企业制定相对于国家标准或者行业标准更严格的企业标准，在企业内部适用。

《关于加强工程建设企业标准化工作的若干意见》指出，工程建设企业标准一般包括企业的技术标准、管理标准和工作标准。

三、工程建设强制性标准实施及执行的规定

(一) 工程建设各方主体实施强制性标准的法律规定

我国相关法律法规对工程建设各方主体，包括建设单位、勘察单位、设计单位、施工单位和监理单位等的市场行为都有相关的强制性标准进行规范。

《建筑法》和《建设工程质量管理条例》规定，建设单位不得以任何理由，要求建筑设计单位或者建筑施工单位在工程设计或者施工作业中，违反法律、行政法规和建筑工程质量、安全标准，降低工程质量。

勘察单位、设计单位必须按照工程建设强制性标准进行勘察、设计，并对其勘察、设计的质量负责。

施工单位必须按照工程设计图和施工技术标准施工，不得擅自修改工程设计，不得偷工减料。

监理单位应当依照法律、行政法规，以及有关的技术标准、设计文件和建筑工程承包合同，对施工单位在施工质量、建设工期和建设资金使用等方面的情况，代表建设单位实施监督。

(二) 工程建设标准强制性条文的实施

《实施工程建设强制性标准监督规定》规定，工程建设强制性标准是指直接涉及工程质量、安全、卫生及环境保护等方面的工程建设标准强制性条文；国家工程建设标准强制性条文由国务院建设行政主管部门会同国务院有关行政主管部门确定；在中华人民共和国境内从事新建、扩建、改建等工程建设活动，必须执行工程建设强制性标准。

(三) 对工程建设强制性标准的监督检查

1. 监督检查的管理机构

《实施工程建设强制性标准监督规定》规定，国务院建设行政主管部门负责全国实施工程建设强制性标准的监督管理工作；国务院有关行政主管部门按照国务院的职能分工负责实施工程建设强制性标准的监督管理工作；县级以上地方人民政府建设行政主管部门负责本行政区域内实施工程建设强制性标准的监督管理工作。

建设项目规划审查机关应当对工程建设规划阶段执行建设规划强制性标准的情况实施监督；施工图设计文件审查单位应当对工程建设勘察、设计阶段执行勘察、设计强制性标准的情况实施监督；建筑安全监督管理机构应当对工程建设施工阶段执行施工安全强制性标准的情况实施监督；工程质量监督机构应当对工程建设施工、监理、验收等阶段执行工程质量强

制性标准的情况实施监督。

2. 监督检查的方式和内容

工程建设标准批准部门应当对工程项目执行强制性标准的情况进行监督检查。监督检查可以采取重点检查、抽查和专项检查的方式。

强制性标准执行情况的监督检查包括以下内容：

1）工程技术人员是否熟悉、掌握强制性标准。
2）工程项目的规划、勘察、设计和施工验收等是否符合强制性标准的规定。
3）工程项目采用的材料、设备是否符合强制性标准的规定。
4）工程项目的安全、质量是否符合强制性标准的规定。
5）工程项目采用的导则、指南、手册、计算机软件的内容是否符合强制性标准的规定。

（四）执行工程建设标准强制性条文的规定

1.《工程建设标准强制性条文》的介绍

1)《工程建设标准强制性条文》的内容是摘录现行工程建设标准中直接涉及人民生命财产安全、人身健康、环境保护和其他公众利益的规定，同时包括保护资源、节约投资、提高经济效益和社会效益等政策要求，必须严格贯彻执行。

2)《工程建设标准强制性条文》是《建设工程质量管理条例》的配套文件，它是工程建设强制性标准实施监督的依据。

3) 对设计、施工人员来说，《工程建设标准强制性条文》是设计或施工时必须绝对遵守的技术规范。

4) 对监理人员来说，建设工程是否符合《工程建设标准强制性条文》的要求是实施工程监理时首先要进行监理的内容。

5) 对政府监督人员来说，《工程建设标准强制性条文》是重要的、可操作的处罚依据。

2. 工程建设强制性标准的监督检查

（1）监督检查的内容。监督检查的内容包括：对建设单位、设计单位、施工单位和监理单位是否组织有关工程技术人员对工程建设强制性标准进行学习和考核进行监督检查；对本行政区域内的建设工程项目，根据各建设工程项目实施的不同阶段，分别对其规划、勘察、设计、施工和验收等阶段监督检查，对一般工程的重点环节或重点工程项目，应加大监督检查的力度；对建设工程项目采用的建筑材料、设备，必须按强制性标准的规定进行进场验收，以符合合同约定和设计要求。在建设工程项目的整个建设过程中，严格执行工程建设强制性标准，确保建设工程项目的安全和质量，建设单位作为责任主体，负责完成对工程建设各个环节的综合管理工作。为了便于工程设计和施工的实施，业界编制了各专业工程的准则、指南、手册和计算机软件等，它们为工程设计和施工提供了具体的或辅助的操作方法和手段。但是，这些准则、指南等应遵照而不得擅自修改工程建设强制性标准和有关技术标准中的规定。

（2）监督检查的方式。监督检查的方式有重点检查、抽查和专项检查。重点检查一般是指对于某项重点工程，或工程中某些重点内容进行的检查。抽查一般是指采用随机方法，在全体工程或某类工程中抽取一定数量进行检查。专项检查是指对建设工程在某个方面或某个专项部分执行强制性标准情况进行的检查。

第三节　建设工程质量管理责任和义务

一、施工单位的质量管理责任和义务

（一）施工单位和总分包单位的质量管理责任

1. 施工单位的质量管理责任

《建筑法》规定，建筑施工企业对工程的施工质量负责。《建设工程质量管理条例》进一步规定，施工单位对建设工程的施工质量负责。施工单位应当建立质量责任制，确定工程项目的项目经理、技术负责人和施工管理负责人。

对施工质量负责是施工单位法定的质量责任。施工单位是建设工程质量的重要责任主体，但不是唯一的责任主体。建设工程质量要受到多方面因素的制约，但在勘察、设计质量没有问题的前提下，整个建设工程的质量状况最终将取决于施工质量。

2. 总分包单位的质量管理责任

《建筑法》规定，建筑工程实行总承包的，工程质量由工程总承包单位负责，总承包单位将建筑工程分包给其他单位的，应当对分包工程的质量与分包单位承担连带责任。分包单位应当接受总承包单位的质量管理。

例如，某建筑商承建某商业用房工程项目的过程中，发现部分梁在拆除模板后出现较多细裂缝。细裂缝主要沿梁侧面由下至上延伸，大致与梁方向垂直。梁侧细裂缝多的有30条，少的也有10余条。该质量事故发生后，发包人认为质量事故应当由建筑商负责，并且承担由此引起的损失。建筑商则认为不应当承担责任，因为设计图的一部分主梁与次梁的受力钢筋直径偏小，是设计原因造成了梁裂缝的问题。

双方争执不下，那么，建筑商是否应承担质量责任呢？

建设工程质量责任根据《建筑法》等法律的规定，实行的是类似于"有罪推定"的原则。《建筑法》第五十条规定，建筑工程实行总承包的，工程质量由工程总承包单位负责，总承包单位将建筑工程分包给其他单位的，应当对分包工程的质量与分包单位承担连带责任。分包单位应当接受总承包单位的质量管理。

《民法典》第八百零一条规定，因施工人的原因致使建设工程质量不符合约定的，发包人有权请求施工人在合理期限内无偿修理或者返工、改建。经过修理或者返工、改建后，造成逾期交付的，施工人应当承担违约责任。因此，因施工人的原因致使建设工程质量不符合约定的，发包人有权要求施工人在合理期限内无偿修理或者返工、改建。经过修理或者返工、改建后，造成使其交付的，施工人应当承担违约责任。以上法律规定明确规定了工程质量由建筑商负责，而且我国合同法采用严格责任归责原则，一旦工程质量有缺陷，推定是由于建筑商原因导致工程质量责任。所谓严格责任原则，一般被认为是过错推定原则，在建设工程施工合同质量责任中，就是推定建筑商存在过错，并需要承担责任，除非建筑商能够证明存在的法定免责事由。因此，明确法律规定的免责事由，在合同管理和施工过程中发生免责事件时及时固定证据，对建筑商就显得尤为重要。

（二）施工单位的质量管理义务

《建筑法》规定，建筑施工单位必须按照工程设计图和施工技术标准施工，不得偷工减料。工程设计的修改由原设计单位负责，施工单位不得擅自修改工程设计。

《建设工程质量管理条例》进一步规定，施工单位必须按照工程设计图和施工技术标准施工，不得擅自修改工程设计，不得偷工减料。施工单位在施工过程中发现设计文件和图纸有差错的，应当及时提出意见和建议。

（三）对建筑材料、设备等进行检验检测的规定

1. 建筑材料、建筑构（配）件、设备和商品混凝土的检验制度

施工单位对进入施工现场的建筑材料、建筑构（配）件、设备和商品混凝土实行检验制度，是施工单位质量保证体系的重要组成部分，也是保证施工质量的重要前提。施工单位应当严把两道关：一是谨慎选择生产供应厂商；二是实行进场二次检验。

2. 施工检测的见证取样和送检制度

《建设工程质量管理条例》规定，施工人员对涉及结构安全的试块、试件及有关材料，应当在建设单位或者工程监理单位监督下现场取样，并送具有相应资质等级的质量检测单位进行检测。

（1）见证取样和送检。《房屋建筑工程和市政基础设施工程实行见证取样和送检的规定》中规定，涉及结构安全的试块、试件和材料见证取样和送检的比例，不得低于有关技术标准中规定应取样数量的30%。

下列试块、试件和材料必须实施见证取样和送检：

1）用于承重结构的混凝土试块。
2）用于承重墙体的砌筑砂浆试块。
3）用于承重结构的钢筋及连接接头试件。
4）用于承重墙的砖和混凝土小型砌块。
5）用于拌制混凝土和砌筑砂浆的水泥。
6）用于承重结构的混凝土中使用的掺加剂。
7）地下、屋面、厕浴间使用的防水材料。
8）国家规定必须实行见证取样和送检的其他试块、试件和材料。

（2）工程质量检测单位的资质和检测规定。《建设工程质量检测管理办法》规定，工程质量检测机构是具有独立法人资格的中介机构。按照其承担的检测业务内容分为专项检测机构资质和见证取样检测机构资质。检测机构未取得相应的资质证书，不得承担本法律规定的质量检测业务。

（四）施工质量检验和返修的规定

1. 施工质量检验制度

（1）严格施工工序质量检验和管理。施工工序也可以称为施工过程。各个施工工序或施工过程之间横向和纵向的联系形成了施工工序网络或施工过程网络。任何一项工程的施工，都是通过一个由许多施工工序或施工过程组成的施工工序（或施工过程）网络来实现的。网络上的关键施工工序或施工过程都有可能对工程最终的施工质量产生决定性的影响。完善的检验制度和严格的施工工序管理是保证施工工序或施工过程质量的前提。只有施工工

序或施工过程网络上的所有施工工序或施工过程的质量都受到严格控制,整个工程的质量才能得到保证。

(2) 强化隐蔽工程质量检查。按照规定,工程具备隐蔽条件或达到专用条款约定的中间验收部位,施工单位应进行自检,并在验收前48小时以书面形式通知监理工程师验收。验收不合格的,由施工单位在监理工程师限定的时间内修改并重新验收。如果工程质量符合标准规范和设计图等的要求,验收24小时后,监理工程师不在验收记录上签字的,视为已经批准,施工单位可继续进行隐蔽工程的施工。

2. 建设工程的返修

《建筑法》规定,对已发现的质量缺陷,建筑施工企业应当修复。《建设工程质量管理条例》进一步规定,施工单位对施工中出现质量问题的建设工程或者竣工验收不合格的建设工程,应当负责返修。

返修是施工单位的法定义务,应返修的建设工程包括施工过程中出现质量问题的建设工程和竣工验收不合格的建设工程两种。

返修包括返工和修理。所谓返工,是指工程质量不符合规定的质量标准,而又无法修理的情况下重新进行施工。修理,则是指工程质量不符合标准,而又有可能修复的情况下,对工程进行修补,使其达到质量标准的要求。不论是施工过程中出现质量问题的建设工程,还是竣工验收时发现质量问题的工程,施工单位都要负责返修。

对于非因施工单位的原因造成的质量问题,施工单位也应当负责返修,但是因此而造成的损失及返修费用由责任方负责。

(五) 建立健全职工教育培训制度的规定

《建设工程质量管理条例》规定,施工单位应当建立、健全教育培训制度,加强对职工的教育培训;未经教育培训或者考核不合格的人员,不得上岗作业。

施工单位建立健全教育培训制度,加强对职工的教育培训,是其重要的基础工作之一。由于施工单位从事一线施工活动的人员大多来自偏远地区,教育培训的任务十分艰巨。施工单位的教育培训通常包括各类质量教育和岗位技能培训等。

施工单位从业人员应先培训、后上岗。特别是与质量工作有关的人员,如总工程师、项目经理、质量体系内审员、质量检查员、施工人员、材料试验及检测人员,关键技术工种如焊工、钢筋工、混凝土工等,未经培训或者培训考核不合格的,不得上岗工作。

二、建设单位及其他相关单位的质量管理责任和义务

除了建造主体施工单位外,建设工程的其他的直接参与主体,包括建设单位、勘察单位、设计单位、监理单位及政府监督单位等,在建设工程完成过程中都要承担自身应有的责任,来共同保证建设工程的质量。

(一) 建设单位相关的质量管理责任和义务

建设单位虽然不具体参与建筑的建造过程,但作为建筑主体的投资人、业主方,建设单位要为建设工程质量的保障完成承担应有的责任。

1. 依法发包工程

根据《建设工程质量管理条例》的规定,建设单位应当将工程发包给具有相应资质等

级的设计、施工单位,并委托具有相应资质等级的监理单位,与工程建设有关的重要设备、材料等的采购应进行招标。

建设单位发包工程时,应该根据工程特点,以有利于工程的质量、进度、成本控制为原则,合理划分标段,但不得肢解发包工程。如果将应当由一个承包单位完成的工程肢解成若干部分,分别发包给不同的承包单位,将使整个工程建设在管理和技术上缺乏应有的统筹协调,从而造成施工现场秩序的混乱,责任不清,严重影响建设工程质量,一旦出现问题也很难找到责任方。

建设单位还要依照《招标投标法》等有关规定,对必须实行招标的工程项目进行招标,择优选定工程勘察、设计、施工、监理单位,择优采购重要设备、材料等。

2. 依法向有关单位提供原始资料

《建设工程质量管理条例》规定,建设单位必须向有关的勘察、设计、施工、工程监理等单位提供与建设工程有关的原始资料。原始资料必须真实、准确、齐全。

3. 限制不合理的干预行为

《建筑法》规定,建设单位不得以任何理由,要求建筑设计单位或者建筑施工单位在工程设计或者施工的过程中,违反法律、行政法规和建筑工程质量、安全标准,降低工程质量。《建设工程质量管理条例》进一步规定,建设工程发包单位,不得迫使承包单位以低于成本的价格竞标,不得任意压缩合理工期。建设单位不得明示或者暗示设计单位或者施工单位违反工程建设强制性标准,降低建设工程质量。

4. 依法实行工程监理

《建设工程质量管理条例》规定,实行监理的建设工程,建设单位应当委托具有相应资质等级的工程监理单位进行监理,也可以委托具有工程监理相应资质等级并与被监理工程的施工承包单位没有隶属关系或者其他利害关系的该工程的设计单位进行监理。

下列建设工程必须实行监理:

1)国家重点建设工程。
2)大中型公用事业工程。
3)成片开发建设的住宅小区工程。
4)利用外国政府或者国际组织贷款、援助资金的工程。
5)国家规定必须实行监理的其他工程。

5. 依法办理工程质量监督手续

《建设工程质量管理条例》规定,建设单位在领取施工许可证或者开工报告前,应当按照国家有关规定办理工程质量监督手续。

建设单位办理工程质量监督手续,应提供以下文件和资料:

1)工程规划许可证。
2)设计单位资质等级证书。
3)监理单位资质等级证书,监理合同及《工程项目监理登记表》。
4)施工单位资质等级证书及营业执照副本。
5)工程勘察设计文件。
6)中标通知书及施工承包合同等。

6. 依法保证建筑材料等符合要求

《建设工程质量管理条例》规定，按照合同约定，由建设单位采购建筑材料、建筑构（配）件和设备的，建设单位应当保证建筑材料、建筑构（配）件和设备符合设计文件和合同要求。建设单位不得明示或者暗示施工单位使用不合格的建筑材料、建筑构（配）件和设备。

7. 依法进行装修工程

随意拆改建筑主体结构和承重结构等，会危及建设工程安全和人民的生命财产安全。因此，《建设工程质量管理条例》规定，涉及建筑主体和承重结构变动的装修工程，建设单位应当在施工前委托原设计单位或者具有相应资质等级的设计单位提出设计方案；没有设计方案的，不得施工。房屋建筑使用者在装修过程中，不得擅自变动房屋建筑主体和承重结构。

（二）勘察、设计单位相关的质量管理责任和义务

1. 依法承揽工程的勘察、设计业务

《建设工程质量管理条例》规定，从事建设工程勘察、设计的单位应当依法取得相应等级的资质证书，并在其资质等级许可的范围内承揽工程；禁止勘察、设计单位超越其资质等级许可的范围或者以其他勘察、设计单位的名义承揽工程；禁止勘察、设计单位允许其他单位或者个人以本单位的名义承揽工程；勘察、设计单位不得转包或者违法分包所承揽的工程。

2. 勘察、设计必须执行强制性标准

《建设工程质量管理条例》规定，勘察、设计单位必须按照工程建设强制性标准进行勘察、设计，并对其勘察、设计的质量负责。

3. 勘察单位提供的勘察成果必须真实、准确

《建设工程质量管理条例》规定，勘察单位提供的地质、测量、水文等勘察成果必须真实、准确。

4. 设计依据和设计深度

《建设工程质量管理条例》规定，设计单位应当根据勘察成果文件进行建设工程设计。设计文件应当符合国家规定的设计深度要求，并注明工程合理使用年限。

5. 依法规范设计对建筑材料等的选用

《建筑法》《建设工程质量管理条例》都规定，设计单位在设计文件中选用的建筑材料、建筑构（配）件和设备，应当注明规格、型号、性能等技术指标，其质量要求必须符合国家规定的标准。除有特殊要求的建筑材料、专用设备、工艺生产线等外，设计单位不得指定生产厂、供应商。

6. 依法对设计文件进行技术交底

《建设工程质量管理条例》规定，设计单位应当就审查合格的施工图设计文件向施工单位做出详细说明。

7. 依法参与建设工程质量事故分析

《建设工程质量管理条例》规定，设计单位应当参与建设工程质量事故分析，并对因设计造成的质量事故，提出相应的技术处理方案。

(三) 工程监理单位相关的质量管理责任和义务

1. 依法承担工程监理业务

《建筑法》规定，工程监理单位应当在其资质等级许可的监理范围内，承担工程监理业务。工程监理单位不得转让工程监理业务。

《建设工程质量管理条例》进一步规定，工程监理单位应当依法取得相应等级的资质证书，并在其资质等级许可的范围内承担工程监理业务。禁止工程监理单位超越本单位资质等级许可的范围，或者以其他工程监理单位的名义承担工程监理业务。禁止工程监理单位允许其他单位或者个人以本单位的名义承担工程监理业务。工程监理单位不得转让工程监理业务。

2. 对有隶属关系或其他利害关系的回避

《建筑法》《建设工程质量管理条例》都规定，工程监理单位与被监理工程的施工承包单位，以及建筑材料、建筑构（配）件和设备供应单位有隶属关系或者其他利害关系的，不得承担该项建设工程的监理业务。

3. 工程监理的依据和监理责任

《建设工程质量管理条例》规定，工程监理单位应当依照法律、法规，以及有关技术标准、设计文件和建设工程承包合同，代表建设单位对施工质量实施监理，并对施工质量承担监理责任。

工程监理的依据如下：

1）法律、法规，如《建筑法》《民法典》《建设工程质量管理条例》。

2）有关技术标准，如《工程建设标准强制性条文》，以及建设工程承包合同中确认采用的推荐性标准等。

3）设计文件。施工图设计等设计文件，既是施工的依据，也是监理单位对施工活动进行监督管理的依据。

4）建设工程承包合同。监理单位根据建设工程承包合同监督施工单位是否全面履行合同约定的义务。

监理单位对施工质量承担的监理责任包括以下两个方面：

1）违约责任。

2）违法责任。

4. 工程监理的职责和权限

《建设工程质量管理条例》规定，工程监理单位应当选派具备相应资格的总监理工程师和监理工程师进驻施工现场。未经监理工程师签字，建筑材料、建筑构（配）件和设备不得在工程上使用或者安装，施工单位不得进行下一道工序的施工。未经总监理工程师签字，建设单位不拨付工程款，不进行竣工验收。

监理工程师拥有对建筑材料、建筑构（配）件和设备以及每道施工工序的检查权，对检查不合格的，有权决定是否允许在工程上使用或进行下一道工序的施工。工程监理实行总监理工程师负责制。总监理工程师依法和在授权范围内可以发布有关指令，全面负责受委托的监理工程。

5. 工程监理的形式

《建设工程质量管理条例》规定，监理工程师应当按照工程监理规范的要求，采取旁站、巡视和平行检验等形式，对建设工程实施监理。

（四）政府部门工程质量监督管理的相关规定

1. 我国的建设工程质量监督管理体制

《建设工程质量管理条例》规定，国务院建设行政主管部门对全国的建设工程质量实施统一监督管理。国务院铁路、交通、水利等有关部门按照国务院规定的职责分工，负责对全国的有关专业建设工程质量进行监督管理。

2. 政府部门监督检查的内容和有权采取的措施

《建设工程质量管理条例》规定，国务院建设行政主管部门和国务院铁路、交通、水利等有关部门以及县级以上地方人民政府建设行政主管部门和其他有关部门，应当加强对有关建设工程质量的法律、法规和强制性标准执行情况的监督检查。

县级以上人民政府建设行政主管部门和其他有关部门履行监督检查职责时，有权采取下列措施：

1）要求被检查的单位提供有关工程质量的文件和资料。
2）进入被检查单位的施工现场进行检查。
3）发现有影响工程质量的问题时，责令改正。

3. 禁止滥用权力的行为

《建设工程质量管理条例》规定，供水、供电、供气和公安消防等部门或者单位不得明示或者暗示建设单位、施工单位购买其指定的生产供应单位的建筑材料、建筑构（配）件和设备。

4. 建设工程质量事故报告制度

《建设工程质量管理条例》规定，建设工程发生质量事故，有关单位应当在 24 小时内向当地建设行政主管部门和其他有关部门报告。对重大质量事故，事故发生地的建设行政主管部门和其他有关部门应当按照事故类别和等级向当地人民政府、上级建设行政主管部门和其他有关部门报告。特别重大质量事故的调查程序按照国务院的有关规定办理。

根据国务院《生产安全事故报告和调查处理条例》的规定，特别重大事故，是指造成 30 人以上死亡，或者 100 人以上重伤（包括急性工业中毒），或者 1 亿元以上直接经济损失的事故。特别重大事故、重大事故逐级上报至国务院安全生产监督管理部门和负有安全生产监督管理职责的有关部门。每级上报的时间不得超过 2 小时。必要时，安全生产监督管理部门和负有安全生产监督管理职责的有关部门可以越级上报事故情况。

第四节　建设工程竣工验收与工程质量保修制度

一、建设工程竣工验收制度

（一）竣工验收的主体和法定条件

1. 建设工程竣工验收的主体

《建设工程质量管理条例》规定，建设单位收到建设工程竣工报告后，应当组织设计、施工、工程监理等有关单位进行竣工验收。

2. 竣工验收应当具备的法定条件

《建筑法》规定，交付竣工验收的建筑工程，必须符合规定的建筑工程质量标准，有完整的工程技术经济资料和经签署的工程保修书，并具备国家规定的其他竣工条件。建筑工程竣工经验收合格后，方可交付使用；未经验收或者验收不合格的，不得交付使用。

《建设工程质量管理条例》进一步规定，建设工程竣工验收应当具备下列条件：

1) 完成建设工程设计和合同约定的各项内容。
2) 有完整的技术档案和施工管理资料。
3) 有工程使用的主要建筑材料、建筑构（配）件和设备的进场试验报告。
4) 有勘察、设计、施工、工程监理等单位分别签署的质量合格文件。
5) 有施工单位签署的工程保修书。

建设工程经验收合格的，方可交付使用。

（二）施工单位应提交的档案资料

《建设工程质量管理条例》规定，建设单位应当严格按照国家有关档案管理的规定，及时收集、整理建设项目各环节的文件资料，建立健全建设项目档案，并在建设工程竣工验收后，及时向建设行政主管部门或者其他有关部门移交建设项目档案。

施工单位应当按照归档要求制定统一目录，有专业分包工程的，分包单位要按照总承包单位的总体安排做好各项资料整理工作，最后再由总承包单位进行审核、汇总。

施工单位一般应当提交的档案资料如下：

1) 工程技术档案资料。
2) 工程质量保证资料。
3) 工程检验评定资料。
4) 竣工图等。

（三）规划、消防、环保、节能等方面验收的规定

《建设工程质量管理条例》规定，建设单位应当自建设工程竣工验收合格之日起15日，用文件报建设行政主管部门或者其他有关部门备案。

1. 建设工程竣工规划验收

《城乡规划法》规定，县级以上地方人民政府城乡规划主管部门按照国务院规定对建设工程是否符合规划条件予以核实。未经核实或者经核实不符合规划条件的，建设单位不得组织竣工验收。建设单位应当在竣工验收后6个月内向城乡规划主管部门报送有关竣工验收资料。

《城乡规划法》还规定，建设单位未在建设工程竣工验收后6个月内向城乡规划主管部门报送有关竣工验收资料的，由所在地城市、县人民政府城乡规划主管部门责令限期补报；逾期不补报的，处1万元以上5万元以下的罚款。

2. 建设工程竣工消防验收

《消防法》第十一条至第十三条规定，国务院住房和城乡建设主管部门规定的特殊建设工程，建设单位应当将消防设计文件报送住房和城乡建设主管部门审查，住房和城乡建设主管部门依法对审查的结果负责。

前款规定以外的其他建设工程，建设单位申请领取施工许可证或者申请批准开工报告时

应当提供满足施工需要的消防设计图及技术资料。

特殊建设工程未经消防设计审查或者审查不合格的,建设单位、施工单位不得施工;其他建设工程,建设单位未提供满足施工需要的消防设计图及技术资料的,有关部门不得发放施工许可证或者批准开工报告。

国务院住房和城乡建设主管部门规定应当申请消防验收的建设工程竣工,建设单位应当向住房和城乡建设主管部门申请消防验收。

前款规定以外的其他建设工程,建设单位在验收后应当报住房和城乡建设主管部门备案,住房和城乡建设主管部门应当进行抽查。

《城市房地产开发经营管理条例》第十七条规定,房地产开发项目竣工,经验收合格后,方可交付使用;未经验收或者验收不合格的,不得交付使用。

3. 建设工程竣工环保验收

环保验收,即环境保护设施竣工验收,应当与主体工程竣工验收同时进行。需要进行试生产的建设项目,建设单位应当自建设项目投入试生产之日起3个月内,向审批该建设项目环境影响报告书、环境影响报告表或者环境影响登记表的环境保护行政主管部门,申请该建设项目需要配套建设的环境保护设施竣工验收。分期建设、分期投入生产或者使用的建设项目,其相应的环境保护设施应当分期验收。

环境保护行政主管部门应当自收到环境保护设施竣工验收申请之日起30日内,完成验收。建设项目需要配套建设的环境保护设施经验收合格,方可正式投入生产或者使用。

4. 建筑节能分部工程验收

(1) 建筑节能分部工程进行质量验收的条件。建筑节能分部工程的质量验收,应在检验批、分项工程全部合格的基础上,对建筑围护结构的外墙节能构造进行实体检验,在严寒、寒冷和夏热冬冷地区要对节能构造进行外窗气密性现场检测,同时进行系统节能性能检测和系统联合试运转与调试,确认建筑节能工程质量达到验收的条件后方可进行。

(2) 建筑节能分部工程验收的组织。建筑节能分部工程验收的程序和组织应遵守《建筑工程施工质量验收统一标准》(GB 50300—2013)的要求,并符合下列规定:

1) 节能工程的检验批验收和隐蔽工程验收应由监理工程师主持,施工单位相关专业的质量检查员与施工员参加。

2) 节能分项工程验收应由监理工程师主持,施工单位项目技术负责人和相关专业的质量检查员、施工员参加,必要时可邀请设计单位相关专业的人员参加。

3) 节能分部工程验收应由总监理工程师(建设单位项目负责人)主持,施工单位项目经理、项目技术负责人和相关专业的质量检查员、施工员参加,施工单位的质量或技术负责人、设计单位节能设计人员也应参加。

(3) 建筑节能工程验收的程序。

1) 施工单位自检评定。
2) 监理单位进行节能工程质量评估。
3) 建筑节能分部工程验收。
4) 施工单位按验收意见进行整改。
5) 节能工程验收结论。
6) 验收资料归档。

(四）工程竣工结算、质量争议的规定

1. 工程竣工结算

（1）工程竣工结算方式与编审。《建设工程价款结算暂行办法》规定，工程完工后，双方应按照约定的合同价款与合同价款调整内容及索赔事项，进行工程竣工结算。工程竣工结算分为单位工程竣工结算、单项工程竣工结算和建设项目竣工总结算。

承包人应在合同约定期限内完成项目竣工结算编制工作，未在规定期限内完成的并且提不出正当理由延期的，责任自负。

（2）工程竣工结算审查期限。单项工程竣工后，承包人应在提交竣工验收报告的同时，向发包人递交竣工结算报告及完整的结算资料，发包人应按以下规定时限进行核对（审查）并提出审查意见：500万元以下，时限为从接到竣工结算报告和完整的竣工结算资料之日起20天；500万元~2 000万元，时限为从接到竣工结算报告和完整的竣工结算资料之日起30天；2 000万元~5 000万元，时限为从接到竣工结算报告和完整的竣工结算资料之日起45天；5 000万元以上，时限为从接到竣工结算报告和完整的竣工结算资料之日起60天。

建设项目竣工总结算在最后一个单项工程竣工结算审查确认后15天内汇总，送发包人后30天内审查完成。

（3）工程竣工价款结算。工程竣工价款结算以合同工期为准，实际施工工期比合同工期提前或延后，发、承包双方应按合同约定的奖惩办法执行。

（4）索赔及合同以外零星项目工程价款结算。发包人要求承包人完成合同以外零星项目，承包人应在接受发包人要求的7天内就用工数量和单价、机械台班数量和单价、使用材料和金额等向发包人提出施工签证，发包人签证后施工，如发包人未签证，承包人施工后发生争议的，责任由承包人自负。

（5）未按规定时限办理事项的处理。发包人收到竣工结算报告及完整的结算资料后，在《建设工程价款结算暂行办法》规定或合同约定期限内，对结算报告及资料没有提出意见的，则视同认可。

承包人如未在规定时间内提供完整的工程竣工结算资料，经发包人催促后14天内仍未提供或没有明确答复，发包人有权根据已有资料进行审查，责任由承包人自负。

根据确认的竣工结算报告，承包人向发包人申请支付工程竣工结算款。发包人应在收到申请后15天内支付结算款，到期没有支付的应承担违约责任。承包人可以催告发包人支付结算价款，如达成延期支付协议，发包人应按同期银行贷款利率支付拖欠工程价款的利息。如未达成延期支付协议，承包人可以与发包人协商将该工程折价，或申请人民法院将该工程依法拍卖，承包人就该工程折价或者拍卖的价款优先受偿。

2. 竣工工程质量争议的处理

《建筑法》规定，建筑工程竣工时，屋顶、墙面不得留有渗漏、开裂等质量缺陷；对已发现的质量缺陷，建筑施工企业应当修复。《建设工程质量管理条例》规定，施工单位对施工中出现质量问题的建设工程或者竣工验收不合格的建设工程，应当负责返修。

（1）承包方责任的处理。《民法典》第八百零一条规定，因施工人的原因致使建设工程质量不符合约定的，发包人有权要求施工人在合理期限内无偿修理或者返工、改建。

（2）发包方责任的处理。根据《最高人民法院关于审理建设施工合同纠纷案件适用法

律问题的解释》的规定，发包人具有下列情形之一，造成建设工程质量缺陷，应当承担过错责任：①提供的设计有缺陷；②提供或者指定购买的建筑材料、建筑构（配）件、设备不符合强制性标准；③直接指定分包人分包专业工程。

（3）未经竣工验收擅自使用的处理原则。

《建筑法》《民法典》《建设工程质量管理条例》均规定，建设工程竣工经验收合格后，方可交付使用；未经验收或验收不合格的，不得交付使用。

（五）竣工验收报告备案的规定

1. 竣工验收备案的时间及须提交的文件

住房和城乡建设部《房屋建筑工程和市政基础设施工程竣工验收备案管理暂行办法》规定，建设单位应当自工程竣工验收合格之日起15日内，依照规定，向工程所在地的县级以上地方人民政府建设主管部门（以下简称备案机关）备案。

建设单位办理工程竣工验收备案应当提交下列文件：

1）工程竣工验收备案表。

2）工程竣工验收报告，应当包括工程报建日期，施工许可证号，施工图设计文件审查意见，勘察、设计、施工、工程监理等单位分别签署的质量合格文件及验收人员签署的竣工验收原始文件，市政基础设施的有关质量检测和功能性试验资料，以及备案机关认为需要提供的有关资料。

3）法律、行政法规规定应当由规划、环保等部门出具的认可文件或者准许使用文件。

4）法律规定应当由公安消防部门出具的对大型的人员密集场所和其他特殊建设工程验收合格的证明文件。

5）施工单位签署的工程质量保修书。

6）法规、规章规定必须提供的其他文件。

住宅工程还应当提交《住宅质量保证书》和《住宅使用说明书》。

2. 竣工验收备案文件的签收和处理

备案机关收到建设单位报送的竣工验收备案文件，验证文件齐全后，应当在工程竣工验收备案表上签署文件收讫。工程竣工验收备案表一式两份，一份由建设单位保存，另一份留备案机关存档。

工程质量监督机构应当在工程竣工验收之日起15日内，向备案机关提交工程质量监督报告。

二、建设工程质量保修制度

建设工程质量保修制度是指建设工程在办理竣工验收手续后，在规定的保修期限内，因勘察、设计、施工、材料等原因造成的质量缺陷，应当由施工承包单位负责维修、返工或更换，由责任单位负责赔偿损失。建设工程实行质量保修制度是落实建设工程质量责任的重要措施。《建筑法》《建设工程质量管理条例》《房屋建筑工程质量保修办法》均对该项制度做出了相关的规定。

（一）质量保修最低保修期的规定

建设工程施工单位在向建设单位提交竣工验收报告时，应当向建设单位出具质量保修书。质量保修书中应当明确建设工程的保修范围、保修期限和保修责任等。保修范围和正常使用条件下的最低保修期限如下：

1）基础设施工程、房屋建筑的地基基础工程和主体结构工程，最低保修期限为设计文件规定的该工程的合理使用年限。

2）屋面防水工程、有防水要求的卫生间、房间和外墙面的防渗漏工程，最低保修期限为5年。

3）供热与供冷系统，最低保修期限为2个采暖期、供冷期。

4）电气管线、给水排水管道、设备安装和装修工程，最低保修期限为2年。

其他项目的保修期限由发包方与承包方约定。建设工程的保修期限，自竣工验收合格之日起计算。因使用不当或者第三方造成的质量缺陷，以及不可抗力造成的质量缺陷，不属于法律规定的保修范围。

（二）施工单位的保修义务

建设工程在保修范围和保修期限内发生质量问题的，施工单位应当履行保修义务，并对造成的损失承担赔偿责任。

对在保修期限内和保修范围内发生的质量问题，一般应先由建设单位组织勘察、设计、施工等单位分析质量问题发生的原因，确定维修方案，由施工单位负责维修，但当问题较严重复杂时，不管是什么原因造成的，只要是在保修范围内，均先由施工单位履行保修义务，不得推诿。对于保修费用，则由造成质量缺陷的责任方承担。

保修期限内，保修义务的责任落实与损失赔偿责任规定见表10-2。

表10-2 保修义务的责任落实与损失赔偿责任

造成质量缺陷的原因	负责保修单位	经济责任的承担方式	承担责任的具体形式
施工单位原因	施工单位	施工单位承担	施工单位提供保修服务并承担费用
设计原因	施工单位	通过建设单位向设计单位索赔	施工单位提供保修服务但不承担费用
建筑材料、构（配）件和设备质量不合格等质量原因	施工单位	谁负责采购，谁承担经济责任	
建设单位（监理单位）原因	施工单位	建设单位承担，如属监理单位责任，则由建设单位向监理单位索赔	
因使用单位使用不当造成的损失	施工单位	由使用单位自行负责	
因不可抗力或自然灾害造成的损坏	施工单位	建设参与各方根据国家具体政策分担经济责任	

第五节 建设工程质量的监督管理

一、建设工程质量监督管理体系及制度

（一）建设工程质量监督管理体系

我国建设工程质量的监督管理体系包括两个层次：一个是宏观层面上的监管，在这个层面上建设行政主管部门及授权机构实施对建设工程质量进行行政性的强制性监管，这种监管

是外部的、纵向的控制。另一个是微观层面上的监管，包括承包单位（勘察、设计、施工）自身的质量监管和业主委托监理，其中承包单位自身的质量监管是内部的控制，而业主委托的监理是外部的控制。我国的工程质量监督管理体系如图10-1所示。

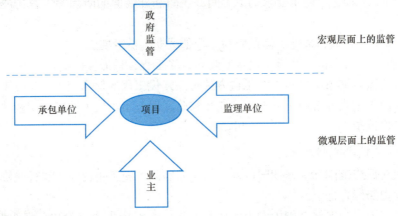

图10-1 我国的工程质量监督管理体系

政府监管与工程建设监理对建设工程项目的监管都是居于外部的，但两者存在明显的区别，见表10-3。

表10-3 政府监管与工程建设监理的区别

	政 府 监 管	工程建设监理
性质不同	建设工程质量监督机构（以下简称监督机构）是经省级以上建设行政主管部门或有关专业部门考核认定具有法人资格的事业单位，它是接受县级以上地方人民政府建设行政主管部门或有关专业部门的委托，依法对它所管辖区域范围内的建设工程项目实施强制性质量检查的专职执法机构，对委托部门负责	工程建设监理是指依据委托监理合同代表业主实施监督与管理，是一种高智能的有偿技术服务，监理单位是具有独立法人资格、自负盈亏的企业单位。监理单位只能在资质等级许可范围内实施工程监理，无地域性的限制，对业主负责
权限不同	监督机构与承、发包方是监督与被监督关系。监督机构有权对监理单位的监理行为进行监督检查。工程质量发生争议，监督机构有仲裁权	建设单位与监理单位是委托与被委托的合同关系，监理单位与施工单位是监理与被监理关系。监理单位接受政府监督检查。监理单位无仲裁权，委托人与承包人发生争议，监理单位以独立的身份判断，公正地进行调解。建设行政主管部门调解或仲裁机构仲裁时，监理单位提供做证的事实材料
职责不同	监督机构主要是在项目建设的施工阶段，对建设行为各方主体（建设、勘察、设计、施工、监理）在建设活动中的质量行为实施监督检查，重点对有关工程质量的法律、法规和强制性标准执行情况进行监督检查	工程建设监理工作是控制工程建设的投资、建设工期和工程质量，进行工程建设合同管理、信息管理和协调有关单位的工作关系，即"三控制、两管理、一协调"，是对工程质量微观性的监控与检查
依据不同	监督机构的工作依据是国家的法律、法规、强制性标准及设计文件	监理单位不仅要依据国家的法律、法规、技术标准及设计文件，还要依据施工合同和监理合同来开展工作

(续)

	政府监管	工程建设监理
手段不同	监督机构主要采用行政手段，对违法、违章的行为视其情节轻重，提出警告、通报、罚款、责令停工整顿、建议上级有关部门降低施工企业资质等级等处理方式	工程建设监理是综合运用技术、经济和法律手段，对工程质量不合格者通过令其返工、停工、不进行工程计量、不支付工程款、违约索赔等方式制约施工单位
方法不同	监督机构的监督方法是事先资质审查和重点抽查相结合，以抽查为主，重点抽查地基基础、主体结构，以及决定使用功能、安全性能的重要部位	监理单位的监理方法是采取旁站、巡视、平行检验、例会、专题会等形式，对建设工程实施监理
收费不同	监督机构的收费按国家或地方规定的费率	监理按国家指导性标准收费

（二）建设工程质量监督管理制度

我国的建设工程质量监督管理制度是以政府监督为导向，其他参与主体行为约束为主要内容。

建设工程质量必须实行政府监督管理。政府对工程质量的监督管理主要以保证工程使用安全和环境质量为主要目的，以法律、法规和强制性标准为依据，以地基基础、主体结构、环境质量和与此有关的工程建设各方主体的质量行为为主要内容，以质量监督、施工许可制度和竣工验收备案制度为主要手段。

建设单位完成工程建设准备工作并具备工程开工条件后，应及时办理工程质量监督手续和施工许可证，政府对建设工程的质量监督包括对实体工程质量的监督和参与主体工作质量的监督。

施工单位完成工程施工，应及时申请并组织工程验收，通过验收的工程项目，施工单位应将完整的工程资料交给建设单位，一般情况下，建设单位应将工程资料原件统一整理并交由政府相关部门备案。

（三）建设工程质量政府监督管理制度的特点

1. 权威性

建设工程质量政府监督管理制度体现的是国家意志，任何单位和个人从事工程建设活动都应当服从这种监督管理。

2. 强制性

建设工程质量政府监督管理制度是由国家的强制力来保证的，任何单位和个人不服从这种监督管理都将受到法律制裁。

3. 综合性

建设工程质量政府监督管理制度并不局限于某一个阶段或某一个方面，而是贯穿于建设活动的全过程，并适用于建设单位、勘察单位、设计单位、施工单位和监理单位等。

二、建设工程质量监督管理部门及职责

（一）建设工程质量监督管理部门

（1）建设行政主管部门及有关专业部门。我国建设工程实行国务院建设行政主管部门统一监督管理，各专业部门按照国务院确定的职责分别对其管理范围内的专业工程进行监督

管理。县级以上人民政府建设行政主管部门在本行政区域内实行建设工程质量监督管理，各专业部门按其职责对本专业建设工程质量实行监督管理。

(2) 国家发展和改革委员会。

(3) 建设工程质量监督机构。

(二) 建设工程质量监督管理职责

1. 国务院建设行政主管部门的基本职责

国务院建设行政主管部门和国务院铁路、交通、水利等有关部门应当加强对有关建设工程质量的法律、法规和强制性标准执行情况的监督检查。

2. 县级以上地方人民政府建设行政主管部门的基本职责

县级以上地方人民政府建设行政主管部门和其他有关部门应当加强对有关建设工程质量的法律、法规和强制性标准执行情况的监督检查。

3. 建设工程质量监督机构的基本职责

1) 办理建设单位工程建设项目报监手续，收取监督费。

2) 依照国家有关法律、法规和工程建设强制性标准，对建设工程的地基基础、主体结构及相关的建筑材料、构配件、商品混凝土的质量进行检查。

3) 对与被检查实体质量有关的工程建设参与各方主体的质量行为及工程质量文件进行检查，发现工程质量问题时，有权采取局部暂停施工等强制性措施，直到问题得到改正。

4) 对建设单位组织的竣工验收程序实施监督，查看其验收程序是否合法，资料是否齐全，实体质量是否存在严重缺陷。

5) 工程竣工后，应向委托的政府有关部门报送工程质量监督报告。

6) 对需要实施行政处罚的，报告委托的政府部门进行行政处罚。

三、建设工程竣工验收备案制度

《建设工程质量管理条例》确立了建设工程竣工验收备案制度。该项制度是加强政府监督管理，防止不合格的工程流向社会的重要手段。结合《建设工程质量管理条例》和《房屋建筑工程和市政基础设施工程竣工验收备案管理暂行办法》(2009年修订版) 的有关规定，在中华人民共和国境内新建、扩建、改建各类房屋建筑和市政基础设施工程的竣工验收备案，适用以下规定。国务院住房和城乡建设主管部门负责全国房屋建筑和市政基础设施工程的竣工验收备案管理工作。建设单位应当在工程竣工验收合格后的15天内依照规定向工程所在地的县级以上地方人民政府建设主管部门备案。

建设单位办理工程竣工验收备案应提交以下材料：

1) 工程竣工验收备案表。

2) 工程竣工验收报告。工程竣工验收报告应当包括工程报建日期，施工许可证号，施工图设计文件审查意见，勘察、设计、施工、工程监理等单位分别签署的质量合格文件及验收人员签署的竣工验收原始文件，市政基础设施的有关质量检测和功能性试验资料以及备案机关认为需要提供的有关资料。

3) 法律、行政法规规定应当由规划、环保等部门出具的认可文件或者准许使用文件。

4) 法律规定应当由公安消防部门出具的对大型的人员密集场所和其他特殊建设工程验

收合格的证明文件。

  5）施工单位签署的工程质量保修书。
  6）法规等规定必须提供的其他文件。

  住宅工程还应当提交《住宅质量保证书》和《住宅使用说明书》。建设行政主管部门或其他有关部门收到建设单位的竣工验收备案文件后，依据质量监督机构的监督报告，发现建设单位在竣工验收过程中有违反国家有关建设工程质量管理规定行为的，先责令停止使用，重新组织竣工验收后，再办理竣工验收备案。

  建设单位有下列违法行为的，要按照有关规定予以行政处罚：

  1）在工程竣工验收合格之日起 15 天内，未办理工程竣工验收备案。
  2）在重新组织竣工验收前擅自使用工程。
  3）采用虚假证明文件办理竣工验收备案。

四、工程质量事故报告制度

  根据《建设工程质量管理条例》，建设工程发生质量事故后，有关单位应当在 24 小时内向当地建设行政主管部门和其他有关部门报告。对重大质量事故，事故发生地的建设行政主管部门和其他有关部门应当按照事故类别和等级向当地人民政府、上级建设行政主管部门和其他有关部门报告。

思 考 题

1. 我国建设工程质量监督管理体系的内涵是什么？
2. 工程建设国家标准中哪些标准属于强制性标准？
3. 我国建设工程质量监督管理有哪两个层次，它们的区别是什么？
4. 建设单位的质量责任有哪些？
5. 竣工验收应具备的法定条件有哪些？
6. 简述我国的建设工程质量保修制度的内涵。

第十一章 建设工程安全生产法律制度

教学要点：

本章主要介绍建设工程安全管理及安全生产法律制度体系的内涵、建设工程安全生产主体的责任和义务、建设工程安全生产的监督管理及生产安全事故的处理。通过本章的学习，应达到以下目标：

1. 了解建设工程安全生产管理、法律体系。
2. 掌握安全生产主体的责任和义务。
3. 了解安全生产的监督管理体系。
4. 掌握安全生产事故的处理。

第一节 建设工程安全生产管理法律制度概述

安全问题是建设工程生产过程中最敏感的问题，也是目前我国建筑行业面临的较严峻的问题。一旦安全管理失误，造成人员伤亡，建设工程的其他管理目标都将成为一纸空谈，同时，对社会造成的负面影响也会远大于其他方面的影响。因此，我国的建设工程安全生产管理法律制度是建立在约束建设工程参与主体，保证建设工程安全的基础上的完整体系。我国目前已经形成了安全生产责任制度等一系列制度，来达到约束建设工程安全生产的目标。

一、建设工程安全生产管理体系

（一）建设工程安全生产管理的内涵

建设工程安全生产管理包括建筑施工过程中的施工现场人身、财产设备安全，施工现场及附近的道路、管线和房屋的安全，施工现场和周围的环境保护及工程建成后的使用安全等方面的内容。

（二）建设工程安全生产管理体系

建设工程安全生产管理包括纵向、横向和施工现场三个方面的管理。

1）纵向的管理主要是指建设行政主管部门及其授权的建筑安全监督管理机构对建筑安全生产的行业监督管理。

2）横向的管理主要是指建筑生产有关各方，如建设单位企业、设计单位、监理单位和施工单位等的安全责任和义务方面的管理。

3) 施工现场的管理主要是指控制人的不安全行为和物的不安全状态,是建筑安全生产管理的关键和集中体现。

这三个方面的管理缺一不可,形成了建设工程安全生产管理体系。

二、建设工程安全生产管理法律制度体系

(一) 安全生产责任制度

安全生产责任制度是建筑生产中最基本的安全管理制度,是所有安全规章制度的核心。安全生产责任制度是指将各种不同的安全责任落实到负有安全管理责任的人员和具体生产岗位的人员身上的一种制度。这一制度是安全第一、预防为主方针的具体体现,是建筑安全生产的基本制度。

安全生产责任制度的主要内容包括以下几个方面:

1) 从事建筑活动主体的负责人的责任制。例如,施工单位的法定代表人要对本单位的生产负主要的安全责任。

2) 从事建筑活动主体的职能机构或职能处室负责人及其工作人员的安全生产责任制。例如,施工单位根据需要设置的安全处室或者专职安全人员要对生产安全负责。

3) 岗位人员的安全生产责任制。岗位人员必须对生产安全负责。从事特种作业的安全人员必须进行培训,经过考试合格后方能上岗作业。

(二) 群防群治制度

群防群治制度是指通过职工群众进行预防和治理安全的一种制度。这一制度也是"安全第一,预防为主"的管理的重要内容。这一制度要求建筑企业职工在施工中应当遵守有关生产的法律、法规和建筑行业安全的规章、规程,不得违章作业;对于危及生命安全和身体健康的行为,职工有权提出批评、检举和控告。

(三) 安全生产教育培训制度

安全生产教育培训制度是指对广大建筑企业干部职工进行安全教育培训,提高安全意识,增加安全知识和技能的制度。安全生产,人人有责,只有通过对广大职工进行安全教育、培训,才能使广大职工真正认识到安全生产的重要性、必要性;才能使广大职工掌握更多更有效的安全生产的科学技术知识,牢固树立"安全第一"的思想意识,自觉遵守各项安全生产规章制度。通过分析各类建筑安全事故,发现造成事故的一个重要原因就是有关人员安全意识不强、安全技能不够,这些都是没有做好安全教育培训工作的后果。

(四) 安全生产检查制度

安全生产检查制度是指上级管理部门或企业自身对安全生产状况进行定期或不定期检查的制度。通过安全生产检查可以发现问题,查出隐患,从而采取有效措施,堵塞漏洞,把事故消灭在发生之前,做到防患于未然,是"预防为主"的具体体现。通过安全生产检查,还可总结出好的经验加以推广,为进一步做好安全工作打下基础。安全生产检查制度是安全生产的保障。

(五) 伤亡事故处理报告制度

伤亡事故处理报告制度是指施工中发生事故时,建筑企业应当采取紧急措施减少人员伤

亡和事故损失，并按照国家规定及时向有关部门报告的制度。事故处理必须遵循一定的程序，做到"三不放过"，即事故原因不清不放过、事故责任者和群众没有受到教育不放过、没有防范措施不放过。

（六）安全责任追究制度

法律责任中，规定建设单位、设计单位、施工单位、监理单位，由于没有履行职责造成人员伤亡和事故损失的，视情节给予相应处理；情节严重的，责令停业整顿，降低资质等级或吊销资质证书；构成犯罪的，依法追究刑事责任。

第二节　建设工程安全生产管理的责任和义务

一、建设单位安全生产管理的主要责任和义务

（一）建设单位应当向施工单位提供有关资料

《建设工程安全生产管理条例》第六条规定，建设单位应当向施工单位提供施工现场及毗邻区域内供水、排水、供电、供气、供热、通信、广播电视等地下管线资料，气象和水文观测资料，相邻建筑物和构筑物、地下工程的有关资料，并保证资料的真实、准确、完整。

建设单位因建设工程需要，向有关部门或者单位查询前述规定的资料时，有关部门或者单位应当及时提供。

（二）不得向有关单位提出影响安全生产的违法要求

《建设工程安全生产管理条例》第七条规定，建设单位不得对勘察、设计、施工、工程监理等单位提出不符合建设工程安全生产法律、法规和强制性标准规定的要求，不得压缩合同约定的工期。

（三）建设单位应当保证安全生产投入

《建设工程安全生产管理条例》第八条规定，建设单位在编制工程概算时，应当确定建设工程安全作业环境及安全施工措施所需的费用。

（四）不得明示或暗示施工单位使用不符合安全施工要求的物资

《建设工程安全生产管理条例》第九条规定，建设单位不得明示或者暗示施工单位购买、租赁、使用不符合安全施工要求的安全防护用具、机械设备、施工机具及配件、消防设施和器材。

（五）办理施工许可证或开工报告时应当报送安全施工措施

《建设工程安全生产管理条例》第十条规定，建设单位在申请领取施工许可证时，应当提供建设工程有关安全施工措施的资料。

依法批准开工报告的建设工程，建设单位应当自开工报告批准之日起15日内，将保证安全施工的措施报送建设工程所在地的县级以上人民政府建设行政主管部门或者其他有关部门备案。

（六）应当将拆除工程发包给具有相应资质的施工单位

《建设工程安全生产管理条例》第十一条规定，建设单位应当将拆除工程发包给具有相

应资质等级的施工单位。

建设单位应当在拆除工程施工 15 日前，将下列资料报送建设工程所在地的县级以上地方人民政府主管部门或者其他有关部门备案。

1）施工单位资质等级证明。
2）拟拆除建筑物、构筑物及可能危及毗邻建筑的说明。
3）拆除施工组织方案。
4）堆放、清除废弃物的措施。

实施爆破作业的，还应当遵守国家有关民用爆炸物品管理的规定。《民用爆炸物品安全管理条例》第三十二条至第三十四条规定如下：

申请从事爆破作业的单位，应当按照国务院公安部门的规定，向有关人民政府公安机关提出申请，并提供能够证明其符合本条例第三十一条规定条件的有关材料。受理申请的公安机关应当自受理申请之日起 20 日内进行审查，对符合条件的，核发《爆破作业单位许可证》；对不符合条件的，不予核发《爆破作业单位许可证》，书面向申请人说明理由。

营业性爆破作业单位持《爆破作业单位许可证》到工商行政管理部门办理工商登记后，方可从事营业性爆破作业活动。

爆破作业单位应当在办理工商登记后 3 日内，向所在地县级人民政府公安机关备案。

爆破作业单位应当对本单位的爆破作业人员、安全管理人员、仓库管理人员进行专业技术培训。爆破作业人员应当经设区的市级人民政府公安机关考核合格，取得《爆破作业人员许可证》后，方可从事爆破作业。

爆破作业单位应当按照其资质等级承接爆破作业项目，爆破作业人员应当按照其资格等级从事爆破作业。爆破作业的分级管理办法由国务院公安部门规定。

二、勘察设计单位安全生产管理的主要责任

（一）勘察单位的安全责任

根据《建设工程安全生产管理条例》第十二条的规定，勘察单位有以下安全责任。

1）勘察单位应当按照法律、法规和工程建设强制性标准进行勘察，提供的勘察文件应当真实、准确，满足建设工程安全生产的需要。
2）勘察单位在勘察作业时，应当严格执行操作规程，采取措施保证各类管线、设施和周边建筑物、构筑物的安全。

（二）设计单位的安全责任

1）设计单位应当按照法律、法规和工程建设强制性标准进行设计，防止因设计不合理导致安全生产事故的发生。
2）设计单位应当考虑施工安全操作和防护的需要，对涉及施工安全的重点部位和环节在设计文件中注明，并对防范安全生产事故提出指导意见。
3）采用新结构、新材料、新工艺的建设工程和特殊结构的建设工程，设计单位应当在设计中提出保障施工作业人员安全和预防生产安全事故的措施建议。
4）设计单位和注册建筑师等注册执业人员应当对其设计负责。

三、监理单位安全生产管理的主要责任和义务

（一）安全技术措施及专项施工方案审查义务

《建设工程安全生产管理条例》第十四条第一款规定，工程监理单位应当审查施工组织设计中的安全技术措施或者专项施工方案是否符合工程建设强制性标准。

（二）安全生产事故隐患报告义务

《建设工程安全生产管理条例》第十四条第二款规定，工程监理单位在实施监理过程中，发现存在安全事故隐患的，应当要求施工单位整改；情况严重的，应当要求施工单位暂时停止施工，并及时报告建设单位。施工单位拒不整改或者不停止施工的，工程监理单位应当及时向有关主管部门报告。

（三）监理责任

工程监理单位和监理工程师应当按照法律、法规和工程建设强制性标准实施监理，并对建设工程安全生产承担监理责任。

四、施工单位安全生产管理的主要责任和义务

（一）施工单位应当具备安全生产资质条件

《建设工程安全生产管理条例》第二十条规定，施工单位从事建设工程的新建、扩建和拆除等活动，应当具备国家规定的注册资本、专业技术人员、技术装备和安全生产等条件，依法取得相应等级的资质证书，并在其资质等级许可的范围内承揽工程。

（二）施工总承包单位与分包单位安全责任的划分

《建设工程安全生产管理条例》第二十四条规定，建设工程实行施工总承包的，由总承包单位对施工现场的安全生产负总责。

总承包单位应当自行完成建设工程主体结构的施工。

总承包单位依法将建设工程分包给其他单位的，分包合同中应当明确各自的安全生产方面的权利、义务。总承包单位和分包单位对分包工程的安全生产承担连带责任。

分包单位应当服从总承包单位的安全生产管理，分包单位不服从管理导致生产安全事故的，由分包单位承担主要责任。

（三）施工单位安全生产责任制度

《建设工程安全生产管理条例》第二十一条规定，施工单位主要负责人依法对本单位的安全生产工作全面负责。施工单位应当建立健全安全生产责任制度和安全生产教育培训制度，制定安全生产规章制度和操作规程，保证本单位安全生产条件所需资金的投入，对所承担建设工程进行定期和专项安全检查，并做好安全检查记录。

施工单位的项目负责人应当由取得相应执业资格的人员担任，对建设工程项目的安全施工负责，落实安全生产责任制度、安全生产规章制度和操作规程，确保安全生产费用的有效使用，并根据工程的特点组织制定安全施工措施，消除安全事故隐患，及时、如实报告生产安全事故。

(四) 施工单位安全生产的基本保障措施

1. 安全生产费用应当专款专用

《建设工程安全生产管理条例》第二十二条规定，施工单位对列入建设工程概算的安全作业环境及安全施工措施所需费用，应当用于施工安全防护用具及设施的采购和更新、安全施工措施的落实、安全生产条件的改善，不得挪作他用。

2. 安全生产管理机构及人员的设置

《建设工程安全生产管理条例》第二十三条规定，施工单位应当设立安全生产管理机构，配备专职安全生产管理人员。

专职安全生产管理人员负责对安全生产进行现场监督检查。发现安全事故隐患，应当及时向项目负责人和安全生产管理机构报告；对违章指挥、违章操作的，应当立即制止。

专职安全生产管理人员的配备办法由国务院建设行政主管部门会同国务院其他有关部门制定。

3. 编制安全技术措施及专项施工方案的规定

《建设工程安全生产管理条例》第二十六条规定，施工单位应当在施工组织设计中编制安全技术措施和施工现场临时用电方案，对下列达到一定规模的危险性较大的分部分项工程编制专项施工方案，并附具安全验算结果，经施工单位技术负责人、总监理工程师签字后实施，由专职安全生产管理人员进行现场监督：

1) 基坑支护与降水工程。
2) 土方开挖工程。
3) 模板工程。
4) 起重吊装工程。
5) 脚手架工程。
6) 拆除、爆破工程。
7) 国务院建设行政主管部门或者其他有关部门规定的其他危险性较大的工程。

对上述工程中涉及深基坑、地下暗挖工程、高大模板工程的专项施工方案，施工单位还应当组织专家进行论证、审查。

施工单位还应当根据施工阶段和周围环境及季节、气候的变化，在施工现场采取相应的安全施工措施。施工现场暂时停止施工的，施工单位应当做好现场防护，所需费用由责任方承担，或按照合同约定执行。

4. 对安全施工技术要求的交底

《建设工程安全生产管理条例》第二十七条规定，建设工程施工前，施工单位负责项目管理的技术人员应当对有关安全施工的技术要求向施工作业班组、作业人员作出详细说明，并由双方签字确认。

5. 危险部位安全警示标志的设置

《建设工程安全生产管理条例》第二十八条规定，施工单位应当在施工现场入口处、施工起重机械、临时用电设施、脚手架、出入通道口、楼梯口、电梯井口、孔洞口、桥梁口、隧道口、基坑边沿、爆破物及有害危险气体和液体存放处等危险部位，设置明显的安全警示标志。安全警示标志必须符合国家标准。

6. 对施工现场生活区、作业环境的要求

《建设工程安全生产管理条例》第二十九条规定，施工单位应当将施工现场的办公、生活区与作业区分开设置，并保持安全距离；办公、生活区的选址应当符合安全性要求。职工的膳食、饮水、休息场所等应当符合卫生标准。施工单位不得在尚未竣工的建筑物内设置员工集体宿舍。

7. 环境污染防护措施

《建设工程安全生产管理条例》第三十条规定，施工单位对因建设工程施工可能造成损害的毗邻建筑物、构筑物和地下管线等，应当采取专项防护措施。

施工单位应当遵守有关环境保护法律、法规的规定，在施工现场采取措施，防止或减少粉尘、废气、废水、固体废物、噪声、振动和施工照明对人和环境的危害和污染。

8. 消防安全保障措施

消防安全是建设工程安全生产管理的重要组成部分，是施工单位现场安全生产管理的工作重点之一。

《建设工程安全生产管理条例》第三十一条规定，施工单位应当在施工现场建立消防安全责任制度，确定消防安全责任人，制定用火、用电、使用易燃易爆材料等各项消防安全管理制度和操作规程，设置消防通道、消防水源，配备消防设施和灭火器材，并在施工现场入口处设置明显标志。

9. 劳动安全管理规定

《建设工程安全生产管理条例》第三十二条规定，施工单位应当向作业人员提供安全防护用具和安全防护服装，并书面告知危险岗位的操作规程和违章操作的危害。

作业人员有权对施工现场的作业条件、作业程序和作业方式中存在的安全问题提出批评、检举和控告，有权拒绝违章指挥和强令冒险作业。

在施工中发生危及人身安全的紧急情况时，作业人员有权立即停止作业或者在采取必要的应急措施后撤离危险区域。

《建设工程安全生产管理条例》第三十三条规定，作业人员应当遵守安全施工的强制性标准、规章制度和操作规程，正确使用安全防护用具、机械设备等。

《建设工程安全生产管理条例》第三十八条规定，施工单位应当为施工现场从事危险作业的人员办理意外伤害保险。

意外伤害保险费由施工单位支付。实行施工总承包的，由总承包单位支付意外伤害保险费。意外伤害保险期限自建设工程开工之日起至竣工验收合格止。

10. 安全防护用具及机械设备、施工机具的安全管理

《建设工程安全生产管理条例》第三十四条规定，施工单位采购、租赁的安全防护用具、机械设备、施工机具及配件，应当具有生产（制造）许可证、产品合格证，并在进入施工现场前进行查验。

施工现场的安全防护用具、机械设备、施工机具及配件必须由专人管理，定期进行检查、维修和保养，建立相应的资料档案，并按照国家有关规定及时报废。

《建设工程安全生产管理条例》第三十五条规定，施工单位在使用施工起重机械和整体提升脚手架、模板等自升式架设设施前，应当组织有关单位进行验收，也可以委托具有相应资质的检验检测机构进行验收；使用承租的机械设备和施工机具及配件的，由施工总承包单

位、分包单位、出租单位和安装单位共同进行验收。验收合格的方可使用。

(五) 建立企业安全教育培训制度

1. 特种作业人员培训和持证上岗

《建设工程安全生产管理条例》第二十五条规定,垂直运输机械作业人员、安装拆卸工、爆破作业人员、起重信号工、登高架设作业人员等特种作业人员,必须按照国家有关规定经过专门的安全作业培训,并取得特种作业操作资格证书后,方可上岗作业。

2. 安全管理人员和作业人员的安全教育培训和考核

《建设工程安全生产管理条例》第三十六条规定,施工单位的主要负责人、项目负责人、专职安全生产管理人员应当经建设行政主管部门或者其他有关部门考核合格后方可任职。

施工单位应当对管理人员和作业人员每年至少进行一次安全生产教育培训,其教育培训情况记入个人工作档案。安全生产教育培训考核不合格的人员,不得上岗。

3. 作业人员进入新岗位、新工地或采用新技术时的上岗教育培训

《建设工程安全生产管理条例》第三十七条规定,作业人员进入新的岗位或者新的施工现场前,应当接受安全生产教育培训。未经教育培训或者教育培训考核不合格的人员,不得上岗作业。

施工单位在采用新技术、新工艺、新设备、新材料时,应当对作业人员进行相应的安全生产教育培训。

五、建设工程相关单位安全生产管理的主要责任和义务

(一) 机械设备和配件供应单位的安全责任

《建设工程安全生产管理条例》第十五条规定,为建设工程提供机械设备和配件的单位应当按照安全施工的要求配备齐全有效的保险、限位等安全设施和装置。

(二) 机械设备、施工机具和配件出租单位的安全责任

《建设工程安全生产管理条例》第十六条规定,出租的机械设备和施工机具及配件,应当具有生产(制造)许可证、产品合格证。

出租单位应当对出租的机械设备和施工机具及配件的安全性能进行检测,在签订租赁协议时,应当出具检测合格证明。

禁止出租检测不合格的机械设备和施工机具及配件。

(三) 起重机械和自升式架设设施的安全管理

1) 在施工现场安装、拆卸施工起重机械和整体提升脚手架、模板等自升式架设设施,必须由具有相应资质的单位承担。

2) 安装、拆卸施工起重机械和整体提升脚手架、模板等自升式架设设施,应当编制拆装方案、制定安全施工措施,并由专业技术人员现场监督。

3) 施工起重机械和整体提升脚手架、模板等自升式架设设施安装完毕后,安装单位应当自检,出具自检合格证明,并向施工单位进行安全使用说明,办理验收手续并签字。

4) 施工起重机械和整体提升脚手架、模板等自升式架设设施的使用达到国家规定的检

验检测期限的,必须经具有专业资质的检验检测机构检测。经检测不合格的,不得继续使用。

5)检验检测机构对检测合格的施工起重机械和整体提升脚手架、模板等自升式架设设施,应当出具安全合格证明文件,并对检测结果负责。

第三节 建设工程安全生产的监督管理

一、安全生产的监督方式

安全生产有四种监督方式,分别是工会民主监督、社会舆论监督、公众举报监督和社区报告监督。

(一)工会民主监督

工会有权对建设项目的安全设施与主体工程同时设计、同时施工、同时投入生产和使用的情况进行监督,提出意见。

(二)社会舆论监督

新闻、出版、广播、电影、电视等单位有对违反安全生产法律、法规的行为进行舆论监督的权利。

(三)公众举报监督

任何单位或者个人对事故隐患或者安全生产违法行为,均有权向负有安全生产监督管理职责的部门报告或者举报。

(四)社区报告监督

居民委员会、村民委员会发现其所在区域内的生产经营单位存在事故隐患或者安全生产违法行为时,有权向当地人民政府或者有关部门报告。

二、安全监督检查人员的权利和义务

(一)安全监督检查人员的权利

1. 现场调查取证权

安全监督检查人员可以进入生产经营单位进行现场调查,单位不得拒绝;有权向被检查单位调阅资料,向有关人员(负责人、管理人员、技术人员)了解情况。

2. 现场处理权

安全监督检查人员的现场处理权包括:对安全生产违法作业的当场纠正权;对现场检查出的隐患,责令限期改正、停产停业或停止使用的职权;责令紧急避险权和依法行政处罚权。

3. 查封、扣押等行政强制措施权

这一权利的对象是安全设施、设备、器材、仪表等;依据是国家或行业安全标准;条件是必须按程序办事,有足够证据,经部门负责人批准,通知被查单位负责人到场,登记记录等,并必须在15日内做出决定。

(二) 安全监督检查人员的义务

1) 禁止以审查、验收的名义收取费用。
2) 禁止要求被审查、验收的单位购买指定产品。
3) 必须忠于职守、坚持原则、秉公执法。
4) 监督检查时须出示有效的监督执法证件。
5) 对涉及的被检查单位的技术秘密和业务秘密，应当为其保密。

第四节　建设工程安全事故的处理

一、建设工程安全事故等级划分

（一）划分依据

国务院《生产安全事故报告和调查处理条例》规定，根据生产安全事故造成的人员伤亡或者直接经济损失，事故一般分为四个等级。

1) 特别重大事故，是指造成 30 人以上死亡，或者 100 人以上重伤（包括急性工业中毒，下同），或者 1 亿元以上直接经济损失的事故。
2) 重大事故，是指造成 10 人以上 30 人以下死亡，或者 50 人以上 100 人以下重伤，或者 5 000 万元以上 1 亿元以下直接经济损失的事故。
3) 较大事故，是指造成 3 人以上 10 人以下死亡，或者 10 人以上 50 人以下重伤，或者 1 000 万元以上 5 000 万元以下直接经济损失的事故。
4) 一般事故，是指造成 3 人以下死亡，或者 10 人以下重伤，或者 1 000 万元以下直接经济损失的事故。

所称的"以上"包括本数，所称的"以下"不包括本数。

（二）划分要素

1. 人员伤亡数量

人员伤亡数量即安全事故等级划分的人身要素。人员的安全是生产过程中最重要的要素，安全生产制度的核心目标就是为保障人员的健康和安全。

2. 直接经济损失的数额

直接经济损失的数额即安全事故等级划分的经济要素。生产安全事故不仅对人身安全产生直接影响，还会对企业及社会经济产生负面影响。

3. 社会影响

社会影响即安全事故等级划分的社会要素。有些生产安全事故在人员伤亡数量和直接经济损失的数额上未达到法定标准，但是其社会影响非常恶劣，也要作为特殊事故进行调查处理。

（三）划分的补充性规定

《生产安全事故报告和调查处理条例》规定，国务院安全生产监督管理部门可以会同国务院有关部门，制定事故等级划分的补充性规定。

针对一些特殊行业或者领域的实际情况,《生产安全事故报告和调查处理条例》授权国务院安全生产监督管理部门可以会同国务院有关部门,除了执行对事故等级划分的一般性规定之外,还可以根据行业或者领域的特殊性,制定事故等级划分的补充性规定。

(四) 社会影响恶劣的事故

《生产安全事故报告和调查处理条例》中规定,对于没有造成人员伤亡但社会影响恶劣的事故,国务院或者有关地方政府认为需要调查处理的,依照有关规定执行。

二、施工生产安全事故应急救援预案

(一) 施工生产安全事故应急救援预案的基本介绍

1. 施工生产安全事故应急救援预案的主要作用

施工生产安全事故应急救援预案主要有以下作用:

(1) 事故预防。事故预防是指通过危险辨识事故后果分析,采用技术和管理手段降低事故发生的可能性,使可能发生的事故控制在局部,防止事故蔓延。

(2) 应急处理。应急处理是指一旦发生事故,通过应急处理程序和方法,快速反应处理故障或将事故尽快消除。

(3) 抢险救援。抢险救援是指采用预定现场抢险和抢救的方式,控制或减少事故造成的损失。

2. 施工生产安全事故应急救援预案的类型

施工生产安全事故应急救援预案分为施工单位的生产安全事故应急救援预案和施工现场生产安全事故应急救援预案两大类。

3. 应急救援组织和应急救援器材设备

施工单位应当建立应急救援组织或者配备应急救援人员,配备必要的应急救援器材、设备,进行经常性维护、保养,保证设备正常运转,并定期组织应急救援演练。

4. 总分包单位的职责分工

实行施工总承包的,由总承包单位统一组织编制建设工程生产安全事故应急救援预案,工程总承包单位和分包单位按照应急救援预案,各自建立应急救援组织或者配备应急救援人员,并配备应急救援器材、设备,定期组织演练。

《中华人民共和国安全生产法》规定,生产经营单位的主要负责人具有组织制定并实施本单位的生产安全事故应急救援预案的职责。

(二) 生产安全事故应急救援预案的编制和评审

1. 应急救援预案的编制

应急救援预案的编制应当符合下列基本要求:

1) 符合有关法律、法规、规章和标准的规定。
2) 结合本地区、本部门、本单位的生产安全实际情况。
3) 结合本地区、本部门、本单位的生产安全风险分析情况。
4) 应急救援组织和人员的职责分工明确,并有具体的落实措施。
5) 有明确、具体的事故预防措施和应急救援程序,并与自身应急救援能力相适应。
6) 有明确的应急救援保障措施,并能满足本地区、本部门、本单位的应急救援工作要求。

7）预案基本要素齐全、完整，预案附件提供的信息准确。

8）预案内容应当包括应急救援组织机构和人员的联系方式、应急物资储备清单等附件信息。

2. 应急救援预案的评审

《生产安全事故应急预案管理办法》规定，建筑施工单位应当组织专家对本单位编制的应急救援预案进行评审。评审应当形成书面纪要并附有专家名单。

3. 应急救援预案的备案

中央管理的总公司（总厂、集团公司、上市公司）的综合应急救援预案和专项应急救援预案，报国务院国有资产监督管理部门、国务院安全生产监督管理部门和国务院有关主管部门备案；其所属单位的应急救援预案分别抄送所在地的省、自治区、直辖市或者设区的市人民政府安全生产监督管理部门和有关主管部门备案。

4. 应急救援预案的培训

生产经营单位应当组织开展本单位的应急救援预案培训活动，使有关人员了解应急救援预案内容，熟悉应急救援职责、应急救援程序和岗位应急救援处置方案。应急救援预案的要点和程序应当张贴在应急救援地点和应急救援指挥场所，并设有明显的标志。

5. 应急救援预案的演练

生产经营单位应当制订本单位的应急救援预案演练计划，根据本单位的事故预防重点，每年至少组织 1 次综合应急救援预案演练或者专项应急救援预案演练，每半年至少组织 1 次现场处置方案演练。

6. 应急救援预案的修订

生产经营单位制订的应急救援预案应当至少每 3 年修订 1 次，预案修订情况应有记录并归档。

三、施工生产安全事故报告及处理

（一）施工生产安全事故报告的基本要求

1. 事故报告的时间要求

《生产安全事故报告和调查处理条例》规定，事故发生后，事故现场有关人员应当立即向本单位负责人报告；单位负责人接到报告后，应当于 1 小时内向事故发生地县级以上人民政府安全生产监督管理部门和负有安全生产监督管理职责的有关部门报告。情况紧急时，事故现场有关人员可以直接向事故发生地县级以上人民政府安全生产监督管理部门和负有安全生产监督管理职责的有关部门报告。

2. 事故报告的内容要求

事故报告应当包括下列内容：①事故发生单位概况；②事故发生的时间、地点及事故现场情况；③事故的简要经过；④事故已经造成或者可能造成的伤亡人数（包括下落不明的人数）和初步估计的直接经济损失；⑤已经采取的措施；⑥其他应当报告的情况。

3. 事故补报的要求

事故报告后出现新情况的，应当及时补报。自事故发生之日起 30 日内，事故造成的伤亡人数发生变化的，应当及时补报，其中，道路交通事故、火灾事故自发生之日起 7 日内，事故造成的伤亡人数发生变化的，应当及时补报。

(二) 发生事故后应采取的相应措施

《建设工程安全生产管理条例》规定，发生生产安全事故后，施工单位应当采取措施防止事故扩大，保护事故现场。需要移动现场物品时，应当做出标记和书面记录，妥善保管有关证物。

(三) 事故的调查

1. 事故调查的管辖

《生产安全事故报告和调查处理条例》规定，特别重大事故由国务院或者国务院授权有关部门组织事故调查组进行调查。

重大事故、较大事故、一般事故分别由事故发生地省级人民政府、设区的市级人民政府、县级人民政府负责调查。省级人民政府、设区的市级人民政府、县级人民政府可以直接组织事故调查组进行调查，也可以授权或者委托有关部门组织事故调查组进行调查。未造成人员伤亡的一般事故，县级人民政府也可以委托事故发生单位组织事故调查组进行调查。上级人民政府认为必要时，可以调查由下级人民政府负责调查的事故。

自事故发生之日起 30 日内（道路交通事故、火灾事故自发生之日起 7 日内），因事故伤亡人数变化导致事故等级发生变化，依照规定应当由上级人民政府负责调查的，上级人民政府可以另行组织事故调查组进行调查。

2. 事故调查组的组成与职责

事故调查组成员应当具有事故调查所需要的知识和专长，并与所调查的事故没有直接利害关系。事故调查组组长由负责事故调查的人民政府指定。事故调查组组长主持事故调查组的工作。

事故调查组履行下列职责：①查明事故发生的经过、原因、人员伤亡情况及直接经济损失；②认定事故的性质和事故责任；③提出对事故责任者的处理建议；④总结事故教训，提出防范和整改措施；⑤提交事故调查报告。

3. 事故调查报告的期限与内容

事故调查组应当自事故发生之日起 60 日内提交事故调查报告；特殊情况下，经负责事故调查的人民政府批准，提交事故调查报告的期限可以适当延长，但延长的期限最长不超过 60 日。

事故调查报告应当包括下列内容：

1) 事故发生单位概况。
2) 事故发生经过和事故救援情况。
3) 事故造成的人员伤亡和直接经济损失。
4) 事故发生的原因和事故性质。
5) 事故责任的认定，以及对事故责任者的处理建议。
6) 事故防范和整改措施。

(四) 事故的处理

1. 事故处理时限

《生产安全事故报告和调查处理条例》规定，重大事故、较大事故、一般事故，负责事故调查的人民政府应当自收到事故调查报告之日起 15 日内做出批复；特别重大事故，30 日内做出批复，特殊情况下，批复时间可以适当延长，但延长的时间最长不超过 30 日。

2. 处理结果的公布

事故处理的情况由负责事故调查的人民政府或者其授权的有关部门、机构向社会公布，依法应当保密的除外。

思 考 题

1. 我国的安全生产法律体系的内涵是什么？
2. 施工单位的安全生产责任和义务有哪些？
3. 我国安全生产监督主体有哪些，分别有哪些责任和义务？
4. 我国生产安全事故等级如何划分？
5. 生产安全事故处理的流程是什么？

第十二章
建设工程合同相关法律制度

教学要点：

本章主要介绍建设工程合同的概念、分类，建设工程合同订立的形式，建设工程合同的成立与生效，建设工程合同履行的抗辩权和担保，建设工程合同的变更与终止等，通过本章的学习，应掌握如下内容：

1. 建设工程合同的分类。
2. 建设工程合同的订立过程。
3. 建设工程合同的生效。
4. 无效建设工程合同的法律后果。
5. 建设工程合同的履行。
6. 建设工程合同的变更和终止。
7. 建设工程合同的违约责任。

第一节　《民法典》关于合同的相关法律规定概述

一、合同的概念和特征

合同也称为契约，它的本质是一种合意或协议。《民法典》第四百六十四条规定，合同是民事主体之间设立、变更、终止民事关系的协议。合同具有以下法律特征：

（一）合同是一种民事法律行为

民事法律行为是指民事主体设立、变更、终止民事权利和民事义务关系的行为，它以意思表示为核心要素。合同作为民事法律行为，只有在合同当事人所做出的意思表示是合法的、符合法律要求的情况下，才具有法律约束力，并受到国家法律的保护。

（二）合同关系是平等关系

合同是民事主体之间设立、变更、终止民事权利和民事义务关系的协议。合同关系是民法中最具典型意义的平等关系。合同关系的当事人地位一律平等，自愿协商是订立合同的前提，也是合同关系的灵魂。

(三) 合同订立具有一定的目的

合同以设立、变更或终止民事权利义务关系为目的。民事主体订立合同，是为了追求预期的目的，即在当事人之间引起民事权利和民事义务关系的产生、变更或消灭。

(四) 合同是当事人意思表示一致的协议

由于合同是合意的结果，因此它必须包括以下要素：①合同的成立必须要有两个以上的当事人；②各方当事人必须互相做出意思表示；③各个意思表示是一致的，也就是当事人达成了一致的协议。

二、《民法典》关于合同的相关法律规定

(一)《民法典》中第三编"合同"

《民法典》中第三编"合同"框架：共29章，自四百六十三条至九百八十八条。其中，通则分编涵盖一般规定、合同的订立、合同的效力、合同的履行、合同保全、合同的变更和转让、合同的权利义务终止、违约责任；典型合同分编包含19章内容；准合同分编包含2章内容。

(二) 典型合同

典型合同包括：买卖合同，供用电、水、气、热力合同，赠与合同，借款合同，保证合同，租赁合同，融资租赁合同，保理合同，承揽合同，建设工程合同，运输合同，技术合同，保管合同，仓储合同，委托合同，物业服务合同，行纪合同，中介合同和合伙合同。

(三) 准合同

准合同包含无因管理和不当得利。

第二节 建设工程合同的概念及分类

一、建设工程合同的概念和法律特征

(一) 建设工程合同的概念

《民法典》第七百八十八条规定，建设工程合同是承包人进行工程建设，发包方支付价款的合同。建设工程合同包括工程勘察、设计、施工合同。建设工程合同的当事人（即从事建设工程合同的主体）是发包人和承包人。在建设工程合同中，发包人委托承包人进行建设工程的勘察、设计、施工，承包人接受委托并完成建设工程的勘察、设计、施工任务，发包人向承包人支付工程价款。由此看出，建设工程合同属于承揽合同的一种。例如，德国、日本、法国的民法均把建设工程合同的规定纳入承揽合同中。我国《民法典》将承揽合同与建设工程合同作为两种不同的有名合同，分别在《民法典》合同编中的第十七章和第十八章予以单独规定，但是基于建设工程合同的本质属性是对不动产的加工承揽，所以《民法典》第八百零八条规定，"第十八章建设工程合同"没有规定的，适用承揽合同的有关规定。虽然建设工程监理合同与勘察、设计、施工等建设工程合同密切关联，但是建设工

程监理合同严格来说不属于建设工程合同，《民法典》也未将其列入建设工程合同。

(二) 建设工程合同的法律特征

建设工程合同除了具有承揽合同的一般法律特征（如诺成合同、双务合同、有偿合同）之外，还具有以下特征：

1）承包人的主体资格具有严格性。作为建设工程合同当事人一方的承包人，一般情况下只能是具有从事勘察、设计、施工资格的法人，而且必须具有由建设行政主管部门核准的资质等级。这是由建设工程合同的复杂性所决定的。由于建设工程合同的标的是完成建设工程的行为，而建设工程具有投资大、周期长、质量要求高、技术力量全面、影响国计民生等特点，作为自然人是不能够独立完成的，所以，自然人不具有作为承包人的资格，不能签订建设工程合同。

2）建设工程合同的标的是特定的，仅限于完成建设工程的行为。建设工程合同是从承揽合同中分离出来的，也属于一种完成一定工作任务的合同，与承揽合同不同的是，建设工程合同的标的具有特殊性，仅限于完成建设工程的行为。这就使得建设工程合同具有了内容复杂、履行期限长、投资规模大、风险较大等特点。

3）建设工程合同具有严格的计划性和程序性。对于承揽合同，国家一般不予以特殊的监督和管理。而对于建设工程合同，由于其建设周期长、质量要求高、涉及的方面广，因此该类合同的订立和履行，必须符合国家基本建设计划的要求，并接受有关政府部门的管理和监督。

4）建设工程合同的签订及履行，受到国家的监督管理。建设工程合同从订立到履行，从资金的投放到最终的竣工验收，都受到国家严格的管理和监督。根据《建筑法》的规定，建设单位必须在建设工程立项批准后，工程发包前，向建设行政主管部门或其授权的部门办理工程报建登记手续。未办理报建登记手续的工程，不得发包，不得签订工程合同。建设工程开工前，除个别工程外，建设单位应当按照国家有关规定向工程所在地县级以上人民政府建设行政主管部门申请领取施工许可证。未领取施工许可证的，不得开工。对于国家直接投资的工程，工程造价必须根据国家规定的建设资金，通过银行的基本建设贷款进行支付，专款专用，国家有关部门对基本建设投资实行监督。根据《民法典》第七百九十九条规定，建设工程竣工后，发包人应当根据施工图及说明书、国家颁发的施工验收规范和质量检验标准及时进行验收。验收合格的，发包人应当按照约定支付价款，并接收该建设工程。建设工程竣工经验收合格后，方可交付使用；未经验收或者验收不合格的，不得交付使用。工程竣工后，必须组织验收，由国家质量监督部门核定工程质量等级。

5）建设工程合同为要式合同。《民法典》第七百八十九条规定，建设工程合同应当采用书面形式。某些建设工程合同还必须采取批准形式。例如，《民法典》第七百九十二条规定，国家重大建设工程合同，应当按照国家规定的程序和国家批准的投资计划、可行性研究报告等文件订立。出于保护社会公共利益的目的，同时为了便于建设工程合同当事人，由国家行业主管部门制定，由住房和城乡建设部、国家工商行政管理总局发布了建筑行业的合同示范文本，并向全国推荐使用，如《建设工程施工合同（示范文本）》（GF—2017—0201），《建设工程委托监理合同（示范文本）》（GF—2012—0202）等。实践中，当事人可以根据自己的需要参照有关的合同示范文本订立建设工程合同。

二、建设工程合同的分类

(一) 建设工程勘察、设计、施工合同

按照工程建设阶段分类，建设工程合同可分为建设工程勘察合同、建设工程设计合同和建设工程施工合同。

1. 建设工程勘察合同

建设工程勘察合同是指发包人与勘察人（受托地质工程单位）就完成建设工程地理、地质等状况的调查研究工作而达成的协议。勘察合同是反映并调整发包人与受托地质工程单位之间权利义务关系的依据。经发包人同意，承包人也可以与勘察人签订勘察合同。

2. 建设工程设计合同

根据我国现行规定，一般建设项目按初步设计和施工图设计两个阶段进行，所以建设工程设计合同实际上包括两个合同：一是初步设计合同，即在建设工程立项阶段，承包人为项目决策提供可行性资料的设计而与发包人签订的合同；二是施工设计合同，即国家计划部门批准立项之后，承包人与发包人就具体施工设计达成的协议。

3. 建设工程施工合同

建筑工程施工合同，又称为建筑工程承包合同，指的是以建设单位为发包方，施工单位为承包方，依据基本建设程序，为完成特定建筑安装工程，协商订立的明确双方权利义务关系的协议。经发包人同意，承包方也可以与施工单位签订施工分包合同。建设工程施工合同都是在平等自愿的基础上由双方当事人协商签订的，合同成立一般不需要批准。施工合同主要包括建筑和安装两方面内容，这里的建筑是指对工程进行营造的行为，安装是指与工程有关的线路、管道、设备等设施的装配。施工单位要负责整个建筑物的完工，承担着工程项目施工责任（如文物保护、环境保护、地下管线设施保护等）和施工安全责任，因此，在建设工程合同中，施工合同的签订和履行是核心。

(二) 总包合同和分包合同

根据合同联系结构不同，建设工程合同可以分为总包合同和分包合同。

1. 总承包合同与分别承包合同

总承包合同是指发包人为将整个建设工程承包给一个总承包人而订立的建设工程合同，总承包人就整个建设工程对发包人负责。分别承包合同是指发包人将建设工程的勘察、设计、施工工作分别承包给勘察人、设计人、施工人而订立的勘察合同、设计合同、施工合同。勘察人、设计人、施工人分别作为承包人，就其各自承包的工程勘察、设计、施工部分对发包人负责。

2. 总包合同与分包合同

总包合同是指发包人与总承包人或者勘察、设计、施工承包人就整个建设工程或者建设工程的某个阶段工程（如勘察、设计、施工工程）的全部任务所订立的承包合同。总包合同包括总承包合同与分别承包合同，总承包人和勘察、设计、施工承包人都直接对发包人负责。分包合同是指总承包人或者勘察、设计、施工承包人经发包人同意，将其承包的部分工作承包给第三人所订立的合同。分包合同与总包合同是不可分离的。分包合同的发包人就是总包合同的总承包人或者勘察、设计、施工承包人。分包合同的承包人即分包人，就其承包

的部分工作与总承包人或者勘察、设计、施工承包人向总包合同的发包人承担连带责任。上述几种承包方式，均为我国法律所承认和保护，但建设工程的肢解承包、转包以及再分包三种承包方式，均为我国法律所禁止。

（三）固定价格合同、可调价格合同和成本加酬金合同

按照不同的计价方式进行划分，建设工程施工合同可以分为固定价格合同、可调价格合同和成本加酬金合同。根据《建筑工程施工发包与承包计价管理办法》《建设工程施工合同（示范文本）》及《建设工程价款结算暂行办法》等文件的规定，施工承包合同的发包人和承包人在签订合同时对合同价款的约定，可选用下列方式：

1. 固定价格合同

该类合同价格固定。固定价格包括固定总价和固定单价两种，合同双方应在合同示范文本的专用条款中约定合同价款包含的风险范围和风险费用的计算方法，在约定的风险范围内合同价款不再调整，风险范围以外的合同价款调整方法，也应当在专用条款内约定。固定价格合同适用于规模小、工期短的工程，设计图内的工程量价格固定，如施工中发生增加或变更，例如每层增加几个门，或地下车库一层改为两层等。这部分在设计中没有，但在施工中增加的工程量，就要通过变更签证的方式由建设单位认可，双方按约定结算工程款，没有约定的，可以协商，协商不成，则要据实结算。

2. 可调价格合同

可调价格合同，是按投标和合同签订时的设计图和工程量清单，事先确定分部分项工程的综合单价，施工完成时采用综合单价乘以分部分项工程的总工程量，再计算价格总和的合同。这种情况下，综合单价是固定的，但工程总造价是不固定的，所以称为可调价格合同。该类合同的合同价格可根据双方的约定而调整，双方在专用条款内约定合同价格调整方法。

3. 成本加酬金合同

该类合同的合同价款包括成本和酬金两部分，双方在专用条款内约定成本构成和酬金的计算方法。采用这种类型的合同，承包人不承担任何价格变化或工程量变化的风险，这些风险主要由业主承担，对业主的投资控制很不利。而承包人往往缺乏控制成本的积极性，常常不仅不愿意控制成本，还会期望提高成本以提高自己的经济效益，因此这种合同容易被那些不道德、不称职的承包人滥用，从而损害工程的整体效益。所以，应当尽量避免采用这种合同。

对于施工企业来说，固定价格合同在设计图以内的工程量，结算时亏损的风险较大；而变更签证部分一般能够获得"据实结算"的待遇。对可调价格合同，因为综合单价是固定的，意味着在计算综合单价时，人工、材料、机械的价格被固定，取费标准也被固定，不存在据实结算的问题，施工企业的实际风险更大。

第三节 建设工程合同的订立

一、建设工程合同订立的形式

合同订立的形式，又称为合同的方式，是当事人合意的表现形式。具体来说，它是指订立合同的当事人各方协商一致而成立合同的外在表现方式。我国法律对合同形式的态度，之

前主要体现在《民法典》的规定中，现行《民法典》对此进行了继承和完善，《民法典》第四百六十九条规定，当事人订立合同，可以采用书面形式、口头形式或者其他形式。

（一）书面形式

书面形式是指以文字表现当事人所订立的合同的形式。合同书及任何记载当事人要约、承诺和权利义务内容的文件，都是合同的书面形式的具体表现。《民法典》第四百六十九条规定，书面形式是合同书、信件和数据电文（包括电报、电传、传真、电子数据交换和电子邮件）等可以有形地表现所载内容的形式。在我国，除了上述普通书面形式之外，还有特殊书面形式的规定。特殊书面形式是指除文字表述协议内容之外，合同还须经过公证、鉴证、审批、登记等手续。合同的公证是指国家公证机关对合同的真实性和合法性所做的公证证明。合同的鉴证是指合同管理机关对合同的真实性和合法性依法做出的证明。合同的审批是指根据法律或主管机关的规定，由主管机关或部门对合同加以审核批准。合同的登记是指由主管机关进行登记。书面形式的最大优点是合同有据可查，发生纠纷时容易举证，便于分清责任。因此，对于关系复杂的合同、重要的合同，最好采取书面形式。因建设工程合同比较复杂，工期相对较长，因此《民法典》第七百八十九条明确规定，建设工程合同应当采用书面形式。

（二）口头形式

口头形式是指当事人只用口头语言为意思表示订立合同，而不用文字表达协议内容的形式。凡当事人无约定，法律未规定须采用特定形式的合同，均可采用口头形式。以口头形式订立合同，可以简化手续、方便交易、提高效益，但它的缺点是发生合同纠纷时难以取证，不易分清责任。所以，对于不能即时结清的合同和标的数额较大的合同，不宜采用这种形式。

（三）其他形式

本书仅介绍其他形式中的推定形式，它是指当事人未用语言、文字表达其意思表示，仅用行为向对方发出要约，对方接受该要约，做出一定或指定的行为作为承诺的，合同成立。例如，商店安装自动售货机，顾客将规定的货币投入自动售货机内，买卖合同即成立。

二、建设工程合同的订立程序

《民法典》第四百七十一条规定，当事人订立合同，可以采取要约、承诺方式或者其他形式。要约和承诺是合同订立的必经阶段。建设工程合同作为合同的一种，它的成立必然遵循合同成立的一般规则。但就建设工程合同本身而言，它的成立，存在两种具体的方式：直接发包和招标发包。由于招标投标这种程序固有的优势及建设工程合同自身的特殊性，招标发包已经成为建设工程合同成立的主要途径。在建设工程合同的这种订立过程中，其缔约形式与一般合同相比有很多不同。

（一）一般的要约和承诺方式

1. 要约

要约是指希望和他人订立合同的意思表示。

要约的构成要件如下：

1) 要约是由具有缔约能力的特定人做出的意思表示。

2) 要约需具有订立合同的意图。要约是具有法律约束力的，要约人在要约有效期间要受自己要约的约束，并负有与做出承诺的受要约人签订合同的义务。要约一经要约人发出，并经受要约人承诺，合同即告成立。

3) 要约须向要约人希望与其缔结合同的受要约人发出。

4) 要约的内容须具体确定。由于要约一经受要约人承诺，合同即为成立，所以要约必须是能够决定合同主要内容的意思表示。要约的内容首先应当确定，不能含糊不清；其次应当完整和具体，应包含合同得以成立的必要条款。要约不同于要约邀请。根据《民法典》第四百七十三条规定，要约邀请是希望他人向自己发出要约的表示。要约邀请也称为要约引诱。寄送的价目表、拍卖广告、招标公告、招股说明书、商业广告等为要约邀请。当然，如果商业广告的内容符合要约规定的，则视为要约。

2. 要约的生效

我国采取了到达主义的立法体例，即要约到达受要约人时生效。要约自生效时起对要约人产生约束力，受要约人承诺时，要约人负有与其签订合同的义务，而不得随意撤销要约。

3. 承诺

《民法典》第四百七十九条规定，承诺是受要约人同意要约的意思表示。

承诺的构成要件包括：①承诺须由受要约人做出；②承诺的内容应当与要约的内容一致。

《民法典》第四百八十八条规定，受要约人对要约的内容做出实质性变更的，为新要约。有关合同标的、数量、质量、价款或者报酬、履行期限、履行地点和方式、违约责任和解决争议方法等的变更，是对要约内容的实质性变更。《民法典》第四百九十条规定，承诺对要约的内容做出非实质性变更的，除要约人及时表示反对或者表明承诺不得对要约的内容做出任何变更外，该承诺有效，合同的内容以承诺的内容为准。

《民法典》第四百八十条规定，承诺应当以通知的方式做出，但根据交易习惯或者要约表明可通过行为做出承诺的除外。承诺通知到达要约人时生效。承诺不需要通知的，根据交易习惯或者要约的要求做出承诺的行为时生效。采用数据电文形式订立合同的，承诺到达时间的确定方式与确定要约到达时间的方式相同。

（二）招标投标缔约方式

招标投标缔约方式是由招标人向数个相对人或不特定人发出邀请，并在诸投标人中选择最优者与其订立合同的缔约方式。例如，在某建设工程施工合同的签订过程中，建设方发出招标公告，希望有承揽意图的施工企业参与投标，施工企业随后制作标书投标。招标公告属于要约邀请，投标属于要约。建设工程与国家利益及社会公共利益的关系密切，基于建设工程本身的这一特殊性，出于维护国家利益和社会公共利益的需要《招标投标法》第三条规定，关系社会公共利益、公众安全的项目等建设工程必须进行招标。招标投标方式充分体现了市场竞争机制，招标人可以利用投标人之间的竞争，达到优中选优的最佳目标。因此，尽管我国《招标投标法》并未要求所有的工程项目实行招标投标，但实践中招标人出于自身的利益考虑，也会自愿选择通过招标投标的方式选择承包人。于是，招标投标缔约方式便成为建设工程合同成立的重要方式。在我国，以招标投标方式订立建设工程合同时，要经过招标、投标、开标、评标、定标和签订合同等几个阶段。

（三）国家重大建设工程合同的订立程序

订立任何建设工程合同都要有一定的依据。一般工程项目的确定，首先要立项，即由有关业务主管部门和建设单位提出项目建议书，经批准后进行可行性研究，编制可行性研究报告，选定工程地址，只有在可行性研究报告被批准后，才能根据可行性研究报告签订勘察、设计合同。只有在勘察、设计合同履行后，才根据批准的初步设计、技术设计、施工图和总概算等签订施工合同。建设工程合同因涉及基本建设规划，其标的物为不动产的工程，承包人所完成的工作成果不仅具有不可移动性，而且须长期存在和发挥效用。因此，国家要实行严格的监督和管理。

《民法典》第七百九十二条规定，国家重大建设工程合同，应当根据国家规定的程序和国家批准的投资计划、可行性研究报告等文件订立。国家重大建设工程在事先应当进行可行性研究，对工程的投资规模、建设效益进行论证分析，并编制可行性研究报告，然后申请立项，立项批准后，再根据立项进行投资计划并报有关国家计划部门进行批准，投资计划批准后，有关建设单位根据工程的可行性研究报告和国家批准的投资计划，遵照国家规定的程序进行发包，与承包人订立建设工程合同。国家重大建设工程合同必须实行公开招标发包，发包人应当按照法定的程序和方式，发布招标公告，提供载有招标工程的主要技术要求、主要合同条款、评标的标准和方法，以及开标、评标、定标的程序等内容的招标文件。开标应当在招标文件规定的时间、地点公开进行。开标后应当按照招标文件规定的评标标准和程序对标书进行评价、比较，确定中标候选名单，中标候选单位必须具备能够建设该重大工程项目的相应资质。发包人在具有相同资质条件的投标者中，择优选择中标者。发包人应当同中标者订立建设工程承包合同。国家重大工程建设项目一般都属于国家强制监理的建设工程，因此发包人应当委托具有相应资质条件的工程监理单位对工程建设进行监理。发包人应当与其委托的工程监理单位订立书面的委托监理合同。

三、建设工程合同的主要内容

（一）合同的主要条款

《民法典》第四百七十条规定，合同的内容由当事人约定，一般包括以下条款：
1) 当事人的姓名或者名称和住所。
2) 标的。
3) 数量。
4) 质量。
5) 价款或者报酬。
6) 履行期限、地点和方式。
7) 违约责任。
8) 解决争议的方法。

当事人可以参照各类合同的示范文本订立合同。合同的条款是合同中经双方当事人协商一致、规定双方当事人的权利与义务的具体条文。合同的条款就是合同的内容。合同的权利义务，除法律规定的以外，主要由合同的条款确定。合同的条款是否齐备、准确，决定了合同能否成立、生效以及能否顺利地履行、实现订立合同的目的。合同的主要条款或者合同的内容要由当事人约定，一般包括这些条款，但不限于这些条款。主要条款的规定只具有提示性与示范性，不同类型和性质的合同的主要条款或者必备条款可能是不同的。

（二）建设工程勘察、设计合同的主要条款

勘察、设计合同的内容一般包括提交有关基础资料和概预算等文件的期限、质量要求、费用及其他协作条件等条款。合同参照《建设工程勘察合同（示范文本）》（GF—2016—0203），建设工程勘察、设计合同主要由合同协议书、通用合同条款和专用合同条款三部分组成。

1. 合同协议书

（1）勘察合同协议书的主要内容。《建设工程勘察合同（示范文本）》合同协议书部分共计12条，主要包括工程概况，勘察范围和阶段，技术要求及工作量，合同工期，质量标准，合同价款，合同文件构成，承诺，词语定义，签订时间，签订地点，合同生效和合同份数等内容，集中约定了合同当事人基本的合同权利义务。

（2）设计合同协议书的主要内容

1）发包人的义务与权利和责任。

① 发包人的义务包括：

a. 向设计人提交的设计工程项目的有关资料及文件，并对其完整性、正确性及时限负责。

b. 发包人应为派赴现场处理有关设计问题的工作人员，提供必要的协作及交通等方便条件。

c. 发包人应保护设计人的投标书、设计方案、文件、资料图样、数据、计算软件和专利技术等的知识产权。

d. 按合同约定的数额和时间支付设计费用。

② 发包人的权利包括：

a. 获得工程建设所需的设计文件。

b. 对设计人的违约行为提出索赔。

c. 如设计人违约利用发包人提交的设计工程项目的有关资料及文件，给发包人造成经济损失的，发包人有权向其索赔。

③ 发包人的责任包括：

a. 发包人不得要求设计人违反国家有关标准进行设计。

b. 发包人变更委托设计项目、规模、条件或因提交的资料错误，或所提交资料做较大修改，以致造成设计人设计需返工时，双方除需另行协商签订补充协议或另订合同、重新明确有关条款外，发包人应按设计人所耗费的工作量向设计人增付设计费。

c. 在未签合同前若发包人已同意，设计人为发包人做各项设计工作，则发包人应按收费标准支付相应的设计费。

d. 发包人要求设计人按合同规定时间提前交付设计资料及文件时，发包人应向设计人支付赶工费。

e. 未经设计人同意，发包人对设计人交付的设计资料及文件不得擅自修改、复制或向

第三方转让或用于本合同外的项目。

若发现以上情况，发包人应负法律责任，并给设计人以补偿。

2）设计人的义务与权利和责任。

① 设计人的义务包括：

a. 设计人应按国家技术规范、标准、规程及发包人提出的设计要求，进行工程设计，按合同规定的进度要求提交质量合格的设计资料，并对其负责。

b. 设计人应保护发包人的知识产权，不得向第三方泄露、转让发包人提交的产品图样等技术经济资料。

② 设计人的权利包括：

a. 获得合同约定的设计报酬。

b. 当发包人违约利用设计成果时，有权向其提出索赔或提起诉讼。

③ 设计人的责任包括：按合同约定的技术标准进行设计，并保证设计的工程具有合理的使用寿命。

2. 通用合同条款

通用合同条款是合同当事人根据《民法典》《建筑法》《招标投标法》等相关法律法规的规定，就工程勘察的实施及相关事项对合同当事人的权利义务做出的原则性约定。通用合同条款具体包括一般约定、发包人、勘察人、工期、成果资料、后期服务、合同价款与支付、变更与调整、知识产权、不可抗力、合同生效与终止、合同解除、责任与保险、违约、索赔、争议解决及补充条款共计17条。上述条款安排既考虑了现行法律法规对工程建设的有关要求，也考虑了工程勘察管理的特殊需要。

3. 专用合同条款

专用合同条款是对通用合同条款原则性约定的细化、完善、补充、修改或另行约定的条款。合同当事人可以根据不同建设工程的特点及具体情况，通过双方的谈判、协商对相应的专用合同条款进行修改补充。《民法典》第八百条规定，勘察、设计的质量不符合要求或者未按照期限提交勘察、设计文件拖延工期，造成发包人损失的，勘察人、设计人应当继续完善勘察、设计，减收或者免收勘察、设计费并赔偿损失。

（三）建设工程施工合同的主要条款

《民法典》第七百九十五条规定，施工合同的内容一般包括工程范围、建设工期、中间交工工程的开工和竣工时间、工程质量、工程造价、技术资料交付时间、材料和设备供应责任、拨款和结算、竣工验收、质量保修范围和质量保证期、相互协作等条款。

第四节 建设工程合同的效力

一、建设工程合同的成立及建设工程施工合同的备案

（一）建设工程合同的成立

当事人采用合同书形式订立合同的，自双方当事人签字或者盖章时合同成立。当事人采用信件、数据电文等形式订立合同的，可以在合同成立之前要求签订确认书，签订确认书时

合同成立。

此外,《民法典》第四百九十条中规定,法律、行政法规规定或者当事人约定合同应当采用书面形式订立,当事人未采用书面形式但是一方已经履行主要义务,对方接受时,该合同成立。当事人采用合同书形式订立合同的,在签名、盖章或者按指印之前,当事人一方已经履行主要义务,对方接受时,该合同成立。

(二) 建设工程施工合同的备案

建设工程施工合同的备案是指为达到一定的管理目的,建设行政主管部门对施工合同进行登记、办理存备的行为。

《房屋建筑和市政基础设施工程施工招标投标管理办法》(2019年修订)规定,招标人自行办理施工招标事宜的,应当在发布招标公告或者发出投标邀请书的5日前,向工程所在地县级以上地方人民政府建设行政主管部门备案,并报送下列材料:

1) 按照国家有关规定办理审批手续的各项批准文件。
2) 专业技术人员的名单、职称证书或者执业资格证书及其工作经历的证明材料。
3) 法律、法规、规章规定的其他材料。

招标人不具备自行办理施工招标事宜条件的,建设行政主管部门应当自收到备案材料之日起5日内责令招标人停止自行办理施工招标事宜。依法必须进行施工招标的工程,招标人应当在招标文件发出的同时,将招标文件报工程所在地的县级以上地方人民政府建设行政主管部门备案,但实施电子招标投标的项目除外。建设行政主管部门发现招标文件有违反法律、法规内容的,应当责令招标人改正。

招标人对已发出的招标文件进行必要的澄清或者修改的,应当在招标文件要求提交投标文件截止时间至少15日前,以书面形式通知所有招标文件收受人,并同时报工程所在地的县级以上地方人民政府建设行政主管部门备案,但实施电子招标投标的项目除外。该澄清或者修改的内容为招标文件的组成部分。

依法必须进行施工招标的工程,招标人应当自确定中标人之日起15日内,向工程所在地的县级以上地方人民政府建设行政主管部门提交施工招标投标情况的书面报告。书面报告应当包括下列内容:

1) 施工招标投标的基本情况,包括施工招标范围、施工招标方式、资格审查、开评标过程和确定中标人的方式及理由等。
2) 相关的文件资料,包括招标公告或者投标邀请书、投标报名表、资格预审文件、招标文件、评标委员会的评标报告(设有标底的,应当附标底)、中标人的投标文件。委托工程招标代理的,还应当附工程施工招标代理委托合同。

建设工程施工合同的备案实质是一种行政管理措施,是建设行政主管部门以"备案"的形式对外实施的行政管理行为。

二、合同的生效

《民法典》第五百零二条规定,依法成立的合同,自成立时生效,但是法律另有规定或者当事人另有约定的除外。

依照法律、行政法规的规定,合同应当办理批准等手续的,依照其规定。未办理批准等手续影响合同生效的，不影响合同中履行报批等义务条款以及相关条款的效力。应当办理申请批准等手续的当事人未履行义务的，对方可以请求其承担违反该义务的责任。

依照法律、行政法规的规定，合同的变更、转让、解除等情形应当办理批准等手续的，适用前款规定。

具体来说，建设工程合同的生效要件应当包括以下几点：

1. 合同的当事人

合同的当事人（即发包人和承包人）应当符合法律和行政法规规定的条件，即合同的主体要件。合同当事人必须具有相应的缔约能力，即相应的民事权利和民事行为能力。发包人应当具备开发建设的条件，承包人应当具备承揽工程的相应资质，才能成为适格的合同主体。虽然《民法典》没有明确规定建设工程合同的承包人的主体资格限制，但在《建筑法》和大量的建设方面的行政法规中均明确规定了建设工程施工合同的承包人必须是"单位"，尤其是最高人民法院公布的《建设工程施工合同司法解释》明确了建设工程的承包人必须是法人单位，承包人未取得建筑施工企业资质或者超越资质等级承包的，合同无效。而按照现行法规，符合申领资质的必须是法人单位。《建筑法》第二十六条规定，承包建筑工程的单位应当持有依法取得的资质证书，并在其资质等级许可的业务范围内承揽工程。禁止建筑施工企业超越本企业资质等级许可的业务范围或者以任何形式用其他建筑施工企业的名义承揽工程。其次，承包人必须具备建筑经营资格。只有经依法核准拥有从事建筑经营活动资格的企业法人，才有资格进行建设工程承包经营活动。《建筑业企业资质管理规定》（2018年修正）将建筑业企业资质分为施工总承包资质、专项承包资质和施工劳务资质三类，并规定了具体的标准和条件。再次，承包人必须在自身拥有的资质等级许可的业务范围内承揽工程。在我国，对于建设工程承包人实行严格的市场准入制度。《建设工程质量管理条例》第二十五条规定，施工单位应当依法取得相应等级的资质证书，并在其资质等级许可的范围内承揽工程。

2. 意思表示真实

意思表示真实是指行为人的意思表示应当真实反映其内心的意思，即当事人是否订立建设工程合同，合同对方当事人的选择，以及合同内容的确定等均出于真实的意愿，非受到欺诈、胁迫或乘人之危，也不属于因产生重大误解而订立合同或合同内容显失公平，违背对方真实意思订立合同的情况。由于合同成立后，当事人的意思表示是否真实往往难以从其外部判断，法律对此一般不主动干预，是否缺乏意思表示真实，应当由当事人举证证明，因此意思表示不真实，并不导致合同绝对无效。

3. 合同不违反法律或社会公共利益

（1）合同的内容合法。合同条款中约定的权利、义务及其指向的对象及标的等，应符合法律的规定和社会公共利益的要求。

（2）合同的目的合法。当事人缔约的原因和预期要达到的目的是合法的，不存在以合法的方式达到非法目的等规避法律规定的事实。《民法典》第一百五十三条中明确规定，违反法律、行政法规的强制性规定的民事法律行为无效。但是，该强制性规定不导致该民事法律行为无效的除外。

4. 具备法律、行政法规规定的合同生效形式要件

形式要件是法律、行政法规对合同形式上的要求，通常不是合同生效的要件，但如果法

律、行政法规规定将其作为合同生效的条件时，便成为合同生效的要件之一，不具备这些要件，合同不能生效。当然，法律另有规定的除外。建设工程施工合同的当事人即发包人和承包人在签订合同的过程中应当履行法律和行政法规规定的必须履行的程序这一条件是建设工程合同所特有的条件。建设工程往往涉及国计民生而且一般投资规模较大，所以国家对建设行为予以更多的关注，并通过法律、行政法规和部门规章及地方性法规来进行约束和规范。例如，《招标投标法》规定了强制招标的工程建设项目的范围；《民法典》第七百八十九条规定，建设工程合同应当采用书面形式。对有些建设工程合同，国家有关部门制定了统一的示范文本。采用示范文本或其他书面形式订立的建设工程施工合同，在组成上并不是单一的，凡能体现发包人和承包人协商一致内容的文字材料，包括各种文书、电报、图表等，均为建设工程施工合同的组成部分。

建设工程合同同时具备以上四个要件即为有效的建设工程合同。当事人应当信守合同，不履行合同或者履行合同不符合约定的，要承担相应的违约责任。

三、无效的建设工程合同

（一）"最高人民法院关于审理建设工程施工合同纠纷案件适用法律问题的解释（一）"中关于无效的建设工程合同的相关规定

1. 无效合同的概念

无效合同是指欠缺合法性要件而订立的合同。无效合同不能产生当事人订立合同所预期的效果。

2. 无效的建设工程合同

无效的建设工程合同是指建设工程合同虽然已经成立，但因违反法律、行政法规的强制性规定或者社会公共利益，自始不能产生法律约束力。建设工程合同无效主要是因为合同当事人不具备适格的主体资格或者合同内容违法等原因。无效的建设工程合同自始确定不发生任何法律效力。

"最高人民法院关于审理建设工程施工合同纠纷案件适用法律问题的解释（一）"（以下简称"建设工程合同纠纷法律问题解释一"）中下列条款对无效合同进行了相关规定，具体如下。

建设工程施工合同具有下列情形之一的，应当依据《民法典》第一百五十三条第一款的规定，认定无效：

1）承包人未取得建筑业企业资质或者超越资质等级的。
2）没有资质的实际施工人借用有资质的建筑施工企业名义的。
3）建设工程必须进行招标而未招标或者中标无效的。

承包人因转包、违法分包建设工程与他人签订的建设工程施工合同，应当依据《民法典》第一百五十三条第一款及第七百九十一条第二款、第三款的规定，认定无效。

招标人和中标人另行签订的建设工程施工合同约定的工程范围、建设工期、工程质量、工程价款等实质性内容，与中标合同不一致，一方当事人请求按照中标合同确定权利义务的，人民法院应予支持。

招标人和中标人在中标合同之外就明显高于市场价格购买承建房产、无偿建设住房配套设施、让利、向建设单位捐赠财物等另行签订合同，变相降低工程价款，一方当事人以该合同背离中标合同实质性内容为由请求确认无效的，人民法院应予支持。

当事人以发包人未取得建设工程规划许可证等规划审批手续为由，请求确认建设工程施工合同无效的，人民法院应予支持，但发包人在起诉前取得建设工程规划许可证等规划审批手续的除外。发包人能够办理审批手续而未办理，并以未办理审批手续为由请求确认建设工程施工合同无效的，人民法院不予支持。

承包人超越资质等级许可的业务范围签订建设工程施工合同，在建设工程竣工前取得相应资质等级，当事人请求按照无效合同处理的，人民法院不予支持。

具有劳务作业法定资质的承包人与总承包人、分包人签订的劳务分包合同，当事人请求确认无效的，人民法院依法不予支持。

（二）《民法典》中关于合同无效的规定

《合同法》第五十二条规定了合同无效的五种法定情形，2021年《民法典》正式实施，但《民法典》合同编并没有像《合同法》原有条款中，列举中合同无效的法定情形。那么《民法典》时代，损害国家、社会公共利益的合同是不是有效呢？哪些条款规定了合同无效的内容呢？

1. 法院认定合同无效非常谨慎

从近几年司法实践看，法院对于认定合同无效是非常谨慎的，毕竟涉及当事人之间意思自治，所以法院在审理合同效力纠纷时，对认定合同无效尽量保持谦抑的态度，尽量尊重合同当事人之间的意思自治，维护交易秩序的稳定，尽量不认定合同无效。

基于此，《民法典》合同编没有以列举的方式列出合同无效的法定情形，而是通过《民法典》第五百零八条规定，该法合同编对合同的效力没有规定的，适用《民法典》总则编第六章的有关规定。

2. 合同编关于合同无效的规定

《民法典》合同编涉及合同无效的条款如下。

（1）格式条款无效的情形（第四百九十七条）。有下列情形之一的，该格式条款无效：

1）具有《民法典》总则编第六章第三节和《民法典》第五百零六条规定的无效情形。

2）提供格式条款一方不合理地免除或者减轻其责任、加重对方责任、限制对方主要权利。

3）提供格式条款一方排除对方主要权利。

（2）免责条款无效的情形（第五百零六条）。合同中的下列免责条款无效：

1）造成对方人身损害的。

2）因故意或者重大过失造成对方财产损失的。

（3）适用《民法典》总则编的情形（第五百零八条）。《民法典》合同编对合同的效力没有规定的，适用《民法典》第一编第六章的有关规定。

3. 总则编关于合同无效的规定

1）主体不适格签订的合同（第一百四十四条）。无民事行为能力人实施的民事法律行为无效。

2）意思表示不真实签订的合同（第一百四十六条）。行为人与相对人以虚假的意思表示实施的民事法律行为无效。以虚假的意思表示隐藏的民事法律行为的效力,依照有关法律规定处理。

3) 签订违法违规的合同(第一百五十三条第一款)。违反法律、行政法规的强制性规定的民事法律行为无效。但是,该强制性规定不导致该民事法律行为无效的除外。

4) 违背公序良俗的合同(第一百五十三条第二款)。违背公序良俗的民事法律行为无效。

5) 恶意串通损害他人利益的合同(第一百五十四条)。行为人与相对人恶意串通,损害他人合法权益的民事法律行为无效。

(三)"最高人民法院关于审理建设工程施工合同纠纷案件适用法律问题的解释(一)"中关于无效的建设工程合同法律后果的相关规定

建设工程合同被确认无效后,虽然不能使当事人双方依据合同产生预期的结果,但是仍会产生一定的法律后果,应根据《民法典》及其他相关法律的规定,进行处理。

"建设工程合同纠纷法律问题解释一"对建设工程施工合同无效法律后果的基本规定如下:建设工程施工合同无效,一方当事人请求对方赔偿损失的,应当就对方过错、损失大小、过错与损失之间的因果关系承担举证责任。损失大小无法确定,一方当事人请求参照合同约定的质量标准、建设工期、工程价款支付时间等内容确定损失大小的,人民法院可以结合双方过错程度、过错与损失之间的因果关系等因素做出裁判。

1. 无效的合同,丧失法律效力

(1) 合同部分或全部丧失法律效力。建设工程合同被确认无效后,产生溯及力,使合同从订立时起即不具有法律约束力,尚未履行的合同不再履行,一方从对方取得的财产,如工程预付款等,应当作为不当得利返还;正在履行的,应立即终止履行。

(2) 解决争议的条款不因合同无效而无效。建设工程合同中关于解决争议的方法条款的效力具有相对的独立性,合同无效后,当事人可能会产生谁是合同无效的责任人,以及经济责任如何承担等争议,对善后事宜的处理应当依据原合同中的争议解决条款。例如,建设工程施工合同的当事人约定采用仲裁方式解决争议的,合同无效后,仍应依据当事人关于仲裁的约定,通过仲裁途径解纷止争。

2. 合同无效但工程质量合格的,可按合同约定结算

建设工程施工合同无效但建设工程质量合格的,可参照合同约定结算工程价款。施工合同被认定无效后,原则上不应依据合同约定确定工程价款。但是,建设工程施工合同具有特殊性,合同履行的过程就是将劳动和建筑材料物化在建筑产品的过程,施工方付出了劳动,投入了资金,在施工过程中,上述财产只是从一种形态转化为另一种形态,其价值并未改变,并已全部转移到新的建筑工程之中。因此,合同被确认无效后,已经履行的内容不能适用返还的方式使合同恢复到签约前的状态,而只能按照折价补偿的方式处理。

从建设工程施工合同的实际履行情况看,合同被认定无效后的折价补偿方式主要有以下两种:

(1) 以工程定额为标准,通过鉴定确定建设工程价值。由于我国目前建筑市场上,有的发包人签订合同时往往把工程价款压得很低,并不按照定额取费,如果合同被认定无效还按照工程定额折价补偿,将会造成无效合同比有效合同的工程价款还高,超出了当事人签订合同的预期。

(2) 参照合同约定结算工程价款。这种折价补偿的方式不仅符合双方当事人在订立合同时的真实意思，还可以节省鉴定费用，提高诉讼效率。根据我国建筑行业的现状，平衡合同各方当事人的利益，建设工程施工合同被确认无效以后，建设工程质量合格的，可以参照合同约定结算工程价款。也就是说，此种情况下，如果双方在合同中对工程结算的计价标准和方法有明确约定，且不违反法律规定的，可以按合同约定结算工程价款。当然，参照合同约定结算工程价款的折价补偿原则，仅适用于建设工程质量合格的无效合同，不包括质量不合格的合同。也就是说，虽然建设工程合同因某种原因而被认定无效，但建设工程经竣工验收合格，或者经竣工验收不合格，但是经过承包人修复后，再验收合格，可以按照合同约定结算工程价款。当然，修复费用应当根据发包人的要求，在工程款中抵扣或者另行支付。

3. 合同无效且竣工验收不合格的，不予支持支付工程价款

建设工程施工合同无效，且建设工程经竣工验收不合格的，承包人请求支付工程价款的，不予支持。

1) 建设工程经竣工验收不合格的，修复后也未经竣工验收合格的，承包人请求支付工程价款的，不予支持。建设工程施工合同属于特殊形式的承揽合同，法律规定承包人的主要合同义务就是按照合同约定向发包人交付合格的建设工程，如果承包人交付的建设工程质量不合格，发包人订立合同的目的就无法实现，发包人不仅可以拒绝受领该工程，还可以不支付工程价款，这是民事法律调整加工承揽关系的原则。此外，承包人对经验收不合格的建设工程可以进行修复，经过修复建设工程质量合格的，发包人应当按照约定支付工程价款；经修复建设工程仍不合格的，该工程就没有利用价值，在这种情况下让发包人支付工程价款是不公平的。

2) 承包人是建设工程的建设者，对工程质量不合格应当承担主要责任。因此，一般来说，造成的损失应当由承包人承担，但是，如果发包人对造成工程质量不合格也有过错的，也应当承担与过错相适应的责任。也就是说，在发包人有过错的情况下，发包人虽然可以不承担按照合同约定支付工程价款的给付义务，但是应当对承包人不能得到工程价款的损失按照过错承担赔偿责任。

"建设工程合同纠纷法律问题解释一"第六条规定，建设工程施工合同无效，一方当事人请求对方赔偿损失的，应当就对方过错、损失大小、过错与损失之间的因果关系承担举证责任。因此，合同无效后，有过错的一方应当赔偿对方因此受到的损失，双方都有过错的，应当各自承担相应的责任。承、发包双方当事人按照过错分别承担相应的责任，这样规定不仅符合建筑市场的实际情况和民法原则，也有利于承包人重视建设工程质量，加强对工程质量的监督和管理。对于建设工程施工合同的无效，发包人和承包人应当根据当事人的过错大小各自承担相应的法律责任。由于承包人未取得建筑施工企业资质或者超越资质等级，或者承包人未取得建筑施工企业资质或者超越资质等级等原因，导致合同无效的，承包人对合同无效在主观上应负主要过错，承担主要责任，建设方因未尽到必要的审查义务，也负有相应的过错责任。由于建设工程必须进行招标而发包人未招标或者中标依法无效的，以及其他严重违反国家基本建设程序导致合同无效的，对建设工程不合格造成的损失，发包人承担主要过错责任，承包人承担次要过错责任。

4. 非法转包、违法分包，所签合同无效

一方或双方故意违法损害社会公共利益的，应对其非法所得予以收缴。承包人非法转包、违法分包建设工程或者没有资质的实际施工人借用有资质的建筑施工企业名义与他人签订建设工程施工合同的行为无效。人民法院可以根据《民法典》规定，收缴当事人已经取得的非法所得。施工合同无效，而且工程质量经竣工验收不合格的，不能参照合同约定结算工程价款。合同约定的工程价款与实际给付价款的差额如果由建设方取得则无法律依据，可考虑以"非法活动的财物和非法所得"予以收缴。这样做，既不会使承包人因无效的施工合同而获得有效合同的利润和效果，也不会使建设方因合同的无效而获得不当得利。

第五节 建设工程合同的履行

一、合同履行概述

（一）合同履行的概念

合同履行是指债务人全面、适当地完成其合同义务，债权人的合同债权得到完全实现，如交付约定的标的物，完成约定的工作并交付工作成果，提供约定的服务等。从合同效力方面观察，合同履行是依法成立的合同所必然发生的法律效果，并且是构成合同法律效力的主要内容。因此，许多法律法规把合同的履行规定置于债的效力或合同的效力标题下。但从合同关系消灭的角度观察，债务人全面而适当地履行合同，导致了合同关系的消灭；合同履行是合同关系消灭的原因，并且是正常消灭的原因。因此，合同履行又称作债的清偿。

（二）合同履行的原则

合同履行的原则是当事人在履行合同债务时所应遵循的基本准则。

1. 全面实际履行原则

《民法典》第五百零九条规定，当事人应当按照约定全面履行自己的义务。全面实际履行原则是指合同当事人按照合同规定的标的履行。除非由于不可抗力，否则合同当事人应交付和接受标的，不得任意降低标的物的标准、变更标的物或以货币代替实物。建设工程合同的全面实际履行就是建设工程合同当事人必须依据建设工程合同规定的标的不折不扣地实现其内容的行为。当然，全面实际履行不是绝对的，在某些特殊情况下可不加以适用。例如，对于以特定物为标的的合同，当该标的灭失时，全面实际履行已不可能。

2. 诚信原则

《民法典》第五百零九条中规定，当事人应当遵循诚信原则，根据合同的性质、目的和交易习惯履行通知、协助、保密等义务。诚信原则是指所有民事主体在从事任何民事活动，包括行使民事权利、履行民事义务、承担民事责任时，都应该要秉持诚实、善意，不诈不欺，言行一质、信守诺言。诚信原则是民法中最为重要的基本原则，是市场活动中保障交易秩序的重要法律原则，它既是法律原则，又是一种重要的道德规范。

3. 绿色原则

《民法典》第九条规定，民事主体从事民事活动，应当有利于节约资源，保护生态环境。该规定又被称为绿色原则。它体现了我国的新发展理念，是具有重大意义的创举。这项

原则既传承了天地人和、人与自然和谐相处的传统文化理念,又体现了新的发展思想,有利于缓解我国人口增长与保护资源生态的矛盾。在《民法典》的物权编、合同编和侵权责任编等相关法律制度中都体现了绿色原则。

(三) 合同履行的规则

合同履行的规则主要是指当事人就某些事项没有约定时的处理方法。我国《民法典》第五百一十条规定,合同生效后,当事人就质量、价款或者报酬、履行地点等内容没有约定或者约定不明确的,可以协议补充;不能达成补充协议的,按照合同有关条款或者交易习惯确定。

《民法典》第五百一十一条中规定:

1) 质量要求不明确的,按照强制性国家标准履行;没有强制性国家标准的,按照推荐性国家标准履行;没有推荐性国家标准的,按照行业标准履行;没有国家标准、行业标准的,按照通常标准或者符合合同目的的特定标准履行。

2) 价款或者报酬不明确的,按照订立合同时履行地的市场价格履行;依法应当执行政府定价或者政府指导价的,依照规定履行。

3) 履行地点不明确,给付货币的,在接受货币一方所在地履行;交付不动产的,在不动产所在地履行;其他标的,在履行义务一方所在地履行。

4) 履行期限不明确的,债务人可以随时履行,债权人也可以随时请求履行,但是应当给对方必要的准备时间。

5) 履行方式不明确的,按照有利于实现合同目的的方式履行。

6) 履行费用的负担不明确的,由履行义务一方负担;因债权人原因增加的履行费用,由债权人负担。

二、建设工程合同履行中的抗辩权

抗辩权是指当事人一方依法对抗对方请求和否认对方的权利主张的权利。合同履行中的抗辩权仅存在于双务合同中,是指以符合法定条件时,当事人一方对抗对方当事人的履行请求权,暂时拒绝履行其债务的权利。它包括同时履行抗辩权、先履行抗辩权和不安履行抗辩权。建设工程合同是承包人进行工程建设,发包人支付相应价款的合同,是典型的双务合同,因此在建设工程合同的履行过程中也存在同时履行抗辩权、先履行抗辩权与不安抗辩权三种抗辩权。

(一) 同时履行抗辩权

对于同时履行抗辩权,《民法典》第五百二十五条规定,当事人互负债务,没有先后履行顺序的,应当同时履行。一方在对方履行之前有权拒绝其履行请求。一方在对方履行债务不符合约定时,有权拒绝其相应的履行请求。双务合同履行上的牵连性是同时履行抗辩权存在的法理基础,在具体的建设工程合同中,要注意其适用性。例如,在建设施工合同中,双方主要给付义务中并不都具有牵连性,仅在建设方的工程款和材料、设备给付义务与施工方按设计、质量要求和约定工期施工义务之间互为前提。建设方提供场地和技术资料的义务是施工的条件,属于先履行义务,而非同时履行义务。一般情况下,主给付义务对附随义务或从给付义务的履行不得作同时履行抗辩,但如果附随义务或从给付义务的履行与合同目的的实现及对方利益密切相关，依照诚信原则，当事人可以援引同时履行抗辩。一个建设工程合同中，建设方应履行诸多从给付义务或附随义务，但需注意其中许多义务属于先履行义务，不发生同时履行抗辩。发生施工方行使同时履行抗辩的，主要是指建设方违反协助义务的情形。施工方违反从给付义务或附随义务的，一般不发生建设方同时履行抗辩。

（二）先履行抗辩权

先履行抗辩权是指依照建设工程合同约定或法律规定负有先履行义务的一方当事人，届期未履行义务、履行义务有重大瑕疵或预期违约时，相对方为保护自己的期待利益、顺序利益，或为保证自己履行合同的条件而中止履行建设工程合同的权利。《民法典》第五百二十六条规定，当事人互负债务，有先后履行顺序，应当先履行债务一方未履行的，后履行一方有权拒绝其履行请求。先履行一方履行债务不符合约定的，后履行一方有权拒绝其相应的履行请求。在建设工程合同履行中，若一方的履行是另一方履行的先决条件，后履行者则可以行使先履行抗辩权；先履行抗辩权不可能永久存续，当先期违约人纠正违约，使建设工程合同的履行趋于正常时，先履行抗辩权消灭，行使先履行抗辩权的一方应当及时恢复履行。例如，在建设工程施工合同中，如合同双方约定了发包人支付工程预付款义务的，在发包人未能按约定支付工程预付款时，承包人就可以主张暂不开工、开工期顺延和损失赔偿的权利。同理，在发包人没有按合同约定支付工程进度款时，承包人也可以主张停工、工期顺延和停工损失赔偿的权利。因为，在此时发包人支付工程预付款和支付工程进度款是合同约定的先履行义务，而承包人施工是后履行的义务。在发包人没有履行先行义务的情况下，承包人就有权主张先履行抗辩权。

（三）不安抗辩权

不安抗辩权是指在建设工程合同履行中，负有先给付义务的一方当事人，在对方财产明显减少，不能保证对待给付时，拒绝给付的权利。《民法典》第五百二十七条规定，应当先履行债务的当事人，有确切证据证明对方有下列情形之一的，可以中止履行：经营状况严重恶化；转移财产、抽逃资金，以逃避债务；丧失商业信誉；有丧失或者可能丧失履行债务能力的其他情形。当事人没有确切证据中止履行的，应当承担违约责任。在建设工程合同履行中，成立不安抗辩权须具备一定的条件：第一，双方债务因同一建设工程合同而发生；第二，负有先履行义务的一方当事人才能享有不安抗辩权；第三，对方有不能为对待给付的现实危险。

为保护对方当事人的合法权益，维护正常的经济秩序，《民法典》对不安抗辩权的行使做了限制，这种限制主要表现在以下三个方面：

1）要有确切证据，当事人没有确切证据就中止履行的，应认定为违约，并应承担相应的责任。

2）依法中止履行时，必须及时通知对方当事人，否则仍应承担相应的责任。

3）中止履行后，一旦对方当事人提供了适当担保，就应当恢复履行，否则将被认定为违约。当然，在中止履行后，对方当事人如在合理期限内未恢复履行能力并且未提供适当担保，先履行的一方可解除合同。

三、建设工程合同履行的担保

建设工程合同履行的担保是保证建设工程合同履行的一项法律制度，是建设工程合同当事人为全面履行建设工程合同及避免因对方违约遭受损失而设定的保证措施。建设工程合同履行的担保是通过签订担保合同或是在建设工程合同中设立担保条款来实现的。担保合同是从合同，被担保合同是主合同。担保合同将随着被担保合同的履行而消灭。当被担保人不履行其义务且不承担相应责任时，担保人则应承担其担保责任。就合同的担保方式而言，主要有保证、抵押、质押、留置、定金。设定质押的标的主要为动产或权利。此外，根据我国《民法典》第四百四十七条的规定，留置只成立于债务人的动产，针对建设工程不动产实施留置存在着法律上的障碍。况且留置权行使的前提是债权人必须依法占有对方的动产，所以从这个角度而言，建设工程是不能被留置的。因此，建设工程合同的担保形式主要有保证、抵押和定金三种。

（一）保证

保证是建设工程活动中最为常用的一种担保方式。保证是指保证人与债权人约定，当债务人不履行债务时，由保证人按照约定代为履行或代为承担责任的担保方式。

《民法典》主要从以下几个方面对保证进行了规定。

1. 保证人

具有代为清偿债务能力的法人、其他组织或者公民，可以作保证人。机关法人不得为保证人，但经国务院批准为使用外国政府或者国际经济组织贷款进行转贷的除外。学校、幼儿园、医院等以公益为目的的非营利法人、非法人组织不得为保证人。企业法人的分支机构、职能部门不得为保证人。企业法人的分支机构有法人书面授权的，可以在授权范围内提供保证。任何单位和个人不得强令银行等金融机构或者企业为他人提供保证；银行等金融机构或者企业对强令其为他人提供保证的行为，有权拒绝。同一债务有两个以上保证人的，保证人应当按照保证合同约定的保证份额，承担保证责任。没有约定保证份额的，保证人承担连带责任，债权人可以要求任何一个保证人承担全部保证责任，保证人都负有担保全部债权实现的义务。已经承担保证责任的保证人，有权向债务人追偿，或者要求承担连带责任的其他保证人清偿其应当承担的份额。

由于建设工程活动中担保的标的额较大，保证人往往是银行，也有信用较高的其他担保人（如担保公司）。银行出具的书面保证通常称为保函，其他保证人出具的书面保证一般称为保证书。

2. 保证合同

保证人与债权人应当以书面形式订立保证合同。

保证人与债权人可以就单个主合同分别订立保证合同，也可以协议在最高债权额限度内就一定期间连续发生的借款合同或者某项商品交易合同订立一个保证合同。保证合同应当包括以下内容：

1）被保证的主债权种类、数额。
2）债务人履行债务的期限。
3）保证的方式。
4）保证担保的范围。
5）保证的期间。
6）双方认为需要约定的其他事项。

保证合同不完全具备前述规定内容的，可以补正。

3. 保证方式

保证方式有一般保证与连带责任保证。当事人在保证合同中约定，债务人不能履行债务时，由保证人承担保证责任的，为一般保证。一般保证的保证人在主合同纠纷未经审判或者仲裁，并就债务人财产依法强制执行仍不能履行债务前，有权拒绝向债权人承担保证责任。当事人在保证合同中约定保证人和债务人对债务承担连带责任的，为连带责任保证。连带责任保证的债务人在主合同规定的债务履行期届满没有履行债务的，债权人可以请求债务人履行债务，也可以请求保证人在其保证范围内承担保证责任。当事人对保证方式没有约定或者约定不明确的，按照连带责任保证承担保证责任。一般保证和连带责任保证的保证人享有债务人的抗辩权。债务人放弃对债务的抗辩权的，保证人仍有权抗辩。抗辩权是指债权人行使债权时，债务人根据法定事由，对抗债权人行使请求权的权利。

4. 保证责任

保证合同生效后，保证人就应当在合同约定的保证范围和保证期间内承担保证责任。保证的范围包括主债权及其利息、违约金、损害赔偿金和实现债权的费用。保证合同另有约定的，按照约定。保证期间，债权人依法将主债权转让给第三人的，保证人在原保证担保的范围内继续承担保证责任。保证合同另有约定的，按照约定。

保证期间，债权人许可债务人转让债务的，应当取得保证人书面同意，保证人对未经其同意转让的债务，不再承担保证责任。债权人与债务人协议变更主合同的，应当取得保证人书面同意，未经保证人书面同意的，保证人不再承担保证责任。保证合同另有约定的，按照约定。一般保证的保证人与债权人未约定保证期间的，保证期间为主债务履行期届满之日起6个月。连带责任保证的保证人与债权人未约定保证期间的，债权人有权自主债务履行期届满之日起6个月内要求保证人承担保证责任。

（二）抵押

抵押是指债务人或者第三人不转移对财产的占有，将该财产作为债权的担保。债务人不履行债务时，债权人有权依照法律规定以该财产折价，或者以拍卖、变卖该财产的价款优先受偿。其中，债务人或者第三人为抵押人，债权人为抵押权人，提供担保的财产为抵押物。在国际上抵押是一种非常受欢迎的担保方式，因为它能比较充分地保障债权人的利益。采用抵押担保时，抵押人和抵押权人应以书面形式订立抵押合同。

《民法典》第三百九十五条规定，债务人或者第三人有权处分的下列财产可以抵押：

1）建筑物和其他土地附着物。
2）建设用地使用权。
3）海域使用权。
4）生产设备、原材料、半成品、产品。
5）正在建造的建筑物、船舶、航空器。
6）交通运输工具。
7）法律、行政法规未禁止抵押的其他财产。

抵押人可以将上述所列财产一并抵押。

（三）定金

定金是合同签订后，但还没有履行前，当事人一方向另一方支付一定数额的金钱或其他有价代替物,以保证合同履行的担保方式。当事人可以约定一方向对方给付定金作为债权的担保。债务人履行债务的,定金应当抵作价款或者收回。给付定金的一方不履行债务或者履行债务不符合约定的,无权要求返还定金;收受定金的一方不履行债务或者履行债务不符合约定,致使不能实现合同目的的,应当双倍返还定金。当事人违约时,定金起着制裁违约方、补偿被违约方的作用。定金应当以书面形式约定。当事人在定金合同中应当约定交付定金的期限。

《民法典》第五百八十六条规定,当事人可以约定一方向对方给付定金作为债权的担保。定金合同自实际交付定金时成立。定金的数额由当事人约定;但是,不得超过主合同标的额的20%,超过部分不产生定金的效力。实际交付的定金数额多于或者少于约定数额的,视为变更约定的定金数额。

在建设工程勘察和设计合同中,通常采用定金这种担保方式。

四、我国的工程履约担保制度

(一)投标保证金

我国《房屋建筑和市政基础设施施工招标投标管理办法》中明确了投标保函和投标保证金两种投标担保方式,并说明投标保证金可以使用支票、银行汇票等,而且根据该法规所编制的《房屋建筑和市政基础设施工程施工招标文件范本》中,投标人可以提交的投标担保包括现金方式的投标保证金。在实务操作中,包括提交现金在内的投标保证金是我国建设工程领域认可的担保方式,并且被广泛采用。

(二)履约保证金

履约保证金是履约担保形式之一。履约担保是工程发包人为防止承包人在合同执行过程中违反合同规定或违约,并弥补给发包人造成的经济损失。它的形式有履约保证金、履约银行保函和履约担保书三种。

《招标投标法》第四十六条规定,招标文件要求中标人提交履约保证金的,中标人应当提交。该法没有明确缴纳标准、方式及退还时间。《工程建设项目施工招标投标办法》第六十二条规定,招标人要求中标人提交履约保证金或其他形式的履约担保的,招标人应当同时向中标人提供工程款支付担保。同时,该办法第八十五条规定,招标人不履行与中标人订立的合同的,应当返还中标人的履约保证金,并承担相应的赔偿责任。该办法同样没有明确履约保证金的测算依据和缴纳办法。

(三)质量保证金与质量保修金

根据《建设工程质量保证金管理办法》(2017年修订)的规定,建设工程质量保证金(以下简称保证金)是指发包人与承包人在建设工程承包合同中约定,从应付的工程款中预留,用以保证承包人在缺陷责任期内对建设工程出现的缺陷进行维修的资金。缺陷是指建设工程质量不符合工程建设强制性标准、设计文件,以及承包合同的约定。缺陷责任期一般为1年,最长不超过2年,由发、承包双方在合同中约定。

质量保修金对应的是质量保修期,而质量保证金对应的是缺陷责任期。想要明确质量保修金与质量保证金,首先厘清质量保修期与缺陷责任期。质量保修期是工程承包人对完成工程在保修范围内的保修期限,超过该期限承包人则无义务事实保修。《建设工程质量管理条例》关于建设工程的最低保修期限规定如下：基础设施工程、房屋建筑的地基基础工程和主体结构工程，为设计文件规定的该工程的合理使用年限；屋面防水工程，有防水要求的卫生间、房间和外墙面的防渗漏工程为 5 年；供热与供冷系统，为 2 个采暖期、供冷期；电气管线、给水排水管道、设备安装和装修工程为 2 年；其他项目的保修期限由合同当事人约定。质量保证期的起算时间为工程竣工验收合格之日。

（四）建设工程价款优先受偿权

1. 建设工程价款优先受偿权的概念和确立

《民法典》第八百零七条规定，发包人未按照约定支付价款的，承包人可以催告发包人在合理期限内支付价款。发包人逾期不支付的，除根据建设工程的性质不宜折价、拍卖外，承包人可以与发包人协议将该工程折价，也可以请求人民法院将该工程依法拍卖。建设工程的价款就该工程折价或者拍卖的价款优先受偿。该条确立了建设工程价款优先受偿权。

建设工程价款优先受偿权是指建筑工程竣工后，建设工程承包人在发包人未按照合同约定给付工程价款时，工程价款的债权与抵押权或其他债权同时并存时，承包人就该工程折价或者拍卖所得的价款，享有优先于抵押权和其他债权受偿的权利。

2. 建设工程价款优先受偿权行使的条件

建设工程价款优先受偿权的成立应符合下列条件：
1) 必须是建设工程合同中的施工合同所产生的建设工程价款。
2) 必须是已经竣工验收合格的建设工程。
3) 必须是为建设工程实际支出的劳务报酬、材料款等费用。
4) 必须是经承包人催告后仍不支付的建设工程价款。
5) 必须是允许折价、拍卖的建设工程。
6) 承包人履行了催告义务。

3. 建设工程价款优先受偿权行使的方式

行使建设工程价款优先受偿权的方式有两种：
1) 由承包人与发包人协议将该建设工程折价。
2) 由承包人申请法院依法拍卖。

4. 建设工程合同的保全

合同的保全是指法律为防止合同债务人的财产不当减少，维护其财产状况，允许合同的债权人向债务人行使一定权利的制度。合同的保全也可理解为法律强制实施的一般担保，它可弥补保证、抵押、定金、留置等特殊担保及民事强制执行的不足。《民法典》所设立的合同保全有两种：代位权和撤销权。

（1）代位权。根据《民法典》第五百三十五条，代位权是指因债务人怠于行使其债权或者与该债权有关的从权利，影响债权人的到期债权实现的，债权人可以向人民法院请求以自己的名义代位行使债务人对相对人的权利，但是该权利专属于债务人自身的除外。代位权的行使范围以债权人的到期债权为限。债权人行使代位权的必要费用，由债务人负担。

提起代位权诉讼，应当符合下列条件：
1) 债权人对债务人的债权合法。
2) 债务人怠于行使其到期债权，对债权人造成损害。

3）债务人的债权已到期。

4）债务人的债权不是专属于债务人自身的债权。

建设工程领域代位权的主体：

1）分包商对发包人的代位权在工程项目实施过程中，总承包商不能从建设单位获得工程款，进而不能支付分包商合同价款的情况非常普遍。在这种情况下，分包商可以考虑行使代位权维护自身利益，以自己的名义向发包人提起代位权之诉。

2）劳务工人、供应商对总承包商的代位权在由分包商选择劳务施工队伍或材料设备供应商的项目管理模式之下，当分包商不能给付工人工资或材料款时，劳务工人（劳务公司）及供应商得以向拖欠分包商款项的总承包商提起代位权之诉。在工程实践中，一个工程项目中往往涉及多个施工队和供应商，在这种情况下需注意，根据《民法典》合同编的司法解释，两个或者两个以上债权人以同一次债务人为被告提起代位权诉讼的，人民法院可以合并审理。当然，部分劳务工人作为债权人依法向次债务人（总承包商）提起代位权诉讼，法院判决对未成为原告的其他债权人同样发生法律拘束力。

（2）撤销权。撤销权是指因债务人放弃其到期债权或者无偿转让财产，对债权人造成损害的，债权人可以请求人民法院撤销债务人的行为。债务人以明显不合理的低价转让财产，对债权人造成损害，并且受让人知道该情形的，债权人也可请求人民法院撤销债务人的行为。撤销权的行使范围以债权人的债权为限。债权人行使撤销权的必要费用由债务人负担。撤销权自债权人知道或者应当知道撤销事由之日起一年内行使。自债务人的行为发生之日起 5 年内没有行使撤销权的，该撤销权消灭。

第六节　建设工程合同的变更与终止

一、建设工程合同的变更

（一）建设工程合同变更的概念

建设工程合同变更的概念有广义和狭义之分。广义的建设工程合同变更不仅包括合同内容的变更，还包括合同主体的变更。狭义的建设工程合同的变更仅指合同内容的变更。由于合同主体的变更实际上是合同权利义务的转让，因此这里的建设工程合同的变更是指狭义上的变更，即建设工程合同内容的变更，不包括主体的变更，即不包括合同的转让。建筑工程项目具有规模大、结构复杂、建设周期长的特点，因此建设工程合同在履行的过程中不可避免地会因为工程施工条件和环境的变化对建设工程合同进行内容变更。建设工程合同的变更一般是指建设工程合同依法成立后，在尚未履行或未完全履行时，当事人依法经过协商，或直接依据法律规定，对建设工程合同的内容进行修订或调整。

（二）建设工程合同变更的情形

建设工程合同的变更，包括法定变更与协议变更两种情形。法定变更即依据法律规定而变更合同内容。协议变更，即合同当事人在合意的基础上，以协议的方式对合同的内容进行变更。

1. 法定变更

《民法典》第八百零三条规定，发包人未按照约定的时间和要求提供原材料、设备、场地、资金、技术资料的，承包人可以顺延工程日期，并有权请求赔偿停工、窝工等损失。这是在一方当事人违约的情形下，法律直接赋予另一方当事人变更合同的权利。

2. 协议变更

《民法典》第五百四十三条规定，当事人协商一致，可以变更合同。这种变更必须取得当事人意思一致，当事人对合同变更的内容约定不明确的，推定为未变更。建设工程的变更是通过工程签证来加以确认的。在中国建设工程造价管理协会于2002年发布的《工程造价咨询业务操作指导规程》中，工程签证被解释和定义为：按承发包合同约定，一般由承发包双方代表就施工过程中涉及合同价款之外的责任事件所做的签认证明。建设工程施工合同所出现的工程签证，从法律定性上看，属于建设工程施工合同履行过程中的有关合同权利义务的增加或变更之性质。

《建设工程施工合同司法解释》明确了工程签证的法律意义。该解释第十九条规定，当事人对工程量有争议的，按照施工过程中形成的签证等书面文件确认。承包人能够证明发包人同意其施工，但未能提供签证文件证明工程量发生的，可以按照当事人提供的其他证据确认实际发生的工程量。从该司法解释规定可以看出，工程签证不是工程事实的简单记载，而是工程量争议确定的极其重要的依据。

（三）建设工程合同变更的处理

1）除了法定情形外，一般应由当事人协商一致。通常情况下，工程量的增减均由建设单位或施工方的工程变更单载明，经双方确认（签证）后施工。根据《建设工程施工合同（示范文本）》的规定，承包人应在工程变更确定后14天内，提出变更工程价款的报告，经工程师确认后调整合同价款。

2）《民法典》第七百九十二条规定，国家重大建设工程合同，应当按照国家规定的程序和国家批准的投资计划、可行性研究报告等文件订立。国家重大建设工程合同的变更若涉及内容的重大变化，如规模扩大、工期变化、质量标准改变等，都应当按照合同订立审批的程序进行合同变更的审批。

3）建设工程合同的变更不具有溯及力。由于建设工程合同的变更是在原合同的基础上将合同内容发生变化，因此建设工程合同依法变更后，发包人与承包人应按变更后的合同履行义务，任何一方违反变更后的合同内容都将违约。同时，由于建设工程合同的变更只是原合同内容的局部变更而非全部变更，因此原合同中未变更的内容仍然继续有效，双方应继续按原合同约定的内容履行义务。建设工程合同的变更不具有溯及既往的效力，已经履行的债务不因合同的变更而失去法律依据。也就是说，无论是发包人还是承包人，均不得以变更后的合同条款作为重新调整双方在变更前的权利义务关系的依据。

二、建设工程合同的解除

（一）建设工程合同解除的概念

建设工程合同的解除是指合同成立之后，尚未履行或未全部履行之前，合同当事人依法行使解除权或者双方协商决定，提前解除合同效力，使基于合同而发生的债权债务关系归于消灭的行为。

（二）建设工程合同解除的种类

根据合同解除是由单方面行使解除权解除合同，还是由双方当事人协商解除合同，合同解除可以分为单方解除和双方解除。单方解除是指具备当事人约定的或法律规定的解除条件时，享有解除权的一方行使解除权，单方通知对方解除合同，解除合同的通知到达对方时合同解除。双方解除，又称为协议解除，是指当事人协商一致解除合同。根据合同解除的依据是法律规定还是当事人约定，合同解除可分为约定解除和法定解除。

1. 约定解除

《民法典》第五百六十二条规定，当事人协商一致，可以解除合同。当事人可以约定一方解除合同的事由。解除合同的事由发生时，解除权人可以解除合同。约定解除包括：

1）当事人协商一致解除合同。由于建设工程周期较长，在履行过程中，出现了某种情况，当事人认为没有必要继续履行合同，双方协商一致，解除原合同。

2）约定一方解除合同条件的解除。当事人在合同中约定了解除合同的条件，在履行过程中，约定解除条件出现时，当事人一方单方行使解除权，从而终止合同关系。《建设工程施工合同（示范文本）》（GF—2017—0201）通用合同条款第 16.1.3 和 16.2.3 分别规定了因发包人违约解除合同和因承包人违约解除合同。

① 因发包人违约解除合同。除专用合同条款另有约定外，承包人按发包人违约的情形约定暂停施工满 28 天后，发包人仍不纠正其违约行为并致使合同目的不能实现的，或出现发包人违约的情形第（7）目约定的违约情况，承包人有权解除合同，发包人应承担由此增加的费用，并支付承包人合理的利润。

② 因承包人违约解除合同。除专用合同条款另有约定外，出现承包人违约的情形第（7）目约定的违约情况时，或监理人发出整改通知后，承包人在指定的合理期限内仍不纠正违约行为并致使合同目的不能实现的，发包人有权解除合同。合同解除后，因继续完成工程的需要，发包人有权使用承包人在施工现场的材料、设备、临时工程、承包人文件和由承包人或以其名义编制的其他文件，合同当事人应在专用合同条款约定相应费用的承担方式。发包人继续使用的行为不免除或减轻承包人应承担的违约责任。

2. 法定解除

法定解除主要适用于当事人不履行合同的主要义务，致使合同的目的无法实现的情形。《民法典》第五百六十三条规定，有下列情形之一的，当事人可以解除合同：

1）因不可抗力致使不能实现合同目的。

2）在履行期限届满前，当事人一方明确表示或者以自己的行为表明不履行主要债务。

3）当事人一方迟延履行主要债务，经催告后在合理期内仍未履行。

4）当事人一方迟延履行债务或者有其他违约行为致使不能实现合同目的。

5）法律规定的其他情形。

《建设工程施工合同（示范文本）》（GF—2017—0201）通用合同条款第 17.4 因不可抗力解除合同。因不可抗力导致合同无法履行连续超过 84 天或累计超过 140 天的，发包人和承包人均有权解除合同。合同解除后，由双方当事人按照该示范文本第 4.4 款（商定或确定）商定或确定发包人应支付的款项，该款项包括：

1）合同解除前承包人已完成工作的价款。

2）承包人为工程订购的并已交付给承包人，或承包人有责任接受交付的材料、工程设备和其他物品的价款。

3）发包人要求承包人退货或解除订货合同而产生的费用，或因不能退货或解除合同而产生的损失。

4）承包人撤离施工现场以及遣散承包人人员的费用。

5）按照合同约定在合同解除前应支付给承包人的其他款项。

6）扣减承包人按照合同约定应向发包人支付的款项。

7）双方商定或确定的其他款项。

除专用合同条款另有约定外，合同解除后，发包人应在商定或确定上述款项后28天内完成上述款项的支付。

（三）解除权的行使

《民法典》第五百六十四条规定，法律规定或者当事人约定解除权行使期限，期限届满当事人不行使的，该权利消灭。法律没有规定或者当事人没有约定解除权行使期限，自解除权人知道或者应当知道解除事由之日起一年内不行使，或者经对方催告后在合理期限内不行使的，该权利消灭。解除权的行使期限一般只存在于约定解除期限的解除和法定解除中，而协商解除是当事人双方协商解除合同，一般不会发生解除期限问题。《民法典》第五百六十五条规定，当事人一方依法主张解除合同的，应当通知对方。合同自通知到达对方时解除。对方对解除合同有异议的，任何一方当事人均可以请求人民法院或者仲裁机构确认解除行为的效力。法律、行政法规规定解除合同应当办理批准、登记手续的，依照其规定。

（四）合同解除的法律后果

根据《民法典》第五百六十六条的规定，合同解除后，尚未履行的，终止履行；已经履行的，根据履行情况和合同性质，当事人可以请求恢复原状或者采取其他补救措施，并有权请求赔偿损失。

合同因违约解除的，解除权人可以请求违约方承担违约责任，但是当事人另有约定的除外。

主合同解除后，担保人对债务人应当承担的民事责任仍应当承担担保责任，但是担保合同另有约定的除外。

（1）合同解除后，尚未履行的，终止履行。无论何种情形的解除，都是因为合同没有履行的必要或合同不能继续履行下去，因此，建设工程合同解除后，原合同失去法律效力，不应继续履行。

（2）已经履行的，根据履行情况和合同性质，当事人可以要求恢复原状、采取其他补救措施，并有权要求赔偿损失。因为施工人已完成的工程存在严重的质量瑕疵，必须拆除重建，发包人会因承包人的严重违约解除合同，同时有权要求承包人拆除已建工程，恢复原状。当然，如果承包人已建部分工程符合质量安全等法律和合同约定的标准，发包人因其他原因解除合同的，就不能要求承包人拆除。此外，建设工程因一方违约导致合同解除的，违约方应当赔偿因此而给对方造成的损失。

（3）合同的权利义务终止，不影响合同中结算和清理条款的效力。建设工程合同终止后，往往还涉及施工人已完成了部分工程。发包人也已支付部分工程款，已履行部分如何结算等，合同当事人进行经济结算以及处理合同善后事宜，仍需要有依据，因此结算和清理条款具有相对的独立性，不因合同的解除而失效。

（五）建设工程施工合同解除的特殊规定

1. 发包人的合同解除权

根据《民法典》的相关规定，承包人具有下列情形之一，发包人请求解除建设工程施工合同的，应予支持：

1）在履行期限届满前，明确表示或者以行为表明不履行合同主要债务。该规定基本上套用了《民法典》第五百六十三条规定，对于发包人而言，承包人在合同中的主要债务即是承包人完成建设工程，如果承包人明示或者以自己的行为表示不履行合同的主要债务，也即不履行合同约定的主要义务，发包人有权解除合同。一般情况下，承包人是不愿意解除合同的，所以承包人明确表示其不履行合同主要债务即明示毁约的情形较少，但以行为表示不再履行合同即默示毁约在实务中普遍存在，如擅自停工。

2）合同约定的期限内没有完工，且在发包人催告的合理期限内仍未完工的；承包人在合同约定的期限内按时完工，是承包人的主要合同义务。没有完工即没有履行合同约定的主要义务。

3）将承包的建设工程非法转包、违法分包的。《民法典》第八百零六条规定，承包人将建设工程转包、违法分包的，发包人可以解除合同。国务院的行政法规《建设工程质量管理条例》第七十八条将违法分包列为下列行为：①总承包单位将建设工程分包给不具备相应资质条件的单位的；②建设工程总承包合同中未有约定，又未经建设单位认可，承包单位将其承包的部分建设工程交由其他单位完成的；③施工总承包单位将建设工程主体结构的施工分包给其他单位的；④分包单位将其承包的工程再分包的。《民法典》第八百零八条规定，《民法典》合同编第十八章建设工程施工合同没有规定的，适用承揽合同的有关规定。而"承揽合同"一章中则有定作人解除合同的规定。建设工程施工合同作为承揽合同的一种特殊形式，发包人也即定作人。故在承包人未经发包人同意或者说转包合同、违法分包合同无效的前提下，依照定作人解除合同的规定，发包人可以行使合同解除权，旨在对发包人利益进行保护。

2. 承包人的合同解除权

发包人具有下列情形之一，致使承包人无法施工，且在催告的合理期限内仍未履行相应义务，承包人请求解除建设工程施工合同的，应予支持：

1）未按约定支付工程价款的。在建设工程施工合同中，除合同约定需由施工单位带款垫资的情形外，按约定金额及期限支付工程款是发包人的主要合同义务，如果发包人未按约定支付工程款项，导致施工单位无法继续施工，施工单位可向发包人发出通知付款的催告，给对方以合理期限，只有在合理期限届满后发包人仍不履行支付义务的，承包人（施工单位）方可行使合同解除权。根据国际惯例及建设工程施工合同的特点，建设工程施工中一般履行通知、确认义务的期限为28天，故催告的合理期限一般也可定为28天。这也与《建设工程施工合同（示范文本）》通用合同条款中的表述基本统一。但需注意的是，在示范文本通用合同条款第26.4及44.2条规定，发包人未按约定支付进度款并经承包人催告后未能达成延期付款协议，从而导致施工无法进行的，施工单位可停止施工，停止施工超过56天发包人仍不支付进度款的，施工单位方可解除合同。

  2）提供的主要建筑材料、建筑构配件和设备不符合强制性标准的。建筑材料、建筑构配件及设备直接关系到建筑工程质量，因此，由发包人提供的主要建筑材料、建筑构配件和设备应当符合设计文件及合同要求，同时施工单位必须按照工程设计要求、施工技术标准及合同约定，对建筑材料、建筑构配件等进行检验，未经检验或检验不合格的，不得在工程中使用，否则，除需承担赔偿责任外，还会受到较重的行政处罚。《标准化法》第二条规定，强制性标准必须执行。该法第二十五条规定，不符合强制性标准的产品、服务，不得生产、销售、进口或者提供。《标准化法实施条例》第十八条规定，工程建设的质量、安全、卫生标准及国家需要控制的其他工程建设标准属于强制性标准。该条例第二十三条规定，从事科研、生产、经营的单位和个人，必须严格执行强制性标准。不符合强制性标准的产品，禁止生产、销售和进口。由此看出，国家强制性标准是必须执行的最低质量标准，在发包人提供的建筑材料、建筑构配件或设备不符合该标准时，施工单位应当要求发包人在合理期限内进行更换修理，发包人拒绝履行的，施工单位有权行使合同解除权，解除施工合同。

  3）不履行合同约定的协助义务的。建设工程施工合同是承揽合同的特殊形式，因此，《民法典》中有关承揽合同的一些规定，在建设工程合同中同样可以适用。《民法典》第七百七十八条规定，承揽工作需要定作人协助的，定作人有协助的义务。定作人不履行协助义务致使承揽工作不能完成的，承揽人可以催告定作人在合理期限内履行义务，并可以顺延履行期限；定作人逾期不履行的，承揽人可以解除合同。一般而言，发包人必须履行的协助义务包括按约定的时间和要求提供原材料、设备、场地、资金及技术资料，办理施工所需的相关手续及隐蔽工程检查等，如果发包人未能履行有关协助义务，使施工单位无法继续施工，施工单位有权要求发包人在合理期限内提供，发包人仍不提供的，施工单位有权行使合同解除权，解除施工合同。

3. 建设工程施工合同解除的法律后果

  根据《民法典》第八百零六条的规定，建设工程施工合同解除后，已经完成的建设工程质量合格的，发包人应当按照约定支付相应的工程价款；已经完成的建设工程质量不合格的，参照《民法典》第七百九十三条的规定处理。《民法典》第七百九十三条规定的处理原则是：修复后的建设工程经验收合格的，发包人可以参照合同关于工程价款的约定折价补偿承包人，发包人可以请求承包人应承担相应修复费用；如果修复后的建设工程经竣工验收不合格，承包人无权请求参照合同关于工程价款的约定折价补偿。从这些规定中可以看出，合同解除后施工单位工程款能否得到补偿的关键在于已完成工程的质量状况，如果工程质量验收合格或虽然不合格但经修复验收合格的，其工程价款的补偿请求仍可得到支持，但如果经修复后仍无法验收合格，其工程价款的结算请求将不被支持。依照《民法典》第八百零四条的规定，因发包方原因导致工程中途停建、缓建的，发包人应当采取措施弥补或者减少损失，赔偿承包人因此造成的损失和实际费用。一般而言，合同解除给施工方造成的损失应包括实际损失及可得利益的损失。其中，实际损失包括因发包人违约导致停工的人工损失、工地管理费用增加的损失、机械设备租赁费用增加的损失，以及因合同解除后撤场引起的费用损失等；可得利益损失主要是指由于未能完成施工而使施工单位蒙受的预期可得利润的损失；因一方违约导致合同解除的，违约方应赔偿因此给对方造成的损失。因建设工程不合格造成的损失，发包人有过错的，也应承担相应的民事责任。

(六）建设工程设计合同解除的法律后果

《建设工程设计合同示范文本（房屋建筑工程）》（GF—2015—0209）通用合同条款第 16 条规定，发包人与设计人协商一致，可以解除合同。有下列情形之一的，合同当事人一方或双方可以解除合同：

1）设计人工程设计文件存在重大质量问题，经发包人催告后，在合理期限内修改后仍不能满足国家现行深度要求或不能达到合同约定的设计质量要求的，发包人可以解除合同。

2）发包人未按合同约定支付设计费用，经设计人催告后，在 30 天内仍未支付的，设计人可以解除合同。

3）暂停设计期限已连续超过 180 天，专用合同条款另有约定的除外。

4）因不可抗力致使合同无法履行。

5）因一方违约致使合同无法实际履行或实际履行已无必要。

6）因本工程项目条件发生重大变化，使合同无法继续履行。

任何一方因故需解除合同时，应提前 30 天书面通知对方，对合同中的遗留问题应取得一致意见并形成书面协议。合同解除后，发包人除应按该示范文本相应的约定及专用合同条款约定期限内向设计人支付已完工作的设计费外，应当向设计人支付由于非设计人原因合同解除导致设计人增加的设计费用，违约一方应当承担相应的违约责任。

（七）建设工程勘察合同解除的法律后果

《建设工程勘察合同（示范文本）》（GF—2016—0203）通用合同条款第 12 条的规定，有下列情形之一的，发包人、勘察人可以解除合同：

1）因不可抗力致使合同无法履行。

2）发生未按定金或预付款或进度款支付约定按时支付合同价款的情况，停止作业超过 28 天，勘察人有权解除合同，由发包人承担违约责任。

3）勘察人将其承包的全部工程转包给他人或者肢解以后以分包的名义分别转包给他人，发包人有权解除合同，由勘察人承担违约责任。

4）发包人和勘察人协商一致可以解除合同的其他情形。

一方依据前款约定要求解除合同的，应以书面形式向对方发出解除合同的通知，并在发出通知前不少于 14 天告知对方，通知到达对方时合同解除。对解除合同有争议的，按争议解决的约定处理。因不可抗力致使合同无法履行时，发包人应按合同约定向勘察人支付已完工作量相对应比例的合同价款后解除合同。合同解除后，勘察人应按发包人要求将自有设备和人员撤出作业场地，发包人应为勘察人撤出提供必要条件。

三、违约责任

（一）违约责任的概念

违约责任是指合同当事人一方不履行合同义务或履行合同义务不符合合同约定所应承担的民事责任。《民法典》合同编对违约责任均做了概括性规定。违约责任作为一种民事责任，具有相对性。合同关系的相对性决定了违约责任的相对性，即违约责任是合同当事人之间的民事责任，合同当事人以外的第三人对当事人之间的合同不承担违约责任。

（二）违约责任的构成要件和免责事由

由于我国《民法典》实行严格的违约责任归责原则，因此违约责任的构成要件采用的学说应为四要件说，即违约责任的构成要件包括：有违约行为、有损害事实、违约行为与损害事实之间存在因果关系、无免责事由。以下介绍违约行为与违约责任的免责事由。

1. 违约行为

违约行为是指当事人一方不履行合同义务或者履行合同义务不符合约定条件的行为。

违约行为的主要形态如下：

（1）不能履行，又称为给付不能，是指债务人在客观上已经没有履行能力，或者法律禁止债务的履行。不能履行以订立合同时为标准，可分为自始不能履行和嗣后不能履行。前者可构成合同无效；后者是违约的类型。不能履行还可分为永久不能履行和一时不能履行。前者是指在合同履行期限或者可以为履行期限届满时不能履行；后者是指在履行期限届满时因暂时的障碍而不能履行。

（2）延迟履行，又称债务人延迟或者逾期履行，是指债务人能够履行，但在履行期限届满时却未履行债务的现象。

（3）不完全履行，是指债务人虽然履行了债务，但其履行不符合债务的本旨，包括标的物的品种、规格、型号、数量、质量、运输的方法、包装方法等不符合合同约定等。

（4）拒绝履行，是债务人对债权人表示不履行合同。这种表示一般是明示的，也可以是默示的。

（5）债权人延迟，或者称受领延退，是指债权人对于已提供的给付，未为受领或未为其他给付完成所必需的协助的事实。

（6）预期违约，也称先期违约，是指在合同履行期限到来之前，一方无正当理由但明确表示其在履行期到来后将不履行合同，或者其行为表明其在履行期到来后将不可能履行合同。预期违约包括两种形态，即明示预期违约（明示毁约）和默示预期违约（默示毁约）。

2. 违约责任的免责事由

违约责任的免责事由也称免责条件，是指当事人对其违约行为免于承担违约责任的事由。它可分为两大类，即法定免责事由和约定免责事由。法定免责事由是指由法律直接规定、不需要当事人约定即可援用的免责事由，主要是指不可抗力；约定免责事由是指当事人约定的免责条款。

（1）不可抗力。根据我国法律的规定，不可抗力是指不能预见、不能避免并不能克服的客观情况。

不可抗力主要包括以下几种情形：

1）自然灾害，如台风、洪水、冰雹。

2）政府行为，如征收、征用。

3）社会异常事件，如罢工、骚乱。

不可抗力的免责效力。因不可抗力不能履行合同的，根据不可抗力的影响，违约方可部分或全部免除责任。

（2）免责条款。免责条款是指当事人在合同中约定免除将来可能发生的违约责任的条款，其所规定的免责事由即约定免责事由。免责条款必须在合同中明示做出，并且其构成合同的组成部分是合同有效的前提之一。免责条款不能排除当事人的基本义务，也不能排除故意或重大过失的责任，免责条款必须不得违背法律规定和社会公益，也就是不能违背公序良俗，以免造成对相对人的不利。

（三）违约责任的承担方式

违约责任的形式是指承担违约责任的具体方式。《民法典》对此做了明文规定。当事人一方不履行合同义务或者履行合同义务不符合约定的，应当承担继续履行、采取补救措施或者赔偿损失等违约责任。据此，违约责任有三种基本形式，即继续履行、采取补救措施和赔偿损失。当然，除此之外，违约责任还有其他形式，如违约金和定金责任。

1. 继续履行

当事人一方未支付价款或者报酬的，对方可以要求其支付价款或者报酬。当事人一方不履行非金钱债务或者履行非金钱债务不符合约定的，对方可以要求履行，但有下列情形之一的除外：①法律上或者事实上不能履行；②债务的标的不适于强制履行或者履行费用过高；③债权人在合理期限内未要求履行。

2. 采取补救措施

质量不符合约定的，应当按照当事人的约定承担违约责任。对违约责任没有约定或者约定不明确。依照相关规定仍不能确定的，受损害方根据标的的性质及损失的大小，可以合理选择要求对方承担修理、更换、重作、退货、减少价款或者报酬等违约责任。

3. 赔偿损失

当事人一方不履行合同义务或者履行合同义务不符合约定的，在履行义务或者采取补救措施后，对方还有其他损失的，应当赔偿损失。当事人一方不履行合同义务或者履行合同义务不符合约定，给对方造成损失的，损失赔偿额应当相当于因违约所造成的损失，包括合同履行后可以获得的利益，但不得超过违反合同一方订立合同时预见到或者应当预见到的因违反合同约定可能造成的损失。经营者对消费者提供商品或者服务有欺诈行为的，依照《消费者权益保护法》的规定承担损害赔偿责任。当事人一方违约后，对方应当采取适当措施防止损失扩大；没有采取适当措施致使损失扩大的，不得就扩大的损失要求赔偿。当事人因防止损失扩大而支出的合理费用，由违约方承担。

4. 违约金

当事人可以约定一方违约时应当根据违约情况向对方支付一定数额的违约金，也可以约定因违约产生的损失赔偿额的计算方法。约定的违约金低于造成的损失的，当事人可以请求人民法院或者仲裁机构予以增加；约定的违约金过分高于造成的损失的，当事人可以请求人民法院或者仲裁机构予以适当减少。当事人就迟延履行约定违约金的，违约方支付违约金后，还应当履行债务。

5. 定金

当事人可以依照《民法典》约定一方向对方给付定金作为债权的担保。债务人履行债务后，定金应当抵作价款或者收回。给付定金的一方不履行约定的债务的，无权要求返还定金；收受定金的一方不履行约定的债务的，应当双倍返还定金。当事人既约定违约金，又约定定金的，一方违约时，对方可以选择适用违约金或者定金条款。

思 考 题

1. 简述建设工程合同的分类。
2. 简述建设工程合同的主要内容。
3. 简述建设工程合同的成立与生效。
4. 简述无效的建设工程合同如何规定。
5. 简述可撤销的建设工程合同如何规定。
6. 简述效力待定的建设工程合同如何规定。
7. 简述建设工程合同的变更如何规定。
8. 简述建设工程合同的解除如何规定。
9. 简述建设工程合同违约的法律责任。

第十三章
建设工程法律责任

教学要点：

本章主要介绍建设工程民事责任、建设工程违约责任、建设工程民事责任的承担方式、建设工程侵权责任、建设工程行政相对人违法的行政责任等，通过本章的学习，应达到以下目标：

1. 掌握建设工程民事责任。
2. 掌握建设工程违约责任。
3. 掌握建设工程民事责任的承担方式。
4. 掌握建设工程侵权责任。
5. 掌握建设工程行政相对人违法的行政责任。
6. 掌握建设工程刑事责任。

第一节　建设工程民事责任

建设工程民事责任，是指建设工程民事法律关系的主体因为违反民事法律上的约定或者不履行法定义务所应承担的对其不利的法律结果，其目的主要是恢复受害人的权利和补偿受害人的损失。民事责任主要有以下几个特征：

1）民事责任是以财产责任为主的法律责任。
2）民事责任是以等价、补偿为主的法律责任。
3）民事责任是向相对特定的权利人或者受害者承担的法律责任。

建设工程民事责任作为整个民事责任的一部分，其适用要受到民事责任一般规定的制约。我国《民法典》根据民事责任的承担原因将民事责任划分为两类，即合同违约的民事责任（违约责任）和侵权的民事责任（侵权责任）。在建设工程领域，因违法而承担的民事责任也包括这两类。

一、建设工程违约责任管理

1. 建设工程违约责任的概念

建设工程违约责任，即违反了建设工程合同的民事责任，是指建设工程合同当事人一方不履行合同义务或者履行合同义务不符合约定时，依照法律规定或者合同的约定所应承担的法律责任。违约责任制度是保障债权实现及债务履行的重要措施，它与合同义务有密切联系。合同义务是违约责任产生的前提，违约责任则是合同义务不履行的结果。违约责任的主要内容是预期违约及实际违约等所应承担的法律责任。

2. 建设工程违约责任的构成要件

建设工程违约责任的构成要件，是指建设工程合同当事人因违约必须承担法律责任的法定要素。建设工程合同中的违约责任的构成要件，与侵权的民事责任及刑事法律责任或行政法律责任的构成要件有所不同。

违约责任主要是违反合同约定造成对方损失所要承担的民事责任，除另有规定者外，总体上实行严格责任原则。依据该项原则，建设工程违约责任的构成要件包括主观要件和客观要件。

（1）主观要件。主观要件是指作为建设工程合同当事人，在履行建设工程合同的过程中，不论其主观上是否有过错，即主观上有无故意或过失，只要造成违约的事实，就应承担违约责任。

《民法典》第五百九十三条规定，当事人一方因第三人的原因造成违约的，应当依法向对方承担违约责任。当事人一方和第三人之间的纠纷，依照法律规定或者按照约定处理。

依据《民法典》的规定，违约责任采取严格责任原则，即无过错责任原则，只有不可抗力方可免责。至于缔约过失、无效合同或者可撤销合同，则采取过错责任原则，由有过错方向受损害方承担赔偿损失责任。

（2）客观要件。客观要件是指建设工程合同依法成立、生效后，合同当事人一方或者双方未按照法定或约定全面地履行应尽的义务，出现了客观的违约事实，从而应承担的违约法律责任。

3. 建设工程违约责任的免责

所谓免责事由，是指免除违反建设工程合同义务的债务人承担违约责任的原因和理由，包括法定的免责事由和约定的免责事由，具体内容有以下几个方面。

（1）不可抗力。不可抗力，是指不能预见、不能避免和不能克服的客观情况。具体地说，不可抗力独立于人的意志和行为之外，且其影响到建设工程合同的正常履行。构成不可抗力的情形较多，总结起来主要有自然灾害和社会事件两种。对于因不可抗力导致的建设工程合同不能履行，应当根据不可抗力的影响程度，部分或全部免除有关当事人的责任。

（2）债权人过错。因债权人的过错致使债务人不履行建设工程合同，债务人不负违约责任。

（3）其他法定免责事由。其他法定免责事由主要有两类：一是对于标的物的自然损耗，债务人可免责。这一情形发生在运输合同中；二是未违约一方未采取适当措施，导致损失扩大的，债务人对扩大的损失部分免责。

4. 建设工程侵权责任

侵权责任，是指行为人不法侵害社会公共财产或者他人财产、人身权利而应承担的民事责任。

侵权行为不同于违约行为，它们的区别主要体现在以下三个方面：

1）侵权行为违反的是法定义务，违约行为违反的是约定义务。
2）侵权行为侵犯的是绝对权，违约行为侵犯的是相对权。

3) 侵权行为的法律责任包括财产责任和非财产责任，违约行为的法律责任仅限于财产责任。

根据有关规定，工程建设领域较常见的侵权行为有以下几类：

（1）侵害公民身体造成伤害的侵权行为。侵害公民身体造成伤害的，应当赔偿医疗费、因误工减少的收入、残疾者生活补助费等费用；造成死亡的，应当支付丧葬费、死者生前所扶养的人的必要生活费等费用。例如，施工单位将工程违法分包给不具有相应资质和用人单位资格的"包工头"，后者雇用的雇员在从事施工活动中因安全生产事故遭受人身损害的，施工单位与该"包工头"构成共同侵权，应当承担连带赔偿责任。

（2）环境污染致人损害的侵权行为。建设工程施工违反国家保护环境防止污染的规定，污染环境造成他人损害的，应当依法承担民事责任。例如，施工单位在城市市区施工，向周边环境排放的建筑施工噪声超出国家规定的建筑施工场界环境噪声排放标准的，受到环境噪声污染危害的单位和个人，有权要求施工单位排除危害；造成损失的，施工单位应依法赔偿损失。

（3）地面施工致人损害的侵权行为。建筑施工单位在公共场所、道旁或者通道上挖坑、修缮安装地下设施等，没有设置明显标志和采取安全措施对他人造成损害的，施工单位应当承担民事责任。

例如，被告某施工单位承建由某城市国道指挥部和公路管理段发包的国道改建工程，施工中安全保护措施不到位，未设明显安全警示标志，致使驾驶摩托车上夜班的原告之子吴某撞上公路路面掘起的水泥石块，造成吴某重伤致死的后果。经法院公开审理查明，吴某为有证驾驶，被告施工单位被判承担侵权责任。法院判决该施工单位赔偿原告抢救医疗费、死亡补助费、丧葬费等共计人民币 250 000 元。

（4）建筑物及地上物致人损害的侵权行为。建筑物或者其他设施以及建筑物上的搁置物、悬挂物发生倒塌、脱落、坠落造成他人损害的，其所有人或者管理人应当承担民事责任，但能够证明自己没有过错的除外。道路、桥梁、隧道等人工建造的构筑物因维护、管理瑕疵致人受到损害的，也适用上述规定。如果是因设计、施工缺陷造成损害的，由所有人、管理人与设计者、施工者承担连带责任。

例如，被告某银行在其所在城市的一幢3层砖混结构楼房作为员工宿舍，三楼屋面建有砖砌花格女儿墙，年久失修，曾因居民晒被子倒塌过一小段，但未引起被告重视。某日，原告程某（8岁）随父母到居住在该楼的祖母家中，在院中玩耍时恰逢该女儿墙倒塌，程某被掉下的砖块砸中头部，当即昏迷。经抢救并数次治疗，程某被诊断为重伤甲级。程某的父亲与被告交涉请求赔偿，被告声称不应由自己承担责任，于是程某的父亲诉至法院。人民法院经审理认为：被告用花格砖砌方式建女儿墙是不安全、不符合规范设计要求的，据此被告无法证明自己没有过错，构成建筑物及其他地上物致人损害的责任，故人民法院判决被告承担赔偿责任。

二、建设工程民事责任的承担方式

建设工程民事责任的承担方式与其他民事责任的承担方式是一样的。根据《民法典》第一百七十九条的规定，承担建设民事责任的方式主要有以下几种。

1. 停止侵害

停止侵害是指侵害人终止其正在进行或者延续的侵害他人合法权益的行为。这一方式的目的在于及时制止侵害行为，防止损失的扩大。

2. 排除妨碍

排除妨碍是指侵害人排除由其行为引起的妨碍他人权利正常行使和利益实现的客观事实状态。这一方式的目的在于保证他人能够行使自己的合法权益。

3. 消除危险

消除危险是指侵害人消除由其行为或者物件引起的现实存在的某种有可能对他人的合法权益造成损害的紧急事实状态。这一方式的目的在于防止损害或妨碍的发生。

4. 返还财产

返还财产是指侵害人将其非法占有或者获得的财产返还给所有人或者权利人。返还的财产包括以下三种情形：

1）因不当得利所获得的财产。
2）民事行为被确认无效或者被撤销而应当返还的财产。
3）非法侵占他人的财产。

5. 恢复原状

恢复原状是指将受害人的财产恢复到受侵害之前的状态。使用这种责任形式需要具有两个前提条件：财产恢复的可能性与财产恢复的必要性。恢复的手段可以多种多样。

6. 修理、重作、更换

修理、重作、更换是指因为造成物的毁损的，权利人请求修理、重做、更换。

7. 继续履行

在一方当事人不履行合同或者履行合同不符合约定时，对方当事人可以要求其继续履行。继续履行，也称为强制履行、实际履行，是违约方不履行合同时，守约方请求法院或仲裁机构强制其履行合同义务的责任方式。例如，通过判决或裁决要求债务人交付货物、完成工作成果，或支付价款、报酬等。

继续履行虽然是原合同履行的继续，但与当事人依约自觉履行不同。它是法律规定的对违约方的一种强制形式，介入了法律的强制力。不论违约方是否愿意，只要存在履行的可能就要履行，它表明了对违约行为的否定性评价。

是否要求继续履行，可以由当事人根据情况和需要加以选择。如果一方未支付价款或者报酬的，对方可以要求其支付价款或者报酬。一方不履行非金钱债务或者履行非金钱债务不符合约定的，对方可以要求其履行，以便使当事人实现订约时所期望达到的目的。

有些情形不能适用继续履行：如法律上或者事实上不能履行。包括已属于破产财产的债权，已过诉讼时效的债务，特定的标的物已经毁损、灭失的，都已不能继续履行。

8. 赔偿损失

赔偿损失是指行为人因违反民事义务致人损害，应以财产赔偿受害人所遭受的损失对于违约责任，赔偿额应当相当于对方因违约造成的损失；对于侵权责任，赔偿额应包括对财产损失和精神损失的赔偿。

9. 支付违约金

支付违约金是指当事人因未履行建设工程合同义务，按照法律规定或合同约定支付给对方的一定数量的货币。违约金是预先规定的货币支付，只要当事人因不履行建设工程合同或不完全履行建设工程合同等造成违约，不论违约是否给对方造成损失，都要按规定向对方支付违约金。

10. 消除影响、恢复名誉

消除影响是指加害人在其所造成的不良影响范围内消除对受害人不利后果的民事责任。

恢复名誉是指加害人在其所造成的侵权后果范围内使受害人的名誉恢复到未曾受损害的状态。加害人拒不执行生效判决，不为受害人消除影响、恢复名誉的，人民法院可以采取公告、登报等方式，将判决的内容和有关情况公布于众，达到消除影响、恢复名誉的目的。公告、登报的费用由加害人承担。

11. 赔礼道歉

赔礼道歉是指加害人以口头或者书面的方式向受害人承认过错，表示歉意。赔礼道歉一般应当公开进行，否则不足以消除影响。但是，受害人不要求公开进行的，也可以秘密进行。由法院判决加害人承担赔礼道歉责任的，赔礼道歉的内容应当经法院审查同意。

以上承担民事责任的方式，可以单独适用，也可以合并适用。在上述民事责任承担方式中，除修理、重作、更换和支付违约金仅适用于违约责任外，其余均可适用于侵权责任。除此之外，法院在审理民事案件时，还可以予以训诫、责令其悔过、收缴进行非法活动的财物和非法所得，并可以依法处以罚款和拘留。

第二节　建设工程行政法律责任

一、建设工程行政法律责任的概念

建设工程行政法律责任简称行政责任，是指行政法律关系的主体因为实施了违反行政法律规范但尚未构成犯罪的违法行为而依法承担的消极性法律结果。

行政法律责任一般分为行政处分和行政处罚两类。

（一）行政处分

行政处分是指国家行政机关依照行政隶属关系对违法失职的公务员给予的惩罚。国家公务员有《国家公务员暂行条例》所列违纪行为，尚未构成犯罪的，或者虽然构成犯罪但是依法不追究刑事责任的，应当予以行政处分；违纪行为情节轻微，经过批评教育后改正的，也可依据《国家公务员暂行条例》免予行政处分，行政处分分为警告、记过、记大过、降级、撤职、开除。受撤职处分的，同时降低级别和职务工资。受行政处分期间，不得晋升职务和级别；受警告以外的行政处分的，不得晋升工资档次。

（二）行政处罚

行政处罚是指国家行政机关及其他依法可以实施行政处罚的组织，对违反经济、行政管理法律、法规、规章，尚不构成犯罪的公民、法人及其他组织实施的一种法律制裁。

在我国工程建设领域，对于建设单位、勘察单位、设计单位、施工单位、工程监理单位等参建单位而言，行政处罚是更为常见的行政责任承担形式。《中华人民共和国行政处罚法》（以下简称《行政处罚法》）是规范和调整行政处罚的设定和实施的法律依据。

二、建设工程行政相对人违法的行政责任

(一) 建设工程行政处罚的种类

根据《行政处罚法》及我国相关建设工程法律规范的规定，建设工程行政处罚的种类有以下几种。

1. 警告

警告是由建设工程行政管理主体依法对有轻微违法行为的行政相对人（违法行为人）提出的一种正式谴责和告诫，是违法行为人承担的行政责任中最为轻微的一种，但必须使用书面形式送达被处罚人。

2. 罚款

罚款是行政主体对违法行为人的一种经济制裁，是有行政处罚权的主体责令违法行为人承担金钱给付义务，即在一定期限内缴纳一定数额金钱的处罚形式。在违反工程建设法律规范的行政责任中，罚款是适用范围较为广泛的一种。

3. 没收违法所得、没收非法财物

没收违法所得，是指没收行政相对人由于违法行为而获得的全部经营收入。没收非法财物，是指没收行政相对人用于进行违法活动的财物。

4. 责令停产停业

责令停产停业是建设工程行政管理主体对违反建设工程行政法律规范的企业，在一定期限内剥夺其从事生产或经营活动权利的一种行政处罚。责令停产停业有一定期限，相关部门责令违法企业在此期限内整改。在违法企业整改并认识到自己的违法行为之后，应允许其恢复营业。

5. 暂扣或者吊销许可证、执照

暂扣或者吊销许可证、执照是指建设工程行政管理主体对于具有违法行为的行政相对人，暂时扣留或者吊销其许可证或执照，从而停止或撤销违法者从事某项活动或享有某项权利的资格的一种处罚。这是一种比责令停产停业更为严厉的处罚，主要适用于比较严重的违法行为。《建筑法》第六十七条规定，承包单位将承包的工程转包的，或者违反《建筑法》规定进行分包的，责令改正，没收违法所得，并处罚款，可以责令停业整顿，降低资质等级；情节严重的，吊销资质证书。

6. 行政拘留

行政拘留是行政责任中一种较为严厉的责任形式，是公安机关短期剥夺违法者人身自由的行政责任形式。行政拘留的期限是 1 日以上 15 日以下。

7. 法律、行政法规规定的其他行政处罚

建设工程行政处罚在具体的建设工程法律、法规中都有明确的规定，对不同的处罚形式，法律规范规定了不同的构成要件，建设工程行政管理主体必须严格依法实施，否则，也要承担相应的法律责任。

(二) 建设工程行政处罚的程序

《行政处罚法》明确规定，公民、法人或者其他组织违反行政管理秩序的行为，应当根据法律、法规或规章给予行政处罚的，行政机关应当依法定程序实施，没有法定依据或者不

遵守法定程序的，行政处罚无效。

1. 建设工程行政处罚实施的一般规则

对于公民、法人或者其他组织违反建设工程行政管理秩序的行为，依法应当给予行政处罚的，建设工程行政管理主体必须查明事实。违法事实不清的，不得给予行政处罚。

2. 建设工程行政管理主体

在做出行政处罚决定之前，应当告知当事人做出行政处罚决定的事实、理由和依据，并告知当事人依法享有的权利。建设工程行政管理主体及其执法人员违反该规定，未向当事人告知行政处罚的事实、理由和依据的，行政处罚决定不能成立。

3. 当事人有权进行陈述和申辩

建设工程行政管理主体必须充分听取当事人的意见，对当事人提出的事实、理由和证据，应当进行复核；当事人提出的事实、理由或者依据成立的，建设工程行政管理主体应当采纳。建设工程行政管理主体不得因当事人申辩而加重处罚。建设工程行政管理主体及其执法人员违反该规定，拒绝听取当事人的陈述、申辩的，行政处罚决定不成立。

三、建设工程行政处罚程序的种类

《行政处罚法》规定了简易程序、一般程序和执行程序三种行政处罚程序。

（一）简易程序

建设工程行政处罚的简易程序又称为当场处罚程序，是指行政处罚主体对于事实清楚、情节简单、后果轻微的行政违法行为，当场做出行政处罚决定的程序。设置行政处罚的简易程序有助于提高行政管理的效率，但其适用的条件是很严格的。《行政处罚法》规定，违法事实确凿并有法定依据，对公民处以 50 元以下罚款或警告、对法人或其他组织处以 1 000 元以下罚款或者警告的行政处罚的，可以当场做出行政处罚决定。行政执法人员当场做出行政处罚决定的，应当严格遵循以下程序：①出示执法证件，表明执法人员的身份；②告知做出行政处罚决定的事实、理由和根据；③要听取当事人的陈述和申辩；④填写预定格式、编有号码的行政处罚决定书，并将行政处罚决定书当场交付当事人。

（二）一般程序

建设工程行政处罚的一般程序是建设工程行政管理主体进行行政处罚的基本程序。根据《行政处罚法》的规定，建设工程行政管理主体通常是按照一般程序做出行政处罚决定，简易程序属于特殊情况。

一般程序的适用范围是处罚较重的案件，即对个人处以警告和 50 元以下罚款以外的所有行政处罚，对法人或其他组织处以警告和 1 000 元以下罚款以外的所有行政处罚，或者是情节复杂的案件，即需要经过调查才能弄清楚的处罚案件，以及当事人对于执法人员给予当场处罚的事实认定有分歧而无法做出行政处罚决定的案件。

一般程序的具体内容包括调查取证，告知处罚事实、理由、依据和有关权利，听取陈述、申辩或者举行听证会，做出行政处罚决定，制作并送达行政处罚决定书。行政处罚在建设工程领域，主要是针对建设工程行政执法机关做出吊销资质证书、执业资格证书，责令停产停业，责令停业整顿（包括属于停业整顿性质的，责令在规定的时限内不得承接新的业务），责令停止执业业务，没收违法建筑物及构筑物和其他设施，以及处以较大数额罚款等行政处罚而设定的行政处罚程序。

对于适用听证程序的行政处罚，建设工程行政管理主体在做出行政处罚决定前，应当告知当事人有要求举行听证的权利；当事人要求听证的，建设工程行政管理主体应当组织听证。当事人不承担建设工程行政管理主体组织听证的费用。

（三）执行程序

建设工程行政处罚的执行程序，是指确保行政处罚决定所确定的内容得以实现的程序。行政处罚决定一旦做出，就具有法律效力，当事人应当在行政处罚决定的期限内予以履行。当事人对行政处罚决定不服申请行政复议或者提起行政诉讼的，除法律另有规定的以外，行政处罚不停止执行。

第三节 建设工程刑事责任

一、刑事责任

刑事责任是指行为人实施了《刑法》所禁止的犯罪行为而必须承担的法律后果。认定一个行为是否构成犯罪，要从行为是否违反《刑法》规定，是否侵害了《刑法》所保护的社会关系，是否具有刑事责任能力，以及是否具有主观上的过错等方面进行考察。

刑事责任有以下特点：

1）行为人的行为具有严重的危害性，达到犯罪的程度。

2）刑事责任是犯罪人向国家所负的一种法律责任。它是一种惩罚性责任，因而是所有法律责任中最严厉的一种。

3）刑事法律是追究刑事责任的唯一法律依据，罪刑法定。

4）刑事责任基本上是一种个人责任。

《刑法》第一百三十七条规定了工程建设领域的工程重大安全事故罪。工程重大安全事故罪是指建设单位、设计单位、施工单位、工程监理单位违反国家规定，降低工程质量标准，造成重大安全事故的行为，应追究刑事责任。

二、刑事责任犯罪的构成

犯罪是指具有社会危害性、刑事违法性并应受到刑事处罚的违法行为。犯罪构成，则是指认定犯罪的具体法律标准，是我国《刑法》规定的某种行为构成犯罪所必须具备的主观要件和客观要件的总和。按照我国犯罪构成的一般理论，我国《刑法》规定的犯罪都必须具备犯罪客体、犯罪的客观方面、犯罪主体和犯罪的主观方面四个共同要件。

（一）犯罪客体

犯罪客体是指我国《刑法》所保护而为犯罪行为所侵害的社会主义社会关系（或法益）。我国《刑法》规定的工程重大安全事故罪是指侵害公共安全和违反国家有关工程建设管理的法律制条和分则的规定。

（二）犯罪的客观方面

犯罪的客观方面是指《刑法》所规定的构成犯罪在客观上必须具备的危害社会的行为

和由这种行为所引起的危害社会的结果。该要件说明了犯罪客体在什么样的条件下，通过什么样的危害行为而受到什么样的侵害。因此，犯罪的客观方面也是犯罪构成不可缺少的要素。

（三）犯罪主体

犯罪主体是指实施了犯罪行为，依法应当承担刑事责任的人。我国《刑法》对犯罪主体的规定包含了两种：一种是达到刑事责任年龄，具有刑事责任能力，实施了犯罪行为的自然人；另一种是实施了犯罪行为的企业事业单位、国家机关、社会团体等单位。按照对犯罪主体是否有特定要求，犯罪主体又可分为一般主体和特殊主体。

（四）犯罪的主观方面

犯罪的主观方面是指犯罪主体对自己实施的危害社会行为及其结果所持的心理态度。根据我国《刑法》的规定，一个人只有在故意或过失地实施某种危害社会的行为时，才负刑事责任。所以，故意或过失作为犯罪的主观方面，也是构成犯罪必不可少的要件之一。

三、刑罚

通过刑事诉讼法程序对违法行为人所采取的刑事制裁措施，称为刑罚。刑罚是建筑法规关于法律责任中最严厉的一种处罚。根据我国《刑法》的规定，刑罚分为主刑和附加刑两大类。

（一）主刑

主刑是基本的刑罚方法，只能独立适用，不能附加适用，对一个罪只能适用一个主刑，不能同时适用两个或两个以上的主刑。

主刑有管制、拘役、有期徒刑、无期徒刑和死刑五种类型。

1. 管制

管制是对犯罪人员不予关押，但限制其一定自由，由公安机关执行和群众监督改造的刑罚方法。管制具有一定的期限，管制的期限为 3 个月以上 2 年以下，数罪并罚时不得超过 3 年制的刑期从判决执行之日起计算，判决前先行羁押的，羁押 1 日折抵刑期 2 日。数罪并罚是指人民法院对一个犯罪人员犯数罪分别定罪量刑，并根据法定原则与方法决定应当执行的刑罚。

2. 拘役

拘役是短期剥夺犯罪人员自由，就近实行劳动改造的刑罚方法。拘役的期限为 1 个月以上 3 个月以下，数罪并罚时不得超过 1 年。拘役的刑期从判决执行之日起计算，判决执行前先行羁押的，羁押 1 日折抵刑期 1 日。拘役实施由公安机关在就近的拘役所、看守所或者其他监管场所执行，在执行期间，受刑人每月可回家一至两天。参加劳动的，可以酌量发给报酬。

3. 有期徒刑

有期徒刑是剥夺犯罪人员一定期限的自由，实行强制劳动改造的刑罚方法。有期徒刑的犯罪人员拘押于监狱或其他执行场所。有期徒刑的基本内容是对犯罪人员实行劳动改造。《刑法》第四十六条规定，被判处徒刑的人凡有劳动能力的，都应当参加劳动，接受教育和改造。有期徒刑的刑期为 6 个月以上 15 年以下，数罪并罚时不得超过 20 年。刑期从判决执行之日起计算，判决执行以前先行羁押的，羁押1日折抵刑期1日。

4. 无期徒刑

无期徒刑是剥夺犯罪人员终身自由，实行强迫劳动改造的刑罚方法。无期徒刑的基本内容是对犯罪人员实施劳动改造。无期徒刑不可能孤立适用，即对于被判处无期徒刑的犯罪人员，应当附加剥夺政治权利终身。而对于被判处管制、拘役、有期徒刑的犯罪人员，不是必须附加剥夺政治权利。

5. 死刑

死刑是剥夺犯罪人员生命的刑罚方法，包括立即执行与缓期两年执行两种情况。死刑是《刑法》体系中最为严厉的刑罚方法。

（二）附加刑

附加刑是既可以独立适用又可以附加于主刑适用的刑罚方法。对一个罪可以适用一个附加刑，也可以适用多个附加刑。附加刑有罚金、剥夺政治权利和没收财产三种形式。

1) 罚金是人民法院判处犯罪人员向国家缴纳一定数额金钱的刑罚方法。《刑法》第五十二条规定，判处罚金，应当根据犯罪情节决定罚金数额。

2) 剥夺政治权利是指剥夺犯罪人员参加管理国家和政治活动的权利的刑罚方法。剥夺政治权利时同时剥夺下列权利：①选举权与被选举权；②言论、出版、集会、结社、游行、示威自由的权利。

3) 没收财产是指将犯罪人员所有财产的一部分或者全部强制无偿收归国有的刑罚方法。

四、工程重大安全事故罪

工程重大安全事故罪，是指建设单位、设计单位、施工单位、工程监理单位违反国家规定，降低工程质量标准，造成重大安全事故的行为。

工程重大安全事故罪的犯罪构成及其特征有以下几个方面：

（1）犯罪客体。本罪的客体是公共安全和国家有关工程建设管理的法律制度。

（2）犯罪的客观方面。本罪的客观方面表现为违反国家规定，降低工程质量标准，造成重大安全事故的行为。

（3）犯罪主体。本罪的主体是特殊主体，仅限于建设单位、设计单位、施工单位、工程监理单位。

（4）犯罪的主观方面。本罪的主观方面表现为过失。至于行为人违反国家规定，降低质量标准则可能是故意也可能是过失。

思 考 题

1. 简述建设工程民事责任的相关规定。
2. 简述建设工程违约责任的具体内容。
3. 简述建设工程侵权责任的具体内容。
4. 简述建设工程民事责任的承担方式。
5. 简述建设工程行政相对人违法的行政责任。

6. 简述建设工程行政处罚程序的种类和内容。
7. 简述刑事责任犯罪的构成。
8. 简述主刑的形式和具体内容。
9. 简述附加刑的形式。
10. 简述工程重大安全事故罪的犯罪构成及其特征。

第十四章 建设工程争议的民事诉讼处理

教学要点：

本章主要介绍建设工程争议的种类、处理方式、民事诉讼相关规定、财产保全制度、公开审判制度等内容，通过本章的学习，应达到以下目标：

1. 掌握建设工程争议的处理方式。
2. 掌握回避制度。
3. 掌握财产保全制度。
4. 掌握公开审判制度。
5. 掌握合议制度。

第一节 建设工程争议概述

一、建设工程争议的种类

建设工程争议是指建设工程当事人之间对建设过程中因行使权利和履行义务发生分歧而引起的争议。建设工程争议处理的基本形式有和解、调解、仲裁和诉讼四种。建设工程争议的种类区分如下：

（1）按照争议的性质不同，可以把建设工程争议划分为民事争议和行政争议。民事争议是指发生在平等建设主体之间因建设主体对于自己与他人之间的权利行使、义务履行及利益分配有不同的主张、意见、要求的法律事实。

民事争议发生在平等的建设主体之间，争议主体的法律地位是平等的。建设工程民事争议最常见的主要为发包人和承包人之间有关工期、质量、造价等问题产生的争议，这种争议主要有合同争议和侵权损害赔偿争议两类。

合同争议主要是指当事人之间对合同是否成立、有效、合同的履行情况及不履行的后果等产生的争议，如建设工程勘察设计合同争议、建设工程施工合同争议、建设工程委托监理合同争议、建材及设备采购合同争议等。

侵权损害赔偿争议是指由于一方当事人对另一方当事人的侵权行为而产生的争议，如工程施工中由于施工单位未采取安全措施而对他人造成损害而产生的争议。其中，合同争议是建设活动中最常见的争议。

行政争议是指发生在建设主体与其主管机关之间的争议，主要是指建设行政相对人对建设行政管理机关做出的具体行政行为不服或者因建设行政管理机关不予做出具体行政行为而发生的纠纷，如建设单位在申请办理施工许可证时，符合办证条件不予办理产生的纠纷、施工单位认为建设行政管理机关行政处罚行为不合法而引起的争议等。

（2）按照具体内容，建设工程争议可划分为建设工程施工合同争议，勘察、设计合同争议，监理合同争议，物资采购合同争议，相邻关系争议，建设项目施工对环境影响的争议等。建设工程施工合同的争议主要有以下类型：主体争议、工程款争议、工程质量争议、工程分包与转包争议、合同变更与解除的争议、工程竣工验收争议、合同审计争议等。

二、建设工程争议的处理方式

根据《建筑法》、《中华人民共和国行政诉讼法》（以下简称《行政诉讼法》）、《中华人民共和国行政复议法》（以下简称《行政复议法》）、《中华人民共和国民事诉讼法》（以下简称《民事诉讼法》）、《中华人民共和国仲裁法》（以下简称《仲裁法》）、《民法典》等相关法律的规定，建设工程争议当事人可以通过五种途径解决争议：和解、调解、提起行政复议或者行政诉讼、提起民事诉讼、提请仲裁机构仲裁。建设工程争议的当事人不愿和解、调解，或者和解、调解不成的，可以根据仲裁协议提请仲裁机构申请仲裁或者向人民法院提起民事诉讼。当事人没有订立仲裁协议或仲裁协议无效的，可以向人民法院起诉。建设工程争议的行政相对人不服行政主体的具体行政行为，或者对其做出的具体行政行为有异议的，可以提起行政复议或者行政诉讼。

（一）和解

1. 和解的概念

和解是指建设工程争议当事人在自愿友好的基础上，互相沟通、互相谅解，从而解决争议的一种方式。和解不受程序约束，也不具有程序法上的效力，当事人仍具有申请调解、仲裁和诉讼的权利，和解在建设工程民事争议处理的任何阶段都可以进行。建设工程发生争议时，当事人应首先考虑通过和解解决争议。通过和解解决争议，当事人可以积极寻求双方利益的平衡点，以最大限度地满足自己的需求，并化解矛盾、争议，从而有效防止矛盾激化和事态扩大。事实上，在工程建设过程中，绝大多数争议都可以通过和解解决。

2. 和解的适用范围

和解的适用范围非常广泛，发生争议后，当事人可自行和解，也可在申请仲裁或者诉讼后进行和解。当事人申请仲裁后自行和解，达成和解协议的，可以申请仲裁庭根据和解协议做出裁决书，也可以撤回仲裁申请。当事人达成和解协议，撤回仲裁申请后反悔的，可以根据仲裁协议申请仲裁。和解可以发生在民事诉讼的任何阶段。当事人在诉讼中和解的，应由原告申请撤诉，经法院裁定撤诉后结束诉讼。当事人可以通过和解处理争议，但是审判阶段的和解没有法律效力。当事人和解后，可以申请法院调解，制作调解书，产生法律效力。在执行中，双方当事人在自愿协商的基础上达成和解协议，产生结束执行程序的效力，如果一方当事人不履行和解协议或者反悔的，对方当事人可以申请人民法院按照原生效的法律文书强制执行。

(二) 调解

调解是指建设工程当事人对法律规定或者合同约定的权利、义务发生争议，第三人依据一定的道德和法律规范，通过摆事实、讲道理，促使双方互相做出适当的让步，平息争端，自愿达成协议，以求解决建设工程争议的方法。调解可以从广义和狭义两个方面加以理解：广义的调解包括了各种形式的调解，有社会调解、法院调解和仲裁调解等；狭义的调解是指诉讼和仲裁外的调解。本书讲的调解是狭义的调解，不包括诉讼和仲裁程序中在审判庭和仲裁庭主持下的调解。

(三) 仲裁和诉讼

仲裁也称为"公断"，是双方当事人在争议发生前或争议发生后达成协议，自愿将争议处理权交给第三者，由第三者在事实上做出判断、在权利义务上做出裁决的一种解决争议的方式。这种争议解决方式必须是自愿的，因此必须有仲裁协议。如果当事人之间有仲裁协议，争议发生后又无法通过和解和调解解决，则应及时将争议提交仲裁机构仲裁。诉讼是指建设工程当事人依法请求人民法院行使审判权，审理双方当事人之间发生的争议，做出有国家强制保证实现其合法权益、从而解决争议的审判活动。双方当事人如果未达成仲裁协议，则只能以诉讼作为解决争议的最终方式。

第二节 民事诉讼

一、民事诉讼的调整范围与民事案件的主管和管辖

(一) 民事诉讼的调整范围

《民事诉讼法》第三条规定，人民法院受理公民之间、法人之间、其他组织之间以及他们相互之间因财产关系和人身关系提起的民事诉讼，适用本法的规定。

(二) 民事案件的主管

民事案件的主管，即法院主管，是指人民法院依法受理、审判解决一定范围内民事纠纷的权限，确定人民法院和其他组织之间解决民事纠纷的分工和权限。

(三) 民事案件的管辖

民事案件的管辖是指确定各级人民法院之间和同级人民法院之间受理第一审建设民事案件的分工和权限。

1. 级别管辖

级别管辖是指上、下级人民法院之间受理第一审建设民事案件的分工和权限。我国法院有四级，分别是基层人民法院、中级人民法院、高级人民法院和最高人民法院，每一级均受理一审民事案件。主要根据案件的性质、复杂程度和案件影响来确定级别管辖。在实践中，争议标的金额的大小，往往是确定级别管辖的重要依据，但各地人民法院确定的级别管辖的争议标的数额标准不尽相同。《民事诉讼法》第十八条至第二十一条做出了如下规定。

1) 基层人民法院管辖第一审民事案件，但本法另有规定的除外。
2) 中级人民法院管辖下列第一审民事案件：

① 重大涉外案件。
② 在本辖区有重大影响的案件。
③ 最高人民法院确定由中级人民法院管辖的案件。
3) 高级人民法院管辖在本辖区有重大影响的第一审民事案件。
4) 最高人民法院管辖下列第一审民事案件：
① 在全国有重大影响的案件。
② 认为应当由本院审理的案件。

2. 地域管辖

地域管辖是指同级人民法院之间受理第一审建设民事案件的分工和权限。地域管辖与级别管辖不同。地域管辖实际上是以法院与当事人、诉讼标的及法律事实之间的隶属关系和关联关系来确定的。地域管辖分为一般地域管辖、特殊地域管辖、专属管辖、共同管辖和协议管辖。

（1）一般地域管辖。它的原则是"原告就被告"，即民事诉讼由被告所在地人民法院管辖。《民事诉讼法》第二十二条规定，对公民提起的民事诉讼，由被告住所地人民法院管辖；被告住所地与经常居住地不一致的，由经常居住地人民法院管辖。对法人或者其他组织提起的民事诉讼，由被告住所地人民法院管辖。

（2）特殊地域管辖。《民事诉讼法》第二十四条至第三十三条规定了特殊地域管辖的情形，这些特殊地域管辖的情形并不排斥一般地域管辖的适用。例如，因合同纠纷提起的诉讼的管辖，既可以适用一般地域管辖的规定，也可以适用特殊地域管辖的规定。

（3）专属管辖。根据《民事诉讼法》第三十四条的规定，下列案件，由本条规定的人民法院专属管辖：
1) 因不动产纠纷提起的诉讼，由不动产所在地人民法院管辖。
2) 因港口作业中发生纠纷提起的诉讼，由港口所在地人民法院管辖。
3) 因继承遗产纠纷提起的诉讼，由被继承人死亡时住所地或者主要遗产所在地人民法院管辖。

3. 移送管辖和指定管辖

根据《民事诉讼法》第三十七条至第三十九条的规定，人民法院发现受理的案件不属于本院管辖的，应当移送有管辖权的人民法院，受移送的人民法院应当受理。受移送的人民法院认为受移送的案件依照规定不属于本院管辖的，应当报请上级人民法院指定管辖，不得再自行移送。

有管辖权的人民法院由于特殊原因，不能行使管辖权的，由上级人民法院指定管辖。

人民法院之间因管辖权发生争议，由争议双方协商解决；协商解决不了的，报请它们的共同上级人民法院指定管辖。

上级人民法院有权审理下级人民法院管辖的第一审民事案件；确有必要将本院管辖的第一审民事案件交下级人民法院审理的，应当报请其上级人民法院批准。

下级人民法院对它所管辖的第一审民事案件，认为需要由上级人民法院审理的，可以报请上级人民法院审理。

二、回避制度

回避制度是指为了保证案件的公正审判，要求与案件有一定的利害关系的审判人员或其他有关人员，不得参与本案的审理活动或诉讼活动的审判制度。

1. 回避的对象与情形

根据我国《民事诉讼法》第四十七条的规定，审判人员有下列情形之一的，应当自行回避，当事人有权用口头或者书面方式申请他们回避：

1）本案当事人或者当事人、诉讼代理人近亲属的。

2）与本案有利害关系的。

3）与本案当事人、诉讼代理人有其他关系，可能影响对案件公正审理的。

审判人员接受当事人、诉讼代理人请客送礼，或者违反规定会见当事人、诉讼代理人的，当事人有权要求他们回避。

审判人员有前款规定的行为的，应当依法追究法律责任。

前三款规定，适用于书记员、翻译人员、鉴定人、勘验人。

2. 回避的方式与决定权

回避的提出，可以是当事人提出申请，也可以是审判人员或其他人员主动自行提出。回避应当在案件开始审理时提出，回避事由在案件开始审理后知道的，可以在法庭辩论终结前提出。提出回避申请应当说明理由。回避申请提出后，是否准许申请，由法院决定。审判人员的回避由法院院长决定，其他人员的回避由审判长决定。法院对当事人提出的回避申请，应当在申请提出 3 日内，以口头或书面形式做出决定，申请人对决定不服的，可以在接到决定时申请复议一次。

三、诉讼参加人

（一）当事人

根据《民事诉讼法》第五十一条中的规定，公民、法人和其他组织可以作为民事诉讼的当事人。

民事诉讼中的当事人是指因民事权利和义务发生争议，以自己的名义进行诉讼，请求人民法院进行裁判的公民、法人或其他组织。民事诉讼当事人主要包括原告和被告。公民、法人和其他组织可以作为民事诉讼的当事人。法人由其法定代表人进行诉讼，其他组织由其主要负责人进行诉讼。

（二）诉讼代理人

诉讼代理人是指根据法律规定或当事人的委托，代理当事人进行民事诉讼活动的人。

根据《民事诉讼法》第六十条至第六十五条的规定，无诉讼行为能力人由他的监护人作为法定代理人代为诉讼。法定代理人之间互相推诿代理责任的，由人民法院指定其中一人代为诉讼。

当事人、法定代理人可以委托一至二人作为诉讼代理人。

下列人员可以被委托为诉讼代理人：

1）律师、基层法律服务工作者。

2）当事人的近亲属或者工作人员。

3）当事人所在社区、单位以及有关社会团体推荐的公民。

委托他人代为诉讼，必须向人民法院提交由委托人签名或者盖章的授权委托书。

授权委托书必须记明委托事项和权限。诉讼代理人代为承认、放弃、变更诉讼请求，进行和解，提起反诉或者上诉，必须有委托人的特别授权。

侨居在国外的中华人民共和国公民从国外寄交或者托交的授权委托书，必须经中华人民共和国驻该国的使领馆证明；没有使领馆的，由与中华人民共和国有外交关系的第三国驻该国的使领馆证明，再转由中华人民共和国驻该第三国使领馆证明，或者由当地的爱国华侨团体证明。

诉讼代理人的权限如果变更或者解除，当事人应当书面告知人民法院，并由人民法院通知对方当事人。

代理诉讼的律师和其他诉讼代理人有权调查收集证据，可以查阅本案有关材料。查阅本案有关材料的范围和办法由最高人民法院规定。

离婚案件有诉讼代理人的，本人除不能表达意思的以外，仍应出庭；确因特殊情况无法出庭的，必须向人民法院提交书面意见。

四、财产保全及先予执行

（一）财产保全

财产保全是指当可能因发生有关财产被一方当事人转移、隐匿、毁损等情形，导致法院将来的判决不能执行或难以执行，进而另一方当事人（或利害关系人）的合法利益受到损害的，根据当事人或者利害关系人的申请或人民法院的裁定，由人民法院对有关财产采取保全措施的诉讼法律制度。

《民事诉讼法》第一百零三条规定，人民法院对于可能因当事人一方的行为或者其他原因，使判决难以执行或者造成当事人其他损害的案件，根据对方当事人的申请，可以裁定对其财产进行保全、责令其作出一定行为或者禁止其作出一定行为；当事人没有提出申请的，人民法院在必要时也可以裁定采取保全措施。

人民法院采取保全措施，可以责令申请人提供担保，申请人不提供担保的，裁定驳回申请。

人民法院接受申请后，对情况紧急的，必须在48小时内做出裁定；裁定采取保全措施的，应当立即开始执行。

（二）先予执行

先予执行是指人民法院在做出终审判决以前，为解决权利人生活或生产经营的急需，根据当事人申请，依法裁定义务人预先履行义务的诉讼法律制度。

《民事诉讼法》第一百零九条规定，人民法院对下列案件，根据当事人的申请，可以裁定先予执行：

1）追索赡养费、扶养费、抚养费、抚恤金、医疗费用的。
2）追索劳动报酬的。
3）因情况紧急需要先予执行的。

《民事诉讼法》第一百一十条规定，人民法院裁定先予执行的，应当符合下列条件：

1）当事人之间权利义务关系明确，不先予执行将严重影响申请人的生活或者生产经营的。

2）被申请人有履行能力。

人民法院可以责令申请人提供担保，申请人不提供担保的，驳回申请。申请人败诉的，应当赔偿被申请人因先予执行遭受的财产损失。

五、公开审判制度

公开审判制度是指人民法院审理民事案件，除法律规定的情况外，审判过程及结果应当向群众、社会公开。向群众公开是指允许群众旁听案件审判过程（主要是庭审过程和宣判过程）。

《民事诉讼法》第一百三十七条规定，人民法院审理民事案件，除涉及国家秘密、个人隐私或者法律另有规定的以外，应当公开进行。

离婚案件，涉及商业秘密的案件，当事人申请不公开审理的，可以不公开审理。

六、两审终审制度

两审终审制度是指一个民事案件经过两级人民法院审判后即告终结的制度。

《民事诉讼法》第一百八十二条规定，第二审人民法院的判决、裁定，是终审的判决、裁定。

七、合议制度

合议制度是指由若干名审判人员组成合议庭对民事案件进行审理的制度。实行合议制度，是为了发挥集体的智慧，弥补个人能力上的不足，以保证案件的审判质量。按合议制度组成的审判组织，称为合议庭。

《民事诉讼法》第四十条规定，人民法院审理第一审民事案件，由审判员、陪审员共同组成合议庭或者由审判员组成合议庭。合议庭的成员人数，必须是单数。

适用简易程序审理的民事案件，由审判员一人独任审理。基层人民法院审理的基本事实清楚、权利义务关系明确的第一审民事案件，可以由审判员一人适用普通程序独任审理。

陪审员在执行陪审职务时，与审判员有同等的权利义务。

八、民事诉讼程序

（一）第一审程序

1. 起诉和受理

（1）起诉的条件。如果当事人没有在合同中约定通过仲裁解决纠纷，则只能以诉讼作为解决纠纷的最终方式。纠纷发生后，如需要通过诉讼解决纠纷，则首先应当向人民法院起诉。

《民事诉讼法》第一百二十二条规定，起诉必须符合下列条件：

1）原告是与本案有直接利害关系的公民、法人和其他组织。
2）有明确的被告。
3）有具体的诉讼请求和事实、理由。
4）属于人民法院受理民事诉讼的范围和受诉人民法院管辖。

《民事诉讼法》第一百二十三条规定，起诉应当向人民法院递交起诉状，并按照被告人数提出副本。书写起诉状确有困难的，可以口头起诉，由人民法院记入笔录，并告知对方当事人。

（2）人民法院受理案件。人民法院对符合规定的起诉，必须受理；认为不符合起诉条件的，应当在 7 日内裁定不予受理；原告对裁定不服的，可以提起上诉。人民法院受理起诉后，首先需要确定在第一审中适用普通程序还是简易程序。基层人民法院和它派出的法庭审理事实清楚、权利义务关系明确、争议不大的简单的民事案件，可以适用简易程序。建设工程中发生的纠纷一般都适用普通程序，因此本书对第一审程序只介绍普通程序。

《民事诉讼法》第一百二十六条规定，人民法院应当保障当事人依照法律规定享有的起诉权利。对符合该法第一百一十九条的起诉，必须受理。符合起诉条件的，应当在 7 日内立案，并通知当事人；不符合起诉条件的，应当在 7 日内作出裁定书，不予受理；原告对裁定不服的，可以提起上诉。

（3）被告答辩。人民法院应当在立案之日起 5 日内将起诉状副本发送被告，被告在收到之日起 15 日内提出答辩状。被告提出答辩状的，人民法院应当在收到之日起 5 日内将答辩状副本发送原告。被告不提出答辩状的，不影响人民法院审理。

2. 第一审开庭审理

开庭审理的过程分为以下阶段：庭审准备、法庭调查、法庭辩论、合议庭评议和宣告判决。以下主要介绍法庭调查和法庭辩论。

（1）法庭调查。《民事诉讼法》第一百四十一条规定，法庭调查按照下列顺序进行：

1）当事人陈述。

2）告知证人的权利义务，证人作证，宣读未到庭的证人证言。

3）出示书证、物证、视听资料和电子数据。

4）宣读鉴定意见。

5）宣读勘验笔录。

（2）法庭辩论。法庭辩论终结，由审判长或者独任审判员按照原告、被告、第三人的先后顺序征询各方最后意见。

人民法院审理民事案件，除涉及国家秘密、个人隐私或者法律另有规定的以外，应当公开进行。离婚案件，涉及商业秘密的案件，当事人申请不公开审理的，可以不公开审理。

3. 判决

当事人拒不到庭或者未经许可中途退庭的处理。原告经传票传唤，无正当理由拒不到庭的，或者未经法庭许可中途退庭的，可以按撤诉处理；被告反诉的，可以缺席判决。被告经传票传唤，无正当理由拒不到庭的，或者未经法庭许可中途退庭的，可以缺席判决。

4. 审限

《民事诉讼法》第一百四十五条规定，法庭辩论终结，应当依法作出判决。判决前能够调解的，还可以进行调解，调解不成的，应当及时判决。

（二）第二审程序

《民事诉讼法》第一百七十一条规定，当事人不服地方人民法院第一审判决的，有权在判决书送达之日起 15 日内向上一级人民法院提起上诉。

当事人不服地方人民法院第一审裁定的，有权在裁定书送达之日起 10 日内向上一级人民法院提起上诉。

《民事诉讼法》第一百七十二条规定，上诉应当递交上诉状。上诉状的内容，应当包括当事人的姓名，法人的名称及其法定代表人的姓名或者其他组织的名称及其主要负责人的姓名；原审人民法院名称、案件的编号和案由；上诉的请求和理由。

《民事诉讼法》第一百七十三条规定，上诉状应当通过原审人民法院提出，并按照对方当事人或者代表人的人数提出副本。

当事人直接向第二审人民法院上诉的，第二审人民法院应当在 5 日内将上诉状移交原审人民法院。

《民事诉讼法》第一百七十四规定，原审人民法院收到上诉状，应当在 5 日内将上诉状副本送达对方当事人，对方当事人在收到之日起 15 日内提出答辩状。人民法院应当在收到答辩状之日起 5 日内将副本送达上诉人。对方当事人不提出答辩状的，不影响人民法院审理。

原审人民法院收到上诉状、答辩状，应当在 5 日内连同全部案卷和证据，报送第二审人民法院。

《民事诉讼法》第一百七十五条规定，第二审人民法院应当对上诉请求的有关事实和适用法律进行审查。

《民事诉讼法》第一百七十六条规定，第二审人民法院对上诉案件应当开庭审理。经过阅卷、调查和询问当事人，对没有提出新的事实、证据或者理由，人民法院认为不需要开庭审理的，可以不开庭审理。

第二审人民法院审理上诉案件，可以在本院进行，也可以到案件发生地或者原审人民法院所在地进行。

《民事诉讼法》第一百七十七条规定，第二审人民法院对上诉案件，经过审理，按照下列情形，分别处理：

1）原判决、裁定认定事实清楚，适用法律正确的，以判决、裁定方式驳回上诉，维持原判决、裁定。

2）原判决、裁定认定事实错误或者适用法律错误的，以判决、裁定方式依法改判、撤销或者变更。

3）原判决认定基本事实不清的，裁定撤销原判决，发回原审人民法院重审，或者查清事实后改判。

4）原判决遗漏当事人或者违法缺席判决等严重违反法定程序的，裁定撤销原判决，发回原审人民法院重审。

原审人民法院对发回重审的案件作出判决后，当事人提起上诉的，第二审人民法院不得再次发回重审。

《民事诉讼法》第一百七十八条至第一百八十三条规定，第二审人民法院对不服第一审人民法院裁定的上诉案件的处理，一律使用裁定。

第二审人民法院审理上诉案件，可以进行调解。调解达成协议，应当制作调解书，由审判人员、书记员署名，加盖人民法院印章。调解书送达后，原审人民法院的判决即视为撤销。

第二审人民法院判决宣告前,上诉人申请撤回上诉的,是否准许,由第二审人民法院裁定。

第二审人民法院审理上诉案件,除依照本章规定外,适用第一审普通程序。

第二审人民法院的判决、裁定,是终审的判决、裁定。

人民法院审理对判决的上诉案件,应当在第二审立案之日起3个月内审结。有特殊情况需要延长的,由本院院长批准。

人民法院审理对裁定的上诉案件,应当在第二审立案之日起30日内做出终审裁定。

(三) 审判监督程序

审判监督程序是指为了保障法院裁判的公正,使已经发生法律效力但有错误的判决书、裁定书、调解书得以改正而特设的一种程序。它不是案件的必经程序。各级人民法院院长对本院已经发生法律效力的判决、裁定、调解书,发现确有错误,认为需要再审的,应当提交审判委员会讨论决定。

《民事诉讼法》第二百零五条规定,各级人民法院院长对本院已经发生法律效力的判决、裁定、调解书,发现确有错误,认为需要再审的,应当提交审判委员会讨论决定。

最高人民法院对地方各级人民法院已经发生法律效力的判决、裁定、调解书,上级人民法院对下级人民法院已经发生法律效力的判决、裁定、调解书,发现确有错误的,有权提审或者指令下级人民法院再审。

九、执行程序

(一) 发生法律效力的民事判决、裁定

《民事诉讼法》第二百三十一条规定,发生法律效力的民事判决、裁定,以及刑事判决、裁定中的财产部分,由第一审人民法院或者与第一审人民法院同级的被执行的财产所在地人民法院执行。

法律规定由人民法院执行的其他法律文书,由被执行人住所地或者被执行的财产所在地人民法院执行。

(二) 执行的申请和移送

《民事诉讼法》第二百四十三条至第二百四十七条规定,发生法律效力的民事判决、裁定,当事人必须履行。一方拒绝履行的,对方当事人可以向人民法院申请执行,也可以由审判员移送执行员执行。

调解书和其他应当由人民法院执行的法律文书,当事人必须履行。一方拒绝履行的,对方当事人可以向人民法院申请执行。

对依法设立的仲裁机构的裁决,一方当事人不履行的,对方当事人可以向有管辖权的人民法院申请执行。受申请的人民法院应当执行。

被申请人提出证据证明仲裁裁决有下列情形之一的,经人民法院组成合议庭审查核实,裁定不予执行:

1) 当事人在合同中没有订有仲裁条款或者事后没有达成书面仲裁协议的。
2) 裁决的事项不属于仲裁协议的范围或者仲裁机构无权仲裁的。
3) 仲裁庭的组成或者仲裁的程序违反法定程序的。

4) 裁决所根据的证据是伪造的。
5) 对方当事人向仲裁机构隐瞒了足以影响公正裁决的证据的。
6) 仲裁员在仲裁该案时有贪污受贿，徇私舞弊，枉法裁决行为的。

人民法院认定执行该裁决违背社会公共利益的，裁定不予执行。

裁定书应当送达双方当事人和仲裁机构。

仲裁裁决被人民法院裁定不予执行的，当事人可以根据双方达成的书面仲裁协议重新申请仲裁，也可以向人民法院起诉。

对公证机关依法赋予强制执行效力的债权文书，一方当事人不履行的，对方当事人可以向有管辖权的人民法院申请执行，受申请的人民法院应当执行。

公证债权文书确有错误的，人民法院裁定不予执行，并将裁定书送达双方当事人和公证机关。

申请执行的期间为二年。申请执行时效的中止、中断，适用法律有关诉讼时效中止、中断的规定。

前款规定的期间，从法律文书规定履行期间的最后一日起计算；法律文书规定分期履行的，从最后一期履行期限届满之日起计算；法律文书未规定履行期间的，从法律文书生效之日起计算。

执行员接到申请执行书或者移交执行书，应当向被执行人发出执行通知，并可以立即采取强制执行措施。

（三）执行措施

《民事诉讼法》第二百四十八条规定，被执行人未按执行通知履行法律文书确定的义务，应当报告当前以及收到执行通知之日前一年的财产情况。被执行人拒绝报告或者虚假报告的，人民法院可以根据情节轻重对被执行人或者其法定代理人、有关单位的主要负责人或者直接责任人员予以罚款、拘留。

《民事诉讼法》第二百四十九条规定，被执行人未按执行通知履行法律文书确定的义务，人民法院有权向有关单位查询被执行人的存款、债券、股票、基金份额等财产情况。人民法院有权根据不同情形扣押、冻结、划拨、变价被执行人的财产。人民法院查询、扣押、冻结、划拨、变价的财产不得超出被执行人应当履行义务的范围。

人民法院决定扣押、冻结、划拨、变价财产，应当做出裁定，并发出协助执行通知书，有关单位必须办理。

（四）执行中止和终结

《民事诉讼法》第二百六十三条规定，有下列情形之一的，人民法院应当裁定中止执行：

1) 申请人表示可以延期执行的。
2) 案外人对执行标的提出确有理由的异议的。
3) 作为一方当事人的公民死亡，需要等待继承人继承权利或者承担义务的。
4) 作为一方当事人的法人或者其他组织终止，尚未确定权利义务承受人的。
5) 人民法院认为应当中止执行的其他情形。

中止的情形消失后，恢复执行。

思 考 题

1. 执行的申请和移送的主要内容是什么？
2. 回避制度的主要内容有哪些？
3. 财产保全制度的主要内容有哪些？
4. 公开审判制度的主要内容有哪些？
5. 合议制度的主要内容有哪些？
6. 执行程序的主要内容有哪些？
7. 民事诉讼程序是什么？
8. 执行中止和终结的主要内容有哪些？

第十五章 建设工程争议的仲裁处理

教学要点：

本章主要介绍仲裁庭的组成、仲裁回避制度、仲裁的撤销、仲裁裁决的撤销、行政复议与行政诉讼的执行等内容，通过本章的学习，应达到以下目标：

1. 掌握仲裁庭的组成。
2. 掌握仲裁回避制度。
3. 掌握仲裁的撤销。
4. 掌握仲裁裁决的撤销与执行。
5. 掌握行政复议与行政诉讼。

第一节 仲裁

仲裁作为一个法律概念有其特定的含义，它是指发生争议的当事人（申请人与被申请人），根据其达成的仲裁协议，自愿将该争议提交中立的第三方（仲裁机构）进行裁决的争议解决制度。《中华人民共和国仲裁法》（以下简称《仲裁法》）由中华人民共和国第八届全国人民代表大会常务委员会第九次会议于 1994 年 8 月 31 日通过，自 1995 年 9 月 1 日起施行，并分别于 2009 年和 2017 年进行了修正。

一、仲裁概述

（一）仲裁的适用范围

在我国，《仲裁法》是调整和规范仲裁制度的基本法律，但《仲裁法》的调整范围仅限于民商事仲裁，即"平等主体的公民、法人和其他组织之间发生的合同纠纷和其他财产权纠纷"仲裁，劳动争议仲裁和农业承包合同纠纷仲裁不受《仲裁法》的调整。此外，根据《仲裁法》第三条的规定，下列纠纷不能仲裁：

1) 婚姻、收养、监护、扶养、继承纠纷。
2) 依法应当由行政机关处理的行政争议。

（二）仲裁的基本特点

1. 自愿性

当事人的自愿性是仲裁最突出的特点。仲裁以当事人的意思自治为前提，即当事人自主决定是否将纠纷提交仲裁。向哪个仲裁委员会申请仲裁，仲裁庭如何组成，仲裁员的选择，以及仲裁的审理方式等都是在当事人自愿的基础上，由当事人协商确定的。仲裁的自愿性也决定了仲裁与诉讼相比，前者更加灵活和方便。

2. 专业性

专家裁案，是民商事仲裁的重要特点之一。民商事仲裁往往涉及不同行业的专业知识，例如，建设工程的纠纷处理不仅涉及工程建设有关的法律法规，还常常需要运用大量的工程造价、工程质量方面的专业知识和属于建筑业自身特有的交易习惯和行业惯例。因此，仲裁由具有一定专业水平的专家担任仲裁员，是确保仲裁结果准确、公正的重要保障。

3. 独立性

根据《仲裁法》第十四条的规定："仲裁委员会独立于行政机关，与行政机关没有隶属关系。仲裁委员会之间也没有隶属关系。"在仲裁过程中，仲裁庭独立进行仲裁，不受任何行政机关、社会团体和个人的干涉，也不受其他仲裁机构的干涉，具有独立性。

4. 保密性

仲裁以不公开审理为原则。同时，按照各仲裁规则的规定，当事人及其代理人、证人、翻译、仲裁员、仲裁庭咨询的专家和指定的鉴定人、仲裁委员会有关工作人员也要遵守保密义务，不得对外界透露案件实体和程序的有关情况。因此，当事人之间的纠纷及有关的商业秘密，不会因仲裁活动而泄露。

5. 快捷性

仲裁实行一裁终局制度，仲裁裁决一经做出即发生法律效力。这使得当事人之间的纠纷能够迅速得以解决。

（三）仲裁的基本制度

1. 协议仲裁制度

仲裁协议是当事人仲裁自愿的体现，当事人申请仲裁，仲裁委员会受理仲裁，仲裁庭对仲裁案件的审理和裁决，都必须以当事人依法订立的仲裁协议为前提。可以说，没有有效的仲裁协议，就不会有仲裁。《仲裁法》第四条规定，没有仲裁协议，一方申请仲裁的，仲裁委员会不予受理。

2. 或裁或诉制度

仲裁和诉讼是两种不同的争议解决方式，当事人只能选择其中一种加以采用。《仲裁法》第五条明确规定："当事人达成仲裁协议，一方向人民法院起诉的，人民法院不予受理，但仲裁协议无效的除外。"因此，有效的仲裁协议即排除法院对案件的司法管辖权，只有在没有仲裁协议或者仲裁协议无效的情况下，法院才可以对当事人的纠纷予以受理。

3. 一裁终局制度

《仲裁法》第九条第一款规定："仲裁实行一裁终局的制度。裁决作出后，当事人就同一纠纷再申请仲裁或者向人民法院起诉的，仲裁委员会或者人民法院不予受理。"当事人应当履行仲裁裁决。一方当事人不履行的，另一方当事人可以依照民事诉讼法的有关规定向人民法院申请强制执行。

（四）仲裁协议

仲裁协议是指当事人自愿将已经发生或者可能发生的争议通过仲裁解决的书面协议。在民商事仲裁中，仲裁协议是仲裁的前提，没有仲裁协议，就不存在有效的仲裁。

1. 仲裁协议的类型

根据《仲裁法》第十六条第一款的规定："仲裁协议包括合同中订立的仲裁条款和以其他书面方式在纠纷发生前或者纠纷发生后达成的请求仲裁的协议。"据此，仲裁协议应当采用书面形式，口头方式达成的仲裁意思表示无效。仲裁协议既可以表现为合同中的仲裁条款，也可以表现为独立于合同而存在的仲裁协议书。在实践中，仲裁条款是最常见的仲裁协议形式。

2. 仲裁协议的内容

根据《仲裁法》第十六条第二款的规定，仲裁协议应当具有下列内容：

1）请求仲裁的意思表示。
2）仲裁事项。
3）选定的仲裁委员会。

这三项内容必须同时具备，仲裁协议才能有效。其中，由于仲裁没有法定管辖的规定，因此当事人选择仲裁委员会可以不受地点的限制，但必须明确、具体。如果仲裁协议对仲裁事项或者仲裁委员会没有约定或约定不明确，且当事人达不成补充协议的，仲裁协议无效。例如，中国国际经济贸易仲裁委员会的示范仲裁条款规定："凡因本合同引起的或与本合同有关的任何争议，均应提交中国国际经济贸易仲裁委员会，按照申请仲裁时该会现行有效的仲裁规则进行仲裁。仲裁裁决是终局的，对双方具有约束力。"

3. 仲裁协议的效力

（1）对当事人的法律效力。仲裁协议一经有效成立，即对当事人产生法律约束力。发生纠纷后，当事人只能通过向仲裁协议中所约定的仲裁机构申请仲裁的方式解决该纠纷，而丧失了就该纠纷向法院提起诉讼的权利。

（2）对法院的约束力。有效的仲裁协议将排除法院的司法管辖权。根据《仲裁法》第二十六条中的规定，当事人达成仲裁协议，一方向人民法院起诉未声明有仲裁协议，人民法院受理后，另一方在首次开庭前提交仲裁协议的，人民法院应当驳回起诉，但仲裁协议无效的除外。

（3）对仲裁机构的法律效力。仲裁协议是仲裁委员会受理仲裁案件的基础，是仲裁庭审理和裁决仲裁案件的依据。没有有效的仲裁协议，仲裁委员会将不能获得仲裁案件的管辖权。同时，仲裁委员会还只能对当事人在仲裁协议中约定的争议事项进行仲裁，对超出仲裁协议约定范围的其他争议无权仲裁。

（4）仲裁协议的独立性。《仲裁法》第十九条规定，仲裁协议独立存在，合同的变更、解除、终止或者无效，不影响仲裁协议的效力。

二、仲裁程序

1. 申请仲裁的条件

根据《仲裁法》第二十一条的规定，当事人申请仲裁应当符合下列条件：

1）有仲裁协议。
2）有具体的仲裁请求和事实、理由。
3）属于仲裁委员会的受理范围。

2. 申请仲裁的方式

根据《仲裁法》第二十二条和第二十三条的规定，当事人申请仲裁，应当向仲裁委员会递交仲裁协议、仲裁申请书及副本。其中，仲裁申请书应当载明下列事项：

1）当事人的姓名、性别、年龄、职业、工作单位和住所，法人或者其他组织的名称、住所和法定代表人或者主要负责人的姓名、职务。

2）仲裁请求和所根据的事实、理由。

3）证据和证据来源、证人姓名和住所。

3. 审查与受理

根据《仲裁法》的有关规定，仲裁委员会收到仲裁申请书之日起5日内，认为符合受理条件的应当受理，并通知当事人；认为不符合受理条件的，应当书面通知当事人不予受理，并说明理由。仲裁委员会受理仲裁申请后，应当在仲裁规则规定的期限内将仲裁规则和仲裁员名册送达申请人，并将仲裁申请书副本和仲裁规则、仲裁员名册送达被申请人。被申请人收到仲裁申请书副本后，应当在仲裁规则规定的期限内向仲裁委员会提交答辩书。仲裁委员会收到答辩书后，应当在仲裁规则规定的期限内将答辩书副本送达申请人。

被申请人未提交答辩书的，不影响仲裁程序的进行。被申请人有权提出反请求。当事人申请财产保全的，仲裁委员会应当将当事人的申请依照《民事诉讼法》的有关规定提交人民法院。

第二节 仲裁庭

一、仲裁庭的组成

（一）仲裁庭的组成形式和程序

根据《仲裁法》第三十条的规定，仲裁庭可以由三名仲裁员或者一名仲裁员组成。由三名仲裁员组成的，设首席仲裁员。根据该规定，仲裁庭的组成形式包括合议仲裁庭和独任仲裁庭两种。

1. 合议仲裁庭组成程序

根据《仲裁法》第三十一条第一款的规定，当事人约定由三名仲裁员组成仲裁庭的，应当各自选定或者各自委托仲裁委员会主任指定一名仲裁员，第三名仲裁员由当事人共同选定或者共同委托仲裁委员会主任指定。第三名仲裁员是首席仲裁员。

2. 独任仲裁庭组成程序

根据《仲裁法》第三十一条第二款的规定，当事人约定由一名仲裁员成立仲裁庭的，应当由当事人共同选定或者共同委托仲裁委员会主任指定仲裁员。《仲裁法》第三十二条还规定，当事人没有在仲裁规则规定的期限内约定仲裁庭的组成方式或者选定仲裁员的，由仲裁委员会主任指定。

（二）仲裁员的回避

《仲裁法》第三十四条规定，仲裁员有下列情形之一的，必须回避，当事人也有权提出回避申请：

1) 是本案当事人或者当事人、代理人的近亲属。
2) 与本案有利害关系。
3) 与本案当事人、代理人有其他关系，可能影响公正仲裁的。
4) 私自会见当事人、代理人，或者接受当事人、代理人的请客送礼的。

（三）开庭和裁决

(1) 开庭与否的决定。仲裁应当开庭进行，当事人协议不开庭的，仲裁庭可以根据仲裁申请书、答辩书及其他材料做出裁决。仲裁不公开进行；当事人协议公开的，可以公开进行，但涉及国家秘密的除外。

(2) 不到庭或者未经许可中途退庭的处理。申请人经书面通知，无正当理由不到庭或者未经仲裁庭许可中途退庭的，可以视为撤回仲裁申请。被申请人经书面通知，无正当理由不到庭或者未经仲裁庭许可中途退庭的，可以缺席裁决。

(3) 证据的提供。当事人应当对自己的主张提供证据。仲裁庭认为有必要收集的证据，可以自行收集。仲裁庭对专门性问题认为需要鉴定的，可以交由当事人约定的鉴定部门鉴定，也可以由仲裁庭指定的鉴定部门鉴定。根据当事人的请求或者仲裁庭的要求，鉴定部门应当派鉴定人参加开庭。当事人经仲裁庭许可，可以向鉴定人提问。

(4) 开庭中的辩论。当事人在仲裁过程中有权进行辩论。辩论终结时，首席仲裁员或者独任仲裁员应当征询当事人的最后意见。

(5) 当事人自行和解。当事人申请仲裁后，可以自行和解。达成和解协议的，可以请求仲裁庭根据和解协议做出裁决书，也可以撤回仲裁申请。当事人达成和解协议，撤回仲裁申请后反悔的，可以根据仲裁协议申请仲裁。

(6) 仲裁庭主持下的调解。仲裁庭在做出裁决前，可以先行调解。调解达成协议的，仲裁庭应当制作调解书或者根据协议的结果制作裁决书。调解书与裁决书具有同等法律效力。调解书经双方当事人签收后，即发生法律效力。在调解书签收前当事人反悔的，仲裁庭应当及时做出裁决。

(7) 仲裁裁决的做出。裁决应当按照多数仲裁员的意见做出，少数仲裁员的不同意见可以记入笔录。仲裁庭不能形成多数意见时，裁决应当按照首席仲裁员的意见做出。裁决书自做出之日起发生法律效力。

二、仲裁裁决的撤销

仲裁裁决的撤销，是指对于符合法定撤销情形的仲裁裁决，经当事人申请，人民法院裁定撤销仲裁裁决的行为。仲裁实行一裁终局制，仲裁没有内部监督机制，只能由法院进行外部监督。

（一）撤销仲裁裁决的条件

1) 提出撤销仲裁裁决申请的主体必须是仲裁当事人。
2) 必须向有管辖权的人民法院提出撤销的申请。根据规定，当事人申请撤销仲裁裁决，必须向仲裁委员会所在地的中级人民法院提出。
3) 必须在法定的期限内提出撤销申请。《仲裁法》规定，当事人申请撤销仲裁裁决的，应当自收到裁决书之日起 6 个月内提出。

4）必须有证据证明仲裁裁决有法律规定的应予撤销的情形。

（二）法律规定应当撤销仲裁裁决的情形

《仲裁法》第五十八条规定，当事人提出证据证明裁决有下列情形之一的，可以向仲裁委员会所在地的中级人民法院申请撤销裁决：

1）没有仲裁协议的。
2）裁决的事项不属于仲裁协议的范围或者仲裁委员会无权仲裁的。
3）仲裁庭的组成或者仲裁的程序违反法定程序的。
4）裁决所根据的证据是伪造的。
5）对方当事人隐瞒了足以影响公正裁决的证据的。
6）仲裁员在仲裁该案时有索贿受贿，徇私舞弊，枉法裁决行为的。

人民法院经组成合议庭审查核实裁决有上述规定情形之一的，应当裁定撤销。

人民法院认定该裁决违背社会公共利益的，应当裁定撤销。

此外，《仲裁法》还对涉外仲裁裁决的撤销做出了特别规定，当事人提出证据证明涉外仲裁的裁决有《民事诉讼法》规定的相关情形之一的，经人民法院组成合议庭审查核实，裁定撤销。

《民事诉讼法》规定的相关情形如下：

对中华人民共和国涉外仲裁机构做出的裁决，被申请人提出证据证明仲裁裁决有下列情形之一的，经人民法院组成合议庭审查核实，裁定不予执行：

1）当事人在合同中没有订有仲裁条款或者事后没有达成书面仲裁协议的。
2）被申请人没有得到指定仲裁员或者进行仲裁程序的通知，或者由于其他不属于被申请人负责的原因未能陈述意见的。
3）仲裁庭的组成或者仲裁的程序与仲裁规则不符的。
4）裁决的事项不属于仲裁协议的范围或者仲裁机构无权仲裁的。

人民法院认定执行该裁决违背社会公共利益的，裁定不予执行。

（三）当事人申请撤销仲裁裁决的时间和法律后果

当事人申请撤销裁决的，应当自收到裁决书之日起6个月内提出。人民法院应当在受理撤销裁决申请之日起2个月内做出撤销裁决或者驳回申请的裁定。人民法院受理撤销裁决的申请后，认为可以由仲裁庭重新仲裁的，通知仲裁庭在一定期限内重新仲裁，并裁定中止撤销程序。仲裁庭拒绝重新仲裁的，人民法院应当裁定恢复撤销程序。

三、仲裁裁决的执行与不予执行

（一）强制执行当事人应当履行裁决

强制执行当事人应当履行裁决，一方当事人不履行的，另一方当事人可以依照《民事诉讼法》的有关规定向人民法院申请执行。受理申请的人民法院应当执行。

（二）不予执行

根据《仲裁法》和《民事诉讼法》的规定，对于国内仲裁而言，不予执行仲裁裁决的情形包括：

1）当事人在合同中没有仲裁条款或者事后没有达成书面仲裁协议的。
2）裁决的事项不属于仲裁协议的范围或者仲裁机构无权仲裁的。
3）仲裁庭的组成或者仲裁的程序违反法定程序的。
4）认定事实的主要证据不足的。
5）适用法律确有错误的。
6）仲裁员在仲裁该案时有索贿受贿、徇私舞弊、枉法裁决行为的。

人民法院经组成合议庭审查核实仲裁裁决，确认有以上情形之一的，应当做出不予执行的裁定，并将此裁定送达双方当事人和仲裁委员会。仲裁裁决被人民法院依法裁定不予执行的，当事人不能申请人民法院再审。就该纠纷双方当事人可以重新达成仲裁协议，并依据该仲裁协议申请仲裁，也可以向人民法院提起诉讼。一方当事人申请执行裁决，另一方当事人申请撤销裁决的，人民法院应当裁定中止执行。人民法院裁定撤销裁决的，应当裁定终结执行。撤销裁决的申请被裁定驳回的，人民法院应当裁定恢复执行。

第三节 行政复议与行政诉讼

一、行政复议

（一）行政复议的概念

行政复议是指公民、法人或者其他组织不服行政主体做出的具体行政行为，认为行政主体的具体行政行为侵犯了其合法权益，依法向法定的行政复议机关提出复议申请，行政复议机关依法对该具体行政行为进行合法性、适当性审查，并做出行政复议决定的行政行为。行政复议是公民、法人或其他组织通过行政救济途径解决行政争议的一种方法。为了防止和纠正违法的或者不当的具体行政行为，保护公民、法人和其他组织的合法权益，保障和监督行政机关依法行使职权，1999年4月29日第九届全国人民代表大会常务委员会第九次会议通过了《行政复议法》，该法自1999年10月1日起施行，并分别于2009年和2017年进行了修正。

（二）行政复议的范围

根据《行政复议法》的规定，有下列情形之一的，公民、法人或者其他组织可以依法申请行政复议：

1）对行政机关做出的警告、罚款、没收违法所得、没收非法财物、责令停产停业、暂扣或者吊销许可证、暂扣或者吊销执照、行政拘留等行政处罚决定不服的。
2）对行政机关做出的限制人身自由或者查封、扣押、冻结财产等行政强制措施决定不服的。
3）对行政机关做出的有关许可证、执照、资质证、资格证等证书变更、中止、撤销的决定不服的。
4）对行政机关做出的关于确认土地、矿藏、水流、森林、山岭、草原、荒地、滩涂、海域等自然资源的所有权或者使用权的决定不服的。
5）认为行政机关侵犯合法的经营自主权的。

6）认为行政机关变更或者废止农业承包合同，侵犯其合法权益的。

7）认为行政机关违法集资、征收财物、摊派费用或者违法要求履行其他义务的。

8）认为符合法定条件，申请行政机关颁发许可证、执照、资质证、资格证等证书，或者申请行政机关审批、登记有关事项，行政机关没有依法办理的。

9）申请行政机关履行保护人身权利、财产权利、受教育权利的法定职责，行政机关没有依法履行的。

10）申请行政机关依法发放抚恤金、社会保险金或者最低生活保障费，行政机关没有依法发放的。

11）认为行政机关的其他具体行政行为侵犯其合法权益的。

根据《行政复议法》的规定，公民、法人或者其他组织认为行政机关的具体行政行为所依据的下列规定不合法，在对具体行政行为申请行政复议时，可以一并向行政复议机关提出对该规定的审查申请：

1）国务院部门的规定。

2）县级以上地方各级人民政府及其工作部门的规定。

3）乡、镇人民政府的规定。

上述所列规定不含国务院部、委员会规章和地方人民政府规章。规章的审查依照法律、行政法规办理。不服行政机关做出的行政处分或者其他人事处理决定的，依照有关法律、行政法规的规定提出申诉。不服行政机关对民事纠纷做出的调解或者其他处理，依法申请仲裁或者向人民法院提起诉讼。

（三）行政复议参加人

行政复议参加人是指为维护自己合法权益而以自己的名义参加行政复议活动的当事人以及与当事人地位相似的人。根据《行政复议法》的规定，行政复议参加人包括申请人、申请人（公民）的法定代理人、被申请人、第三人和共同申请人、共同被申请人，以及申请人、第三人的委托代理人。此外，参与行政复议活动的还有证人、鉴定人，但他们参与行政复议，只是协助行政复议机关查清事实，与案件本身没有直接利害关系，可以称之为其他行政复议参与人。

1. 行政复议的申请人

行政复议申请人的范围是相当广泛的。根据《行政复议法》第四十一条的规定，申请人甚至可以是在我国境内申请行政复议的外国人、无国籍人或外国组织。此外，《行政复议法》第十条中做了如下规定：

1）有权申请行政复议的公民死亡的，其近亲属可以申请行政复议。近亲属包括配偶、父母、子女、兄弟姐妹、祖父母、外祖父母、孙子女、外孙子女和其他具有扶养、赡养关系的亲属。

2）有权申请行政复议的法人或者其他组织终止的，承受其权利的法人或者其他组织可以申请行政复议。

2. 行政复议的被申请人

被申请人是指申请人的对方当事人，即因申请人提起行政复议而由复议机关通知其参加复议的当事人。在行政复议中，被申请人的特点在于，被申请人都是行政主体。但是，由于行政活动的复杂性，被申请人在实践中也相当复杂。一般有以下几种情形：

1）相对人对行政机关的具体行政行为不服申请复议的，该行政机关是被申请人。

2）两个或者两个以上行政机关以共同名义做出具体行政行为的，共同做出具体行政行为的行政机关是共同被申请人。

3）对法律、法规授权的组织做出的具体行政行为不服的，该组织是被申请人。对政府工作部门设立的派出机构依据法律、法规和规章的规定以本机构名义做出的具体行政行为不服的，该派出机构是被申请人。

4）做出具体行政行为的机关被撤销的，继续行使其职权的行政机关是被申请人。

3. 第三人

行政复议中的第三人是指同申请复议的具体行政行为有利害关系，经复议机关批准而参加复议的公民、法人或者其他组织。根据《行政复议法》第十条第三款的规定，第三人参加行政复议的主要条件如下：

1）同申请行政复议的具体行政行为有利害关系。

2）必须在行政复议过程中参加或委托代理人参加行政复议。

3）必须经复议机关批准。

4. 行政复议机关

对县级以上地方各级人民政府工作部门的具体行政行为不服的，由申请人选择，可以向该部门的本级人民政府申请行政复议，也可以向上一级主管部门申请行政复议。对海关、金融、国税、外汇管理等实行垂直领导的行政机关和国家安全机关的具体行政行为不服的，向上一级主管部门申请行政复议。对地方各级人民政府的具体行政行为不服的，向上一级地方人民政府申请行政复议。对省、自治区人民政府依法设立的派出机关所属的县级地方人民政府的具体行政行为不服的，向该派出机关申请行政复议。对国务院部门或者省、自治区、直辖市人民政府的具体行政行为不服的，向做出该具体行政行为的国务院部门或者省、自治区、直辖市人民政府申请行政复议。对行政复议决定不服的，可以向人民法院提起行政诉讼，也可以向国务院申请裁决。

（四）行政复议的程序

1. 申请与受理

（1）申请。行政复议是依申请行为。它以行政相对人主动提起为前提，即相对人不提出申请，行政复议机关不能主动管辖。根据《行政复议法》的规定，申请复议应当符合下列条件：①申请人是认为具体行政行为直接侵犯其合法权益的公民、法人或者其他组织；②有明确的被申请人；③有具体的复议请求和事实根据；④属于申请复议的范围；⑤属于受理复议机关的管辖范围；⑥法律、法规规定的其他条件。例如，根据《行政复议法》第九条和第十六条的规定，申请复议还须符合下列程序条件：①在法定期限内申请复议；②申请人向人民法院起诉，人民法院已经依法受理的，不得申请复议。

（2）受理。申请人提出复议申请后，行政复议机关对复议申请进行审查。审查的主要内容有以下四项：①申请是否符合法律、法规规定的条件；②申请是否属于重复申请；③案件是否已由人民法院受理；④申请手续是否完备。复议机关对复议申请进行审查后，应当在收到申请书之日起5日内，对复议申请分别做以下处理：

1）复议申请符合法定条件的，应予受理。
2）复议申请符合其他法定条件，但不属于本行政机关受理的，应告知申请人向有关行政机关提出。
3）复议申请不符合法定条件的，决定不予受理，并告知理由和相应的处理方式。

2. 行政复议的审查

（1）复议审查。审查前的准备包括向被申请人送达申请书副本、调查收集证据和更换或者追加当事人。调查收集证据有两种方式：一是要求当事人提供或者补充证据；二是向有关行政机关及其他组织和公民调取证据。

（2）审查的内容。根据《行政复议法》的规定，复议机关既有权审查具体行政行为是否合法，也有权审查具体行政行为是否适当。

（3）审查的方式。《行政复议法》第二十二条规定，行政复议原则上采取书面审查的办法，但是申请人提出要求或者行政复议机关负责法制工作的机构认为有必要时，可以向有关组织和人员调查情况，听取申请人、被申请人和第三人的意见。由此可见，书面审查是复议机关审查复议案件的基本形式。

（4）审查的依据。复议机关审查复议案件只能依据法律、行政法规、地方性法规、行政规章、自治条例、单行条例及上级行政机关依法制定的具有普遍约束力的非立法性的规范性文件。

（5）审查中具体行政行为的效力。《行政复议法》第二十一条规定，行政复议期间具体行政行为不停止执行，从而确立了复议不停止执行的制度。然而，如果毫无例外地规定复议不停止执行，将可能使违法、不当的具体行政行为得到执行而损害相对人的合法权益。因此，《行政复议法》在确立复议不停止执行原则的同时，也规定了该原则的例外。例外情形具体包括：①被申请人认为需要停止执行的，可以依职权决定停止具体行政行为的执行；②行政复议机关认为需要停止执行的；③申请人申请停止执行，行政复议机关认为其要求合理决定停止执行的；④法律规定停止执行的。

（6）审查的期限。《行政复议法》第三十一条第一款规定，行政复议机关应当自受理申请之日起 60 日内做出行政复议决定；但是法律规定的行政复议期限少于 60 日的除外。情况复杂，不能在规定期限内做出行政复议决定的，经行政复议机关的负责人批准，可以适当延长，并告知申请人和被申请人；但是，延长期限最多不超过 30 日。

3. 复议决定

复议机关通过对复议案件的审理，最后要做出决定。根据《行政复议法》的规定，复议的决定有以下四种。

1）维持决定。
2）履行决定。履行决定是指复议机关责令被申请人履行某种法定职责的决定。
3）撤销、变更或确认具体行政行为违法决定。撤销、变更或确认具体行政行为违法决定是指复议机关做出的撤销或者变更具体行政行为，或者确认具体行政行为违法的决定。具体行政行为有下列情形之一的，复议机关可以决定撤销、变更或确认具体行政行为违法：①主要事实不清，证据不足的；②适用依据错误的；③违反法定程序的；④超越或滥用职权的；⑤具体行政行为明显不当的。
4）赔偿决定。被申请人做出的具体行政行为如果侵犯了申请人的合法权益，申请人请求赔偿，复议机关应当依照《中华人民共和国国家赔偿法》的有关规定，在做出撤销、变更或确认具体行政行为违法的决定的同时，做出被申请人依法赔偿的决定。

4. 送达与执行送达的方式及期限的计算

送达与执行送达的方式及期限的计算，依照《民事诉讼法》的规定执行。

（1）被申请人不履行行政复议决定的。根据《行政复议法》第三十二条和第三十七条的规定，当被申请人不执行或者无正当理由拖延执行行政复议决定的，做出行政复议决定的机关或者有关上级行政机关应当责令其限期履行，并对直接负责的主管人员和其他直接责任人员依法给予警告、记过、记大过的行政处分；经责令履行仍拒不履行的，依法给予降级、撤职、开除的行政处分。

（2）申请人不履行行政复议决定的。申请人不履行法律规定终局的行政复议决定，或者逾期不起诉又不履行行政复议决定的，则根据行政复议决定内容的不同而采用不同的措施：如果行政复议机关做出的是维持具体行政行为的行政复议决定，则由原做出具体行政行为的行政机关依法强制执行，或者申请人民法院强制执行；如果行政复议机关做出的是变更具体行政行为的复议决定的，则由行政复议机关依法强制执行，或者申请人民法院强制执行。

二、行政诉讼

（一）行政诉讼的概念

行政诉讼是个人、法人或其他组织认为国家机关做出的行政行为侵犯其合法权益而向法院提起的诉讼。为保证人民法院正确、及时审理行政案件，保护公民、法人和其他组织的合法权益，维护和监督行政机关依法行使行政职权，1989年4月4日第七届全国人民代表大会第二次会议通过了《行政诉讼法》，该法自1990年10月1日起施行。现行版本为2017年6月27日第十二届全国人民代表大会常务委员会第二十八次会议《关于修改〈中华人民共和国行政诉讼法〉的决定》修正，自2017年7月1日起施行。

（二）行政诉讼的受案范围

1. 人民法院受理的案件

《行政诉讼法》第十二条规定，人民法院受理公民、法人或者其他组织提起的下列诉讼：

1）对行政拘留、暂扣或者吊销许可证和执照、责令停产停业、没收违法所得、没收非法财物、罚款、警告等行政处罚不服的。

2）对限制人身自由或者对财产的查封、扣押、冻结等行政强制措施和行政强制执行不服的。

3）申请行政许可，行政机关拒绝或者在法定期限内不予答复，或者对行政机关做出的有关行政许可的其他决定不服的。

4）对行政机关做出的关于确认土地、矿藏、水流、森林、山岭、草原、荒地、滩涂、海域等自然资源的所有权或者使用权的决定不服的。

5）对征收、征用决定及其补偿决定不服的。

6）申请行政机关履行保护人身权、财产权等合法权益的法定职责，行政机关拒绝履行或者不予答复的。

7）认为行政机关侵犯其经营自主权或者农村土地承包经营权、农村土地经营权的。

8）认为行政机关滥用行政权力排除或者限制竞争的。

9）认为行政机关违法集资、摊派费用或者违法要求履行其他义务的。

10）认为行政机关没有依法支付抚恤金、最低生活保障待遇或者社会保险待遇的。

11）认为行政机关不依法履行、未按照约定履行或者违法变更、解除政府特许经营协议、土地房屋征收补偿协议等协议的。

12）认为行政机关侵犯其他人身权、财产权等合法权益的。

除上述规定外，人民法院受理法律、法规规定可以提起诉讼的其他行政案件。

2. 人民法院不受理的案件

《行政诉讼法》第十三条规定，人民法院不受理公民、法人或者其他组织对下列事项提起的诉讼：

1）国防、外交等国家行为。

2）行政法规、规章或者行政机关制定、发布的具有普遍约束力的决定、命令。

3）行政机关对行政机关工作人员的奖惩、任免等决定。

4）法律规定由行政机关最终裁决的行政行为。

（三）行政诉讼的第一审程序

民事诉讼的举证原则是"谁主张，谁举证"，而在行政诉讼中，被告对其做出的行政行为负有举证责任，并应当提供该具体行政行为的证据和所依据的规范性文件。

1. 起诉提起

行政诉讼应符合以下条件：①原告是认为具体行政行为侵犯其合法权益的公民、法人或者其他组织；②有明确的被告；③有具体的诉讼请求和事实根据；④属于人民法院受案范围和受诉人民法院管辖范围。申请人不服行政复议决定的，可以在收到行政复议决定书之日起15日内向人民法院提起诉讼。复议机关逾期不作决定的，申请人可以在复议期满之日起15日内起诉，法律另有规定的从其规定。公民、法人或者其他组织直接向人民法院起诉的，应当在知道做出具体行政行为之日起3个月内提出，法律另有规定的除外。起诉应以书面形式进行。

2. 受理

人民法院接到起诉状后应当在7日内审查立案或者裁定不予受理。原告对裁定不服的可以提起上诉。

3. 审理前的准备

人民法院审理行政案件，由审判员组成合议庭，或者由审判员、陪审员组成合议庭。

思 考 题

1. 简述仲裁庭的组成。
2. 简述仲裁回避制度的具体内容。
3. 简述仲裁的撤销的具体内容。
4. 简述仲裁裁决的撤销与执行的相关规定。
5. 简述行政复议与行政诉讼的相关规定。

第十六章 有关工程建设的其他法律法规

教学要点：

本章主要介绍建设项目环境保护的概念、环境保护制度的基本原则、环境影响评价的概念和意义、消防设计审查与验收制度、工程建设中的消防安全措施、《节约能源法》的主要内容、《档案法》的主要内容等，通过本章的学习，应掌握以下内容：

1. 建设项目环境保护的概念。
2. 环境保护制度的基本原则。
3. 环境影响评价的概念和意义。
4. 消防设计审查与验收制度。
5. 工程建设中的消防安全措施。
6. 《节约能源法》的主要内容。
7. 《档案法》的主要内容。

第一节 环境保护法规中与工程建设相关的内容

一、建设项目环境保护的概念

（一）环境

环境是影响人类生存和发展的各种天然的和经过人工改造的自然因素的总体，包括大气、水、海洋、土地、矿藏、森林、草原、野生生物、自然遗迹、人文遗迹，以及自然保护区、风景名胜区、城市和乡村等。有人认为，人类环境是指以人类为中心和主体的外部世界，即人类赖以生存和发展的天然的和人工改造过的各种自然因素的综合体。环境为人类提供生存和发展的空间，是人类生活、工作和进行生产活动的生物圈部分。

（二）环境问题

环境问题是指由于人类活动或自然原因使环境条件发生不利于人类的变化，对人类的生产和生活产生影响，给人类带来灾害的问题。当今世界面临严重的环境问题，环境问题的国际性日益突出，而不恰当的经济活动是自然生态破坏和环境问题产生的主要原因。

当前的环境问题主要表现在两个方面：一是大量的污染物向自然界排放，使人类生产和生活的环境严重恶化；二是对自然资源的过度消耗，使生态环境遭到严重的破坏。

保护和改善环境是关系到人类生存和发展的百年大计，对经济建设、社会发展和人民健康具有全局性、长期性和决定性的影响。人与自然的关系是人类社会永恒的主题，保护和改善环境是解决人与自然矛盾的最佳途径。

随着人们普遍认识到环境问题的重要性，世界各国已开始高度重视环境保护工作。我国于1983—1984年召开了第二次全国环境保护会议，把"环境保护"确定为一项基本国策，并提出建立与健全环境保护的法律体系，加强环境保护的科学研究，把环境保护建立在法治轨道和科技进步的基础上。

(三) 建设项目

环境保护工程项目建设，既要消耗大量的自然资源，又要向自然界排放大量的废水、废气、废渣，并产生噪声等，是造成环境问题的主要原因之一。因此，加强工程项目建设的环境保护管理是整个环境保护工作的基础之一。

二、环境保护法律制度的基本理论和基本原则

(一) 基本理论

环境保护法律制度以可持续发展理论和生态学理论为基本理论。"可持续发展"这一术语最初是由世界自然保护同盟等在1980年的《世界自然保护战略：为了可持续发展的生存资源保护》中创造的。因此，可持续发展思想形成于20世纪80年代。

国际社会对可持续发展的具体含义的理解尚未统一，至今为止被引用最多的仍是1987年世界环境与发展委员会《我们共同的未来》一书中所下的定义：可持续发展是既满足当代人的需要，又不对后代人满足其需要的能力构成危害的发展。1992年，联合国在巴西里约热内卢召开了"环境与发展"大会，可持续发展战略被定为大会的主题，并具体体现在会议通过的《里约宣言》《21世纪议程》等五个重要文件中。可持续发展以追求人和自然的和谐为目标，它的精髓是将环境保护与经济社会发展结合起来，实现经济、社会和环境的协调发展。

可持续发展是一种融合生态学、环境经济学和环境伦理学的思想，具体表现在以下两个方面：

1）可持续发展具有三个基本特征：维持全面的生活质量，维持对自然资源的永续利用，避免持续的环境损害。

2）可持续发展包括生态环境的可持续发展、经济的可持续发展和社会的可持续发展。在经济与社会飞速发展的同时，自然生态系统开始发生不利于人类生态系统与生物圈的其他系统保持平衡的变化。生态学理论成为处理环境问题所必须遵循的基本原则，成为保护环境与自然资源相关法律的理论基础。在生态学的影响下，人类的传统伦理道德观也正在发生着变革。人们越来越感到发展与环境是不可分离的统一体，人类必须维持生态平衡并遵循自然的基本规律。

(二) 基本原则

环境保护法律制度的基本原则是指以保护环境、实现可持续发展为目标，贯彻于环境立法和执法的基础性和根本性准则。我国在借鉴国外环境立法与实践的经验，结合我国国情的

基础上，主要确立了以下几项环境保护法律制度的基本原则。

1. 环境保护同经济、社会协调发展原则

这是可持续发展理念、目标和追求在环境保护法律领域的第一层次的体现。习惯上，人们将该原则简称为"三项建设三同步和三统一"原则，是指为了实现经济社会的可持续发展，必须使环境保护同经济建设、社会发展相协调，将经济建设、城乡建设与环境建设一道同步规划、同步实施、同步发展，达到经济效益、社会效益、环境效益的统一。

2. 预防为主、防治结合、综合治理原则

此原则是国内外防治环境污染和环境破坏的经验教训的科学总结。此原则由预防、防治和综合治理三部分组成，是对防治环境问题的基本方式、措施及各项措施组合运用的概括，要求环境保护的重点是事先预防环境污染和自然破坏，在"防"的同时顾及"治"，还要统筹安排，综合运用多种方式来保护环境。这种预期性、综合性政策避免了我国的环境保护走上"先污染、后治理"的道路。

3. 污染者负担原则

污染者负担原则又称污染者付费原则。20世纪70年代初，我国提出"污染者负担原则"。实行该原则有利于环境开发利用者重视环境保护，积极预防和治理污染，同时，通过征收排污费、生态补偿费等有利于为环境保护筹集资金，在一定程度上减轻了公众和政府的负担。在我国，该原则被精辟地概括为"开发者养护、污染者治理"。

4. 环境保护民主原则

环境保护民主原则被学者称为"公众参与原则""依靠群众原则"等，是对公民环境权的保护，是公民参与环境保护的集中体现。环境保护中的公民参与首先是指公民有权通过一定的程序或途径参与一切与环境利益相关的决策活动；其次，要保证公众的知情权和获得各种环境资料的权利；再次，在公众的环境权受到侵害时，人们可以通过有效的法律途径得到赔偿或补偿，使环境权有切实的保障。

5. 基本法律制度

有关环境保护的基本法律制度包括以下几个。

（1）环境规划制度。环境规划是指对一定时期内的环境目标和措施所做出的规定，是对环境保护工作的总体部署和行动方案，是国民经济、社会发展计划的组成部分。制定此制度的目的与意义在于，发挥计划的指导作用和宏观调控作用，强化环境管理，推动污染防治和自然保护，改善环境质量，促进国民经济和社会的协调发展。环境规划制度是调整有关环境规划的编制、审批、实施等活动的实体和程序方面的法律规定的总称，是环境规划工作的制度化、法制化。

（2）环境标准制度。环境标准制度是指国家为了维护环境质量，控制污染，保护人民身体健康、社会财富和生态平衡，按照法定程序制定的各种技术规范的总称。我国的环境标准分为国家环境标准和地方环境标准。国家环境标准分为国家环境质量标准、国家污染物排放标准、国家环境检测方法标准、国家环境样品标准、国家环境基础标准和国家环境保护行业标准。地方环境标准分为地方环境质量标准和地方污染物排放标准。

（3）环境监测制度。环境监测是依法从事环境监测的机构及其工作人员，运用物理、化学、生物等科学技术手段，对反映环境质量的各种物质、现象进行监督、测定的活动。环境监测制度是在环境分析的基础上逐步发展起来的。

（4）环境影响评价制度。环境影响评价制度始创于美国1969年制定的《国家环境政策法》，1977年美国纽约州制定了专门的《环境质量评价法》。继美国之后，其他发达国家纷纷效仿和采用环境影响评价制度。目的在于预防因规划和建设项目实施而对环境造成的不良影响，促进经济、社会和环境的协调发展。环境影响评价制度是国家通过法定程序，以法律或规范性文件的形式确立的对环境影响评价活动进行规范的制度。

（5）同时制度。同时制度是指规定各种建设工程项目中对环境有影响的一切基本建设项目、技术改造项目和区域开发项目，其中的环境保护设施必须与主体工程同时设计、同时施工、同时投产的制度。它是我国环境管理的基本制度之一，也是我国所独创的一项环境法律制度，也是控制新污染源的产生，实现预防为主原则的一条重要途径。20世纪90年代以后，污染防治法规中规定了"限期淘汰落后工艺和设备"的制度，这是与"三同时"制度相配合的防治环境污染的一项新制度。

（6）环境保护许可制度。环境保护许可制度是指凡是对环境有不良影响的各种规划、开发、建设项目、排污设施或经营活动，建设者或经营者需要事先提出申请，经主管部门批准，颁发许可证后才能从事该项活动的制度。环境保护法律法规中规定的许可证主要有排污许可证（排放大气污染物和排放水污染物），海洋倾倒（废物）许可证，放射工作许可证，核设施安全许可证，化学危险品生产、经营许可证等。采用环境保护许可制度，可以把各种有害的或可能对环境有害的活动纳入国家统一管理的轨道，并将其严格控制在国家规定的范围内，是环境管理机关进行环境保护监督管理的重要手段。

（7）排污收费制度。排污收费制度是指政府环境保护行政主管部门依法对向环境排放污染物或超过国家标准排放污染物的单位和个人，按污染物种类、数量和浓度征收一定数额费用的制度，是"污染者负担原则"在环境保护行政管理活动中的体现。排污收费制度的目的是促进排污者节约和综合利用资源，负担其因利用环境而给环境造成破坏的恢复治理费用，实现社会公平，减轻国家或社会负担。需要指出的是，排污费的性质是对因排放污染物所造成环境损失的补偿，并不同时免除排放污染物的单位或个人应当承担的其他有关因污染环境造成他人人身、财产损害的责任，以及依法应当履行的其他有关环境保护法律规定的义务。特别要提出的是排污权交易制度，排污权交易制度可以保证达到环境质量目标，同时允许污染者有效地处理污染物。这种方式要求排污者在被允许排放污染物以前从别处购买排污权，以适应经济的发展。因此，排污权交易制度可以以较少的费用实现较好的环保效果。更重要的是，它具有较强的灵活性，可以自动调整现有污染源与新增污染源的冲突，无论两者怎样变化，总体的环境保护目标是可以实现的。同时，它可激励工厂引入污染防治技术，通过卖掉不需要的排污权而获得利润。

6. 环境污染防治具体法律制度

我国环境污染防治的具体法律制度包括以下几种：
1)《中华人民共和国环境保护法》。
2)《中华人民共和国大气污染防治法》。
3)《中华人民共和国水污染防治法》。
4)《中华人民共和国海洋环境保护法》。
5)《中华人民共和国环境噪声污染防治法》。
6)《中华人民共和国固体废物污染环境防治法》。

第二节 《环境影响评价法》与工程建设相关的内容

一、环境影响评价的概念和意义

环境影响评价是指对规划和建设项目实施可能造成的环境影响进行分析、预测和评估，提出预防或减轻不良环境影响的对策和措施，并对环境影响进行跟踪监测的方法与制度。《中华人民共和国环境影响评价法》（简称《环境影响评价法》）于 2003 年 9 月 1 日起施行，并分别于 2016 年、2018 年两次修正。

建立环境影响评价制度的意义有以下三点：

1）改革传统的经济发展方式，促进经济建设与环境保护持续协调发展；有利于实施可持续发展战略，使经济的健康发展建立在生态持续能力的基础上；预防因规划和建设项目实施对环境造成不良的影响。

2）环境影响评价制度是贯彻"预防为主"的原则和统筹规划、合理布局的重要法律制度。进行环境影响评价的着眼点在于预防，对可能造成的环境影响进行分析、预测和评估，实现综合治理，统筹安排，合理布局。

3）从法律上说，环境影响评价制度是把环境影响作为一种强制性义务的法律制度，是民事侵权法律原则在环保法律法规中的运用，即任何主体在进行某种活动时有义务防止对他人的损害，受害者有权要求停止侵害，采取防范措施或赔偿损失。环境影响评价制度是与环境立法有关的"预防为主、防治结合、综合治理"原则的具体体现，也是我国环境立法借鉴和吸收西方国家环境管理有关"环境影响评价"制度的产物。

二、《环境影响评价法》的基本目标

《环境影响评价法》的基本目标有以下几点：

（1）实施可持续发展战略。该目标的建立背景是我国作为一个经济高速发展的发展中大国，资源消耗和环境污染较为严重，无法沿用发达国家传统的"先污染后治理"的发展模式。

（2）预防因规划和建设项目实施对环境造成不良影响。实施《环境影响评价法》的目的是预防环境污染和生态破坏。预防为主是环境保护的一项基本原则，要采取各种预防性手段和措施，防止环境问题的产生或将其限制在尽可能轻的程度上。坚持预防为主是因为如果在环境问题产生后再治理，在经济上要付出很大的代价，而且有些生态环境一经破坏是难以恢复的。

（3）促进经济、社会和环境的协调发展。这一目标是维持地球生态系统平衡的客观要求，是实现可持续发展的基础，是由环境问题的特点和解决环境问题手段的特殊性决定的。既不能片面追求经济效益而忽视环境保护，也不能因环境保护而放弃经济发展，经济发展与环境保护必须协调发展。

三、环境影响评价活动应遵循的基本原则

环境影响评价活动应遵循的基本原则是"客观、公开、公正"，综合考虑规划或建设项

目实施后对各种环境因素及其所构成的生态系统可能造成的影响，为决策提供科学依据。其中，"客观"是指在进行环境影响评价时，有关单位和个人应当从事实出发，坚持实事求是的原则，运用科学的方法对客观的各种环境因素进行评价。"公开"是指除了国家需要保密的情况以外，环境影响评价活动的有关情况应当依法向社会公开，征求有关单位、专家和公众的意见，如举行论证会、听证会、座谈会等。"公正"是指有关单位和人员在进行环境影响评价活动中，应严格依照法律、法规、规章规定的程序和方法进行环境影响评价文件的编写、审批等工作。同时，环境影响评价应当是一个综合性的评价，应当综合考虑规划和建设项目对各种环境因素及其所构成的生态系统可能造成的影响，综合考虑正面影响和负面影响。国家应加强环境影响评价的基础数据库和评价指标体系建设，鼓励和支持对环境影响评价的方法、技术规范进行科学研究，建立必要的环境影响评价信息共享制度，提高环境影响评价的科学性。环境影响评价的结论是否真实，反映了客观的实际情况，具有一定的科学性，与评价所采用的方法和技术规范是否科学，以及评价中所涉及的各种环境因素是否完善、数据是否精确，都有着直接的联系。

四、环境影响规划

目前，有的国家已经开展以有关政策、规划为环境影响评价对象的"战略环境评价"的研究和探索工作，我国也将环境影响评价的范围扩大到有关的规划。纳入环境影响评价规划的范围如下：

（一）综合性规划

综合性规划是指国务院有关部门、设区的市级以上地方政府及其有关部门，对其组织编制的土地利用的有关规划、区域、流域、海域的建设、开发利用规划。

在规划编制过程中组织进行环境影响评价，编写该规划有关环境影响的篇章或说明。对一些宏观的、长远的综合性规划，以及主要是提出预测性、参考性指标的指导性规划而言，不必另外单独编写规划的环境影响报告书；对一些指标、要求比较具体的专项规划，可以要求其另行单独编写规划的环境影响报告书，并组织对报告书进行审查。在《环境影响评价法》第七条、第八条及其他条款中，规定了两种不同的环境影响评价方式。

应对规划实施后可能造成的环境影响做出分析、预测和预估，提出预防或减轻不良环境影响的对策和措施。

应将环境影响的篇章或说明作为规划草案的组成部分一并报送规划审批机关。这是为了保证落实规定范围内规划的环境影响评价方式。

对于未编写有关环境影响的篇章或说明的规划草案，规划的审批机关不得予以审批。

（二）专项规划

1. 范围

专项规划的范围包括国务院有关部门、设区的市级以上地方政府及其有关部门组织编制的工业、农业、畜牧业、林业、能源、水利、交通、城市建设、旅游、自然资源开发的有关专项规划。

2. 评价方式

在专项规划草案上报审批前，应组织进行环境影响评价，并向审批该专项规划的机关报送环境影响报告书。专项规划的环境影响评价方式与综合性规划不同。对专项规划的环境影响评价，由规划的编制机关自行组织进行，专项规划应在该规划草案上报审批前组织进行，具体开始时间可由规划编制机关根据规划的不同情况确定。在《环境影响评价法》中，规划的编制机关既可以自己对规划进行环境影响评价，并编写环境影响报告书，也可以组织有关部门、机构的专业人员组成评价组，还可以组织专门的环境影响评价机构对规划进行环境影响评价。有些地方也可有更为严格的规定，例如，上海市规定，具体编制机构由规划编制机关以招标的方式从国务院环境保护行政主管部门公布的规划环境影响评价单位推荐名单中选定。

3. 专项规划的环境影响报告书的内容

专项规划进行环境影响评价的结果，表现为该规划的环境影响报告书。它的内容包括实施该规划对环境可能造成影响的分析、预测和评估，预防或减轻不良环境影响的对策和措施，环境影响评价的结论。有关环境影响评价的规划的具体范围确定，专项规划的公众参与、报送、组织审查的规定，以及实施后的跟踪评价规定都有相关法律规范作为依据。

五、建设项目的环境影响评价

（一）分级管理

早在1998年11月29日国务院发布的《建设项目环境保护管理条例》中，就对建设项目环境保护分类管理制度做出了规定。

国家根据建设项目对环境的影响程度，对建设项目的环境影响评价实行分级管理。

1）造成重大环境影响的，应编制环境影响报告书，对产生的环境影响进行全面评价。

2）造成轻度环境影响的，应编制环境影响报告表，对产生的环境影响进行分析或专项评价。

3）造成环境影响很小的，不需要进行环境影响评价的，应填报环境影响登记表。考虑到实际执行的难度问题，国务院环境保护行政主管部门负责制定了《建设项目环境影响评价的分类管理名录》。

（二）环境影响报告书的内容

建设项目的环境影响报告书应当包括的内容有：①建设项目概况；②建设项目周围环境现状；③建设项目对环境可能造成影响的分析、预测和评估；④建设项目环境保护措施及其技术、经济论证；⑤建设项目对环境影响的经济损益分析；⑥对建设项目实施环境监测的建议；⑦环境影响评价的结论。涉及水土保持的建设项目，还必须有行政主管部门审查同意的水土保持方案。环境影响报告表和环境影响登记表的内容和格式由国务院环境保护行政主管部门制定。

（三）建设项目环境影响评价与规划环境影响评价的关系

建设项目环境影响评价，应当避免与规划环境影响评价相重复。作为一项整体建设项目的规划，按照建设项目进行环境影响评价，不进行规划的环境影响评价。对于已经进行环境影响评价的规划所包含的具体建设项目，环境影响评价内容建设单位可以简化。规划的环境影响评价与规划所涉及的建设项目的环境影响评价不应重复，以免影响环境影响评价工作的效率。环境影响评价工作的简化包括环境影响评价形式和内容的简化，但是，具体建设项目的性质、内容、污染因素等在规划环境影响评价或者整体建设项目环境影响评价中未做评估的，其环境影响评价工作不得简化。

（四）环境影响评价文件的编制机构

环境影响评价文件中的环境影响报告书或环境影响报告表，应当由具有相应环境影响评价资质的机构编制。这是因为建设项目的环境影响评价是一项专业性、技术性很强的工作，接受委托为建设项目环境影响评价提供技术服务，具体从事建设项目环境影响评价工作的机构，应当具备相应的资格条件。任何单位和个人不得为建设单位指定对其建设项目进行环境影响评价的机构。国务院环境保护行政主管部门应当公布已经取得资质证书的、可以为建设项目环境影响评价提供技术服务的机构的名单，以便于建设单位了解取得建设项目环境影响评价资格证书的机构的情况，自主选择从事建设项目环境影响评价的机构，进行建设项目的环境影响评价工作。

对评价机构的要求如下：

（1）按规定的等级和评价范围从事服务，并对评价结论负责。接受委托为建设项目环境影响评价提供技术服务的机构，应当经国务院环境保护行政主管部门考核审查合格后，颁发资质证书，按照资质证书规定的等级和评价范围从事环境影响评价服务，并对评价结论负责。这样规定有利于保证建设项目环境影响评价的质量，切实发挥环境影响评价制度的作用。

（2）不得与审批的主管部门存在任何利益关系。为建设项目环境影响评价提供技术服务的机构，不得与负责审批建设项目环境影响评价文件的环境保护行政主管部门或者其他有关审批部门存在任何利益关系。

（五）建设项目的环境影响评价文件的批准

（1）收集公众意见。除国家规定需要保密的情形外，对环境可能造成重大影响、应当编制环境影响报告书的建设项目，建设单位应当在报批建设项目环境影响报告书前，举行论证会、听证会，或者采取其他形式，征求有关机构、专家和公众的意见。公众参与的方法是多种多样的。我国的公众参与方式分为基于会议的公众参与方法和非会议式公众参与方法。基于会议的公众参与方法具体包括公众听证会、大型公众会议、公众委员会、非正式的小型团体会议及顾问团。这些方法对形式、时间、资源要求较高，大部分公众仍然很难发表其观点。这就需要非会议方法的辅助，包括提供信息给公众（如邮件、广告、宣传手册、互联网信息等）、从公众获得信息（如收集民意调查表）、建立双向交流等。非会议方法可以获取更多信息，成本较低。建设单位报批的环境影响报告书应当附有对有关单位、专家和公众的意见采纳或者不采纳的说明。

（2）环境影响评价文件的预审、审核、批准。建设项目的环境影响评价文件，由建设单位按照国务院的规定报有审批权的环境保护行政主管部门审批；建设项目有行业主管部门的，它的环境影响报告书或环境影响报告表应当经行业主管部门预审后，报有审批权的环境保护行政主管部门审批。海洋工程建设项目的海洋环境影响报告书的审批，依照《中华人民共和国海洋环境保护法》的规定办理。审批部门应当自收到环境影响报告书之日起60日内，收到环境影响报告表之日起30日内或收到环境影响登记表之日起15日内，分别做出审批决定，并书面通知建设单位。预审、审核、批准建设项目环境影响评价文件，不得收取任何费用。

（3）审批权限。国务院环境保护行政主管部门负责审批下列建设项目的环境影响评价文件：

1）核设施、绝密工程等特殊性质的建设项目。

2）跨省、自治区、直辖市行政区域的建设项目。

3）由国务院审批的或者由国务院授权有关部门审批的建设项目。

前款规定以外的建设项目的环境影响评价文件的审批权限，由省、自治区、直辖市人民政府规定。建设项目可能造成跨行政区域不良环境影响，相关区域环境保护行政主管部门对该项目的环境影响评价结论有争议的，它的环境影响评价文件由共同的上一级环境保护行政主管部门审批。规定建设项目环境影响评价文件的分级审批原则，以明确各级环境保护行政主管部门对建设项目环境影响评价文件的审批权限，可使各级环境保护行政主管部门都能各司其职，避免争相审批或者推诿审批。

（4）环境影响评价文件的重新报批与重新审核。

1）建设项目的环境影响评价文件经批准后，建设项目的性质、规模、地点、采用的生产工艺或者防治污染、防止生态破坏的措施发生重大变动的，建设单位应当重新报批建设项目的环境影响评价文件。这是因为建设项目的性质、规模、地点或者采用的生产工艺发生重大变化，该建设项目的环境影响也会相应地发生变化，为了避免使环境影响评价制度的执行流于形式而难以起到防止环境污染和生态破坏的作用，该建设项目的环境影响评价文件必须重新报批。

2）建设项目的环境影响评价文件自批准之日起超过5年方决定项目开工建设的，它的环境影响评价文件应当报原审批部门重新审核，原审批部门应当自收到建设项目环境影响评价文件之日起10日内，将审核意见书面通知建设单位。这样规定是为了防止因时间变迁，建设项目所在地环境状况或者国家环保方面的规定发生变化，使原来进行的环境影响评价失去价值的情况出现。重新审核的结果可能有三种情况：同意、否决和重新评价。

（5）建设项目的环境影响评价文件审查的法律意义。建设项目的环境影响评价文件未经法律规定的审批部门审查或者审查后未予批准的，该项目审批部门不得批准其建设，建设单位不得开工建设。建设项目的环境影响评价文件审查是保证建设项目环境影响评价制度能够真正发挥作用的关键所在。

（六）建设项目的环境影响评价文件的实施

（1）环境保护对策的实施。在建设项目的建设过程中，建设单位应当实施环境影响报告书、环境影响报告表中所提出的各项环境保护对策和措施，同时实施环境影响报告书、环境影响报告表的审批部门在审批意见中提出的环境保护对策和措施。

（2）实施中的环境影响后评价。要使建设项目环境影响评价制度真正能够起到预防或减轻不良环境影响的作用，一是环境保护对策和措施要切实有效；二是在环境影响评价中所提出的环境保护对策和措施应当在项目建设中真正得到落实。在项目建设、运行过程中产生不符合经审批的环境影响评价文件的情形的，建设单位应当组织环境影响的后评价，采取改进措施，并报原环境影响评价文件审批部门和建设项目审批部门备案，原环境影响评价文件审批部门也可以责成建设单位进行环境影响的后评价，采取改进措施。

（3）环境影响跟踪检查。环保行政主管部门应当对建设项目投入生产或者使用后所产生的环境影响进行跟踪检查，对造成严重环境污染或者生态破坏的，应当查清原因，查明责任。

① 属于为建设项目环境影响评价提供技术服务的机构编制不实的环境影响评价文件的，依照《环境影响评价法》第三十二条的规定追究其法律责任。

② 属于审批部门工作人员失职、渎职，对依法不应批准的建设项目环境影响评价文件予以批准的，依照《环境影响评价法》第三十五条的规定追究其法律责任。

第三节　《消防法》与工程建设相关的内容

《中华人民共和国消防法》（简称《消防法》）于1998年4月29日第九届全国人民代表大会常务委员会第二次会议通过；2008年10月28日第十一届全国人民代表大会常务委员会第五次会议修订；根据2019年4月23日第十三届全国人民代表大会常务委员会第十次会议《关于修改〈中华人民共和国建筑法〉等八部法律的决定》第一次修正；根据2021年4月29日第十三届全国人民代表大会常务委员会第二十八次会议通过的《关于修改〈中华人民共和国道路交通安全法〉等八部法律的决定》第二次修正。

一、建筑工程消防设计的审查

《消防法》第十条至第十二条规定，对按照国家工程建设消防技术标准需要进行消防设计的建设工程，实行建设工程消防设计审查验收制度。

国务院住房和城乡建设主管部门规定的特殊建设工程，建设单位应当将消防设计文件报送住房和城乡建设主管部门审查，住房和城乡建设主管部门依法对审查的结果负责。

上述规定以外的其他建设工程，建设单位申请领取施工许可证或者申请批准开工报告时应当提供满足施工需要的消防设计图及技术资料。

特殊建设工程未经消防设计审查或者审查不合格的，建设单位、施工单位不得施工；其他建设工程，建设单位未提供满足施工需要的消防设计图及技术资料的，有关部门不得发放施工许可证或者批准开工报告。

二、建筑工程消防设计的验收

《消防法》第十三条和第十四条规定，国务院住房和城乡建设主管部门规定应当申请消防验收的建设工程竣工，建设单位应当向住房和城乡建设主管部门申请消防验收。

上述规定以外的其他建设工程，建设单位在验收后应当报住房和城乡建设主管部门备案，住房和城乡建设主管部门应当进行抽查。

依法应当进行消防验收的建设工程，未经消防验收或者消防验收不合格的，禁止投入使用；其他建设工程经依法抽查不合格的，应当停止使用。

建设工程消防设计审查、消防验收、备案和抽查的具体办法，由国务院住房和城乡建设主管部门规定。

三、工程建设中应采取的消防安全措施

（1）机关、团体、企业和事业单位应当履行下列消防安全职责：

1）制定消防安全制度、消防安全操作规程。
2）实行防火安全责任制，确定本单位和所属各部门、岗位的消防安全责任人。
3）针对本单位的特点对职工进行消防宣传教育。
4）组织防火检查，及时消除火灾隐患。
5）按照国家有关规定配置消防设施和器材、设置消防安全标志，并定期组织检验、维修，确保消防设施和器材完好、有效。
6）保障疏散通道、安全出口畅通，并设置符合国家规定的消防安全疏散标志。

（2）在设有车间或仓库的建筑物内，不得设置员工集体宿舍。在设有车间或仓库的建筑物内，已经设置员工集体宿舍的，应当限期加以解决。对于暂时确有困难的，应当采取必要的消防安全措施，经公安消防机构批准后，可以继续使用。

（3）生产、储存、运输、销售或者使用、销毁易燃易爆危险物品的单位、个人，必须执行国家有关消防安全的规定。生产易燃易爆危险物品的单位，对产品应当附有标明燃点、闪点、爆炸极限等数据的说明书，并且注明防火防爆注意事项。对独立包装的易燃易爆危险物品应当贴附危险品标签。进入生产、储存易燃易爆危险物品的场所，必须执行国家有关消防安全的规定。禁止携带火种进入生产、储存易燃易爆危险物品的场所。禁止非法携带易燃易爆危险物品进入公共场所或者乘坐公共交通工具。储存可燃物资仓库的管理，必须执行国家有关消防安全的规定。上述"易燃易爆危险物品"包括民用爆炸物品和易燃易爆化学物品。民用爆炸物品包括各种炸药、雷管、导火索、非电导爆系统、起爆药、岩石混凝土爆破剂、黑色火药、烟火剂、民用信号弹、烟花爆竹，以及需要管理的其他爆炸物品。易燃易爆化学物品是指国家标准《危险货物品名表》中以燃烧爆炸为主要特性的压缩气体、液化气体、易燃液体、易燃固体、自燃物品、遇湿易燃物品和氧化剂、有机过氧化物，以及毒害品、腐蚀品中部分易燃易爆化学物品。这类物品遇火或受到摩擦、撞击、振动、高热或其他因素的影响，即可引起燃烧和爆炸，是火灾危险性极大的一类化学危险物品。

（4）禁止在具有火灾、爆炸危险的场所使用明火。因特殊情况需要使用明火作业的，应当按照规定事先办理审批手续。作业人员应当遵守消防安全规定，并采取相应的消防安全措施。进行电焊、气焊等具有火灾危险的作业人员和自动消防系统的操作人员，必须持证上岗，并严格遵守消防安全操作规程。

（5）消防产品的质量必须符合国家标准或者行业标准。禁止生产、销售或者使用未经依照《产品质量法》的规定确定的检验机构检验合格的消防产品。禁止使用不符合国家标准或者行业标准的配件或者灭火剂维修消防设施或器材。消防机构及其工作人员不得利用职务为用户指定消防产品的销售单位和品牌。

（6）电器产品、燃气用具的质量必须符合国家标准或者行业标准。电器产品、燃气用具的安装、使用，以及线路、管路的设计、铺设，必须符合国家有关消防安全技术规定。

（7）任何单位、个人不得损坏或者擅自挪用、拆除、停用消防设施、器材，不得埋压、圈占消火栓，不得占用防火间距，不得堵塞消防通道。公用和城建等单位在修建道路及停电、停水、截断通信线路时有可能影响消防队灭火救援的，必须事先通知当地消防机构。

四、消防组织形式

消防组织各级人民政府应根据经济和社会发展的需要，建立多种形式的消防组织，加强消防组织建设，增强扑救火灾的能力。

《消防法》第三十六条规定，县级以上地方人民政府应当按照国家规定建立国家综合性消防救援队、专职消防队，并按照国家标准配备消防装备，承担火灾扑救工作。乡镇人民政府应当根据当地经济发展和消防工作的需要，建立专职消防队、志愿消防队，承担火灾扑救工作。

五、灭火救援

任何人发现火灾，都应当立即报警。任何单位、个人都应当无偿为报警提供便利，不得阻拦报警。严禁谎报火警。公共场所发生火灾时，该公共场所的现场工作人员有组织引导在场群众疏散的义务。发生火灾的单位必须立即组织力量扑救火灾。邻近单位应当给予支援。消防队接到火灾报警后，必须立即赶赴火场，救助遇险人员，排除险情，扑灭火灾。消防救援机构统一组织和指挥火灾现场扑救，应当优先保障遇险人员的生命安全。

火灾现场总指挥根据扑救火灾的需要，有权决定下列事项：

1）使用各种水源。
2）截断电力、可燃气体和可燃液体的输送，限制用火用电。
3）划定警戒区，实行局部交通管制。
4）利用邻近建筑物和有关设施。
5）为了抢救人员和重要物资，防止火势蔓延，拆除或者破损毗邻火灾现场的建筑物、构筑物或者设施等。
6）调动供水、供电、供气、通信、医疗救护、交通运输、环境保护等有关单位协助灭火救援。根据扑救火灾的紧急需要，有关地方人民政府应当组织人员、调集所需物资支援灭火。

第四节 《节约能源法》与工程建设相关的内容

《中华人民共和国节约能源法》（简称《节约能源法》）于1997年11月1日第八届全国人民代表大会常务委员会第二十八次会议通过，2007年10月28日第十届全国人民代表大会常务委员会第三十次会议修订，根据2016年7月2日第十二届全国人民代表大会常务委员会第二十一次会议《关于修改〈中华人民共和国节约能源法〉等六部法律的决定》第一次修正，根据2018年10月26日第十三届全国人民代表大会常务委员会第六次会议《关于修改〈中华人民共和国野生动物保护法〉等十五部法律的决定》第二次修正。该法的目的在于推进全社会节约能源，提高能源利用效率和经济效益，保护环境。该法中含有与建筑节能相关的规定，这些规定是工程建设从业人员需要熟悉的。

一、建设工程项目的节能管理

节能是我国经济和社会发展的一项长远战略方针，也是当前一项极为紧迫的任务。

1. 固定资产投资工程项目的节能要求

固定资产投资工程项目的可行性研究报告应当包括合理用能的专题论证。固定资产投资工程项目的设计和建设，应当遵守合理用能标准和节能设计规范。达不到合理用能标准和节能设计规范要求的项目，依法审批的机关不得批准建设；项目建成后，达不到合理用能标准和节能设计规范要求的，不予验收。

《节约能源法》第十五条规定，国家实行固定资产投资项目节能评估和审查制度。不符合强制性节能标准的项目，建设单位不得开工建设；已经建成的，不得投入生产、使用。政府投资项目不符合强制性节能标准的，依法负责项目审批的机关不得批准建设。具体办法由国务院管理节能工作的部门会同国务院有关部门制定。

2. 参建单位的节能责任

对于属于工程建设强制性标准中的节能标准，根据《建设工程质量管理条例》及相关规定，建设工程项目各参建单位，包括建设单位、设计单位、施工图设计文件审查机构、监理单位及施工单位等，均应当严格遵守。

（1）建设单位应当按照节能政策要求和节能标准委托工程项目的设计。建设单位不得以任何理由要求设计单位、施工单位擅自修改经审查合格的节能设计文件，降低节能标准。

（2）设计单位应当依据节能标准的要求进行设计，保证节能设计的质量。

（3）施工图设计文件审查机构在进行审查时，应当审查节能设计的内容，在审查报告中单列节能审查章节；不符合节能强制性标准的，施工图设计文件审查结论应当定为不合格。

（4）监理单位应当依照法律、法规，以及节能标准、节能设计文件、建设工程承包合同及监理合同对节能工程建设实施监理。

（5）施工单位应当按照审查合格的设计文件和节能施工标准的要求进行施工，保证工程施工质量。以上各参建单位未遵守上述规定的，应当按照《节约能源法》《建设工程质量管理条例》等法律、法规和规章，承担相应的法律责任。

二、建筑节能制度

2005年11月10日建设部发布了《民用建筑节能管理规定》。根据该规定，民用建筑节能是指民用建筑（包括居住建筑和公共建筑）在规划、设计、建造和使用过程中，通过采用新型墙体材料，执行建筑节能标准，加强建筑物用能设备的运行管理，合理设计建筑围护结构的热工性能，提高采暖、制冷、照明、通风、给水排水和通道系统的运行效率，以及利用可再生能源，在保证建筑物使用功能和室内热环境质量的前提下，降低建筑能源消耗，合理、有效地利用能源的活动。

《民用建筑节能管理规定》的主要内容有以下几点：

（1）国家鼓励多元化、多渠道投资既有建筑的节能改造，投资人可以按照协议分享节能改造的收益；鼓励研究制定本地区既有建筑节能改造资金筹措办法和相关激励政策。

（2）建筑工程施工过程中，县级以上地方人民政府建设行政主管部门应当加强对建筑物的围护结构（含墙体、屋面、门窗、玻璃幕墙等）、供热采暖和制冷系统、照明和通风等电器设备是否符合节能要求的监督检查。

（3）新建民用建筑应当严格执行建筑节能标准要求，民用建筑工程扩建和改建时，应当对原建筑进行节能改造。

（4）既有建筑节能改造应当考虑建筑物的寿命周期，对改造的必要性、可行性及投入收益比进行科学论证。节能改造要符合建筑节能标准要求,确保结构安全,优化建筑物使用功能。寒冷地区和严寒地区既有建筑节能改造应当与供热系统节能改造同步进行。

(5)采用集中采暖制冷方式的新建民用建筑应当安设建筑物室内温度控制和用能计量设施,逐步实行基本冷热价和计量冷热价共同构成的两部制用能价格制度。

(6)鼓励发展下列建筑节能技术和产品:

1)新型节能墙体和屋面的保温、隔热技术与材料。
2)节能门窗的保温隔热和密闭技术。
3)集中供热和热、电、冷联产联供技术。
4)供热采暖系统温度调控和分户热量计量技术与装置。
5)太阳能、地热等可再生能源应用技术及设备。
6)建筑照明节能技术与产品。
7)空调制冷节能技术与产品。
8)其他技术成熟、效果显著的节能技术和节能管理技术。

(7)建设单位、设计单位、施工图设计文件审查机构、监理单位及施工单位等各参建单位,均应按照上述参建单位的节能责任,严格遵守建筑节能标准的要求。

(8)建设单位在竣工验收过程中,有违反建筑节能强制性标准行为的,按照《建设工程质量管理条例》的有关规定,重新组织竣工验收。

(9)从事建筑节能及相关管理活动的单位,应当对其从业人员进行建筑节能标准与技术等专业知识的培训。建筑节能标准和节能技术应当作为注册城市规划师、注册建筑师、勘察设计注册工程师、注册监理工程师、注册建造师等继续教育的必修内容。

第五节 档案法律规范中与工程建设相关的内容

我国关于档案的法律、规范如下:

《中华人民共和国档案法》(以下简称《档案法》)于1987年9月5日第六届全国人民代表大会常务委员会第二十二次会议通过,根据1996年7月5日第八届全国人民代表大会常务委员会第二十次会议《关于修改〈中华人民共和国档案法〉的决定》第一次修正。根据2016年11月7日第十二届全国人民代表大会常务委员会第二十四次会议《关于修改〈中华人民共和国对外贸易法〉等十二部法律的决定》第二次修正,2020年6月20日第十三届全国人民代表大会常务委员会第十九次会议修订。

《建设工程文件归档整理规范》。建设工程档案管理采用GB/T标准编号,建设工程文件归档整理规范,编号为GB/T 50328—2014,自2015年5月1日起实施。该规范适用于建设工程文件的归档整理和建设工程档案的验收,以及建设工程档案的种类。建设工程档案是指在工程建设活动中直接形成的具有归档保存价值的文字、图表和声像等各种形式的历史记录。

一、建设工程文件

根据《建设工程文件归档整理规范》,应当归档的建设工程文件主要包括以下几种。

(一) 工程准备阶段文件

工程准备阶段文件是指工程开工以前,在立项、审批、征地、勘察、设计、招标投标等工程准备阶段形成的文件。工程准备阶段文件主要包括以下文件:

1) 立项文件。
2) 建设用地、征地、拆迁文件。
3) 勘察、测绘、设计文件。
4) 招标投标文件。
5) 开工审批文件。
6) 财务文件。

(二) 监理文件

监理文件是指工程监理单位在工程监理过程中形成的文件。监理文件主要包括以下文件:

1) 监理规划。
2) 监理月报中的有关质量问题。
3) 监理会议纪要中的有关质量问题。
4) 进度控制文件。
5) 质量控制文件。
6) 造价控制文件。
7) 分包资质文件。
8) 监理通知。
9) 合同与其他事项管理文件。
10) 监理工作总结。

(三) 施工文件

施工文件是指施工单位在工程施工过程中形成的文件。不同专业的工程对施工文件的要求不尽相同,一般包括以下文件:

1) 施工技术准备文件。
2) 施工现场准备文件。
3) 地基处理记录。
4) 工程图变更记录。
5) 施工材料、预制构件质量证明文件及复试试验报告。
6) 设备、产品质量检查、安装记录。
7) 施工试验记录、隐蔽工程检查记录。
8) 施工记录。
9) 工程质量事故处理记录。
10) 工程质量检验记录。

(四) 竣工图和竣工验收文件

竣工图是指工程竣工验收后,真实反映建设工程项目施工结果的图样。竣工验收文件是指建设工程项目竣工验收活动中形成的文件。竣工验收文件主要包括以下文件：
1) 工程竣工总结。
2) 竣工验收记录。
3) 财务文件。
4) 声像、缩微、电子档案。

二、建设工程文件的移交程序

（一）工程文件归档的范围

对与工程建设有关的重要活动、记载工程建设主要过程和现状、具有保存价值的各种载体的文件，均应收集齐全，整理立卷后归档，归档的工程文件应为原件。工程文件的内容及其深度必须符合国家有关工程勘察、设计、施工、监理等方面的技术规范、标准和规程。

（二）工程文件归档的质量要求

归档文件必须完整、准确、系统，能够反映工程建设活动的全过程。归档的文件必须经过分类整理，并应组成符合要求的案卷。根据建设程序和工程特点，归档可以分阶段进行，也可以在单位或分部工程通过竣工验收后进行。勘察、设计单位应当在任务完成时，施工、监理单位应当在工程竣工验收前，将各自形成的有关工程档案向建设单位归档。而设计、施工及监理单位需要向本单位归档的文件，应按国家有关规定单独立卷归档。勘察、设计、施工单位在收齐工程文件并整理立卷后，建设单位、监理单位应根据城建管理机构的要求对档案文件的完整、准确、系统情况和案卷质量进行审查，审查合格后向建设单位移交。工程档案一般不少于两套，一套由建设单位保管，一套（原件）移交当地城建档案馆（室）勘察、设计、施工、监理等单位向建设单位移交档案时，应编制移交清单，双方签字、盖章后方可交接。

（三）参建单位向建设单位移交工程文件

《建设工程文件归档整理规范》规定，建设、勘察、设计、施工、监理等单位应将工程文件的形成和积累纳入工程建设管理的各个环节和有关人员的职责范围。建设单位在工程招标及与勘察、设计、施工、监理等单位签订合同时，应对工程文件的套数、费用、质量、移交时间等提出明确要求。勘察、设计、施工、监理等单位应将本单位形成的工程文件立卷后向建设单位移交。建设工程项目实行总承包的，总包单位负责收集、汇总各分包单位形成的工程档案，并应及时向建设单位移交；各分包单位应将本单位形成的工程文件整理、立卷后及时移交总包单位。建设工程项目由几个单位承包的，各承包单位负责收集、整理立卷其承包项目的工程文件，并应及时向建设单位移交。

建设单位应当收集和整理工程准备阶段、竣工验收阶段形成的文件，并应进行立卷归档。建设单位还应当负责组织、监督和检查勘察、设计、施工、监理等单位的工程文件的形成、积累和立卷归档工作，并收集和汇总勘察、设计、施工、监理等单位立卷归档的工程档案。

建设单位向政府主管机构移交建设项目档案《建设工程质量管理条例》第十七条规定，建设单位应当严格按照国家有关档案管理的规定，及时收集、整理建设项目各环节的文件资料，建立、健全建设项目档案，并在建设工程竣工验收后，及时向建设行政主管部门或者其他有关部门移交建设项目档案。城建档案馆（室）档案接收范围内的工程，建设单位在组织工程竣工验收前，应提请城建档案管理机构对工程档案进行预验收。建设单位未取得城建档案管理机构出具的认可文件，不得组织工程竣工验收。城建档案管理部门在进行工程档案验收时，应重点验收以下内容：

1）工程档案齐全、系统、完整。
2）工程档案的内容真实、准确地反映了工程建设活动和工程实际状况。
3）工程档案已整理立卷，立卷符合规定。
4）竣工图绘制方法、图式及规格等符合专业技术要求，图面整洁，盖有竣工图章。
5）文件的形成、来源符合实际，要求单位或个人签章的文件，签章手续完备。
6）文件材质、幅面、书写、绘图、用墨等符合要求。

列入城建档案馆（室）接收范围的工程，建设单位在工程竣工验收后3个月内，必须向城建档案馆（室）移交一套符合规定的工程档案。停建、缓建建设工程的档案，暂由建设单位保管。对改建、扩建和维修工程，建设单位应当组织设计、施工单位据实修改、补充和完善原工程档案。对改变的部件，应当重新编制工程档案，并在工程竣工验收后3个月内向城建档案馆（室）移交。建设单位向城建档案馆（室）移交工程档案时，应办理移交手续，填写移交目录，双方签字、盖章后交接。建设工程竣工验收后，建设单位未按规定移交建设工程档案的，依据《建设工程质量管理条例》第五十九条的规定，建设单位除应被责令改正外，还应当受到罚款的行政处罚。

（四）重大建设项目档案验收

为加强重大建设项目档案管理工作，确保重大建设项目档案的完整、准确、系统和安全，根据《档案法》和国家有关规定，2006年6月14日国家档案局和国家发展和改革委员会联合发布了《重大建设项目档案验收办法》。该办法对重大建设项目档案验收的组织、验收申请、验收要求做出了具体规定。《重大建设项目档案验收办法》规定，项目建设单位（法人）应将项目档案工作纳入项目建设管理程序，与项目建设实行同步管理，建立项目档案工作领导责任制和相关人员岗位责任制。未经档案验收或档案验收不合格的项目，不得进行或通过项目的竣工验收。

(1) 项目档案验收的组织。

1）国家发展和改革委员会组织验收的项目，由国家档案局组织项目档案的验收。
2）国家发展和改革委员会委托中央主管部门（含中央管理企业，下同）、省级政府投资主管部门组织验收的项目，由中央主管部门档案机构、省级档案行政管理部门组织项目档案的验收，验收结果报国家档案局备案。
3）省以下各级政府投资主管部门组织验收的项目，由同级档案行政管理部门组织项目档案的验收。
4）国家档案局对中央主管部门档案机构、省级档案行政管理部门组织的项目档案验收进行监督、指导。项目主管部门、各级档案行政管理部门应加强项目档案验收前的指导和咨询，必要时可组织预检。

(2) 项目档案验收组的组成。

1）国家档案局组织的项目档案验收，验收组由国家档案局、中央主管部门、项目所在地省级档案行政管理部门等单位组成。

2）中央主管部门档案机构组织的项目档案验收，验收组由中央主管部门档案机构及项目所在地省级档案行政管理部门等单位组成。

3）省级及省以下各级档案行政管理部门组织的项目档案验收，由档案行政管理部门、项目主管部门等单位组成。

4）凡在城市规划区范围内建设的项目，项目档案验收组成员应包括项目所在地的城建档案接收单位。

5）项目档案验收组人数为不少于5人的单数，组长由验收组织单位人员担任。必要时可邀请有关专业人员参加验收组。

（3）验收申请。项目建设单位（法人）应向项目档案验收组织单位报送档案验收申请报告，并填报《重大建设项目档案验收申请表》。项目档案验收组织单位应在收到档案验收申请报告的10个工作日内做出答复。

1）申请项目档案验收应具备下列条件：

① 项目主体工程和辅助设施已按照设计建成，能满足生产或使用的需要。

② 项目试运行指标考核合格或者达到设计能力。

③ 完成了项目建设全过程文件材料的收集、整理与归档工作。

④ 基本完成了项目档案的分类、组卷、编目等整理工作。

项目档案验收前，项目建设单位（法人）应组织项目设计、施工、监理等方面负责人及有关人员，根据档案工作的相关要求，依照《重大建设项目档案验收内容及要求》进行全面自检。

2）项目档案验收申请报告的主要内容如下：

① 项目建设及项目档案管理概况。

② 保证项目档案的完整、准确、系统所采取的控制措施。

③ 项目文件材料的形成、收集、整理与归档情况，竣工图的编制情况及质量状况。

④ 档案在项目建设、管理、试运行中的作用。

⑤ 存在的问题及解决措施。

（4）验收要求。

1）项目档案验收会议。项目档案验收应在项目竣工验收3个月之前完成。项目档案验收以验收组织单位召集验收会议的形式进行。项目档案验收组全体成员参加项目档案验收会议，项目的建设单位（法人）、设计、施工、监理和生产运行管理或使用单位的有关人员列席会议。项目档案验收会议的主要议程如下：

① 项目建设单位（法人）汇报项目建设概况、项目档案工作情况。

② 监理单位汇报项目档案质量的审核情况。

③ 项目档案验收组检查项目档案及档案管理情况。

④ 项目档案验收组对项目档案质量进行综合评价。

⑤ 项目档案验收组形成并宣布项目档案验收意见。

2）档案质量的评价。检查项目档案，采用质询、现场查验、抽查案卷的方式。抽查档案的数量应不少于100卷，抽查重点为项目前期管理性文件、隐蔽工程文件、竣工文件、质检文件、重要合同、协议等。项目档案验收应根据《建设项目档案管理规范》（DA/T 28—

2018)，对项目档案的完整性、准确性、系统性进行评价。

3）项目档案验收意见的主要内容如下：

① 项目建设概况。

② 项目档案管理情况，包括项目档案工作的基础管理工作，项目文件材料的形成、收集、整理与归档情况，竣工图的编制情况及质量，档案的种类、数量，档案的完整性、准确性、系统性及安全性评价，档案验收的结论性意见。

③ 存在问题、整改要求与建议。

（5）验收结果。项目档案验收结果分为合格与不合格。项目档案验收组半数以上成员同意通过验收的为合格。项目档案验收合格的项目，由项目档案验收组出具项目档案验收意见。项目档案验收不合格的项目，由项目档案验收组提出整改意见，要求项目建设单位（法人）于项目竣工验收前对存在的问题限期整改，并进行复查。复查后仍不合格的，不得进行竣工验收，并由项目档案验收组提请有关部门对项目建设单位（法人）通报批评。造成档案损失的，应依法追究有关单位及人员的责任。

思 考 题

1. 建设项目环境保护的基本内容有哪些？
2. 环境保护制度的基本原则是什么？
3. 环境影响评价的概念和意义是什么？
4. 消防设计审查与验收制度是什么？
5. 工程施工中的消防安全措施是什么？
6. 《节约能源法》的主要内容是什么？
7. 项目部如何贯彻《档案法》的主要内容？
8. 工程文件归档的质量要求是什么？
9. 重大建设项目档案验收的相关规定是什么？

第十七章 案例分析

案例一

某公司2000年实现盈利2 000万元，税后利润1 400万元。公司决定召开股东大会，按章程规定，应在股东大会上将财务报告递交各股东。但是，董事会告知股东若对公司财务方面存有疑问可以在会后核查，而未将财务报告递交给股东，并且在会上决定将税后利润全部分配给股东。请结合案例情况思考下列问题：

1) 公司董事会不按章程向股东递交财务报告是否合法？
2) 公司的利润分配存在什么问题？

案例分析

1) 根据《公司法》规定，本案例中不按章程向股东递交财务报告是违法的。《公司法》第一百六十五条规定，有限责任公司应当依照公司章程规定的期限将财务会计报告送交各股东。股份有限公司的财务会计报告应当在召开股东大会年会的20日前置备于本公司，供股东查阅；公开发行股票的股份有限公司必须公告其财务会计报告。

2)《公司法》第一百六十六条规定，公司分配当年税后利润时，应当提取利润的10%列入公司法定公积金。公司法定公积金累计额为公司注册资本的50%以上的，可以不再提取。公司的法定公积金不足以弥补以前年度亏损的，在依照前款规定提取法定公积金之前，应当先用当年利润弥补亏损。公司从税后利润中提取法定公积金后，经股东会或者股东大会决议，还可以从税后利润中提取任意公积金。

公司弥补亏损和提取公积金后所余税后利润，有限责任公司依照《公司法》第三十四条的规定分配；股份有限公司按照股东持有的股份比例分配，但股份有限公司章程规定不按持股比例分配的除外。

股东会、股东大会或者董事会违反前述规定，在公司弥补亏损和提取法定公积金之前向股东分配利润的，股东必须将违反规定分配的利润退还公司。公司持有的本公司股份不得分配利润。

由此规定可知，案例中公司的利润分配未做必要的扣除，不符合《公司法》的规定。

案例二

某有限责任公司拟任命经营能力较强的 W 担任公司的董事，但股东甲提出反对意见，因为 W 目前在文化局担任副处长，是国家公务员；股东乙认为 W 才华出众，极富经营头脑，还有半年就退休了，现在工作不是很忙，完全可以胜任董事的职务。另外，该有限责任公司董事 Z 在担任该公司董事期间，与高中同学合伙成立了合伙企业经营与该有限责任公司相同的产品，获得个人收益 10 万元。股东甲一直对公司的经营管理业绩不太满意，想抽回出资或者悄悄将自己持有的出资份额转让给一直想投资实业的 G。

请结合案例情况思考下列问题：

1）W 是否可以担任公司的董事？
2）Z 董事是否可以成立合伙企业与该有限责任公司竞争？
3）Z 董事获取的 10 万元收益如何处理？
4）股东甲是否可以实现自己的想法？

案例分析

1）W 不可以担任该有限责任公司的董事，因为我国《公司法》对公司高级管理人员有严格的任职资格限制。此外，根据《公务员法》的规定，公务员不得从事或者参与营利性活动，不得在企业或者其他营利性组织中兼任职务。

2）Z 董事不可以成立合伙企业与其任职的有限责任公司竞争，因为这样的行为违反了《公司法》规定的董事的竞业禁止的义务。竞业禁止是指在公司担任特定职务，负有特定职责的人不得自营或与他人经营与任职公司营业范围相同或类似的活动，如果允许相关人员与本公司进行竞争，公司和股东的利益就有可能受到损害，也与基本的商业道德不相吻合。

3）Z 董事的 10 万元收益应归公司所有。《公司法》第一百四十八条规定，董事、高级管理人员不得有下列行为：

① 挪用公司资金。
② 将公司资金以其个人名义或者以其他个人名义开立账户存储。
③ 违反公司章程的规定，未经股东会、股东大会或者董事会同意，将公司资金借贷给他人或者以公司财产为他人提供担保。
④ 违反公司章程的规定或者未经股东会、股东大会同意，与本公司订立合同或者进行交易。
⑤ 未经股东会或者股东大会同意，利用职务便利为自己或者他人谋取属于公司的商业机会，自营或者为他人经营与所任职公司同类的业务。
⑥ 接受他人与公司交易的佣金归为己有。
⑦ 擅自披露公司秘密。
⑧ 违反对公司忠实义务的其他行为。

董事、高级管理人员违反上述规定所得的收入应当归公司所有。

4）股东甲的想法不能实现。公司成立后，为了保证公司资本的充足，股东不能抽回出资。虽然股东转让自己的出资份额是允许的，但有限责任公司的股份转让却受到法律的一定限制。《公司法》第七十一条规定，有限责任公司的股东之间可以相互转让其全部或者部分股权。股东向股东以外的人转让股权，应当经其他股东过半数同意。股东应就其股权转让事项书面通知其他股东征求同意，其他股东自接到书面通知之日起满 30 日未答复的，视为同意转让。其他股东半数以上不同意转让的，不同意的股东应当购买该转让的股权；不购买的，视为同意转让。经股东同意转让的股权，在同等条件下，其他股东有优先购买权。两个以上股东主张行使优先购买权的，协商确定各自的购买比例；协商不成的，按照转让时各自的出资比例行使优先购买权。公司章程对股权转让另有规定的，从其规定。因此，股东甲的想法不能实现。

案例三

甲、乙、丙三人共同投资设立了 H 有限责任公司，公司章程规定：如果股东认为有限责任公司的经营不令其满意，可以抽回其出资或将其出资转让给股东以外的其他人。公司成立后，经营业绩一直不理想，因此乙在没有通知甲、丙的情况下准备将出资份额转让给丁，甲认为不能转让，但乙坚持认为其转让出资份额给第三人是公司章程赋予股东的权利。鉴于甲提出异议，乙为了避免各股东间关系紧张，又提出抽回出资的要求，丙认为这一要求是受公司章程保护的，应予支持。甲认为公司章程规定的内容不合理，使公司的经营很被动，马上修改了公司章程。

请结合案例情况思考下列问题：
1）甲认为乙未通知其他股东便转让出资份额给第三人的行为是无效的看法是否正确？
2）丙认为乙抽回出资的行为受公司章程的保护的看法是否正确？
3）甲迅速修改公司章程的行为是否正确？

案例分析

本案例涉及的是公司章程的性质、公司章程的法律效力和公司章程的修改问题。

1）甲认为乙未通知其他股东便转让出资份额给第三人的行为无效，这一看法是正确的。

尽管公司章程规定："如果股东认为有限责任公司的经营不令其满意，可以抽回其出资或将其出资转让给股东以外的其他人。"但公司章程条款的内容不能与《公司法》的强制性规定相悖，否则该章程条款无效。

根据《公司法》的规定，有限责任公司的股东之间可以相互转让其全部出资或者部分出资。股东向股东以外的人转让其出资时，必须经全体股东过半数同意；不同意转让的股东应当购买该转让的出资，如果不购买该转让的出资，视为同意转让。经股东同意转让的出资，在同等条件下，其他股东对该出资有优先购买权。两个以上股东主张优先购买权的，协商确定各自的购买比例；协商不成的，按照转让时各自的出资比例行使优先购买权。由此可知，公司章程规定的股东有权不经通知即可转让股权的条款是与法律相悖的，是无效的。因此乙不能依据无效的章程条款来行使自己的权利。

2）丙认为乙抽回出资的行为受公司章程的保护的看法是不正确的。

尽管公司章程规定了股东可以抽回出资，且公司章程对公司、股东有约束力，但公司章程的条款不得违反法律、法规的强制性规定，根据《公司法》"公司成立后，股东不得抽逃出资"的规定，公司章程允许股东抽回出资的条款是无效条款，乙不能依据无效条款行事。因此，丙认为乙抽回出资的行为受公司章程的保护的看法是不正确的。

3) 甲迅速修改公司章程是不正确也不合法的。公司章程关系到公司的发展和股东的利益，其修改应有严格的条件和程序限制，甲作为股东之一不能任意修改公司章程。《公司法》第四十三条中规定，股东会会议做出修改公司章程、增加或者减少注册资本的决议，以及公司合并、分立、解散或者变更公司形式的决议，必须经代表 2/3 以上表决权的股东通过。因此，甲的行为是不合法的。

应注意的问题

公司章程作为公司的自治性规章，经全体股东或发起人同意并在章程上签名盖章才能生效。但全体股东或发起人的同意并不意味着当事人的约定可以违背法律的强制性规定，章程条款如果与《公司法》或其他法律、法规的强制性规定相冲突，该章程条款无效，登记机构也有权拒绝登记。但如果公司章程的条款不违反法律、法规的强制性规定，在法律适用上，章程条款具有优先于《公司法》规定的效力。

案例四

2020 年 3 月 5 日，A 房地产开发公司（以下简称"A 公司"）与 B 银行签订借款合同。该借款合同约定：借款总额为 2 亿元；借款期限为 2 年 6 个月；借款年利率为 5.8%，2 年 6 个月应付利息在发放借款之日预先一次从借款本金中扣除；借款期满时一次全额归还所借款项；借款用途为用于 S 房地产项目（以下简称 S 项目）开发建设；A 公司应当按季向 B 银行提供有关财务会计报表和借款资金使用情况；任何一方违约，违约方应当向守约方按借款总额支付 1% 的违约金。

在 A 公司与 B 银行签订上述借款合同的同时，B 银行与 A 公司和 C 公司分别签订了抵押合同和保证合同。B 银行与 A 公司签订的抵押合同约定：A 公司以正在建造的 S 项目作为抵押，如果 A 公司不能按时偿还借款或不能承担违约责任，B 银行有权用抵押的 S 项目变现受偿。B 银行与 C 公司签订的保证合同约定，如果 A 公司不能按时偿还借款或不能承担违约责任，而用 A 公司抵押的 S 项目变现受偿后仍不足以补偿 B 银行遭受的损失时，C 公司保证承担相应的补偿责任。

B 银行依照约定于 2020 年 3 月 6 日向 A 公司发放借款，并从发放的借款本金中扣除了 2 年 6 个月的借款利息。2021 年 4 月 5 日，B 银行从 A 公司提供的相关财务会计资料中发现 A 公司将借款资金挪作他用，遂要求 A 公司予以纠正，A 公司以借款资金应当由自己自行支配为由未予纠正。同年 5 月，B 银行通知 A 公司，要求 A 公司提前偿还借款，A 公司以借款尚未到期为由拒绝偿还借款。同年 8 月，B 银行向人民法院提起诉讼，要求解除借款合同，并要求 A 公司提前偿还借款，将用于抵押的 S 项目变现受偿，同时要求 C 公司承担保证责任。

经查：A 公司实际投入 S 项目的资金为 3 800 万元，挪用资金 15 000 万元；S 项目经评估后的可变现价值为 3 500 万元；S 项目建设取得了一切合法的批准手续，但在抵押时未办理抵押登记；C 公司是 A 公司控股的子公司，C 公司与 B 银行签订保证合同时未获除 A 公司之外的其他股东认可，并隐瞒了与 A 公司的关联关系。

根据上述事实，回答下列问题。

1）借款合同约定借款利息预先从借款本金中扣除是否符合有关规定？如何处理？
2）根据上述提示内容，A 公司应当如何向 B 银行支付利息？
3）B 银行与 A 公司签订的抵押合同是否有效？并说明理由。
4）B 银行与 C 公司签订的保证合同是否有效？并说明理由。
5）B 银行可否要求解除借款合同？并说明理由。
6）B 银行可否要求 C 公司承担民事责任？为什么？

案例分析

1）不符合规定。借款的利息不得预先从本金中扣除。利息预先在本金中扣除的，应当按照实际借款数额返还借款并计算利息。

2）由于双方没有约定支付利息的期限，且借款期间在 1 年以上。因此，A 公司应当在每届满 1 年时支付利息，剩余期间不满 1 年的，应当在返还借款时一并支付，即分别于 2021 年 3 月 6 日、2022 年 3 月 6 日、2022 年 9 月 6 日支付。

3）抵押合同无效。根据《民法典》第四百零二条的规定，当事人以依法获准尚未建造的或者正在建造的建筑物抵押的，应当办理抵押物登记。抵押权自登记时设立。在本案中，A 公司的 S 项目建设虽然取得了合法的批准手续，但在抵押时未办理抵押登记，因此抵押无效。

4）保证合同有效。C 公司虽然是 A 公司的控股子公司，但其仍具有独立的企业法人资格，具备独立承担民事责任的能力，因此可以作为保证合同的主体。至于"C 公司与 B 银行签订保证合同时未获除 A 公司之外的其他股东认可，并隐瞒了与 A 公司的关联关系"，并不影响该保证合同的效力。

5）B 银行可以要求解除借款合同。根据《民法典》第六百七十三条的规定，借款人未按照约定的借款用途使用借款的，贷款人可以停止发放借款、提前收回借款或者解除合同。在本案中，由于 A 公司将借款资金挪作他用，因此 B 银行可以要求解除合同。

6）B 银行可以要求 C 公司承担民事责任。C 公司作为保证人有连带清偿 A 公司债务的义务。当 A 公司不能按时偿还借款或者不能承担违约责任时，B 银行既可以要求 A 公司承担责任，也可以要求 C 公司承担责任。

案例五

2007 年 8 月 13 日 16 时 45 分，刚刚建成还没投入使用的湖南凤凰沱江大桥在拆卸脚手架时突然坍塌（见图 17-1）。此次事故造成 64 人死亡，4 人重伤，18 人轻伤，直接经济损失为 39 747 万元。经调查认定，该事故属于特大责任事故。

图 17-1 坍塌现场

案例分析

湖南凤凰沱江大桥工程是湖南省凤凰县至贵州省铜仁市大兴机场凤大公路工程建设项目中一个重要的控制性工程。大桥全长为 32 845m，桥面宽度为 13m，设 3% 纵坡，桥型为 4 孔 65m 跨径等截面悬链线空腹式无铰拱桥。大桥桥墩高为 33m，且为连拱石拱桥。

事故直接原因

由于大桥主拱圈砌筑材料未满足规范和设计要求，拱桥上部构造施工工序不合理，主拱圈砌筑质量差，降低了拱圈砌体的整体性和强度，随着拱上荷载的不断增加，造成 1 号孔主拱圈靠近 0 号桥台一侧 3~4m 宽范围内，即 2 号腹拱下的拱脚区段砌体强度达到破坏极限而坍塌，受连拱效应影响，整个大桥迅速坍塌。

沱江大桥工程相关参与方责任分析

施工单位为湖南省路桥集团公司道路七公司，具有建设部颁发的公路工程施工承包特级、公路路基工程专业承包一级、公路路面工程专业承包一级、桥梁工程专业一级资质。该公司凤大公路堤溪沱江大桥项目经理部，擅自变更原主拱圈施工方案，现场管理混乱，违规乱用料石，主拱圈施工不符合规范要求，在主拱圈未达到设计强度的情况下就开始落架施工作业。

建设单位为湘西自治州凤大公路建设有限责任公司（以下称"凤大公司"），隶属于湘西自治州人民政府，为国有独资公司。"凤大公司"项目管理混乱，对发现的施工质量问题未认真督促施工单位整改，未经设计单位同意擅自与施工单位变更原主拱圈设计施工方案，盲目倒排工期赶进度，越权指挥，甚至要求监理不要上桥检查。

设计和地质勘查单位为华罡设计院，隶属于长沙理工大学。该院具有公路行业甲级工程设计证书、甲级工程咨询资格证书和甲级工程勘察证书。勘察设计单位违规将地质勘查项目分包给个人，设计深度不够，现场服务和设计交底不到位。

监理单位为湖南省金衢交通咨询监理有限公司，是由一位自然人股东持股的有限责任公司，具有公路工程甲级监理资质。监理单位未能制止施工单位擅自变更原主拱圈施工方案，对发现的主拱圈施工质量问题督促整改不力，在主拱圈砌筑完成但强度资料尚未测出的情况下即签字验收合格。

有关主管部门和监管部门及地方政府未认真履行职责，疏于监督管理，没有及时发现和解决工程建设中存在的质量和安全隐患问题。

建设工程具有价值量大、参与方多、与人民的生命财产息息相关等特点，而在建设活动中，各种不规范的行为频频出现。各大参与方不规范的建设行为必将导致建设活动的混乱无序，给人民的生命财产带来不可估量的损失，严重影响建筑市场的健康发展。建设法规通过调整建设活动中的行政关系、协作关系及民事关系对建设活动的各个方面进行规范和指导，保护合法的建设行为，处罚违法的建设行为，为各大参与方的建设活动提供法律框架与准则，从而有利于建筑市场在健康稳定的轨道上向前发展。

案例六

2010年11月15日14时，上海市静安区余姚路胶州路一栋高层公寓起火（见图17-2）。起火点位于10~12层，整栋楼都被大火包围，楼内有不少居民没有撤离。截至2010年11月19日10时20分，大火导致58人遇难。

图17-2　2010年11月15日的火灾现场

案例分析

上海市静安区建交委2010年9月通过招标，确定工程总包方为上海市静安区建设总公司，分包方为上海佳艺建筑装饰工程公司。2010年11月，上海市静安区建交委选择上海市静安建设工程监理有限公司承担项目监理工作，上海静安置业设计有限公司承担项目设计工作。

此工程部分作业分包情况为，脚手架搭设作业分包给上海迪姆物业管理有限公司施工，搭设方案经公司总部和监理单位审核，并得到批准；节能工程、保温工程和铝窗作业，通过政府采购程序分别选择正捷节能工程有限公司和中航铝门窗有限公司进行施工。经过初步分析，起火大楼在装修作业施工中，有2名电焊工违规实施作业，在短时间内形成密集火灾。这起事故还暴露出五个方面的问题：电焊工无特种作业人员资格证，严重违反操作规程，引发大火后逃离现场；装修工程违法违规，层层分包，导致安全责任不落实；施工作业现场管理混乱，安全措施不落实，存在明显的抢工期、抢进度、突击施工的行为；事故现场违规使用大量尼龙网、聚氨酯泡沫等易燃材料，导致大火迅速蔓延；有关部门安全监管不力，致使多次分包、多家作业和无证电焊工上岗，对停产后复工的项目安全管理不到位。

这起事故是一起因违法违规生产建设行为所导致的特别重大责任事故，也是一起不该发生的、完全可以避免的事故。

案例七

2012年，武汉长江二七大桥与欢乐大道交界处一在建住宅小区工地一施工升降机从34楼坠落，导致19人遇难。坠落现场如图17-3所示。

图17-3　坠落现场

事故发生在武汉市青山区"东湖景园"还建楼（指房地产开发商对依法拆迁的居民，原地或异地等面积还建而修的楼房）C区7-1号楼建筑工地上，建筑商是湖北祥和建设集团及紫崧南湖建筑工程有限公司。事发时正值工人上工时间，该栋建筑当时正在进行外墙粉刷工程。事故升降机搭载的是粉刷工人，在上升过程中，升降机突然失控，直冲到34层顶层（距地面100m）后，电梯钢绳突然断裂，厢体呈自由落体直接坠到地面，梯笼内的作业人员随笼坠落。

当天中午，两架升降机同时向上运行，一个卡在了13楼，另一个却在运行至34楼后突然坠落。当升降机下坠至十几层时，先后有6人从梯笼中被甩出，随即一声巨响，整个梯笼坠向地面，附近工人赶至现场时看到，铁制梯笼已完全散架，笼内工人遗体散落四处。

案例分析

事后检查总结发现事故有两个方面的原因：一是事故升降机超限期使用，事故升降梯的使用登记牌注明的使用期限是当年6月，该升降梯已经超过使用期限；二是事故升降机严重超载，该升降机登记牌上标注了该升降梯核定人数是12人，而事故现场升降梯内有19名工人，明显超载。

案例八

2003年1月7日13时10分，广东省惠州市某花园工地的卸料平台架体因失稳发生坍塌事故，造成3人死亡，7人受伤。

案例分析

事故原因：施工中缺少脚手架搭设方案。卸料平台应单独进行设计计算，不允许与脚手架进行连接，必须把荷载直接传递给建筑结构。该工程脚手架搭设时，只是由现场施工员向搭棚队负责人安排了工作任务，在既无方案又无交底的情况下，搭棚队完全根据自己的经验和习惯，随意搭设脚手架，造成该工程脚手架缺少技术依据和论证。

案例九

2004年8月16日上午8时30分左右，某局三公司开始用泵送混凝土浇捣附楼报告厅屋面，该屋面模板支撑系统为扣件式钢管满堂模板支架，于当日20时40分全部浇捣结束。屋面留3人对混凝土表面进行收光，木工班组长在补插钢筋，21时20分左右，模板支撑系统突然整体坍塌，4名工人随之坠落，木工班组长经抢救无效死亡。

案例分析

1) 模板支持系统钢管支架水平和竖向剪刀撑设置严重不足。

2) 经省中心检验所检测，扣件（旋转、垂直）抗滑和抗破坏性能不合格，钢管壁厚普遍偏薄。

3) 公司未组织专家进行专项施工方案审查，模板支撑体系专项施工方案没有结合工程实际编制，针对性不强，违反现行有关规定和标准规范要求。

4) 公司技术负责人审批把关不严，项目经理、施工员、安全员未认真履行岗位职责。

案例十

2000年9月10日17时50分，江西省景德镇市某工程大门横梁雨篷浇筑混凝土时，由于支撑失稳断裂，瞬间大门屋面雨篷全部混凝土及模板系统坍塌，并将两端混凝土柱、砖柱拉倒，造成3人死亡，2人重伤，7人轻伤。

案例分析

施工前未制订专项施工方案，模板未经设计计算，搭设没有技术要求，支撑系统结构本身不符合规范要求，不能承受施工中的各种荷载。门楼屋面离地高55m左右，施工中支撑系统拉结较少，水平拉结有两道联结杆，垂直立面仅在外围周边用薄木板拉结少量的剪刀撑，其余均未进行拉结。在浇筑混凝土过程中，支模系统变形失稳，导致事故的发生。

案例十一

2006年9月，中国建设银行某支行因搬迁停止使用原办公楼及场地，遂委托某拍卖行在该市报纸上刊登了对该房产进行拍卖的公告。该市国土资源局经过查实，发现该支行土地使用权类型属于授权经营，便依法公告通知其无权处置该房地产，委托拍卖行发布的公告无效，该宗地的土地使用权应由当地人民政府依法收回，擅自参加竞买的单位或个人竞得房产后，土地使用权不受法律保护。结果，在当地政府和国土资源局的监督下，该办公大楼由当地某行政机关竞得，土地使用权由政府收回并划拨给该行政机关使用。

案例分析

《城市房地产管理法》第三十二条规定，房地产转让、抵押时，房屋的所有权和该房屋占用范围内的土地使用权同时转让、抵押。因此，房产转让，除了符合房产转让的条件外，还必须同时具备土地转让的条件。

各地关于土地转让条件的规定大致相同，概括起来有以下几点：

1) 按合同约定支付全部出让金，取得土地使用权。
2) 持有土地使用证。
3) 已按出让合同约定的期限和条件开发和利用土地。

该案中，原办公楼及场地的土地使用权类型属于授权经营，根据国土资源部《关于中国建设银行重组改制土地资产处置的复函》（国土资函〔2004〕31号），该单位在改变土地用途或向其他单位、个人转让时，应报经土地所在地的市、县国土资源管理部门批准，并补交全部土地出让金，否则就是违法行为。

备注：《土地管理法》第七十四条规定，买卖或者以其他形式非法转让土地的，由县级以上人民政府自然资源主管部门没收违法所得；对违反土地利用总体规划擅自将农用地改为建设用地的，限期拆除在非法转让的土地上新建的建筑物和其他设施，恢复土地原状；对符合土地利用总体规划的，没收在非法转让的土地上新建的建筑物和其他设施；可以并处罚款；对直接负责的主管人员和其他直接责任人员，依法给予处分；构成犯罪的，依法追究刑事责任。

案例十二

某建筑公司负责修建某学校学生宿舍楼一幢，双方签订建设工程合同。由于宿舍楼设有地下室，属于隐蔽工程，因而在建设工程合同中，双方约定了对隐蔽工程（地下层）的验收检查条款：地下室的验收检查工作由双方共同负责，检查费用由校方负担。地下室竣工后，建筑公司通知校方检查验收，校方则答复：因校内事务繁多，由建筑公司自己检查出具检查记录即可。其后15日，校方又聘请专业人员对地下室质量进行检查，发现未达到合同所定标准，遂要求建筑公司负担此次检查费用，并返工地下室工程。建筑公司则认为，合同约定的检查费用由校方负担，对返工重修地下室的要求予以认可。校方多次要求公司付款未果，于是将该建筑公司诉至法院。

根据以上内容回答下列问题：
1）隐蔽工程（地下室）隐蔽后，发包方事后检查的费用由哪方负担，并说明理由。
2）法院应当如何判决？

案例分析

本案争议焦点在于隐蔽工程（地下室）隐蔽后，发包人事后检查的费用由哪方负担的问题。《民法典》第七百九十八条规定，隐蔽工程在隐蔽以前，承包人应当通知发包人检查。发包人没有及时检查的，承包人可以顺延工程日期，并有权请求赔偿停工、窝工等损失。在本案中，对于校方不履行检查义务的行为，建筑公司有权停工待查，停工造成的损失应当由校方承担。但建筑公司未这样做，反而自行检查，并出具检查记录交给校方后，继续进行施工。对此，双方均有过失。至于校方的事后检查费用，则应视检查结果而定，如果检查结果是地下室质量未达到标准，则由于这一后果是承包人所致，检查费用应由承包人承担；如果检查质量符合标准，重复检查的结果是校方未履行义务所致，则检查费用应由校方承担。

案例十三

某建筑公司与某学校签订一教学楼施工合同，明确施工单位要保质、保量、保工期地完成学校的教学楼施工任务。工程竣工后，承包方向学校提交了竣工报告。学校为了不影响学生上课，还没组织验收就直接投入了使用。使用过程中，校方发现了教学楼存在的质量问题，要求施工单位修理。施工单位认为工程未经验收，学校提前使用出现质量问题，施工单位不应再承担责任。

请结合案例情况思考下列问题：
1）本案中的建设法律关系三要素分别是什么？
2）应如何具体地分析该工程质量问题的责任及责任的承担方式？为什么？

案例分析

1）本案中的建设法律关系主体是某建筑公司和某学校，客体是施工的教学楼。双方各自应当享受的权利和应当承担的义务，具体而言是某学校按照合同的约定，承担按时、足额支付工程款的义务，在按合同约定支付工程款后，该学校就有权要求建筑公司按时交付质量合格的教学楼。该建筑公司的权利是获取学校的工程款，在享受该项权利后，就应当承担义务，即按时交付质量合格的教学楼给该学校，并承担保修义务。

2）因为校方在未组织竣工验收的情况下就将教学楼直接投入使用，违反了工程竣工验收方面的有关法律法规。所以，一般质量问题应由校方承担。但是，若涉及结构等方面的质量问题，应按照造成质量缺陷的原因分解责任。这是因为承包人已向学校提交竣工报告，说明承包人的自行验收已经通过，学校教学楼仅供学校日常教学使用，不存在不当使用问题，所以，该教学楼的质量缺陷是客观存在的。承包人还是应该承担维修义务，至于产生的费用应由有关责任方承担，协商不成，可请求仲裁或诉讼。

案例十四

2012年，某房地产开发企业投资开发建设某住宅小区，与某工程咨询监理公司签订委托监理合同。双方在合同监理职责条款中约定：乙方（监理公司）负责甲方（房地产开发企业）小区工程设计阶段和施工阶段的监理业务。房地产开发企业应于监理业务结束之日起5日内支付最后20%的监理费用。小区工程竣工一周后，监理公司要求该房地产开发企业支付剩余20%的监理费用，该房地产开发企业以双方有口头约定，监理公司监理职责应履行至工程保修期满为由，拒绝支付，监理公司索款未果，诉至法院。法院判决双方口头商定的监理职责延至保修期满的内容不构成委托监理合同的内容，房地产开发企业到期未支付最后一笔监理费，构成违约，应承担违约责任，支付监理公司剩余20%的监理费及延期付款利息。

根据以上内容回答下列问题：

监理公司要求房地产开发企业支付剩余20%的监理费是否合理？双方的口头约定是否有效？

案例分析

《民法典》第七百九十六条规定，建设工程实行监理的，发包人应当与监理人采用书面形式订立委托监理合同。发包人与监理人的权利和义务以及法律责任，应当依照《民法典》合同编委托合同以及其他有关法律、行政法规的规定。本案中，房地产开发企业开发住宅小区，属于需要实行监理的建设工程，理应与监理人签订委托监理合同。本案的争议焦点在于确定监理公司的监理义务范围。依书面合同约定，监理范围包括工程设计和施工两个阶段，而未包括工程的保修阶段；双方只是口头约定还应包括保修阶段。委托监理合同应以书面形式订立，口头形式约定不成立委托监理合同。因此，该委托监理合同关于监理义务的约定，只能包括工程设计和施工两个阶段，不应包括保修阶段，即监理公司已完全履行了合同义务，房地产开发企业逾期支付监理费用，属于违约行为，故判决其承担违约责任，支付监理费及利息，无疑是正确的。此类案件中，还应注意监理单位的资质条件。此外，倘若监理单位不履行义务，给委托人造成损失的，监理单位应与承包单位承担连带赔偿责任。

案例十五

某建筑安装公司承担一住宅工程的施工。该公司原已依法取得安全生产许可证，但在开工5个月后有效期满。因当时正值施工高峰期，该公司忙于组织施工，未能按规定办理延期手续。当地政府监管机构发现后，立即责令其停止施工，限期补办延期手续。但该公司为了赶工期，既没有停止施工，也未在到期后办理延期手续。

根据以上内容回答下列问题：

本案中的建筑安装公司有哪些违法行为？违法者应当承担哪些法律责任？

案例分析

本案中的建筑安装公司有两项违法行为：一是安全生产许可证有效期满，未依法办理延期手续并继续从事施工活动；二是在政府监管机构责令停止施工、限期补办延期手续后，逾期仍不补办延期手续，并继续从事施工活动。《安全生产许可证条例》第九条规定，安全生产许可证的有效期为3年。安全生产许可证有效期满需要延期的，企业应当于期满前3个月向原安全生产许可证颁发管理机关办理延期手续。对于该建筑安装公司的违法行为，应当依法做出相应处罚。《安全生产许可证条例》第二十条规定，违反该条例规定，安全生产许可证有效期满未办理延期手续，继续进行生产的，责令停止生产，限期补办延期手续，没收违法所得，并处5万元以上10万元以下的罚款；逾期仍不办理延期手续，继续进行生产的，依照该条例第十九条的规定处罚。第十九条则规定，违反该条例规定，未取得安全生产许可证擅自进行生产的，责令停止生产，没收违法所得，并处10万元以上50万元以下的罚款；造成重大事故或者其他严重后果，构成犯罪的，依法追究刑事责任。

案例十六

2000年11月30日，嘉兴市秀城区人民检察院依法将被告人丁某重大事故一案向法院提起公诉。经查，被告人任法人代表的嘉兴市某清洗有限责任公司在无建筑企业资质的情况下，超越经营范围，擅自承接了属于建筑工程分项工程的嘉兴市西马桥小区房管幼儿园的外墙修补业务，无视《建筑施工高处作业安全技术规范》的有关规定，指派既没有经过专业技术培训和专业考试，又无操作证的公司合同工杨某、沈某两人对房管幼儿园的北侧外墙进行违章冒险作业。杨某在无任何防护设备进行作业的过程中因操作不当致身体失去控制，头部直接撞击在北侧外墙墙面上，因伤势过重抢救无效死亡。案发后，丁某向公安机关投案自首，并向死者家属做了适当的经济赔偿。

案例分析

所谓重大责任事故罪，是指工厂、矿山、林场、建筑企业或者其他企业、事业单位职工（包括从事生产的工人、科学技术人员和直接指挥生产的领导人员），由于不服管理，违反规章制度，或者强令工人违章冒险作业，因而发生重大伤亡事故，造成严重后果的行为。该罪具有以下法律特征：①犯罪主体是特殊主体，即企事业单位的职工及群众合作经营组织或个体经营户的从业人员；对于群众合作经营组织和个体经营户的主管负责人，在管理工作中玩忽职守，从而发生重大伤亡事故，造成严重后果的，也可按本罪追究刑事责任；②行为人必须具有不服管理，违反规章制度，或者强令工人违章冒险作业的行为；③必须因违反规章制度造成了重大伤亡事故或者其他严重后果（重大伤亡事故是指死亡1人以上或者重伤3人以上；造成其他严重后果是指直接经济损失巨大或者使生产、工作受到重大损害等）；④重大事故必须发生在生产、作业活动过程中，并同有关职工及从业人员的生产、作业有不可分离的联系；⑤行为人对自己行为引起的重大事故后果主观上是出于过失，而行为人违反规章制度的行为则往往是明知故犯。根据《刑法》第一百三十四条中的规定，依法应处3年以下有期徒刑或拘役。

案例十七

某国家机关新建一办公楼，建筑面积为 50 000m²，通过招标投标手续确定了由某建筑公司进行施工，并及时签署了施工合同。双方签订施工合同后，该建筑公司又进行了劳务招标，最终确定江苏某劳务公司为中标单位，并与其签订了劳务分包合同，在合同中明确了双方的权利和义务。该工程由本市某监理单位实施监理任务。该建筑公司为了承揽该项施工任务，采取了低报价策略而获得中标，在施工中，为了降低成本，施工单位采用了一个小砖厂的价格便宜的砖，在砖进场前未向管理单位申报。在施工过程中，屋面带挂板大挑檐悬挑部分根部突然断裂。经事故调查、原因分析，发现造成该质量事故的主要原因是施工队伍素质差，致使受力钢筋反向、构件厚度控制不严而导致事故发生。

请结合案例情况思考下列问题：
1) 该建筑公司对砖的选择和进场的做法是否正确？如果不正确，施工单位应如何做？
2) 施工单位的现场质量检查的内容有哪些？
3) 施工单位为了降低成本，对材料的选择应如何去做才能保证其质量？
4) 对该起质量事故，监理单位是否应承担责任？原因是什么？
5) 政府对建设工程质量监督的职能是什么？

案例分析
1) 施工单位在砖进场前未向监理单位申报的做法是错误的。正确做法：施工单位运进砖前，应向项目监理机构提交《工程材料报审表》，同时附有砖的出厂合格证、技术说明书、按规定要求进行送检的检验报告，经监理工程师审查并确认其质量合格后，方准进场。

2) 施工单位现场质量检查的内容：①开工前检查；②工序交接检查；③隐蔽工程检查；④停工后复工前的检查；⑤分项分部工程完工后，应经检查认可，签署验收记录后，才允许进行下一工程项目施工；⑥成品保护检查。

3) 施工单位为了降低成本，对材料的选择应该这样做才能保证质量：①掌握材料信息，优选供货厂家；②合理组织材料供应，确保施工正常进行；③合理组织材料使用，减少材料损失；④加强材料检查验收，严把材料质量关；⑤重视材料的使用认证，以防错用或使用不合格的材料；⑥加强现场材料管理。

4) 监理单位对该起质量事故应承担的责任。原因是：监理单位接受了建设单位委托，并收取了监理费用，具备了承担责任的条件，而施工过程中，监理人员未能发现钢筋位置反向、构件厚度不严等质量问题，因此必须承担相应责任。

5) 政府质量监督的职能包括两大方面：一是监督工程建设的各方主体（包括建设单位、施工单位、材料设备供应单位、设计勘察单位和监理单位等）的质量行为是否符合国家法律法规及各项制度的规定；二是监督检查工程实体的施工质量，尤其是地基基础、主体结构、专业设备安装等涉及结构安全和使用功能的施工质量。

案例十八

某省重点工程项目于 2020 年 12 月 28 日开工,由于工程复杂,技术难度高,一般施工队伍难以胜任,业主自行决定采取邀请招标方式。于 2020 年 9 月 8 日向通过资格预审的 A、B、C、D、E 五家施工承包企业发出了投标邀请书。这五家企业均接受了邀请,并于规定时间当年 9 月 20—22 日购买了招标文件。

招标文件中规定,2020 年 10 月 18 日下午 4 时是招标文件规定的投标截止时间。评标标准:能够最大限度地满足招标文件中规定的各项综合评价标准。

在投标截止时间前,A、B、D、E 四家企业提交了投标文件,但 C 企业于 2020 年 10 月 18 日下午 5 时才送达,原因是中途堵车。2020 年 10 月 21 日下午由当地招标投标监督管理办公室主持进行了公开开标。

评标委员会成员共有 7 人组成,其中招标人代表 3 人(包括 E 公司总经理 1 人、D 公司副总经理 1 人、业主代表 1 人)、技术经济方面专家 4 人。评标委员会于 2020 年 10 月 28 日提出了书面评标报告。B、A 分列综合得分第一、第二名。招标人考虑到 B 企业投标报价高于 A 企业,要求评标委员会按照投标价格标准将 A 企业排名第一,B 企业排名第二。2020 年 11 月 10 日招标人向 A 企业发出了中标通知书,并于 2020 年 12 月 12 日签订了书面合同。

请结合案例情况思考下列问题:

1)业主自行决定采取邀请招标方式的做法是否妥当?说明理由。
2)C 企业投标文件是否有效?说明理由。
3)请指出开标工作的不妥之处,说明理由。
4)请指出评标委员会成员组成的不妥之处,说明理由。
5)招标人要求按照价格标准评标是否违法?说明理由。

案例分析

1)不妥。根据《招标投标法》第十一条中的规定,省、自治区、直辖市人民政府确定的地方重点项目不适宜公开招标的,经省、自治区、直辖市人民政府批准,可以进行邀请招标。因此,本案业主自行对省重点工程项目决定采取邀请招标方式的做法是不妥的。

2)无效。根据《招标投标法》第二十八条中的规定,在招标文件要求提交投标文件的截止时间后送达的投标文件,招标人应当拒收。本案 C 企业的投标文件送达时间迟于投标截止时间,因此,该投标文件应被拒收。

3)根据《招标投标法》第三十四条中的规定,开标应当在招标文件确定的提交投标文件的截止时间的同一时间公开进行。

本案招标文件规定的投标截止时间是 2020 年 10 月 18 日下午 4 时,但推迟至 2020 年 10 月 21 日下午才开标,是不妥之处之一。

根据《招标投标法》第三十五条中的规定,开标由招标人主持。

本案由属于行政监督部门的当地招标投标监督管理办公室主持,是不妥之处之二。

4)根据《招标投标法》第三十七条中的规定,与投标人有利害关系的人不得进入相关项目的评标委员会。本案由 E 公司总经理、D 公司副总经理担任评标委员会成员是不妥的。

《招标投标法》还规定，评标委员技术、经济等方面的专家不得少于成员总数的 2/3。本案技术经济方面的专家比例为 4/7，低于规定的比例要求。

5) 违法。根据《招标投标法》第四十条中的规定，评标委员会应当按照招标文件确定的评标标准和方法，对投标文件进行评审和比较。

招标文件规定的评标标准是：能够最大限度地满足招标文件中规定的各项综合评价标准。按照投标价格评标不符合招标文件的要求，属于违法行为。

案例十九

2021 年 1 月，A 房地产开发公司（以下简称 A 公司）就一商品楼开发项目与 B 建筑公司（以下简称 B 公司）签订建筑承包合同。合同约定：由 B 公司作为总承包人承建商品楼开发项目，A 公司按照工程进度付款；建筑工期为 2 年。2021 年 7 月，A 公司与 C 银行签订借款合同，合同约定：A 公司以在建商品楼开发项目为抵押，向银行借款 3 000 万元，并办理抵押登记手续。

由于 A 公司资金不足，不能按期向 B 公司支付工程价款，该工程于 2022 年 6 月起停工。A 公司欠付 B 公司材料款 800 万元，人工费 400 万元；同时 A 公司按合同应承担违约金 200 万元，B 公司多次催要无果。

2022 年 8 月，B 公司诉至法院，申请保全在建商品楼，并根据《民法典》合同编规定要求拍卖商品楼；C 银行也因 A 公司逾期未还借款也于 2022 年 8 月诉至法院，要求对在建商品楼主张抵押权。

根据以上内容回答下列问题：
1) 简述建设工程优先受偿权的概念。
2) A 公司以在建商品楼作为借款的抵押担保是否有效？请说明理由。
3) 在 B 公司与 C 银行均要求对在建商品楼进行受偿的情况下，谁的受偿权优先？请说明理由。
4) B 公司追索的材料款、人工费、违约金中，哪些属于优先权的范围？请说明理由。

案例分析

1) 根据《民法典》合同编及有关司法解释规定，建设工程的发包人未按照约定支付工程价款的，承包人可以催告发包人在合理期限内支付价款。发包人逾期不支付的，除按照建设工程的性质不宜折价、拍卖的以外，承包人可以与发包人协议将工程折价，也可以申请人民法院将该工程依法拍卖，建设工程的价款就该工程折价或者拍卖的价款优先受偿。

2) A 公司以在建商品楼作为借款的抵押担保有效。根据担保法司法解释，正在建设的房屋或其他建筑物可以抵押，当事人办理了抵押物登记手续，抵押有效。

3) B 公司享有的受偿权利更为优先。根据《民法典》合同编及有关司法解释规定，建设工程承包人的建筑工程价款就该工程拍卖价款的优先受偿权优于抵押权和其他债权。尽管 C 银行可以对商品楼行使抵押权，但 B 公司对该商品楼的受偿权优先于 C 银行的抵押权。

4) B 公司享有优先权的建筑工程价款包括承包人为该建筑工程应当支付的材料款、人员报酬等实际支出的费用，不包括因发包人违约而造成的损失（或者：A 公司欠付 B 公司材料款 800 万元、人工费 400 万元，可以优先于 C 银行的抵押权受偿，但违约金 200 万元不能优先受偿）。

案例二十

某工程项目，建设单位通过招标选择了一具有相应资质的监理单位承担施工阶段的监理工作，并在监理中标通知书发出后第 45 天，与该监理单位签订了委托监理合同。之后双方另行签订了一份监理酬金比监理中标价降低 10% 的协议。

在施工公开招标中，有 A、B、C、D、E、F、G、H 等施工单位投标，经监理单位资格预审均符合要求，但建设单位以 A 施工单位是外地企业为由不同意其参加投标，而监理单位坚持认为 A 施工单位有资格参加投标。评标委员会由 5 人组成，其中当地建设行政管理部门的招标投标管理办公室主任 1 人、建设单位代表 1 人、政府提供的专家库中抽取的技术经济专家 3 人。评标时发现，B 施工单位投标报价明显低于其他投标单位报价且未能合理说明理由；D 施工单位投标报价大写金额小于小写金额；F 施工单位投标文件提供的检验标准和方法不符合招标文件的要求；H 施工单位投标文件中某分项工程的报价有个别漏项；其他施工单位的投标文件均符合招标文件要求。建设单位最终确定 G 施工单位中标，并按照《建设工程施工合同（示范文本）》与该施工单位签订了施工合同。

请结合案例情况思考下列问题：

1) 指出建设单位在监理招标和委托监理合同签订过程中的不妥之处，并说明理由。
2) 在施工招标资格预审中，监理单位认为 A 施工单位有资格参加投标是否正确？说明理由。
3) 指出施工招标评标委员会组成的不妥之处，说明理由，并写出正确做法。
4) 判别 B、D、F、H 四家施工单位的投标是否为有效标？说明理由。

案例分析

1) 在监理中标通知书发出后第 45 天签订委托监理合同不妥，依照《招标投标法》，应于 30 天内签订合同。在签订委托监理合同后双方另行签订了一份监理酬金比监理中标价降低 10% 的协议不妥。依照《招标投标法》，招标人和中标人不得再行订立背离合同实质性内容的其他协议。

2) 监理单位认为 A 施工单位有资格参加投标是正确的。以所处地区作为确定投标资格的依据是一种歧视性的依据；这是《招标投标法》明确禁止的。

3) 评标委员会组成不妥，不应包括当地建设行政管理部门的招标投标管理办公室主任。正确组成应为：评标委员会由招标人或其委托的招标代理机构熟悉相关业务的代表及有关技术、经济等方面的专家组成，成员人数为 5 人以上的单数，其中，技术、经济等方面的专家不得少于成员总数的 2/3。

4) B、F 两家施工单位的投标不是有效标。B 单位的情况可以认定为低于成本，F 单位的情况可以认定为是明显不符合技术规格和技术标准的要求，属于重大偏差。D、H 两家单位的投标是有效标，他们的情况不属于重大偏差。

参 考 文 献

[1] 黄安永. 建设法规[M]. 3版. 南京：东南大学出版社，2017.
[2] 顾永才. 建设法规[M]. 5版. 武汉：华中科技大学出版社，2019.
[3] 马楠. 建设法规与典型案例分析[M]. 北京：机械工业出版社，2011.
[4] 工程建设标准强制性条文（房屋建筑部分）咨询委员会. 工程建设标准强制性条文：房屋建筑部分实施导则[M]. 北京：中国建筑工业出版社，2004.
[5] 全国一级建造师执业资格考试用书编写委员会. 建设工程法规及相关知识：2022[M]. 北京：中国建筑工业出版社，2022.
[6] 张威. 土地管理法律实务[M]. 武汉：武汉大学出版社，2015.
[7] 物业管理条例：实用版[M]. 北京：中国法制出版社，2010.
[8] 刘黎虹，韩丽红. 工程建设法规与案例[M]. 2版. 北京：机械工业出版社，2020.
[9] 全国一级建造师执业资格考试用书编写委员会. 建设工程法律法规选编[M]. 北京：中国建筑工业出版社，2022.
[10] 吕萍. 房地产开发与经营[M]. 5版. 北京：中国人民大学出版社，2021.
[11] 全国监理工程师培训教材编写委员会. 工程建设质量控制[M]. 北京：中国建筑工业出版社，1997.
[12] 中华人民共和国招标投标法（含招标投标法实施条例）注解与配套[M]. 5版. 北京：中国法制出版社，2020.
[13] 土地管理法一本通[M]. 8版. 北京：中国法制出版社，2021.
[14] 朱宏亮. 建设法规[M]. 3版. 武汉：武汉理工大学出版社，2011.
[15] 土地法律政策全书[M]. 北京：中国法制出版社，2023.
[16] 刘文锋. 建设法规教程[M]. 3版. 北京：中国建材工业出版社，2020.
[17] 曾晖. 建设工程法规与案例分析[M]. 北京：冶金工业出版社，2022.
[18] 程信和，刘国臻. 房地产法学[M]. 2版. 北京：北京大学出版社，2010.
[19] 赵鑫明，吕萍. 房地产制度法规政策：2021[M]. 北京：中国建筑工业出版社，2010.
[20] 法律出版社法规中心. 城市房地产管理法关联法规精选[M]. 北京：法律出版社，2004.
[21] 中华人民共和国城市房地产管理法注解与配套[M]. 5版. 北京：中国法制出版社，2020.
[22] 肖铭，潘安平. 建设法规[M]. 2版. 北京：北京大学出版社，2012.
[23] 中华人民共和国民法典及司法解释全编：2022年版[M]. 北京：中国法制出版社，2022.